税务人案头必备工具书

说理式税收执法文书分析及范例

袁森庚　李　欣　惠　丽
梁晶晶　陈晓黎　◎著

U0993676

中国经济出版社
CHINA ECONOMIC PUBLISHING HOUSE
北　京

图书在版编目（CIP）数据

说理式税收执法文书分析及范例 / 袁森庚等著. --
北京：中国经济出版社，2022.10（2022.11 重印）
ISBN 978-7-5136-7104-0

Ⅰ.①说… Ⅱ.①袁… Ⅲ.①税收管理-行政执法-法律文书-中国 Ⅳ.①D922.220.4

中国版本图书馆 CIP 数据核字（2022）第 177629 号

选题策划　雷　生
责任编辑　彭　欣
责任印制　马小宾
封面设计　久品轩

出版发行　中国经济出版社
印 刷 者　北京富泰印刷有限责任公司
经 销 者　各地新华书店
开　　本　710mm×1000mm　1/16
印　　张　33.25
字　　数　475 千字
版　　次　2022 年 10 月第 1 版
印　　次　2022 年 11 月第 2 次
定　　价　98.00 元
广告经营许可证　京西工商广字第 8179 号

中国经济出版社　**网址** www.economyph.com　**社址** 北京市东城区安定门外大街 58 号　**邮编** 100011
本版图书如存在印装质量问题，请与本社销售中心联系调换（联系电话：010-57512564）

前言
Preface

“说理”是税收执法文书演进的必然方向。这既是依法治国、依法治税的时代要求，也是我国税务机关创新行政执法方式、提升依法行政水平的现实需要。

本书以袁森庚教授所著《说理式税收执法文书分析及范例》（经济科学出版社2013年版）一书为蓝本，在理论探讨的基础上，结合当前说理式执法的新要求和发展趋势，对我国现行税收执法文书进行分析和梳理，最终选取了税收征管环节和税务稽查环节共计31种执法文书作为分析对象，按照“说理”的要求对其进行探讨。

为了帮助读者深入领会税收执法“说理”的内核，更好地呈现这些说理式税收执法文书的制作特点，本书分别拟制了税收征管、稽查工作中常见、常用的42个不同背景的案例，按照说理式税收执法文书的制作要求，一一给出制作范例，并详尽分析其制作方法、要领以及在具体实践中的注意事项。为了更加贴近税务工作实际，本书还对复杂背景下如何进行分层次说理的文书制作思路、方式和方法进行了有益的探索与尝试。为了帮助读者制作出高质量的说理式税收执法文书，本书附录部分对当前常用税收执法文书进行了认真推敲，为融入“说理”元素对文书进行了微调。同时，根据我国现行法律、行政法规规定，本书更正了部分文书格式中的不合理之处。

当前，我们对于说理式税收执法文书的认识还存在各种误区，对文书的说理式制作还存在诸多困惑，但这是事物发展的必经阶段。本书作为学术研究和探讨，旨在从理论上澄清一些认识，为实践提供方法论，希冀为推行说理式税收执法文书贡献绵薄之力，也期待有抛砖引玉之效。

本书撰稿人员有北京盈科（海口）律师事务所律师、原国家税务总局干部学院教授袁森庚、国家税务总局安庆市税务局征收管理科李欣、国家税务总局吉林市税务局第二稽查局惠丽、国家税务总局长治市税务局稽查局梁晶晶、国家税务总局亳州市税务局稽查局陈晓黎等。

由于时间仓促，加之作者水平所限，本书难免存在瑕疵和纰漏，欢迎读者朋友批评指正，以便我们不断完善。

作者

目录
Contents

第一篇 税收执法“说理”概论

第一章　说理式税收执法概述 …… 3
第一节　行政行为说明理由制度及其在税收执法中的运用 …… 3
第二节　说理式税收执法文书的法理分析 …… 15
第三节　推行说理式税收执法文书存在的争议及其分析 …… 23
第二章　说理式税收执法文书的基本规范 …… 29
第一节　税务说理式执法的载体和文书种类 …… 29
第二节　说理式执法文书的格式要求 …… 42
第三节　说理式执法文书的送达 …… 51

第二篇 税务征管中的“说理”

第三章　常见税收征管执法事项的“说理” …… 59
第一节　税务事项通知书 …… 59
第二节　责令限期改正通知书 …… 86

第三节 核定定额通知书 …… 99

第四章 其他税收征管执法事项的“说理” …… 117
第一节 税务行政审批制度改革和税务行政许可 …… 117
第二节 不同意核准决定的《税务事项通知书》 …… 118
第三节 不予税务行政许可决定书 …… 124
第四节 收缴、停止发售发票决定书 …… 130
第五节 阻止出境决定书 …… 135
第六节 税务行政处罚决定书（简易） …… 142

第五章 社会保险费征管中的说理式执法 …… 150
第一节 社会保险费征管模式的改革 …… 150
第二节 社会保险费执法文书的构建 …… 151

第三篇 税务稽查中的“说理”

第六章 税务稽查检查执法中的“说理” …… 161
第一节 税务检查通知书 …… 161
第二节 税务协助检查通知书 …… 167
第三节 调取账簿资料通知书 …… 173
第四节 检查存款账户许可证明 …… 185
第五节 询问通知书 …… 190
第六节 税收保全措施决定书 …… 196
第七节 解除税收保全措施决定书 …… 207
第八节 税务事项通知书（检查结束前告知） …… 216

第七章 税务稽查处理（处罚）中的“说理” …… 231
第一节 税务处理决定书 …… 231

第二节 税务行政处罚事项告知书 …………………………… 284
第三节 税务行政处罚决定书 ……………………………………… 320
第四节 不予税务行政处罚决定书 ………………………………… 361

第八章 税务行政强制执行中的“说理” ………………………… 370
第一节 催告书 ……………………………………………………… 370
第二节 税收强制执行决定书 ……………………………………… 399
第三节 拍卖/变卖抵税财物决定书 ……………………………… 414
第四节 拍卖/变卖结果通知书 …………………………………… 423
第五节 返还商品、货物或者其他财产通知书 …………………… 431

第九章 税务稽查事项通知的“说理” …………………………… 437
第一节 《税务事项通知书》的式样 ……………………………… 437
第二节 通知承担纳税连带责任的《税务事项通知书》
………………………………………………………………… 438
第三节 税务事项通知书（重大税收违法失信主体告知适用）
………………………………………………………………… 449
第四节 税务事项通知书（陈述申辩复核结果通知适用）
………………………………………………………………… 461
第五节 税务事项通知书（重大税收违法失信主体确定适用）
………………………………………………………………… 468

附 录 ………………………………………………………………… 478
后 记 ………………………………………………………………… 521

第一篇

税收执法“说理”概论

第一章　说理式税收执法概述

在税收执法实践中，之所以推行使用说理式税收执法文书，是因为推行行政行为说明理由制度的需要。行政行为的载体和体现就是执法文书。因此，在分析说理式税收执法文书之前，有必要对行政行为说明理由制度及其在税收执法实践中的运用略作分析。

第一节　行政行为说明理由制度及其在税收执法中的运用

正如《法治中国建设规划（2020—2025 年）》所说，法治是人类文明进步的重要标志，是治国理政的基本方式，是中国共产党和中国人民的不懈追求。党的十九大提出，到 2035 年基本建成法治国家、法治政府、法治社会。自上而下以及自下而上对行政执法的期望和要求在不断攀升，从而使人们对自身的生命权、自由权、公正权、被诚实对待权、知情权、礼貌权等权利的追求也在不断高涨。因此，行政机关在对行政相对人作出不利行政行为时，说明理由的渴望应运而生。《法治政府建设实施纲要（2021—2025 年）》明确指出，健全行政执法工作体系，全面推进严格规范公正文明执法。着眼提高人民群众满意度，着力实现行政执法水平普遍提升，努力让人民群众在每一个执法行为中都能看到风清气正、每一项执法决定中都能感受到公平正义。

说明理由制度就是要求行政事务决定者把内藏于心中的决定展现给大家。为了人们的公共利益和公共秩序，需要公共管理机关行使公权力。但理想状态是，人们对公共管理的服从是自愿地认同与和平地服从，公共管理机关也不应当通过简单粗暴甚至野蛮的方式使人屈从。而实行说明理由制度是实现这一目标的方式之一。行政机关推行说明理由制度追求的目标不在于保证行政决定的结果一定是正确的，而在于行政机关的坦诚所带来的行政机关与行政相对人之间的相互信赖，因而让行政相对人对行政决定予以认同。许多执法事件的发生就是行政相对人一种心理症结的体现，而产生这种心理症结的原因之一就是误解使行政相对人对执法者产生的一种不信任。推行说明理由制度有助于消除这样的误解和不信任。

人们逐步认识到，权利是需要成本的，人们的自由依赖于税，而公共财政的主要来源也是税收。而纳税人的经济状况、纳税能力与意愿等又影响着国家税收的基石。国家与纳税人这种相互依赖、相互依存的关系，决定了代表国家实施税务行政管理的税务机关与纳税人之间并非“猫和老鼠”的对立关系，税务行政管理更非“猫抓老鼠”的游戏。税收是税务机关、纳税人以及全社会共同的事业。税收征管的最高境界不是税务机关向纳税人征收了多少税款，而是纳税人依照税法的规定自觉申报缴纳税款。促进纳税人税法遵从度的提升逐渐成为税收征管追求的最高目标。同时，随着依法行政的不断推进，各级税务机关为了深入推进依法行政工作和提高税收执法的水平，更好地防范自身出现滥用职权的现象，以自觉维护纳税人的权益，促进纳税人税法遵从度的提升，在税收征管实践中，也在逐步实施行政行为说明理由制度。2021 年 3 月，中共中央办公厅、国务院办公厅印发的《关于进一步深化税收征管改革的意见》（以下简称《意见》）明确提出，创新行政执法方式，有效运用说服教育、约谈警示等非强制性执法方式，让执法既有力度又有温度，做到宽严相济、法理相融。之后，国家税务总局在贯彻落实该《意见》时，就明确要求开展税务稽查说理式执法。

一、行政行为说明理由制度

行政行为说明理由制度，是指行政主体在作出或拟作出对行政相对人不利的行政行为时，除法律有特别规定外，必须向行政相对人说明其作出该行政行为的事实因素、法律依据以及进行自由裁量时所考虑的政策、公共利益、惯例、公理等因素。也就是说，行政机关在对行政相对人作出不利行政行为时应当说明其合法性理由和正当性理由，即行政行为作出机关在作出某一行政行为时，应当把内藏于心中的对事实如何认定、法律如何适用以及如何裁量等想法都展现给行政相对人，公之于众。税收执法实施说明理由制度的要求也是如此。

说明理由是行政机关在对行政相对人作出不利行政行为时的一项程序性义务。如果相关程序法对说明理由制度有明确规定，要求行政机关在对行政相对人作出不利行政行为时应当主动说明理由。而行政机关没有依据相关规定对行政相对人说明理由的，有的国家的判例会判定该行政行为无效；有的国家则规定在行政相对人申请行政复议或者提起行政诉讼之前必须补充说明，否则该行政行为将被判定无效。如果行政机关说明理由错误，则构成程序违法，该行政行为也将被判定无效。我国多部行政法以及一些部门的行政规范性文件对说明理由制度也作了明确规定。例如，《中华人民共和国行政强制法》（以下简称《行政强制法》）就明确规定，行政机关实施行政强制时应当当场告知当事人或者书面载明采取行政强制的理由。因此，国家税务总局《关于修订部分税务执法文书的公告》（国家税务总局公告2021年第23号）在对2005版《税收保全措施决定书》《税收强制执行决定书》等执法文书式样进行修订时，就是按照说理式执法文书的要求修订的。税务机关在税收执法的过程中，经常对纳税人、扣缴义务人和其他涉税行政相对人作出不利行政行为，根据相关法律规定，当其对当事人作出不利行政行为时，说明理由也就成为一项程序义务。因此，在税收执法实践中推行和实施说明理由制度也是税务机关的一项职责，否则，许多税收执法行为将面临被裁定无效的风险。

二、税收执法实施说明理由制度的必要性

从法理上分析，税收执法实施说明理由制度的必要性主要表现在以下四个方面。

第一，税法十分复杂和专业，而行政相对人又普遍缺乏这样的专业知识，客观上必然要求税务机关在对当事人作出不利行政行为时说明理由。从学科的角度来说，税法的复杂性主要表现为税法是一个综合性十分强的学科，是税收、会计、各部门法、计算机等学科的理论和相关知识的集成体。并且，税收政策及其规范性文件多而复杂，非专业的行政相对人几乎难以较好地掌握。同时，税法也十分专业，不但计税原理、方法具有其独立性，而且使用的术语十分专业，有的术语常人一般很难理解，如“权责发生制”与“收付实现制”等概念。有的术语与生活常理的理解有不一样的内涵。有这样一则案例，某税务机关对一个纳税人的税收违法行为定性为偷税，并依法对其进行涉税处理，该纳税人觉得十分委屈，向该税务机关陈述、申辩说：“你们说我偷税，国库在哪里我都不知道，怎么能说我偷税呢?”这一案例也充分说明“偷税”这一概念十分专业，与我国语言的习惯并不一样。其实质内涵是依法具有纳税义务的人，必须依法无偿向国家缴纳一定数量的金钱以示纳税义务的履行，而其采取一定的方式或者手段逃避缴纳税款的义务，即没有把自己财产的一部分依法转移到国家所有，这是一种逃避纳税义务的行为。税务机关在处理类似的问题，对当事人作出不利行政行为时，就必须在道理上对当事人讲清楚什么是偷税行为，并同时说明作出该行政行为的理由。

第二，税法的复杂与独特导致税法与其他法律之间、不同税法文件之间的规定有时存在不一致，甚至矛盾和冲突的情形。税务机关在选择适用法律文件时，尤其选择适用对当事人更为不利的法律文件时，必须说明理由。税务机关和纳税人一直普遍热议的滞纳金问题就是典型之一。按照我国《行政强制法》第十二条规定，滞纳金属于一种行政强制执行的方式，即一种执行罚。因此，《行政强制法》第四十五条规定，行政机关依法作出金钱给付义务的行政决定，当事人逾期不履行的，行政机关可以依法加处罚款或者滞纳金，即对当事人未按期履行税务行政行为所确定的义务时开始加处滞纳金，也就是说，在强制执行环节才开始加处滞纳金。而且《行政强制法》规定，加处滞纳金的数额不得超出金钱给付义务的数额。

而按照《中华人民共和国税收征收管理法》（以下简称《税收征管法》）第三十二条及其实施细则第七十五条规定，从税款滞纳之日起至税款实际缴纳之日按日加收万分之五的滞纳金，即未按照税种的纳税申报期申报缴纳税款就开始加收滞纳金。因此，按照《行政强制法》与《税收征管法》加处（收）滞纳金的期限与数额存在较大差异。对滞纳金的规定两法之间存在冲突。如果按照《税收征管法》加收滞纳金，则对当事人极为不利。对于这样的冲突，解决途径应是按照《中华人民共和国立法法》（以下简称《立法法》）第八十五条的规定：“法律之间对同一事项的新的一般规定与旧的特别规定不一致，不能确定如何适用时，由全国人民代表大会常务委员会裁决。”但至今全国人民代表大会常务委员会就此问题未作出裁决，而且当前税务机关对当事人加收滞纳金都是按照《税收征管法》操作。如果当事人在税收执法环节提出这样的问题，税务机关就必须在相关文书上说明按照《税收征管法》加收滞纳金的理由，让当事人明白税务机关不存在适用法律错误或滥用职权的嫌疑。

第三，适用同一法律规范的每一个案件事实、情节都有其特殊性，几乎不存在完全相同的情形。此时，税务机关就应当就此论证、阐述告知当事人为什么该案件能够适用该法律规范的理由。如果税务机关认定某一当事人具有偷税的违法行为，并依照《税收征管法》的规定进行处理，那么税务机关不但应当描述当事人的偷税违法事实，还应当论证和阐述其行为为什么属于偷税，法律对偷税行为的规定是如何处理的，同时告知当事人本次处理的结果，使当事人不但清楚明白其所承担的法律责任，还知道其承担法律责任的缘由和理由。同时，这也能使当事人对行政行为的合法性进行评判。这既是税法宣传的有利途径，也是法制教育的重要手段。

第四，公权力的强势容易导致心理的对抗，通过说明作出这一不利行政行为的理由，说服当事人，缓解对抗情绪，满足当事人和平服从的心理需求。为了公共管理的需要，法律赋予了行政主体一定的权力，而行政相对人却没有与之抗衡的权力。而且，行政主体在行使行政管理职权时，行政主体的单方意志和行政行为的强制性使得行政相对人很容易在心理上对不利行政行为产生对抗情绪。而缓解，甚至消除这种对抗情绪的有效方式之一不是通过强压，甚至暴力使当事人屈从，而是向当事人充分说明其违法行为的存在及其危害性，对其作出处理的必要性，作出行政行为的事实依据和证据、法律依据以及裁量的合理性因素。尽量使当事人在内心认同、服从和接受该行政行为，认为其应当受到处理。即使当事人不予认同对其作出的行政行为，也可以从中找出法律救济的理由。因此，有学者提出，“给予决定的理由是一个正常的人正义感所要求的”。

三、税收执法实施说明理由制度的现实意义

税收执法实施说明理由制度的意义不仅是税务系统深入推进依法行政的需要，在现实的税收执法实践中，它也具有以下不可替代的作用。

第一，有利于提升税收执法人员的执法水平。在税收执法过程中实施说明理由制度，要求税收执法人员在对当事人作出任何不利行政行为时（包括实体性行政行为和程序性行政行为），应当就案件涉及的事实和证据、法律适用和自由裁量等要素进行说明，必然会促使税收执法人员认真考虑这些要素，慎重作出决定。税收执法人员在说明理由时，会仔细地考虑证据的真实性、合法性、关联性和充分性，更周密地考虑所依据的法律和政策的合法性、合理性与正当性，将作出的行政行为理由即内藏于执法人员心中关于案件的思考向当事人和公众公开。这必将促使税务机关及其执法人员在作出行政行为时认真谨慎，尽量避免因自己的行政决定错误或者不当而引起行政相对人事后寻求行政救济或司法救济，尤其要尽量避免因此导致的行政行为被撤销的不利后果。长此以往，税收执法人员的执法水平将会在说明理由制度的推行过程中逐渐得以提高。

第二，有利于对权力滥用的约束，以及防范在行使行政权过程中执法人员的独断、专横与恣意。如上所述，说明理由制度要求执法人员将内藏于心中关于案件事实和证据的认定，适用某一法律规范的理由，裁量的各种因素向当事人公开。执法人员只有严格依照法律规定，考虑与法律相关的因素，排除与法律无关的因素，尽量使作出的行政行为符合立法精神，

符合平等、公正原则和公理规则，并对自己的裁决认真、周密地考量，谨慎、细致地斟酌，确保作的行政行为符合法律、合乎情理，确保当事人对行政行为的信赖，以及自觉接受该行政行为确定的义务，使自己的执法行为在合法、合理的基础上最大限度地得到当事人、社会、本行政机关，甚至司法机关的认知、认同和认可。这样就可以较好地约束权力的滥用，以及防止在行使行政权过程中出现执法人员独断、专横与恣意现象。

第三，有利于保障行政相对人的合法权益。如上所述，说明理由制度是约束行政权滥用的有效方式之一，这本身就有利于保障行政相对人的合法权益，使当事人免受行政权滥用之害。同时，在税收执法过程中充分说明理由，能够使当事人充分了解税务机关认定的案件事实和证据以及法律的适用，使之能够对税务机关的行政行为进行正确而有效的判定。一是可以有效避免当事人因对税务机关的行政行为判断不正确而盲目行使法律救济权，付出不必要的代价；二是如果税务机关的行政行为存在问题，那么行政相对人可以做出正确判定，较好地行使法律救济权。所以，在税收执法过程中实施说明理由制度是使行政相对人合法权益得以保障的有效途径之一。

第四，有利于消除征纳双方的误解与矛盾，让人和平服从，提高行政效率。税务机关在对当事人作出不利的具体行政行为时，一个合乎法律要求、正当合理的说明与解释，有助于说服行政相对人，从而减少行政相对人与税务机关之间的对立，增强行政相对人对行政行为的认同感。而且，对案件的事实和证据、法律适用、裁量的各种因素进行阐述、说明与论证，也有助于消除当事人对一些行政行为的误解。同时，在说明理由的过程中，税收执法人员内心想法的袒露所表现出来的一种坦诚和胸襟有利于行政相对人与税务机关之间产生信赖关系。执法事件的发生，往往缘于当事人的一种心理症结，而这种心理症结的产生又往往是因为误解而对执法者产生的一种不信任。在税收执法过程中实施说明理由制度有助于消除这样的误解和不信任，有利于行政行为的执行，提高行政效率，促进征纳双方的和谐与稳定。

第五，有利于提高税法的遵从度。税收执法说明理由制度对行政权滥用的约束以及对纳税人权益的维护，行政执法的公开化和透明度，税务机关公正执法的良好形象，都有助于提高纳税人对税法的遵从度。有学者提出，在一个不尊重纳税人权利的社会，不可能造就自觉守法的纳税人，任何漠视公民权益的法律终究都要被公民漠视。同时，税务机关对违法行为的充分阐述、说明和论证，使当事人较为清楚地认识到自己的违法行为及其危害，在接受处理的同时接受法制教育，这也有利于提高纳税人遵从税法的意识。

四、税收执法实施说明理由制度的法律依据

虽然在我国的行政执法实践中行政行为说明理由制度的落实并不理想，但在许多法律文件中已经对此作出明确规定和提出具体要求，其中有许多法律制度的规定就涉及税收执法工作。尤其是税务机关在作出行政处理、行政处罚、行政许可、实施行政强制等行政行为时，许多法律制度明确规定应当向当事人说明理由。

较早对说明理由制度作出规定的是1996年3月全国人大通过的《中华人民共和国行政处罚法》（以下简称《行政处罚法》）。《行政处罚法》第三十一条规定："行政机关在作出行政处罚决定之前，应当告知当事人作出行政处罚决定的事实、理由及依据，并告知当事人依法享有的权利。"这就明确了行政机关在作出行政处罚决定时应当告知当事人作出行政处罚决定的理由。

2003年8月，全国人大常委会通过的《中华人民共和国行政许可法》（以下简称《行政许可法》）第三十八条第（二）款规定："行政机关依法作出不予行政许可的书面决定的，应当说明理由，并告知申请人享有依法申请行政复议或者提起行政诉讼的权利。"

2004年3月，国务院颁发的《全面推进依法行政实施纲要》第二十条规定："行政机关行使自由裁量权的，应当在行政决定中说明理由。"在国务院颁发的这一依法行政的纲领性文件中，明确规定了对自由裁量权的行

使应当说明理由。

2009 年 12 月，国家税务总局颁布的《税务稽查工作规程》（2021 年 8 月 11 日被《税务稽查案件办理程序规定》废止）第三十五条规定，稽查局采取税收保全措施时，应当向纳税人送达《税收保全措施决定书》，告知其采取税收保全措施的内容、理由及依据；第六十五条规定，稽查局对被执行人采取强制执行措施时，应当向被执行人送达《税收强制执行决定书》，告知其采取强制执行措施的内容、理由及依据。另外，该规程第五十八条还规定，对当事人作出不予税务行政处罚决定时，也应当说明理由。这是对税收执法实施说明理由制度最直接的规定。自 2021 年 8 月 11 日起施行的《税务稽查案件办理程序规定》第二十九条和第五十二条也重申了这一要求。

2011 年 6 月，全国人大通过的《行政强制法》对行政机关实施行政强制措施以及行政强制执行工作，也明确规定了行政机关说明理由的义务。关于行政机关采取行政强制措施的相关规定有，《行政强制法》第十八条规定，行政机关实施行政强制措施应当当场告知当事人采取行政强制措施的理由、依据以及当事人依法享有的权利、救济途径；第二十四条规定，查封、扣押决定书应当载明下列事项：查封、扣押的理由、依据和期限；第二十五条第（二）款规定，延长查封、扣押的决定应当及时书面告知当事人，并说明理由；第三十一条规定，冻结决定书应当载明冻结的理由、依据和期限；第三十二条第（二）款规定，延长冻结的决定应当及时书面告知当事人，并说明理由。关于行政机关实施强制执行的相关规定有，《行政强制法》第三十七条第（二）款规定，强制执行决定应当以书面形式作出，并载明强制执行的理由和依据；第五十一条规定，代履行决定书应当载明代履行的理由和依据等；第五十五条规定，行政机关向人民法院申请强制执行，应当提供行政决定书及作出决定的事实、理由和依据。《行政强制法》是我国至今关于行政行为说明理由制度的规定中最翔实的法律文件。

另外，国家税务总局在贯彻落实《意见》时，明确要求开展税务稽查说理式执法。

未来，我国将要制定的“中华人民共和国行政程序法”会对行政行为说明理由制度作出更详细的规定。中国政法大学马怀德教授等专家组曾提交草案建议：以书面形式作出或者以书面形式确认的行政行为，应当以书面形式说明理由。行政机关在说明理由时应当表明行政行为的事实依据和法律依据。行政机关行使自由裁量权的，应当说明自由裁量权考虑的主要因素。行政机关说明理由应当清楚、充分。行政机关说明理由含糊、矛盾或者不充分的，视为该行政行为没有理由。

上述法律文件或者法律草案建议从不同方面明确规定，作出行政行为时说明理由是行政主体的一项强制性义务。因此，税收执法机关在对当事人作出不利行政行为时也应遵守这样的规定。

五、税收执法实施说明理由制度的总体要求

说明理由制度要求税收执法人员在执法过程中进行全程说理和全面说理，要把说理始终贯穿执法全过程，把案件涉及的事理、情理和法理向行政相对人与第三方说清说透。既要运用法律法规，结合调查取证的材料对违法事实进行详尽的法理、法律、逻辑分析，做到动之以情、晓之以理、以理服人，又要对当事人在陈述、申辩或听证时提出的观点进行认真分析，归纳梳理，对有理的观点不但要予以采纳，而且要说明采纳的理由；对不予采纳的观点、理由更应当进行详尽说明，说清楚不符合什么法律规范、法学原理，并作出充分阐述和论证，以保障行政相对人知法、知情、知理的权益。具体有三点要求：一是说明事理。以查明案件的真实情况为基础，摆事实、讲道理，一点一点分析是非对错，真正让纳税人明白孰是孰非，从内心深处化解不满情绪，最大限度地让纳税人心服口服。二是说通情理。从日常生活经验入手，引导当事人换位思考，用社会公德、公序良俗教育人、感化人，增进谅解，通过讲情理促进当事人对税务行政行为的理解与认同。三是说透法理。以事实为依据，以法律为准绳，用通俗的语言、浅显的道理，向纳税人讲明法律的规定、法理的道理，辨明问题的

性质，告知当事人的权利与义务，指明法律后果。

六、税收执法实施说明理由制度的具体要求

在税收执法实践中，要实施说明理由制度具体有以下四个方面的要求。

第一，“说理”的环节。在税收征管的全过程，即在税务管理、税款征收、税务稽查的各环节，只要涉及对行政相对人作出不利具体行政行为，就要对当事人说明理由。税务机关在进行税务管理时，责令当事人改正税收违法行为，作出不予税务行政审批、不予税务行政许可等决定时都要说明理由。尤其在税务稽查环节，是最集中、最经常对当事人作出不利行政行为的执法环节，更应当关注说明理由制度的落实情况。根据《税务稽查案件办理程序规定》（国家税务总局令第 52 号）的规定，税务稽查具体分选案、检查、审理和执行四个环节。一般情况下，选案环节是税务机关的内部行为，一般不会对当事人作出不利行政行为。所以，选案工作一般无须说明理由。当然，对于行政相对人的举报，即使作出不予立案的决定，也应当说明理由，让举报人清楚、明白为什么不予立案稽查。另外，对于举报奖励，如果税务机关与举报人就奖励的金额有争议，则税务机关应当就举报奖励争议问题的处理说明理由。在检查环节，对纳税人进行检查，调取纳税人的账簿资料（尤其调取纳税人当年的账簿），实施税收保全措施等都要对当事人说明理由。审理环节是落实说明理由制度最重要的环节，对当事人作出税务处理决定、税务行政处罚决定（或不予税务行政处罚决定），都是对当事人作出实质性的不利行政行为，最需要对当事人说明理由。在执行环节，对当事人实施税收强制执行行为，也必须对当事人说明理由。因此，在税务稽查的各个环节，只要有可能在程序上或者实体上对当事人作出不利行政行为，就应当贯彻说明理由制度。

第二，“说理”的时间。税务机关在对当事人作出不利行政行为时，应当及时说明作出该行政行为的理由。在时间要求上应当贯彻及时性（或同时性）原则，不能事后说明理由。

第三，“说理”的形式。“说理”的形式有口头形式和书面形式两种。但随着法治的日益完善，如果“说理”成了一种要式行为，那么它只有具有一定的法定形式才能成立生效。因此，行政行为说明理由应当以书面形式表现出来。德国《联邦行政程序法》第三十九条规定：“书面或由书面证实的行政行为须以书面说明理由。”我国《行政强制法》第二十四条、第三十一条也明确规定，行政机关在实施查封、扣押、冻结的行政强制措施时，应当在决定书中载明实施查封、扣押、冻结措施的理由；第三十七条还规定，行政机关在作出强制执行决定时，强制执行决定应当以书面形式作出，而强制执行的理由和依据就属应当载明的内容之一。在我国当前的税收执法实践中，税务机关在《税务处理决定书》《税务行政处罚决定书》等文书中，“说理”虽然不是很充分，但有“说理”的意识和成分。而对于有些法律文书，如《税务检查通知书》《税收保全决定书》《税务强制执行决定书》等，有的税务机关就很少说明理由。这值得我们关注。当然，有的税务机关已经有所改进。例如，原福州市国家税务局自 2011 年 6 月起全面实行说理式文书，并制定了《福州市国家税务局说理式税务稽查执法文书规范（试行）》，这是该局在加强和创新社会管理，将依法行政工作向纵深发展的一个重大举措。后来，原广州市国家税务局等税务机关也开始推行书面的说理式执法文书。2021 年 3 月，中共中央办公厅、国务院办公厅印发《关于进一步深化税收征管改革的意见》后，越来越多的税务机关开始推行书面的说理式执法文书，使税务机关推行书面的说理式执法文书出现了一种新气象。其后，我国各地都在对税务行政执法“说理”进行有益的探索，如 2022 年 5 月初，国家税务总局安徽省税务局就印发了《关于印发税务行政处罚说理式文书参考式样的通知》（皖税法便函〔2022〕24 号），对《税务行政处罚决定书（简易）》《不予税务行政处罚决定书》《税务行政处罚事项告知书》《税务行政处罚决定书》四份文书进行了规范。

第四，“说理”的内容。一般认为，行政行为说明理由的内容主要包括事实、法律和法理依据以及自由裁量的要素三个方面。

行政行为说明理由制度中的事实，是指行政主体展示给行政相对人作出行政行为时，认定支持该行政行为的事实依据。对于违法事实的“说理”，应当以调查核实的证据为基础说明违法事实的客观情况，以证据推导出案件的事实，使阐明的事实更具说服力。对当事人提供的税务机关不予认定的事实及其证据应当解释不予认定的理由。

行政行为说明理由中的法律和法理依据，是指用于支持行政行为合法性的各种法律规范和法理依据以及法律结论。在认定事实的基础上，结合有关法律、法规或规章的具体规定以及相关法理，运用逻辑推理，从违法行为的构成要件着手阐明理由，分析当事人行为的违法性质，对案件性质进行准确定性。如果当事人提出了异议，那么对于采纳或不予采纳的意见还应依据法律和法理充分说明理由。对于法律依据的援引，应当全面准确引述案件适用法律、法规的具体内容，不仅要注明所引用的文件文号（法律、法规可不注明文号），还要详细注明引用所依据法律、法规的原文，准确阐述法律适用的理由，突出法律适用的准确性。

行政行为说明理由还应当充分考虑行政行为的正当性，这就要求行政主体需要说明作出自由裁量的因素，即说明作出行政行为时筛选事实证据和适用法律所考虑的公共政策、公理、惯例、公共利益等因素。在充分考虑法定要件、法定情节的基础上，考虑个案的特殊情况，体现公平合理的原则，把自由裁量的依据、理由讲明、讲透彻。要将当事人的主观意图、手段、危害后果、悔改表现等相关因素对照从轻、减轻或者不予处罚的法定（或酌定）情节在文书中明确体现出来，并且对采纳或不采纳当事人的陈述、申辩意见说明理由，尤其是对不采纳的意见应当援引法律、法理进行充分的分析、阐述和论证。

第二节 说理式税收执法文书的法理分析

实施说明理由制度的主要载体就是说理式执法文书。无疑，税务机关推行说明理由制度，也主要是通过使用说理式税收执法文书体现出来的。

一、运用说理式税收执法文书的意义

在税收执法实践中，运用说理式税收执法文书的重要意义主要体现在四个方面。

第一，运用说理式税收执法文书是推进依法行政，共建和谐税收的重要方式，是促进和谐执法、柔性执法的新突破。依法行政，以理服人，是合法行政、合理行政的基本要求。中共中央办公厅、国务院办公厅发的《关于进一步深化税收征管改革的意见》提出，创新行政执法方式，有效运用说服教育、约谈警示等非强制性执法方式，让执法既有力度又有温度，做到宽严相济、法理相融。在税收执法过程中，对这一要求的响应之一就是普遍推行说理式执法文书。之后，国家税务总局在贯彻落实该意见时，就明确要求开展税务稽查说理式执法。传统的税收执法文书，不注意对纳税人知情权的满足，在事实认定、证据运用、法律适用、自由裁量等方面不做充分阐述，经常会引起当事人的不理解甚至误解，有的不接受，甚至不执行税务机关作出的行政行为，容易加剧征纳矛盾。而说理式税收执法文书的运用，对有效缓解行政相对人的对立情绪，降低冲突发生的概率，促进征纳双方和谐稳定具有重要作用。

第二，运用说理式执法文书是提升税收执法能力，防范税收执法风险的成功手段。在税收执法过程中运用说理式税收执法文书，需要阐明事实、讲清道理，这不但要求税收执法人员必须查清、掌握涉税事项的全部真相，收集证明事实存在的证据，同时要求执法人员熟悉、理解作出行政行为依据的税收法律、法规，而且必须掌握并遵循符合税收执法的程序，以及要具备较强的综合分析、逻辑推断和文书制作能力。因此，说理式税收执法文书的运用，不仅是提升税收执法人员综合执法能力，加强税务干部队伍能力建设的有效方法，还是促进规范执法，防范税收执法风险的有力措施。

第三，运用说理式税收执法文书是羁束自由裁量权滥用，实现公正执法的有效途径。行政自由裁量权是现代行政权的重要组成部分，有利于行政效率的提高，但行政自由裁量权也容易因被滥用而导致显失公正的行政结果，从而出现侵害行政相对人合法权益的情形。而在税收执法过程中，说理式税收执法文书的运用正是一种羁束税务行政自由裁量权、实现公正执法的有效途径。充分阐述、说明裁量时考虑的政策、公共利益、惯例、公理等各种因素，最大限度地满足行政相对人对程序正义的心理需求，确保所作的行政行为不但符合法律，而且合乎情理，确保当事人对行政行为的信赖，自觉接受和履行该行政行为确定的义务，从而使税务行政执法行为在很大程度上得到当事人的认同和认可。当制作说理式税收执法文书时，需要把内藏于执法人员心中关于作出行政作为的所有想法公之于众，暴露在阳光之下，一些不合法、不合情理等滥用职权的念头就会因不敢曝光而自然被过滤和舍弃掉。这样有利于羁束税务机关及其执法人员自由裁量权的滥用，实现公正执法。

第四，运用说理式税收执法文书是维护纳税人合法权益的程序保障。程序合法、公正是现代行政法的基本要求。行政执法必须遵从严格的行政程序。这就要求行政机关在作出行政行为时，其行政行为的方式、步骤和时间、顺序等都符合法律及其精神，以防止和减少行政权力的滥用。税收执法过程中要求使用说理式税收执法文书，对作出行政行为的事实和理由、依据和结果必须说明理由。对这一行为作出明确规定，提出严格的要求，就能从程序上对行政行为的作出进行约束和规范，减少执法的随意性，以保障行政相对人的合法权益。

二、使用说理式税收执法文书的法律依据

关于说理式税收执法文书的法律依据，在我国《行政处罚法》《行政许可法》《行政强制法》等许多法律文件中都明确规定行政机关作出相关行政行为应当告知当事人作出决定的事实、理由及依据，有的法律还明确规定应当告知当事人作出行政行为的理由。同理，税务机关在作出税务行政行为时也应当遵循这样的规定。而对行政机关作出行政行为时提出这一要求，都是以相应的执法文书为载体得以体现的，因此上述法律文件也就

成为税务机关使用说理式税收执法文书的法律依据。

税务机关使用说理式税收执法文书的直接法律依据主要有以下三个法律文件。

一是2009年12月国家税务总局颁布的《税务稽查工作规程》（国税发〔2009〕157号）及其后来的替代文件［自2021年8月11日起施行的《税务稽查案件办理程序规定》（国家税务总局令第52号）］都明确规定，稽查局在采取税收保全措施和实施税收强制执行时，在《税收保全措施决定书》和《税收强制执行决定书》中，应当告知当事人所采取税收保全措施和实施税收强制执行的内容、理由及依据。同时，还明确了《不予税务行政处罚决定书》应当包括不予税务行政处罚的理由及依据。

二是2012年3月2日国家税务总局印发的《"十二五"时期税务系统推进依法行政工作规划》（国税发〔2012〕26号）。在该规划中，关于如何严格规范税收行政行为的要求之一就是应当完善税收执法程序，建立和完善税收执法中的回避、告知、听证、说明理由等程序制度；同时，还提出应当健全和完善税务行政裁量权行使程序制度，完善说明理由制度，逐步推行使用说理式执法文书。

三是2012年7月3日国家税务总局颁布的《关于规范税务行政裁量权工作的指导意见》（国税发〔2012〕65号）。该意见对税务机关推行说明理由制度也作出了规定，其中第二条第（四）款规定，税务机关行使行政裁量权作出税务决定时，应当说明理由。第三条第（三）款规定，税务机关执法应当遵循裁量基准。案件情况特殊，不宜适用裁量基准的，应当在法律文书中说明理由。第四条第（四）款明确规定，税务机关行使行政裁量权时应当在行政决定中对事实认定、法律适用和裁量基准的引用等说明理由。该意见要求各级税务机关逐步推行使用说理式执法文书。按照国税发〔2012〕65号文件要求，国家税务总局《税务行政处罚裁量权行使规则》（国家税务总局公告2016年第78号，2018年第31号修订）第二十二条规定，税务机关按照一般程序实施行政处罚，应当在执法文书中对事实认定、法律适用、基准适用等说明理由；第九条规定，省税务机关应当联合制定本地区统一适用的税务行政处罚裁量基准。根据该规则，我国各省份均制定了本地区统一适用的税务行政处罚裁量基准，还有多地联合制定的基准，如自2020年8月1日起施行的《长江三角洲区域申报发票类税务违法行为行政处罚裁量基准》、自2021年10月1日起施行的《京津冀税务行政处罚裁量基准》等。国家税务总局在贯彻落实《意见》时，也明确要求开展税务稽查说理式执法。因此，税务机关推行使用说理式税收执法文书要有法有据，已是势在必行。

三、说理式税收执法文书的主要内容

说理式税收执法文书记载税务行政行为作出时认定的事实，依据的证据，适用的法律，遵循的执法程序，作出的行政裁决结果，以及对当事人陈述、申辩的回应等全部内容，将税务行政执法活动通过说理式执法文书在“阳光下”展开。与传统的税收执法文书相比，说理式税收执法文书在内容和制作要求上有着较大的变革。

制作说理式税收执法文书应当坚持以事实为依据、以法律为准绳的原则，把握合法行政与合理行政并重，坚持处罚与教育相结合，过罚相当，正确、合情、合理地使用自由裁量权。以常见的《税务行政处罚决定书》为例，其主要“说理”内容应当包括违法事实的认定，认定违法的依据（证据），执法的程序，处罚的法律和法理依据，处罚的结果，自由裁量的因素，当事人陈述、申辩意见及其对当事人陈述、申辩意见的回应，以及当事人救济权的告知等八个方面的内容，即在充分说明认定的违法事实及其依据（证据）的基础上，结合处罚的法律和法理依据以及自由裁量的因素，合理地推导出处罚结果。同时，必须说明作出行政行为的合法程序。如果当事人在处罚的过程中提出了陈述、申辩意见及提交了证据，还应当对其提出的陈述、申辩意见及提交的证据采信与否作出充分说明，对当事人的救济权予以告知。

第一，对违法事实的阐述。说理式税收执法文书对这部分内容的主要阐述：一是描述具体事实的客观情节，包括实施违法行为的主体、时间、地点（有的涉税案件无须描述违法事实发生的地点），实施违法行为的主要方式、方法、主观因素、危害结果以及影响自由裁量的情节等内容。对这部分内容的描述，应当坚持客观、真实、全面、公正的原则，尽力排除主观评论甚至推测。既要描述对当事人不利的情节，也要描述对当事人有利的情节。如果有多项违法事实，则应按照一定的分类标准，逐项描述清楚，力求层次分明。二是根据上述客观事实，结合法律的规定对当事人的违法行为进行定性，实现对违法事实的认定，为后面的法律适用和对违法行为的处理、处罚打下基础。对这部分内容的说明须运用“三段论”的推理，以法律依据为大前提，以当事人的客观行为为小前提，合理地推导、认定当事人具有的违法行为及其性质，得出结论。

第二，对认定违法依据（证据）的阐述。依据对当事人认定的每一项涉税事实，说理式税收执法文书必须全面阐述认定该事实依据的所有证据。对阐述的证据不但要明确、具体，证据与待证事实之间还要存在关联度，而且应当确实充分，足以证明事实的存在。

第三，对执法程序的阐述。说理式税收执法文书必须全面阐述作出行政行为的所有程序。例如，稽查案件，不但要说明立案的程序和理由，为什么要对当事人进行检查，还应当说明如何进行检查的，以及作出该行政行为的其他程序。

第四，对法律和法理依据的阐述。说理式税收执法文书对这一内容的阐述，一是应全面、完整地说明税务机关认定违法事实和作出处理、处罚决定涉及的税收法律、法规、规章以及规范性文件的名称（规章、规范性文件还应说明文件的文号）、条款（项、目），以及条款的具体内容。法律条款的引用不但要准确、全面，根据条、款、项、目的顺序予以列明，还应当依据法律文件的位阶由高到低的顺序予以列明。二是应当结合当事人的违法事实，阐述适用法律文件的理由，有的案件还应阐述特别规定优于一般规定，实体从旧、程序从新等法律适用原则和税法原理，让当事人明白为什么适用该条款，为什么这样处理，改变以往机械式执法的惯性思维方式。

第五，对自由裁量因素的阐述。作出的行政行为如果涉及自由裁量的内容，说理式税收执法文书就要充分阐述所依据的法律法规、自由裁量的基准、政策因素、公共利益、惯例、公理以及当事人的主观意图、手段、违法情节和造成的社会危害后果等进行裁量时考虑的所有因素。如果涉及行政处罚从重或者从轻、减轻情节的适用，还应当说明理由，体现执法的合理性。

第六，对当事人陈述、申辩意见的回应。税务机关在作出具体行为的过程中，如果当事人对拟作出的行政行为提出了陈述、申辩意见，包括提交了相关证据，那么说理式税收执法文书应当对当事人提出的陈述、申辩意见及提交的证据采信与否作出充分的说明和积极的回应。阐述采信其观点或证据的原因或者不采信其观点或证据的理由。尤其对后者，更应当从事理、法理、情理等方面充分说明不予采信的理由，满足当事人期待回应的心理。使当事人相信，行政行为的作出是有足够的事实、法律和法理依据的，是必须作出的，是公平、公正的，不存在滥用职权的嫌疑。

第七，对处理结果的阐述。说理式税收执法文书对处理结果的阐述有以下四个方面的具体要求：一是应当具体而明确，准确而没有歧义。二是处理结果具有可履行性。不能作出一个当事人已经履行或者无法履行的处理结果。例如，当事人逾期申报纳税，即没有按照法律规定的申报期申报纳税，但是已经申报了，行政行为的结论就不能包括责成当事人改正这一内容。三是对处理结果的阐述，不能仅仅简单表述处理的结果，还必须综述得出结论的各种要素，包括对法律、法理依据以及情理的阐述，合乎逻辑地推导出处理的结果，体现税务机关执法的价值理念。四是清楚、明确地告知当事人履行方式和期限，以及表述逾期不履行的法律后果。

第八，对当事人救济权利的告知。说理式税收执法文书还应当充分告知当事人救济的权利。对当事人救济权利的告知内容应当合法、清楚，具体而明确地告知当事人不服具体行政行为的救济途径，复议机关或者管辖法院的名称，以及复议、诉讼的期限，让当事人清楚、明白自己该如何行使救济权利。尤其对经上级税务机关批准作出的具体行政行为，如果当事人不服而申请行政复议，文书就要清晰地告知复议的管辖机关，最好能够告知复议的被申请人。因为依据《税务行政复议规则》（国家税务总局令第44号）第二十九条第（一）款规定：“税务机关依照法律、法规和规章规定，经上级税务机关批准作出具体行政行为的，批准机关为被申请人。”此时，复议的被申请人就不是作出行政决定的机关，而是批准机关。复议的管辖机关就是批准机关的上一级税务机关。对于这样较为专业的法律制度，绝大多数当事人都不了解，甚至许多律师也搞不清楚，在实践中也经常有写错复议被申请人、递错复议申请书的情形出现。因此，说理式税收执法文书应当作出明确的告知。

四、说理式税收执法文书的制作建议

在文书的制作要求上，说理式税收执法文书要解决传统执法文书的格式化、机械化、简单化、冷漠化的问题。具体有以下四项建议。

第一，事实合理推定。对当事人作出不利行政行为，对所认定的事实进行陈述时，禁止主观臆断，即必须建立在证据充分的基础上，证据链条完整。证据的收集要符合证据规则的要求。违法事实的推定要符合逻辑证明规则，尤其是“三段论”推理的逻辑规则。对主要事实，即足以影响行政行为作出的事实进行充分的阐述。

第二，法条引用以及告知事项完整、准确、具体。对作出的行政行为，要准确判断所适用的法条，具体、完整地援引法律依据。要以当事人清楚、明白为前提详细列举，依据的法律、法规、规章和规范性文件应详细列举。例如，“根据有关规定作出决定”这样的叙述明显是不符合要求的。对容易产生歧义的法律概念、术语进行较为详尽的阐释分析。对法律适用存在冲突时采用择上规则、新法优于旧法规则、特别法律条款优于一般法律条款规则等法律适用规则时，应当对法律依据的适用进行充分说理。对有关告知事项应合法、清晰、明确。

第三，自由裁量的理由充分。对行政行为涉及的自由裁量因素，要本着公正、公开、合乎情理的要求进行充分说明。在说理时注意遵循惯例

(先例)，平等适用；遵循公理，不引起众怒；体现政策形势，符合立法精神；符合公共利益，出于善意，禁止不当利益联结；遵循比例原则，不得显失公正。

第四，说理式税收执法文书的阐述体现理性和情理。说理式税收执法文书不但在形式上要求结构合理、层次清晰、逻辑严密、论证充分，而且在内容上要求叙事完整，表述合法准确，说理充分，摆事实、讲道理，说清事实、法理、情理，体现税务机关及其执法人员坚定、深厚的法律理性和博大、细微的人文关怀的执法价值理念。

第三节 推行说理式税收执法文书存在的争议及其分析

一、推行说理式税收执法文书的合法性问题及其分析

在税收执法实践中，有的执法人员对税收执法文书的格式化内容能否修改的问题提出了质疑。这是推行说理式税收执法文书必须解决的认识问题。

(一) 问题的来源

《中华人民共和国税收征收管理法实施细则》(以下简称《税收征管法实施细则》)第一百零七条规定：“税务文书的格式由国家税务总局制定。本细则所称税务文书，包括：(一) 税务事项通知书；(二) 责令限期改正通知书；(三) 税收保全措施决定书；(四) 税收强制执行决定书；(五) 税务检查通知书；(六) 税务处理决定书；(七) 税务行政处罚决定书；(八) 行政复议决定书；(九) 其他税务文书。”这不但明确了税务文书的格式由国家税务总局制定，还通过列举与概括，将所有税务文书都放在其规范之列。

根据上述法律规定，国家税务总局从 2005 年至今已经多次发布(或修改)了税收执法文书的式样。主要发布(或修改)了以下文书：第一次是 2005 年 11 月 1 日，国家税务总局印发了《全国统一税收执法文书式样》

(国税发〔2005〕179 号印发)，共计规范了 67 种税收执法文书的式样，主要规范税收执法各环节的一些主要税收执法文书式样。第二次是 2011 年 11 月 29 日，国家税务总局印发《税务稽查内部管理文书式样》以及《税务稽查文书式样标准》(国税发〔2011〕122 号印发)，共计规范了 45 种税务稽查内部管理文书式样。2018 年，国家税务总局关于印发《部分税务稽查内部管理文书式样》(税总发〔2018〕133 号印发)，就案件管辖增加了 2 种内部文书。这些文书主要是在税务稽查内部管理过程中使用，不针对行政相对人作出具体行政行为，对行政相对人基本不产生影响。我们认为，说理式税收执法文书是针对行政相对人而言的，因此可以不把税务稽查内部管理文书纳入说理式税收执法文书的范畴。第三次是 2012 年 1 月 4 日，国家税务总局印发了《税务稽查执法文书式样》(国家税务总局公告 2012 年第 2 号印发)，共计规范了 11 种税务稽查法文书式样，主要是对此前没有发布但税务稽查工作中需要的一些文书，国家税务总局规范了其文书式样。这 11 种税务稽查法文书基本上属于程序性而非实体性的文书，而且不涉及对行政相对人作出不利行政行为，因此也可以不纳入说理式税收执法文书的范畴。第四次是 2015 年 12 月 31 日，国家税务总局关于发布《社会保险费及其他基金规费文书式样》(国家税务总局公告 2015 年第 98 号印发)。这是国家税务总局第一次出台社会保险费及其他基金规费文书式样。许多文书涉及对缴费人作出不利行政行为时使用，因此必须使用说理式执法文书。第五次是 2021 年 7 月 16 日，国家税务总局发布了《关于修订部分税务执法文书的公告》(国家税务总局公告 2021 年第 23 号印发)。这是为了贯彻落实中共中央办公厅、国务院办公厅印发的《关于进一步深化税收征管改革的意见》，严格规范税务执法行为，并与新修订实施的《行政处罚法》等法律规定相衔接，国家税务总局修订了部分税务执法文书，主要修订了 33 种执法文书。许多文书也涉及对纳税人、缴费人作出不利行政行为时使用，因此必须使用说理式执法文书。后面的论述都将涉及这些执法文书。

根据上述法律文件的规定，有的税收执法人员认为，国家税务总局依据《中华人民共和国税收征收管理法实施细则》（以下简称《税收征管法实施细则》）授权制定的格式化税收执法文书具有法定性，不经国家税务总局的修订，任何税务机关不得改变税收执法文书式样。而目前有的税务机关推行和使用的说理式税收执法文书式样，并没有经过国家税务总局的制定和发布，对当事人不具有法律效力，甚至有的执法人员认为使用这样的文书具有税收违法性。当然，也有税收执法人员提出了相反的意见，认为推行使用说理式税收执法文书也有国家税务总局法律文件的依据，可以使用。此问题在税收执法实践中争议较大。

（二）问题的分析

对于上述争议，我们认为是伪争议，即上述两种观点实质上并不矛盾。国家税务总局依据《税收征管法实施细则》授权制定的格式化税收执法文书具有法定性，不经国家税务总局的修订，任何税务机关不得改变税收执法文书的式样。这种观点和认识无疑是正确的。但是，推行使用说理式税收执法文书既没有违反《税收征管法实施细则》第一百零七条的规定，也没有违反国家税务总局上述文件的规定。理由有以下三点。

第一，说理式税收执法文书没有创设新的税收执法文书的种类。说理式税收执法文书只是在文书的内容上提出了更高的要求，强调“说理”的因素，并没有创设新的税收执法文书种类。因此，并不违反相关法律文件的规定。

第二，说理式税收执法文书的格式、结构和标准与国家税务总局发布的税收执法文书式样的格式、结构和标准基本一致。国家税务总局发布的税收执法文书式样的结构一般包括三个部分：一是文书的首部。其内容包括发文机关名称、文书名称、文书字号、送达对象。二是文书的正文。一般包括事实、法律依据、理由、结论等内容。三是文书的尾部。一般只有发文税务机关的名称及其印章、作出行政决定的时间两部分内容。税收执法文书的标准即技术规范包括以下内容：一是文书的尺寸。除个别文书有特殊要求之外，统一使用 A4 幅面纸张（210mm × 297mm）印制。二是字体字号。税务机关名称使用 2 号宋体，文书名称使用 1 号宋体，文书字轨文号、字号和正文使用3号仿宋，表格内文字使用小4号仿宋，使用说明使用3号仿宋。三是文书的行数与字数。文书一般每页22行，每行28个字。四是文书的页码标注要求。文书页数在2页或者2页以上的，需在页码处标注“共×页第×页”。五是文书的备份要求。文书统一采用一式多份文书。而税务机关使用的说理式税收执法文书的格式、结构和标准与上述要求完全一致，不存在任何冲突和矛盾。当然，随着信息技术的发展和税法制度的演进，电子化的税务文书必将走上历史舞台，税务执法文书的式样也会随之在格式和要素上有所微调。

第三，国家税务总局制定的税收执法文书式样对执法文书的内容只有框架性规定，说理式税收执法文书的内容与其规定也是一致的。从文书的内容来说，税收执法文书式样基本上属于空白式样的格式范例，只是在文书的种类和文书格式上具有规范和指引作用，对于执法文书的具体内容并没有翔实的规定，只有框架性规定。而说理式税收执法文书在内容的基本要求上与国家税务总局制定文书式样的框架性内容也是一致的，只是对作出行政行为说理的内容作了较为翔实的要求。而且，评判一个执法文书的合法性并不在于其形式和格式是否合法，关键是文书记载的内容，即行政行为所确定的权利和义务，尤其是实体性权利和义务是否符合法律规定。

综上所述，使用说理式税收执法文书不但符合相关法律规定，而且更有利于维护和保障行政相对人的合法权益，也并不损害国家利益和他人的合法权益，是行政立法和法理精神推崇的执法文书，也是国家税务总局相关法律文件明确规定需要推行的法律文书，我们没有理由不使用这样的新型税收执法文书。

二、推行说理式税收执法文书的合理性问题及其分析

“说理式执法”是税收执法由以往“一刀切”粗放式执法，向事实讲证据，裁量讲道理，决定讲法律的精确执法转变。在“说理”的过程中，常常会遇到“说理式税收执法文书牵扯了较多的人力、精力，不利于提高行政效率”，“通过说理式税务执法文书，将税收执法活动完全暴露在‘阳

光’下，不利于维护税务机关的执法权威，会带来更多的争议和执法救济活动”等畏难情绪、困难思想和经验主义，在说理式税收执法文书的制作上也往往“行文烦琐，逻辑混乱，主次不分”，认为说理式税收执法文书就是要将执法活动的方方面面全部写到，甚至要求必须有一定的篇幅指标。因此，推行说理式税收执法文书不具有合理性。但我们认为，以上各种认知都走入了误区，而且克服这些误区需要从四个方面正确理解。

第一，说理式税收执法文书不是“长”文书。说理式税收执法文书的核心在于“说理”，只要说清楚就可以，简单的事情简单说，复杂的事情复杂说。在文书制作上，以说清楚讲明白为标准，注意做到文字精练、内容精简、逻辑精准。

第二，推行说理式税收执法文书不会导致“慢”执法。推行说理式税收执法文书并没有改变税务行政执法的程序要求，仍然需要坚持效率原则。不能因为需要制作“说理”式执法文书，而故意拉长程序、增加环节、拖长时间。不是为“说理”而说理，而是为执法说理。

第三，制作说理式税收执法文书时不能“找”理由。说理式税收执法文书以事实为导向，基于执法活动的事实，依据税收法律法规的规定，是对税务执法过程和执法裁量理由的有效记录。任何以结果为导向的活动，任何预先设定裁量结果的税收执法活动，哪怕文书写得再好，也不是有效税收执法活动。

第四，推行说理式税收执法文书无法保证“零”风险。说理式税收执法文书能够有效防范税收执法风险，但绝不是“零”风险。尽管“说理”详尽，也可能因为事实调查中的偏差，关键涉税要素判定的（如纳税义务发生时间）失误，导致税收执法风险，这与是否推行说理式税收执法文书本身无关。

只有在税收执法活动中做到有效而正确地“说理”，才能达到预期的效果。

一是“费小事省大力”，大幅降低执法成本。“说理”有效地缓解了纳税人的对立情绪，大大减少了执法后期的说服和补证工作。税收执法争议和救济也会大幅减少，不仅提高了税务行政执法的效能，更能大幅降低税务执法成本。

二是“求大同存小异”，切实缓解征纳矛盾。将税务执法裁量过程，通过说理式执法文书的制作，广泛进行交流和沟通，尤其是在对违法事实的认定、处罚裁量的行使和税收罚则的适用上，能够快速达成共识，为执法文书的执行创造了良好局面。

三是“提认识促遵从”，实现执法服务融合。在执法活动中对具体问题进行税法分析，很大程度上提高了纳税人的税法意识，同时通过“说理”机制，将文明执法、税法宣传、纳税辅导、个性引导融入执法活动，拉近了税企关系，提高了税法遵从度。

第二章　说理式税收执法文书的基本规范

税收执法行为需要通过税收执法文书予以体现。各级税务机关实施服务、征管、稽查等执法活动，需要通过税务文书对税收执法活动的程序、事实、依据、结论以及救济渠道方式进行有效记载，体现税收执法的合法性和合理性。在税收执法中贯彻“说理”的要求，其重点就是通过说理式税收执法文书，“简案简说、繁案精说”，讲清违法行为的事理，讲准定性适法的法理，讲明程序正当的公理，讲透行政裁量的情理。这也是提升税收执法质量，引导和督促税务执法人员全程“说理”、全面“说理”的重要标准。

第一节　税务说理式执法的载体和文书种类

确定哪些税收执法文书需要纳入说理式税收执法文书的范围，是做好说理式执法的基本问题。一般来说，判定税务机关行政执法行为是否需要使用“说理”方式，需要依据以下三个标准。

一是税务机关对行政相对人作出具体行政行为。如果税务机关作出抽象行政行为，如发布税收法律、法规、规章以及公告等，就无须使用“说理”的方式进行。

二是税务机关对行政相对人作出不利具体行政行为。行政主体在作出或拟作出对行政相对人不利的行政行为时应当说明理由。这种不利行政行为既包括实体性不利行政行为，也包括程序性不利行政行为。税务机关在对行政相对人作出有利行政行为时，一般可以不对行政相对人翔实说明理由。

三是税务机关以“说理”方式作出具体行政行为需要通过一定的载体记录。这个载体一般来说就是“说理式”税务文书。例如，税务行政处罚包括简易程序处罚和普通程序处罚两种形式，处罚是对纳税人作出不利后果的具体行政行为，属于依法“说理”的范围，但两者在“说理”的载体或是表现形式上存在较大的差异。对于简易行政处罚，是以口头说理为主，即在税务机关当场作出简易行政处罚决定前，也应当向行政相对人告知拟作出的行政处罚内容及事实、理由、依据，并告知当事人依法享有的陈述、申辩、要求听证等权利。但因为是简易程序，这种前置的说理只需要通过口头的方式进行，而无须载入《税务行政处罚决定书（简易）》中。当然，在制发的《税务行政处罚决定书（简易）》中，也需要按照《行政处罚法》的要求，“应当载明当事人的违法行为，行政处罚的种类和依据、罚款数额、时间、地点，申请行政复议、提起行政诉讼的途径和期限以及行政机关名称，并由执法人员签名或者盖章”等内容。

“说理式”税务执法需要通过说理式税收执法文书体现“说理”。税务机关在作出或拟作出对行政相对人不利行政行为时使用的说理式执法文书，既包括实体性说理式税收执法文书，也包括程序性说理式税收执法文书。

税务行政执法使用的文书一般以《税收征管法》及《税收征管法实施细则》的规定为基础，同时沿用其他行政法律规范规定的文书式样。《税收征管法实施细则》第一百零七条规定：“税务文书的格式由国家税务总局制定。本细则所称税务文书，包括：（一）税务事项通知书；（二）责令限期改正通知书；（三）税收保全措施决定书；（四）税收强制执行决定书；（五）税务检查通知书；（六）税务处理决定书；（七）税务行政处罚决定书；（八）行政复议决定书；（九）其他税务文书。”

国家税务总局依据《税收征管法》及《税收征管法实施细则》的规定，制发了税务行政执法过程中涉及的税务执法文书的式样及标准。

在统一税收执法文书式样之前，除《税收征管法》及《税收征管法实施细则》的规定外，国家税务总局在部门法规中也相继规定了一些执法文书，如自2005年7月1日起生效的《纳税担保试行办法》（国家税务总局令第11号）、《抵税财物拍卖、变卖试行办法》（国家税务总局令第12号）中就规定了《责成提供纳税担保通知书》《纳税担保财产清单》《纳税担保书》《解除纳税担保通知书》《拍卖/变卖抵税财物决定书》《拍卖/变卖结果通知书》《拍卖/变卖商品、货物或者其他财产清单》《返还商品、货物或者其他财产通知书》《返还商品、货物或者其他财产清单》等文书。

2005年11月，为进一步规范税收征纳行为，促进税收执法文书合法、准确、规范地使用，推进依法治税，国家税务总局印发《全国统一税收执法文书式样》（国税发〔2005〕179号印发），根据《税收征管法》及其实施细则的有关规定，制定规范了67种税收执法文书，自2006年5月1日起施行。2018年6月，国家税务总局公告修改了其中《纳税人存款账户账号报告表》式样（国家税务总局公告2018年第35号），自2018年7月5日起从事生产、经营的纳税人依法向主管税务机关报告其银行账号时，使用修改后的《纳税人存款账户账号报告表》。2017年9月，国家税务总局印发《关于修订税务行政处罚（简易）执法文书的公告》（国家税务总局公告2017年第33号），自2017年11月1日起对适用简易程序的税务行政处罚执法文书进行了修订，新《税务行政处罚决定书（简易）》集成了《陈述申辩笔录》和《税务文书送达回证》，税务机关依法对公民、法人或者其他组织当场作出行政处罚决定的，使用修订后的《税务行政处罚决定书（简易）》，不再另行填写。2021年，该文书被国家税务总局《关于修订部分税务执法文书的公告》（国家税务总局公告2021年第23号）再次修订。

2006年12月，国家税务总局印发《关于印发个体工商户税收定期定额征收管理文书的通知》（国税函〔2006〕1199号），制发了《个体工商户定额信息采集表》等7种共10张个体工商户税收定期定额管理中使用的税收执法文书和有关报表式样，自2007年1月1日起执行。2016年8月，国家税务总局印发《关于修订个体工商户税收定期定额征收管理文书的公告》（国家税务总局公告2016年第56号），自2016年10月1日起，对营业税改征增值税试点的个体工商户实行定期定额征收方式的，在采集纳税人信息时应使用《个体工商户定额信息采集表（适用于营业税改征增值税试点纳税人）》，《国家税务总局关于印发个体工商户税收定期定额征收管理文书的通知》（国税函〔2006〕1199号）附件1中的《个体工商户定额信息采集表（适用于营业税纳税人）》同时废止。2018年6月，国家税务总局发布《关于修订个体工商户定额信息采集相关文书的公告》（国家税务总局公告2018年第36号），修订了《个体工商户定额信息采集表（商业）》《个体工商户定额信息采集表（工业生产及来料加工业）》《个体工商户定额信息采集表（修理修配业）》，自2018年7月5日起施行。

2016年2月，国家税务总局印发《关于税务行政许可若干问题的公告》（国家税务总局公告2016年第11号），明确税务行政许可事项、规范税务行政许可实施机关和实施程序，制发了13种税务行政许可文书，自2016年4月1日起施行。其后，随着税务行政许可程序的不断优化、简化，经过国家税务总局2017年5月、2019年3月和2019年11月的多次修订，现行税务行政许可文书共有《税务行政许可申请表》等15种。

2011年11月，国家税务总局印发《税务稽查内部管理文书式样》和《税务稽查文书式样标准》（国税发〔2011〕122号印发），制发了《检举税收违法行为登记表》等45项税务稽查内部管理文书式样，以及用纸、页边距、字体字号等行文式样标准。2012年1月，国家税务总局发布《税务稽查执法文书式样》（国家税务总局公告2012年第2号印发），制定《检举税收违法行为记录单》等11项税务稽查执法文书式样，自2012年3月1日起施行。2018年8月，国家税务总局发布《部分税务稽查内部管理文书式样》（税总发〔2018〕133号印发），制发了《国家税务总局×××税务局指定管辖申请》等2类税务稽查内部管理文书式样，自印发之日起执行。

2021年7月，为了贯彻落实中共中央办公厅、国务院办公厅印发的

《关于进一步深化税收征管改革的意见》，严格规范税务执法行为，并与新修订实施的《行政处罚法》等法律规定相衔接，国家税务总局印发《关于修订部分税务执法文书的公告》（国家税务总局公告 2021 年第 23 号），修订了 33 份税务执法文书，自 2021 年 8 月 11 日起施行。

长期以来，《中华人民共和国社会保险法》（以下简称《社会保险法》）没有明确社会保险费执法文书的问题，一直困扰着税务机关，自 2018 年中共中央办公厅、国务院办公厅《国税地税征管体制改革方案》决定将社会保险费全责划转税务机关征收以后，这个问题就变得更加突出。2015 年 12 月，国家税务总局发布《社会保险费及其他基金规费文书式样》（国家税务总局公告 2015 年第 98 号印发），就税务机关负责征收社会保险费及其他相关基金规费对地区社会保险费执法文书进行了规范，制发了《社会保险费缴费登记表（适用单位缴费人）》等 35 种执法文书，以加强和规范税务机关社会保险费、残疾人就业保障金及其他基金规费征管工作，方便缴费人履行缴费义务，提高税务机关服务质量和征管效率。2019 年 12 月，国家税务总局发布第 49 号公告，修订了其中的《残疾人就业保障金缴费申报表》。2021 年 7 月，国家税务总局印发《关于修订部分税务执法文书的公告》（国家税务总局公告 2021 年第 23 号），修订了《社会保险费行政处罚事项告知书》等 4 种社会保险费行政处罚文书。

综上所述，现行国家税务总局明确规定了式样和标准的税务文书见表 2－1 至表 2－6。

一、税收征管类文书

表 2－1　我国现行明确了式样和标准的税收征管类文书

序号	文书名称	文件依据
1	税务事项通知书	国家税务总局公告 2021 年第 23 号
2	扣缴义务人登记表	国税发〔2005〕179 号
3	财务会计制度及核算软件备案报告书	国税发〔2005〕179 号
4	纳税人合并分立情况报告书	国税发〔2005〕179 号
5	外出经营活动税收管理证明	国税发〔2005〕179 号

续表

序号	文书名称	文件依据
6	外出经营活动情况申报表	国税发〔2005〕179 号
7	纳税人存款账户账号报告表	国家税务总局公告 2018 年第 35 号
8	税务证件挂失报告表	国税发〔2005〕179 号
9	税务认定审批确认表	国税发〔2005〕179 号
10	税务认定年审审批表	国税发〔2005〕179 号
11	委托代征税款协议书	国税发〔2005〕179 号
12	变更委托代征税款协议通知书	国税发〔2005〕179 号
13	终止委托代征税款协议通知书	国税发〔2005〕179 号
14	核定定额通知书	国税函〔2006〕1199 号
15	停业、复业（提前复业）报告书	国税发〔2005〕179 号
16	定期定额户自行申报（申请变更）纳税定额表	国税发〔2005〕179 号
17	发票领购簿	国税发〔2005〕179 号
18	代开发票申请表	国税发〔2005〕179 号
19	发票挂失/损毁报告表	国税发〔2005〕179 号
20	挂失/损毁发票清单	国税发〔2005〕179 号
21	发票换票证	国税发〔2005〕179 号
22	调验空白发票收据	国税发〔2005〕179 号
23	收缴、停止发售发票决定书	国税发〔2005〕179 号
24	解除收缴、停止发售发票决定书	国税发〔2005〕179 号
25	税务检查通知书（一）	国家税务总局公告 2021 年第 23 号
26	检查存款账户许可证明	国税发〔2005〕179 号
27	调取账簿资料通知书	国税发〔2005〕179 号
28	调取账簿资料清单	国税发〔2005〕179 号
29	询问通知书	国税发〔2005〕179 号
30	询问（调查）笔录	国税发〔2005〕179 号
31	陈述申辩笔录	国税发〔2005〕179 号
32	税务稽查结论	国家税务总局公告 2021 年第 23 号
33	税务处理决定书	国家税务总局公告 2021 年第 23 号
34	责令限期改正通知书	国家税务总局公告 2021 年第 23 号
35	税务文书送达回证	国家税务总局公告 2021 年第 23 号
36	阻止欠税人出境布控申请表	国税发〔2005〕179 号

续表

序号	文书名称	文件依据
37	边控对象通知书	国税发〔2005〕179 号
38	阻止出境决定书	国税发〔2005〕179 号
39	阻止欠税人出境撤控申请表	国税发〔2005〕179 号
40	阻止欠税人出境撤控通知书	国税发〔2005〕179 号
41	解除阻止出境决定书	国税发〔2005〕179 号
42	税收保全措施决定书（冻结存款适用）	国家税务总局公告 2021 年第 23 号
43	冻结存款通知书	国家税务总局公告 2021 年第 23 号
44	解除税收保全措施决定书（冻结存款适用）	国家税务总局公告 2021 年第 23 号
45	解除冻结存款通知书	国家税务总局公告 2021 年第 23 号
46	税收保全措施决定书（查封/扣押适用）	国家税务总局公告 2021 年第 23 号
47	查封商品、货物或者其他财产清单	国税发〔2005〕179 号
48	扣押商品、货物或者其他财产收据	国税发〔2005〕179 号
49	解除税收保全措施决定书（查封/扣押适用）	国家税务总局公告 2021 年第 23 号
50	税收强制执行决定书（扣缴税收款项适用）	国家税务总局公告 2021 年第 23 号
51	扣缴税收款项通知书	国税发〔2005〕179 号
52	税收强制执行决定书（拍卖/变卖适用）	国家税务总局公告 2021 年第 23 号
53	强制执行申请书	国家税务总局公告 2021 年第 23 号
54	税务行政处罚事项告知书	国家税务总局公告 2021 年第 23 号
55	税务行政处罚决定书（简易）	国家税务总局公告 2021 年第 23 号
56	税务行政处罚决定书	国家税务总局公告 2021 年第 23 号
57	不予行政处罚决定书	国家税务总局公告 2021 年第 23 号
58	税务行政处罚听证通知书	国家税务总局公告 2021 年第 23 号
59	听证笔录	国税发〔2005〕179 号
60	协助执行通知书（一）	国税发〔2005〕179 号
61	协助执行通知书（二）	国税发〔2005〕179 号
62	协助执行通知书（三）	国税发〔2005〕179 号
63	涉税案件移送书	国家税务总局公告 2021 年第 23 号
64	税务行政执法审批表	国税发〔2005〕179 号
65	税务协助检查通知书	国家税务总局公告 2021 年第 23 号
66	催告书（行政强制执行适用）	国家税务总局公告 2021 年第 23 号
67	催告书（申请人民法院强制执行适用）	国家税务总局公告 2021 年第 23 号

续表

序号	文书名称	文件依据
68	个体工商户定额信息采集表（适用于营业税改征增值税试点纳税人）	国家税务总局公告 2016 年第 56 号
69	个体工商户定额信息采集表（商业）	国家税务总局公告 2018 年第 36 号
70	个体工商户定额信息采集表（工业生产及来料加工业）	国家税务总局公告 2018 年第 36 号
71	个体工商户定额信息采集表（修理修配业）	国家税务总局公告 2018 年第 36 号
72	定期定额个体工商户税纳税分月汇总申报表	国税函〔2006〕1199 号
73	个体工商户定额核定汇总审批表	国税函〔2006〕1199 号
74	个体工商户定额核定审批表	国税函〔2006〕1199 号
75	不予变更纳税定额通知书	国税函〔2006〕1199 号
76	未达起征点通知书	国税函〔2006〕1199 号
77	税务协助检查通知书	国家税务总局公告 2021 年第 23 号

二、税务行政许可类文书

表 2－2　我国现行明确了式样和标准的税务行政许可类文书

序号	文书名称	文件依据
1	税务行政许可申请表	国家税务总局公告 2019 年第 34 号
2	税务行政许可受理通知书	国家税务总局公告 2019 年第 34 号
3	税务行政许可不予受理通知书	国家税务总局公告 2019 年第 34 号
4	补正税务行政许可材料告知书	国家税务总局公告 2019 年第 34 号
5	准予税务行政许可决定书	国家税务总局公告 2019 年第 34 号
6	不予税务行政许可决定书	国家税务总局公告 2019 年第 34 号
7	税务行政许可决定延期告知书	国家税务总局公告 2019 年第 34 号
8	准予变更税务行政许可决定书	国家税务总局公告 2019 年第 34 号
9	不予变更税务行政许可决定书	国家税务总局公告 2019 年第 34 号
10	准予延续税务行政许可决定书	国家税务总局公告 2019 年第 34 号
11	不予延续税务行政许可决定书	国家税务总局公告 2019 年第 34 号
12	撤销税务行政许可决定书	国家税务总局公告 2019 年第 34 号
13	撤回（变更）税务行政许可决定书	国家税务总局公告 2019 年第 34 号
14	税务文书送达回证	国家税务总局公告 2019 年第 34 号
15	税务行政许可申请材料接收清单	国家税务总局公告 2019 年第 34 号

三、税务稽查文书

（一）税务稽查内部文书

表2-3 我国现行明确了式样和标准的税务稽查内部文书

序号	文书名称	文件依据
1	检举税收违法行为登记表	国税发〔2011〕122号
2	交办/督办/转办/情报交换案件登记表	国税发〔2011〕122号
3	税收违法检举案件督办函	国税发〔2011〕122号
4	税收违法检举案件情况报告表	国税发〔2011〕122号
5	税收违法检举案件催办函	国税发〔2011〕122号
6	税收违法检举事项交办函	国税发〔2011〕122号
7	税收违法检举案件延期查处申请	国税发〔2011〕122号
8	税收违法检举案件延期查处批复	国税发〔2011〕122号
9	税收违法案件交办函	国税发〔2011〕122号
10	转办函	国税发〔2011〕122号
11	税务稽查立案审批表	国税发〔2011〕122号
12	税务稽查任务通知书	国税发〔2011〕122号
13	税务稽查项目书	国税发〔2011〕122号
14	税务稽查案件稽查所属期间变更审批表	国税发〔2011〕122号
15	税务稽查案件稽查人员变更审批表	国税发〔2011〕122号
16	检查纳税人电子信息系统审批表	国税发〔2011〕122号
17	税务稽查报告	国税发〔2011〕122号
18	税收违法案件中止检查审批表	国税发〔2011〕122号
19	税收违法案件解除中止检查审批表	国税发〔2011〕122号
20	税收违法案件终结检查审批表	国税发〔2011〕122号
21	延长税收违法案件检查时限审批表	国税发〔2011〕122号
22	税收违法案件证据及其他资料交接清单	国税发〔2011〕122号
23	补正或者补充调查通知书	国税发〔2011〕122号
24	税务稽查审理报告	国税发〔2011〕122号
25	税务稽查审理审批表	国税发〔2011〕122号
26	税收违法案件集体审理纪要	国税发〔2011〕122号
27	延长税收违法案件审理时限审批表	国税发〔2011〕122号

续表

序号	文书名称	文件依据
28	税务稽查执行报告	国税发〔2011〕122号
29	延期或者分期缴纳罚款申请审批表	国税发〔2011〕122号
30	检举纳税人税收违法行为奖励审批表	国税发〔2011〕122号
31	检举纳税人税收违法行为奖金领款财务凭证	国税发〔2011〕122号
32	涉嫌犯罪案件移送建议	国税发〔2011〕122号
33	税收违法案件中止执行审批表	国税发〔2011〕122号
34	税收违法案件解除中止执行审批表	国税发〔2011〕122号
35	税收违法案件终结执行审批表	国税发〔2011〕122号
36	税务稽查案卷（正卷、副卷）封皮	国税发〔2011〕122号
37	税务稽查案卷卷内资料目录	国税发〔2011〕122号
38	税务稽查案卷卷内资料备考表	国税发〔2011〕122号
39	查阅税务稽查案卷审批表	国税发〔2011〕122号
40	借阅税务稽查案卷审批表	国税发〔2011〕122号
41	税务稽查案卷内容摘抄复制审批表	国税发〔2011〕122号
42	税务稽查案件复查通知书	国税发〔2011〕122号
43	税务稽查案件复查报告	国税发〔2011〕122号
44	务稽查案件复查结论	国税发〔2011〕122号
45	税务稽查案件复查鉴定	国税发〔2011〕122号
46	国家税务总局×××税务局指定管辖申请	税总发〔2018〕133号
47	国家税务总局（×××税务局）指定管辖决定书	税总发〔2018〕133号

（二）稽查执法文书

表2-4 我国现行明确了式样和标准的稽查执法文书

序号	文书名称	文件依据
1	检举税收违法行为记录单	国家税务总局公告2012年第2号
2	检举税收违法行为受理回执	国家税务总局公告2012年第2号
3	提取证据专用收据	国家税务总局公告2012年第2号
4	现场笔录	国家税务总局公告2021年第23号
5	勘验笔录	国家税务总局公告2021年第23号
6	税务稽查工作底稿（一）、（二）	国家税务总局公告2012年第2号
7	涉嫌犯罪案件移送书	国家税务总局公告2021年第23号

续表

序号	文书名称	文件依据
8	涉嫌犯罪案件情况调查报告	国家税务总局公告2021年第23号
9	暂缓或者分期缴纳罚款通知书	国家税务总局公告2021年第23号
10	检举纳税人税收违法行为领奖通知书	国家税务总局公告2012年第2号
11	检举纳税人税收违法行为奖金付款专用凭证	国家税务总局公告2012年第2号

四、社会保险费文书

表2-5　我国现行明确了式样和标准的社会保险费文书

序号	文书名称	文件依据
1	DJ01 社会保险费缴费登记表（适用单位缴费人）	国家税务总局公告2015年第98号
2	DJ02 社会保险费缴费登记表（适用灵活就业人员）	国家税务总局公告2015年第98号
3	DJ03 员工社会保险费缴费登记表	国家税务总局公告2015年第98号
4	DJ04 社会保险费缴费信息登记变更申请表	国家税务总局公告2015年第98号
5	DJ05 注销社会保险费缴费登记申请表	国家税务总局公告2015年第98号
6	SB01 社会保险费缴费申报表（适用单位缴费人）	国家税务总局公告2015年第98号
7	SB02 社会保险费缴费申报表（适用灵活就业人员）	国家税务总局公告2015年第98号
8	SB03 员工社会保险费缴费明细申报表（适用明细申报地区）	国家税务总局公告2015年第98号
9	SB04-1 社会保险费年度结算申报表（适用明细申报地区）	国家税务总局公告2015年第98号
10	SB04-2 社会保险费工资总额调整项目汇总表（适用明细申报地区）	国家税务总局公告2015年第98号
11	SB04-3 员工应补（退）社会保险费明细表（适用明细申报地区）	国家税务总局公告2015年第98号
12	SB05 基金规费退（抵）费申请表	国家税务总局公告2015年第98号
13	SB06 残疾人就业保障金缴费申报表	国家税务总局公告2019年第49号
14	JC01 基金规费缴费评估（检查）通知书	国家税务总局公告2015年第98号
15	JC02 基金规费缴费评估（检查）约谈通知书	国家税务总局公告2015年第98号
16	JC03 基金规费缴费评估（检查）实地核查通知书	国家税务总局公告2015年第98号

续表

序号	文书名称	文件依据
17	ZF01 社会保险费限期缴纳通知书	国家税务总局公告 2015 年第 98 号
18	ZF02 查询单位存款账户通知书	国家税务总局公告 2015 年第 98 号
19	ZF03 划拨社会保险费决定书	国家税务总局公告 2015 年第 98 号
20	ZF04 划拨银行存款通知书	国家税务总局公告 2015 年第 98 号
21	ZF05 责令提供社会保险费担保通知书	国家税务总局公告 2015 年第 98 号
22	ZF06 社会保险费缴费担保书	国家税务总局公告 2015 年第 98 号
23	ZF07 社会保险费担保财产清单	国家税务总局公告 2015 年第 98 号
24	ZF08 解除社会保险费缴费担保通知书	国家税务总局公告 2015 年第 98 号
25	ZF09 延期缴纳社会保险费协议	国家税务总局公告 2015 年第 98 号
26	ZF10－1 社会保险费征收决定书（通用）	国家税务总局公告 2015 年第 98 号
27	ZF10－2 社会保险费征收决定书（适用欠费清缴地区）	国家税务总局公告 2015 年第 98 号
28	ZF11－1 社会保险费履行义务催告书（适用非全责征收地区）	国家税务总局公告 2015 年第 98 号
29	ZF11－2 社会保险费履行义务催告书（适用全责征收地区）	国家税务总局公告 2015 年第 98 号
30	ZF13 社会保险费行政处罚听证通知书	国家税务总局公告 2021 年第 23 号
31	ZF15 社会保险费行政处罚决定书（简易）	国家税务总局公告 2021 年第 23 号
32	ZF16 基金规费征缴事项通知书（通用）	国家税务总局公告 2015 年第 98 号
33	社会保险费行政处罚事项告知书	国家税务总局公告 2021 年第 23 号
34	社会保险费行政处罚决定书	国家税务总局公告 2021 年第 23 号

按照前述税务机关行政执法行为是否需要通过“说理”方式进行的三项判定标准，上述现行文书中，对应税务机关对行政相对人作出的不利具体行政行为的税务执法文书，需要予以“说理”的如表 2－6 所示。

表 2－6　我国现行需要予以“说理”的税务执法文书

序号	文书名称	文件依据
1	责令限期改正通知书	国家税务总局公告 2021 年第 23 号
2	核定定额通知书	国税函〔2006〕1199 号
3	不予税务行政许可决定书	国家税务总局公告 2019 年第 34 号

续表

序号	文书名称	文件依据
4	收缴、停止发售发票决定书	国税发〔2005〕179 号
5	阻止出境决定书	国税发〔2005〕179 号
6	税务行政处罚决定书（简易）	国家税务总局公告 2021 年第 23 号
7	社会保险费行政处罚决定书	国家税务总局公告 2021 年第 23 号
8	社会保险费行政处罚决定书（简易）	国家税务总局公告 2021 年第 23 号
9	社会保险费征收决定书（通用）	国家税务总局公告 2015 年第 98 号
10	社会保险费限期缴纳通知书	国家税务总局公告 2015 年第 98 号
11	税务检查通知书	国家税务总局公告 2021 年第 23 号
12	税务协助检查通知书	国家税务总局公告 2021 年第 23 号
13	调取账簿资料通知书（关联：调取账簿资料清单）	国税发〔2005〕179 号
14	检查存款账户许可证明	国税发〔2005〕179 号
15	询问通知书	国税发〔2005〕179 号
16	税收保全措施决定书（冻结存款适用）	国家税务总局公告 2021 年第 23 号
17	税收保全措施决定书（扣押/查封适用）（附件：查封商品、货物或者其他财产清单。扣押商品、货物或者其他财产收据）	国家税务总局公告 2021 年第 23 号
18	解除税收保全措施决定书（冻结存款适用）	国家税务总局公告 2021 年第 23 号
19	解除税收保全措施决定书（扣押/查封适用）	国家税务总局公告 2021 年第 23 号
20	税务处理决定书	国家税务总局公告 2021 年第 23 号
21	税务行政处罚事项告知书	国家税务总局公告 2021 年第 23 号
22	税务行政处罚决定书	国家税务总局公告 2021 年第 23 号
23	不予税务行政处罚决定书	国家税务总局公告 2021 年第 23 号
24	催告书（行政强制执行适用）	国家税务总局公告 2021 年第 23 号
25	催告书（申请人民法院强制执行适用）	国家税务总局公告 2021 年第 23 号
26	税收强制执行决定书（扣缴税收款项适用）	国家税务总局公告 2021 年第 23 号
27	税收强制执行决定书（拍卖/变卖适用）	国家税务总局公告 2021 年第 23 号
28	拍卖/变卖抵税财物决定书	国家税务总局令第 12 号
29	拍卖/变卖结果通知书（附件：拍卖/变卖商品、货物或者其他财产清单）	国家税务总局令第 12 号
30	返还商品、货物或者其他财产通知书（附件：返还商品、货物或者其他财产清单）	国家税务总局令第 12 号

续表

序号	文书名称		文件依据
31	（1）	税务事项通知书	国家税务总局公告2021年第23号
	（2）	税务事项通知书（重大税收违法失信主体告知适用）	
	（3）	税务事项通知书（陈述申辩复核结果通知适用）	
	（4）	税务事项通知书（重大税收违法失信主体确定适用）	

本书后面章节将以税收征管、税务稽查两个环节使用的税收执法文书为线索，在现行税务文书式样标准基础上进行适当的调整，对说理式税收执法文书的具体制作规范进行探索和分析，其中既包括程序性说理式税收执法文书，也包括实体性说理式税收执法文书，期望有助于税务机关推进使用说理式税收执法文书。

本书的分析过程按照不同的执法活动进行，以实际工作中经常遇到的情形、案例为背景，拟制相对应的范例，并对范例进行分析，归纳该类说理式执法文书的写作规范和要求以及需要注意的问题。

第二节　说理式执法文书的格式要求

说理式税务行政执法文书也是税务文书，需要遵循国家税务总局规定的税务文书制作的格式标准。

《国家税务总局关于印发全国统一税收执法文书式样的通知》（国税发〔2005〕179号印发）和国家税务总局关于《税务稽查内部管理文书式样》和《税务稽查文书式样标准》（国税发〔2011〕122号印发）中，明确了税收执法文书一般式样标准和税务稽查文书式样标准。

一、税收执法文书一般式样标准

为了规范、简化税收执法文书的制作和使用，有利于信息化管理，促进信息共享，根据《税收征管法》及其实施细则的规定，确定税收执法文书标准如下。

（一）文书名称

统一对外文书的税务机关名称，除法律、行政法规特别规定和部门之间对等原则外，均采用“××税务局”，与现行文书发文文头保持一致，税务局和稽查局都使用的文书，文头采用“××税务局（稽查局）”。

2018 年国税地税合并后，各级税务机关统一使用“国家税务总局××××税务局”，因此，本书中将税务文书式样中的税务机关名称，均表述为“国家税务总局××××税务局（稽查局），并将“纳税人识别号：　　”作为文书主送人项目。

（二）文书字号

文书字号统一为“　　税　　〔　〕　　号”，年份应使用公元全称，去掉“年”字，如“2004”不得写成“04”，并用六角号“〔　〕”括起；年份和序号一律使用阿拉伯数码；序号前一律不加“第”字和虚位“0”。稽查局使用文书时，应在字轨中增加“稽”字，以区别于本级税务局。如《税收强制执行决定书》（扣缴税收款项适用），税务局使用时，字轨为“　　税强扣〔　〕　　号”；稽查局使用时，字轨为“　　税稽强扣〔　〕　　号”。

（三）引用条款

文书引用新《税收征管法》及其实施细则等法律、行政法规、行政规章时，应尽量直接标明具体的条款，并引用原文。

（四）文书的受理和审批

文书的受理和审批栏，统一使用经办人、负责人、税务机关签章。在使用中应按照《税收征管法》及其实施细则规定的权限和程序使用，例如《税收征管法》明确为税务局局长批准的，签字的负责人应为税务局局长。

（五）告知事项

文书中有告知事项的，统一将告知事项作为文书的内容，放在文书正文的尾部。复议事项中应写明具体的复议税务机关名称，需要先缴纳税款、滞纳金或者提供纳税担保的，在告知事项中标明。

（六）技术规范

（1）文书尺寸。除有个别要求的文书外，统一使用 A4 幅面纸张（210mm×297mm）印制。

（2）字体字号。税务机关名称使用 2 号宋体；文书名称使用 1 号宋体；文书字轨文号、字号和正文使用 3 号仿宋；表格内文字使用小 4 号仿宋；使用说明使用 3 号仿宋。

（3）文书一般每页 22 行，每行 28 个字。

（4）文书页数在 2 页或者 2 页以上的，需在页码处标注“共×页第×页”。

（5）取消一式两栏或多栏文书，统一采用一式多份文书。

二、税务稽查文书式样标准

为了规范税务稽查文书的制作和使用，促进执法管理信息化，根据《税收征收管理法》及其实施细则、《税务稽查案件办理程序规定》并参照相关规定，确定税务稽查文书式样标准如下。

（一）税务稽查文书用纸

文书一般使用 A4 幅面（210mm×297mm）纸张。但《检举纳税人税收违法行为奖金领款财务凭证》《检举纳税人税收违法行为奖金付款专用凭证》等少数使用 32 开纸张的除外。

（二）税务稽查文书页边距

文书页边距一般设定为：上白边（天头）32mm；下白边（地脚）30mm；左白边（订口）28mm；右白边（翻口）26mm。但《税务稽查案卷卷内资料目录》《税务稽查案卷卷内资料备考表》等少数依据《中华人民共和国国家标准——文书档案案卷格式》（GB/T 9705—2008）有关规定单独设定页边距的文书除外。

（三）税务稽查文书眉首部分

1. 税务机关标识

对本税务机关以外使用的文书，在眉首添加税务机关标识。税务机关名称应当与税务机关印章的文字一致。既可以由税务局也可以由稽查局使用的文书，在式样顶端标明“××税务局（稽查局）”，在具体应用中根据发文税务机关选择适用。

税务机关标识一般使用华文中宋1号字，但可根据税务机关名称字数进行必要的调整，调整应当以醒目美观为原则，并不大于22mm×15mm。上下级税务机关之间往来的文书，其税务机关标识使用红色；其他未作特别说明的文书，其税务机关标识使用黑色。具体文书如《税收违法检举案件督办函》《税收违法检举案件催办函》《税收违法检举事项交办函》《税收违法检举案件延期查处申请》《税收违法检举案件延期查处批复》《税务稽查案件复查通知书》《税务稽查案件复查结论》等。

2. 文书名称

非表格式文书名称，一般使用华文中宋小初字。表格式文书名称，一般使用华文中宋1号字，但《税务稽查执行报告》《税务稽查复查鉴定》等少数文书除外。文书名称可根据字数多少，进行必要的字间距调整，但应当保证文书名称在一行得以完整反映。上下级税务机关之间往来的文书名称使用红色标识，其他未作特别说明的文书名称使用黑色。

3. 文书字号

文书字号一般由税务机关代字、年份和序号组成，并用仿宋3号字在税务机关标识及文书名称下方居中标明。其中，年份、序号用阿拉伯数码标识；年份应标全称，用六角括号“〔 〕”括入；序号不编虚位（即1不编为001），不加“第”字。

4. 反线

对本税务机关以外使用的文书，在眉首下方为一条3.25磅的单实反线。对本税务机关内部使用的文书，眉首下方的双实反线由一条3.25磅和一条0.5磅的单实线构成，如《税务稽查报告》《税务稽查审理报告》《税务稽查复查报告》《涉嫌犯罪案件情况调查报告》《税务稽查任务通知书》《补正或者补充调查通知书》《涉嫌犯罪案件移送建议》等。上下级税务机关之间往来的文书，其反线使用红色标识；其他未作特别说明的文书，其反线使用黑色标识。

5.《税收违法案件集体审理纪要》眉首

《税收违法案件集体审理纪要》文书字号只标序号，按年编排。该文书字号下方的印发日期应当居左空 1 字，并使用阿拉伯数字标明；文书字号下方的签发人姓名居右空 1 字，“签发人”用仿宋 3 号字，签发人后标全角冒号，冒号后用楷体 3 号字标识签发人姓名。

（四）税务稽查文书主体部分

1. 编号

文书名称下方或者反线下方使用“编号：×××”进行标识的内部文书，其编号规则采用 4 位年份号加 3 位顺序号的方式进行编排，年份号和顺序号之间使用一字线“—”予以连接。例如，“2011— 003”。

2. 文书标题

文书中反线或者编号行下方有文书标题的，应当在反线或者编号行下空 1 行，使用华文中宋 2 号字分一行或者多行居中排布；回行时，要做到词义完整，排列对称，间距恰当。

3. 正文

非表格式文书标题下方空一行为正文。正文使用仿宋 3 号体字，一般每页 22 行，每行 28 个字，每自然段左空 2 字，回行顶格。数字、年份不能回行。正文中出现的第一层级小标题，采用黑体 3 号字。

正文中若有较多层级，如《税务稽查报告》《税务稽查审理报告》《税务稽查复查报告》《涉嫌犯罪案件情况调查报告》等，依照下列要求标识层级序数。

（1）第一层级使用“一、”“二、”“三、”……序数后使用顿号“、”。

（2）第二层级使用“（一）”“（二）”“（三）”……序数后不使用标点符号。

（3）第三层级使用“1.”“2.”“3.”……序数后使用齐线墨点“.”，

而不用顿号“、”或者其他。

（4）第四层级使用“(1)”“(2)”“(3)”……序数后不使用标点符号。

（5）第五层级使用“①”“②”“③”……序数后不使用标点符号。

诸如，“2011 年 5 ~6 月”等使用到连接号的，应当使用“ ~ ”，而不使用“—”或者其他。

4. 附件

文书如有附件，应当在正文下空 1 行左空 2 字用仿宋 3 号字标识“附件”，后标全角冒号和名称。附件有序号时使用阿拉伯数码标明。例如，“附件：1. ××××××”。附件名称后不加标点符号。附件左上角第一行顶格标识“附件”及序号。附件的序号和名称前后标识应当一致。

5. 成文时间

正文下方空 4 行标识成文时间。成文时间应当右空 4 字，并使用汉字将年、月、日标全；“零”写为“〇”，不使用阿拉伯数码“0”和汉字“零”。例如，“二〇一一年六月三十日”。

6. 生效标识

文书在落款处不写发文机关名称，只标识成文时间、加盖印章。印章应当上距正文 2 ~4mm ，端正、居中、下压成文时间。

7. 页码

页码使用 4 号半角阿拉伯数码标识，数码左右各放一条 4 号一字线。单页码居右空 1 字，双页码居左空 1 字。空白页和空白页以后的页不标识页码。

8. 其他

当文书排版后所剩空白处不能容下印章位置时，可以采取调整行距、字距的措施加以解决，尽量使印章与正文同处一面。调整行距、字距以印章不压正文为度；若出现印章压正文情形，则应当另页打印成文日期，但不得采取标识“此页无正文”的方法解决。

（五）版记

会议纪要性文书一般设置版记，如《税收违法案件集体审理纪要》

等。版记应当置于文书最后一页，且版记的最后一个要素置于最后一行。发送应当左空 1 字使用仿宋 3 号字标识“发送”，后标全角冒号；发送机关或者人员间用逗号隔开，回行时与冒号后的发送机关或者人员对齐；在最后一个发送机关或者人员后标句号。

三、关于成文日期的格式变更

2012 年，《中共中央办公厅　国务院办公厅关于印发〈党政机关公文处理工作条例〉的通知》（中办发〔2012〕14 号）规定，条例自 2012 年 7 月 1 日起施行，据此，《国家税务总局关于印发〈全国税务机关公文处理办法〉的通知》（国税发〔2012〕92 号）修订了《全国税务机关公文处理办法》，办法自 2013 年 1 月 1 日起施行，根据《全国税务机关公文处理办法》第三十六条第（二）款规定，成文日期一般右空四字编排于发文机关署名之下，用阿拉伯数字将年、月、日标全，年份应标全称，月、日不编虚位（即 1 不编为 01）。目前，各地税务机关税收执法文书的成文日期有的使用汉字数字，有的使用阿拉伯数字，本书按《全国税务机关公文处理办法》规定统一采用阿拉伯数字。

四、关于本书天数表示方式的说明

笔者在本书的写作过程中发现，在国家税务总局制发的税收执法文书式样，以及各省金税三期税务执法文书模板中，天数的表示方式差异较大，有的使用中文数字表述，如“三十天”“六个月”；有的使用阿拉伯数字表述，如“30 天”“6 个月”，甚至还存在同一执法文书中同时出现“六十天”“15 日”这样中文数字和阿拉伯数字两种表述方式，既不严谨，也有失规范。本书参照近年来颁发的法律、行政法规和部门规章中一般采用中文数字表示天数的做法，除引用法律法规、规章、规范性文件原文时，保持原文中有关数字的表示方式外，在税收执法文书范例中，统一采用中文数字方式表述日期，以体现税收执法文书的严肃性。

五、关于本书案例的说明

本书在后面的阐述中，会应用到大量的案例作为解读说理式税收执法文书的写作示例。为了使读者能够更好地体验其中的重点事项，本书以虚构的东方省文理市的税务机构和企业为例。其中，税务机关包括国家税务总局东方省税务局、国家税务总局文理市税务局、国家税务总局文理市东城区税务局、国家税务总局文理市东城区税务局中关分局、国家税务总局文理市南山区税务局、国家税务总局文理市税务局稽查局等，企业包括明日科贸有限责任公司等16个虚拟市场主体。同时，还结合实际虚拟了一些国家税务总局东方省税务局、国家税务总局文理市税务局的公告和文件。为了更好地增加阅读体验，文中涉及的省市税务局公告和纳税人都采取了仿真处理，如纳税人识别号、开户行、银行账号等信息。具体如图2－1、表2－7、表2－8所示。

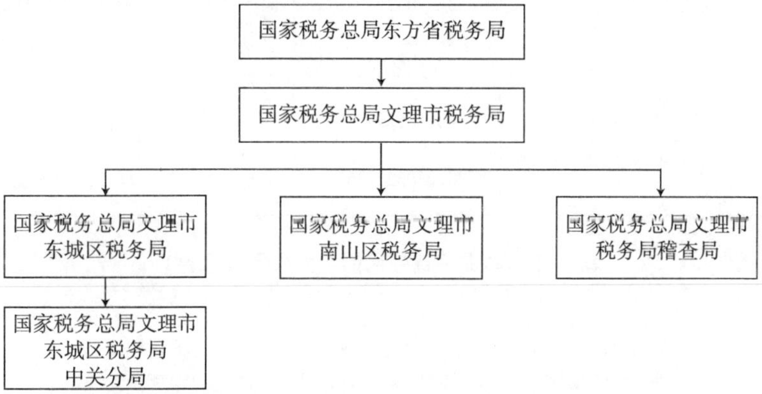

图2－1　本书案例引用的税务机关结构

表2－7　本书案例使用的虚拟企业

序号	纳税人名称	纳税人识别号	主管税务机关
1	明日科贸有限责任公司	918566612032168744	国家税务总局文理市东城区税务局中关分局
2	前程机械制造有限责任公司	918524582184305423	国家税务总局文理市东城区税务局
3	霓裳飞扬服装有限责任公司	917855248587954121	国家税务总局文理市南山区税务局
4	无忧有限责任公司	917837209287349378	国家税务总局文理市南山区税务局
5	三泰有限责任公司	916573DN3871A98016	国家税务总局文理市南山区税务局

续表

序号	纳税人名称	纳税人识别号	主管税务机关
6	美好商务有限责任公司	9176383072749381M3	国家税务总局文理市东城区税务局中关分局
7	浪漫玫瑰婚纱店（个体工商户）	92764898ND9377713A	国家税务总局文理市东城区税务局中关分局
8	好猫装配有限责任公司	91876394720AD4957C	国家税务总局文理市南山区税务局
9	星海橱柜有限责任公司	91733A913032475085	国家税务总局文理市南山区税务局
10	蓝海贸易有限责任公司	982829703213517345	国家税务总局文理市东城区税务局
11	文理市平安交通运输服务公司	982829703211352186	国家税务总局文理市南山区税务局
12	蓝天机电设备经销有限责任公司	982829703211357626	国家税务总局文理市东城区税务局
13	星海电缆有限责任公司	982829703217036726	国家税务总局文理市南山区税务局
14	张丰	622723198602013412	国家税务总局文理市东城区税务局中关分局
15	文理市龙腾商贸有限公司	914401135697920056	国家税务总局文理市南山区税务局
16	文理市正兴商贸有限责任公司	982829703211357035	国家税务总局文理市南山区税务局

表2-8　本书案例使用的虚拟公告（文件）

序号	文件名
1	《国家税务总局东方省税务局关于进一步支持和促进重点群体创业就业有关税收政策的公告》（国家税务总局东方省税务局公告2019年第14号）
2	《东方省人民政府办公厅关于印发〈东方省地方教育附加征收使用管理暂行办法〉的通知》（东府办〔2011〕19号）
3	《国家税务总局东方省税务局关于调整印花税纳税期限的公告》（国家税务总局东方省税务局公告2020年第1号）
4	《国家税务总局东方省税务行政处罚裁量基准》（国家税务总局东方省税务局公告2019年第26号）
5	《国家税务总局东方省税务局关于明确房产税城镇土地使用税减免税有关事项的公告》（国家税务总局东方省税务局公告第2018年13号）
6	《国家税务总局东方省税务局关于增值税发票管理事项的公告》（国家税务总局东方省税务局公告2018年第18号）
7	《国家税务总局文理市税务局关于调整个人所得税核定应税所得率有关问题的公告》（国家税务总局文理市税务局公告2018年第11号）
8	《东方省房产税施行细则》（东政发〔2003〕10号）

关于本书行政诉讼法院的设定。各地对基层法院行政诉讼案件管辖权的规定各不相同，有的地方指定一个专门的基层法院执行，有的地方由纳税人所在地县（区）基层法院管辖。本书在文书制作中，涉及纳税人提请行政诉讼救济权的，被设定在纳税人机构所在地区（县）基层法院管辖。

第三节　说理式执法文书的送达

税务执法文书作为税务行政执法行为的有效载体，只有依法送达当事人手中，税务行政执法行为才能生效。《税收征管法实施细则》第一百零一条明确规定：“税务机关送达税务文书，应当直接送交受送达人。”同时规定在不同的情形下可以采取直接送达、留置送达、委托送达、邮寄送达、公告送达等送达形式，送达税务文书。

《税收征管法实施细则》规定，不同的送达形式，其适用条件及送达销号的规定也各不相同。

一、直接送达和委托送达

直接送达是最基本的送达方式。税务机关送达税务文书，应当直接送交受送达人。直接送达税务文书有困难的，可以委托其他有关机关或者其他单位代为送达，或者邮寄送达。直接送达或者委托送达税务文书的，以签收人或者见证人在送达回证上的签收或者注明的收件日期为送达日期；送达税务文书应当有送达回证，并由受送达人或者本细则规定的其他签收人在送达回证上记明收到日期，签名或者盖章，即为送达。

（1）受送达人是公民的，应当由本人直接签收；本人不在的，交其同住成年家属签收。

（2）受送达人是法人或者其他组织的，应当由法人的法定代表人、其他组织的主要负责人或者该法人、组织的财务负责人、负责收件的人签收。受送达人有代理人的，可以送交其代理人签收。

直接送达时，受送达人或者《税收征管法实施细则》规定的其他签收人拒绝签收税务文书的，送达人应当在送达回证上记明拒收理由和日期，并由送达人和见证人签名或者盖章，将税务文书留在受送达人处，即视为送达。

二、邮寄送达

直接送达税务文书有困难的，可以委托其他有关机关或者其他单位代为送达，或者邮寄送达。邮寄送达的，以挂号函件回执上注明的收件日期为送达日期，并视为已送达。

三、公告送达

当出现《税收征管法实施细则》规定的法定情形时，税务机关可以公告送达税务文书，自公告之日起满三十日，即视为送达。具体情形为：一是同一送达事项的受送达人众多；二是采用直接送达、委托送达或邮寄送达等除公告以外的其他送达方式无法送达。

四、电子送达

2019 年 12 月，国家税务总局印发《税务文书电子送达规定（试行）》（国家税务总局公告 2019 年第 39 号印发），自 2020 年 4 月 1 日起施行。《税务文书电子送达规定（试行）》规定，经受送达人同意，税务机关可以采用通过电子税务局等特定系统向纳税人、扣缴义务人送达电子版式税务文书的电子送达方式，送达税务文书。电子送达方式与其他送达方式具有同等法律效力。受送达人可以据此办理涉税事宜，行使权利、履行义务。税务机关采用电子送达方式送达税务文书的，以电子版式税务文书到达特定系统受送达人端的日期为送达日期，特定系统自动记录送达情况。《税务处理决定书》《税务行政处罚决定书》（不含简易程序处罚）、《税收保全措施决定书》《税收强制执行决定书》《阻止出境决定书》以及税务稽查、税务行政复议过程中使用的税务文书等暂不适用电子送达。

五、送达回证的签收

（一）《税务文书送达回证》式样

税务文书送达回证

送达文书名称	
受送达人	
送达地点	
受送达人签名或盖章	年 月 日 时 分
代收人代收理由、签名或盖章	年 月 日 时 分
受送达人拒收理由	年 月 日 时 分
见证人签名或盖章	年 月 日 时 分
送达人签名或盖章	年 月 日 时 分
填发税务机关	（印章） 年 月 日 时 分

使用说明：

1. 本送达回证依据《中华人民共和国税收征收管理法实施细则》第一百零一条至第一百零六条设置。

2. 适用范围：向当事人送达税务文书时使用。

3. “送达文书名称”栏，填写送达文书名称及文号。

4. “受送达人”栏，受送达人为单位的，填写单位名称、统一社会信用代码，没有统一社会信用代码的，以纳税人识别号代替；受送达人为个人的，填写姓名、有效身份证件号码。

5. “送达地点”栏，填写送达税务文书的具体地点。

6. “受送达人签名或盖章”栏，受送达人是法人或其他组织的，应当由法人的法定代表人、其他组织的主要负责人或者该法人、组织的财务负责人、负责收件的人签收；受送达人是公民的，应当由本人直接签收。

7. “代收人代收理由及签名或盖章”栏，受送达人为个人的，本人不在由其同住成年家属在此栏签名，并注明与受送达人关系；受送达人为单位的，法定代表人不在的，由其代理人或其他负责人或负责收件的人员在此栏签字。

8. “受送达人拒收理由”栏，受送达人或其他法定签收人拒收时，由送达人填写此栏。

9. “见证人签名或盖章”栏，受送达人拒收时，邀请有关基层组织或其所在单位的代表作为见证人到场，由见证人在此栏签名或盖章，不应由税务人员签名或盖章。

10. 本送达回证为A4竖式，随同送达的税务文书装入卷宗。

（二）税务文书送达回证填写范例

以第三章第一节国家税务总局文理市东城区税务局中关分局向明日科贸有限责任公司送达《税务事项通知书》催缴税款的执法活动为例，其《税务文书送达回证》制作情况如下：

税务文书送达回证

送达文书名称	《税务事项通知书》（文东中税通〔2022〕111号）
受送达人	明日科贸有限责任公司 （纳税人识别号：918566612032168744）
送达地点	明日科贸有限责任公司（文理市东城区文化大道176号）
受送达人签名或盖章	财务负责人：张三 2022年7月18日15时13分
代收人代收理由、签名或盖章	年 月 日 时 分
见证人签名或盖章	年 月 日 时 分
送达人签名或盖章	李四（税务检查证号：×××××） 王五（税务检查证号：×××××） 2022年7月18日15时13分
填发税务机关	国家税务总局文理市东城区税务局中关分局（印章） 2022年7月18日11时50分

第二篇

税务征管中的“说理”

第三章　常见税收征管执法事项的“说理”

许多程序性行政行为虽然不直接影响行政相对人的实质性权利或者义务，只对行政相对人程序性权利产生不利影响或者增加其程序性义务，但行政相对人的法定程序性权利本身就是其依法应当享有的，不得由于税务机关的原因使其丧失这样的权利，依法不应当承担的程序性义务，税务机关不得随意添加。而且，许多程序性行政行为最终会间接地对当事人的实质性权利和义务产生影响。对于许多通知类和告知类的程序性执法文书，如果税务机关通知或者告知不清或错误，就可能导致当事人丧失一定的实质性权利或者承担一定的实质性义务，从而对其产生实质性不利影响。因此，对行政相对人作出的对其产生不利影响的程序性行政行为，都应当采用说理式税收执法文书。在税收执法实践中，既要注意对实体性行政行为的“说理”，也应该注意对程序性行政行为的“说理”。

在税收征管环节，最常用的需要采取“说理”方式制作的文书包括《税务事项通知书》《责令限期改正通知书》《核定定额通知书》《收缴（停供）发票决定书》《税务处理决定书》和《税务行政处罚决定书（简易）》等。

第一节　税务事项通知书

《税务事项通知书》是税务机关在税收执法过程中经常使用的执法文书之一。《税务事项通知书》依据《税收征管法》及其实施细则设置。

在税收征管过程中，税务机关经常需要对纳税人、扣缴义务人通知有关税务事项。除法定的专用通知书外，税务机关在通知纳税人缴纳税款、滞纳金，要求当事人提供有关资料，办理留抵退税，异常增值税扣税凭证处理，变更检查人员，变更检查所属期，办理有关涉税事项时均可使用《税务事项通知书》。

一、《税务事项通知书》的式样

国家税务总局________税务局（稽查局）

税务事项通知书

____税通〔　　〕　号

__________：（纳税人识别号：__________）

事由：

依据：

通知内容：

税务机关（印章）

年　月　日

填写说明：

1. 抬头：填写被通知人名称或者姓名，统一社会信用代码或者有效身份证件号码，没有统一社会信用代码的，以纳税人识别号代替。

2. 事由：简要填写通知事项的名称或者实质内容。

3. 依据：填写有关税收法律法规的具体内容。

4. 通知内容：填写办理通知事项的时限、资料、地点、税款及滞纳金的数额、所属期等具体内容。通知纳税人、扣缴义务人、纳税担保人缴纳税款、滞纳金的，应告知被通知人：若同税务机关在纳税上有争议，必须先依照本通知的期限缴纳税款及滞纳金或者提供相应的担保，然后可自上述款项缴清或者提供相应的担保被税务机关确认之日起六十日内依法向税务机关申请行政复议；其他通知事项需要告知被通知人申请行政复议或者提起行政诉讼权利的，应告知被通知人：如对本通知不服，可自收到本通知之日起六十日内依法向税务机关申请行政复议，或者自收到本通知之日起六个月内依法向人民法院起诉。告知税务行政复议的，应写明税务复议机关名称。

二、《税务事项通知书》的制作

在税收征管环节，《税务事项通知书》主要用于通知纳税人缴纳税款滞纳金、要求当事人提供有关资料、通知办理留抵退税、通知异常增值税扣税凭证处理，以及办理其他没有专用文书有关涉税事项时使用。

（一）用于通知纳税人缴纳税款滞纳金

【案例3-1】

背景材料：

2022 年 7 月 18 日，国家税务总局文理市东城区税务局中关分局通过金税系统进行催报催缴操作时（当月纳税申报期限为 7 月 15 日），发现明日科贸有限责任公司于 2022 年 7 月 11 日通过电子税务局办理了 2022 年第二季度企业所得税预缴申报，申报应预缴企业所得税 28 000. 00 元，但该公司还未缴纳。进一步核查发现，明日科贸有限责任公司于2022年7月11日通过电子税务局申报应缴增值税、城市维护建设税、房产税、城镇土地使用税、企业所得税（预缴），以及教育费附加、地方教育附加等税费合计108 000.00元，其中增值税、城市维护建设税、房产税、城镇土地使用税，以及教育费附加、地方教育附加等税费合计80 000.00元已通过电子税务局缴纳，企业所得税预缴申报后因账户资金不足未缴纳成功。

根据上述背景材料，国家税务总局文理市东城区税务局中关分局需要制作执法文书并告知当事人明日科贸有限责任公司依法在限期内缴纳税款以及由此产生的滞纳金。依据说理式税收执法文书的制作要求，该文书制作如下。

国家税务总局文理市东城区税务局中关分局
税务事项通知书

文东中税通〔2022〕111号

明日科贸有限责任公司：（纳税人识别号：918566612032168744）

事由：你单位于2022年7月11日通过电子税务局办理了2022年第二季度企业所得税预缴申报，申报应预缴企业所得税28 000.00元。截至2022年7月18日本文书制作时，仍未缴纳。依据《中华人民共和国企业所得税法》第五十四条第（一）款、第（二）款规定，你单位企业所得税分季预缴，应当自季度终了之日起十五日内，向税务机关报送预缴企业所得税纳税申报表，预缴税款。

依据：

1.《中华人民共和国税收征收管理法》

第二十五条　纳税人必须依照法律、行政法规规定或者税务机关依照法律、行政法规的规定确定的申报期限、申报内容如实办理纳税申报，报送纳税申报表、财务会计报表以及税务机关根据实际需要要求纳税人报送的其他纳税资料。

第三十二条　纳税人未按照规定期限缴纳税款的，扣缴义务人未按照规定期限解缴税款的，税务机关除责令限期缴纳外，从滞纳税款之日起，按日加收滞纳税款万分之五的滞纳金。

第六十八条　纳税人、扣缴义务人在规定期限内不缴或者少缴应纳或者应解缴的税款，经税务机关责令限期缴纳，逾期仍未缴纳的，税务机关除依照本法第四十条的规定采取强制执行措施追缴其不缴或者少缴的税款外，可以处不缴或者少缴的税款百分之五十以上五倍以下的罚款。

第八十八条　纳税人、扣缴义务人、纳税担保人同税务机关在纳税上发生争议时，必须先依照税务机关的纳税决定缴纳或者解缴税款及滞纳金或者提供相应的担保，然后可以依法申请行政复议；对行政复议决定不服的，可以依法向人民法院起诉。

2.《中华人民共和国税收征收管理法实施细则》

第七十五条　税收征管法第三十二条规定的加收滞纳金的起止时间，为法律、行政法规规定或者税务机关依照法律、行政法规的规定确定的税款缴纳期限届满次日起至纳税人、扣缴义务人实际缴纳或者解缴税款之日止。

3.《中华人民共和国企业所得税法》

第五十四条　企业所得税分月或者分季预缴。

企业应当自月份或者季度终了之日起十五日内，向税务机关报送预缴企业所得税纳税申报表，预缴税款。

通知内容：依据上述规定，现通知你单位于2022年7月24日前缴纳2022年7月已办理预缴申报，但未缴纳的2022年第二季度企业所得税款28 000.00元，并自2022年7月16日起依法加收滞纳金，滞纳金计算到实际缴纳税款之日止。

逾期未缴清的，我局将依照《中华人民共和国税收征收管理法》第四十条规定，经县以上税务局（分局）局长批准，可以采取书面通知其开户银行或者其他金融机构从其存款中扣缴税款，或扣押、查封、依法拍卖或者变卖其价值相当于应纳税款的商品、货物或者其他财产，以拍卖或者变卖所得抵缴税款等强制执行措施。

如对本通知不服，必须先依照本通知的期限缴纳税款及滞纳金或者提供相应的担保，然后可自上述款项缴清或者提供相应的担保被税务机关确认之日起六十日内依法向国家税务总局文理市东城区税务局申请行政复议。

国家税务总局文理市东城区税务局中关分局（印章）

2022 年 7 月 18 日

《税收征管法》规定，税务机关对行政相对人作出责令限期缴纳税款的行政行为，主要有以下三种情形。

第一，根据《税收征管法》第三十八条规定，税务机关有根据认为从事生产、经营的纳税人有逃避纳税义务行为的，可以在规定的纳税期之前，责令限期缴纳应纳税款；在限期内发现纳税人有明显的转移、隐匿其应纳税的商品、货物以及其他财产或者应纳税收入的迹象的，税务机关可以责成纳税人提供纳税担保。如果纳税人不能提供纳税担保，经县以上税务局（分局）局长批准，税务机关可以采取税收保全措施。在税收征管实践中，这种情形极少出现。多年的税收执法实践也证明了这一点。

第二，根据《税收征管法》第四十条规定，税务机关需要采取强制执行之前，必须责令当事人限期缴纳税款。这是税收强制执行的前置条件。如果不责令当事人限期缴纳税款而直接对其强制执行，就构成程序违法。对此，我国《行政强制法》也作了明确规定。《行政强制法》第三十五条规定，行政机关作出强制执行决定前，应当事先催告当事人履行义务；第三十七条规定，经催告，当事人逾期仍不履行行政决定，且无正当理由的，行政机关可以作出强制执行决定。当然，如上所述，纳税人欠税的原因，一是由于纳税人自身已经申报而没有缴纳；二是由于税务机关已经作出行政决定，认定纳税人应当缴纳而未依照税务机关的决定缴纳税款从而形成欠税。

第三，根据《税收征管法》第六十八条规定，因纳税人、扣缴义务人在规定期限内不缴或者少缴应纳或者应解缴的税款，税务机关将依法对当事人进行行政处罚时，在处罚之前必须责令当事人限期缴纳税款。如果当事人依照税务机关制发的《税务事项通知书》在规定的限期内缴纳税款，就不再对当事人进行处罚。只有责令之后仍不缴纳欠税的，税务机关才可以对当事人进行行政处罚。在此种情形之下，责令限期缴纳税款是税务机关对当事人进行处罚的前置条件。如果税务机关对欠税的当事人不责令其限期缴纳税款就直接进行处罚，也将构成程序违法。

需要特别注意的是，除了对纳税人、扣缴义务人可以使用《税务事项通知书》责令其限期缴纳税款、滞纳金之外，还可以对纳税担保人使用该执法文书。根据《税收征管法》第四十条规定，纳税担保人未按照规定的期限缴纳所担保的税款，由税务机关责令纳税担保人限期缴纳。在以下三种情况下可能出现纳税担保的情形：一是税务机关有根据认为从事生产、经营的纳税人有逃避纳税义务行为，在规定的纳税期之前经责令其限期缴纳应纳税款，在限期内发现纳税人有明显的转移、隐匿其应纳税的商品、货物以及其他财产或者应纳税收入的迹象，责成纳税人提供纳税担保的；二是欠缴税款、滞纳金的纳税人或者其法定代表人需要出境的；三是纳税人同税务机关在纳税上发生争议而未缴清税款，需要申请行政复议的。

对于第一种情形，如上所述，在税收执法实践中几乎不会出现，因此我们不进行讨论。

对于第三种情形，一般是在检查环节可能出现，稽查局可能因此使用《税务事项通知书》责令纳税担保人限期缴纳所担保的税款。

对于第二种情形，欠缴税款、滞纳金的纳税人或者其法定代表人需要出境的，根据《税收征管法》第四十四条规定，应当在出境前向税务机关结清应纳税款、滞纳金或者提供担保。如果欠缴税款、滞纳金的纳税人或者其法定代表人需要出境而又没有结清应纳税款、滞纳金，但有人为其提供了纳税担保，那么此时也可能出现纳税担保的情形。如果纳税担保人是以纳税保证的方式提供纳税担保的，那么保证期间为纳税人应缴纳税款期限届满之日起60日，即税务机关自纳税人应缴纳税款的期限届满之日起60日内有权要求纳税保证人承担保证责任，缴纳所担保的税款、滞纳金。而履行保证责任的期限为15日，即纳税保证人应当自收到税务机关的纳税通知书之日起15日内履行保证责任，缴纳所担保的税款及滞纳金。如果纳税保证人未按照规定的履行保证责任的期限缴纳税款及滞纳金的，则由税务机关发出《税务事项通知书》，责令纳税保证人在限期15日内缴纳；逾期仍未缴纳的，经县以上税务局（分局）局长批准，对纳税保证人采取强制执行措施。如果纳税担保人是以抵押或者质押的方式提供纳税担保的，纳税人在规定的期限届满未缴清税款、滞纳金的，税务机关应当在期限届满之日起15日内书面通知纳税担保人自收到纳税通知书之日起15日内缴纳担保的税款、滞纳金。纳税担保人未按照前款规定的期限缴纳所担保的税款、滞纳金的，由税务机关责令限期在15日内缴纳；逾期仍未缴纳的，经县以上税务局（分局）局长批准，税务机关依法拍卖、变卖抵押物（质押物），抵缴税款、滞纳金。在此种情形下，税收管理部门经常以税务局（分局）的名义使用《税务事项通知书》，责令纳税担保人限期缴纳所担保的税款、滞纳金。

我们还可以拟制一份背景材料，并制作一份《税务事项通知书》，强化对这一说理式税收执法文书的使用。

（二）用于要求当事人提供有关资料

【案例3-2】

背景材料：

霓裳飞扬服装有限责任公司是东方省文理市南山区的一家劳动密集型制造企业，2021年因企业扩大生产规模需要新增部分职工。2021年7月，企业通过人力资源市场公开招聘职工18人（其中14人于2020年底在人力资源社会保障部门公共就业服务机构登记为失业人员）。自2021年8月起（签订正式劳动合同），霓裳飞扬服装有限责任公司财务人员自行判定符合《财政部　税务总局　人力资源社会保障部　国务院扶贫办关于进一步支持和促进重点群体创业就业有关税收政策的通知》(财税〔2019〕22号)、《国家税务总局东方省税务局关于进一步支持和促进重点群体创业就业有关税收政策的公告》(国家税务总局东方省税务局公告2019年第14号)等文件的规定，在纳税申报时直接享受了安置重点群体创业就业扣减应纳税费的优惠30 000.00元[东方省招用重点群体按照7 800.00元/(人·年)标准扣减应纳税费]。2022年初，霓裳飞扬服装有限责任公司在进行2021年度企业所得税汇算清缴时，就依法未扣减完的部分15 500.00元[按照8～12月应扣减税费金额7 800.00×14×5/12=45 500.00(元)，减去已在其他税费中扣减的30 000.00元后的余额]申报扣减了企业所得税。

2022年6月16日，国家税务总局文理市南山区税务局依法进行优惠情况核查，要求霓裳飞扬服装有限责任公司提供享受安置重点群体创业就业扣减应纳税费优惠的相关资料，但该单位未能提供相关资料。

为了促使企业更好地享受税收优惠，主管税务机关决定书面告知当事人需要补正并留存备查的材料，使纳税人能够依法享受国家的税收优惠，较好地贯彻落实国家关于进一步加强就业再就业工作的精神。

根据上述背景材料，国家税务总局文理市南山区税务局需要制作《税务事项通知书》告知当事人需要依法补正并提交享受税收优惠的相关资料。依据说理式税收执法文书的制作要求，该文书制作如下。

国家税务总局文理市南山区税务局
税务事项通知书

文南税通〔2022〕112号

霓裳飞扬服装有限责任公司：(纳税人识别号：917855248587954121)

事由：你单位于2021年7月通过人力资源市场公开招聘职工18人，

其中14人于2020年底在人力资源社会保障部门公共就业服务机构登记为失业人员，8月正式签订劳动合同。上述14人你单位自行判定符合《财政部　税务总局　人力资源社会保障部　国务院扶贫办关于进一步支持和促进重点群体创业就业有关税收政策的通知》（财税〔2019〕22号）、《国家税务总局东方省税务局关于进一步支持和促进重点群体创业就业有关税收政策的公告》（国家税务总局东方省税务局公告2019年第14号）等文件的规定，可自签订劳动合同并缴纳社会保险当月起，在3年内按照实际招用人数予以定额依次扣减增值税、城市维护建设税、教育费附加、地方教育附加和企业所得税优惠。定额标准为每人每年7 800.00元。按照《中华人民共和国税收征收管理法》《中华人民共和国税收征收管理法实施细则》《国家税务总局关于进一步优化增值税优惠政策办理程序及服务有关事项的公告》（国家税务总局公告2021年第4号）、《企业所得税优惠政策事项办理办法（2018修订）》《国家税务总局关于城镇土地使用税等“六税一费”优惠事项资料留存备查的公告》（国家税务总局公告2019年第21号）等文件规定，你单位在享受安置重点群体创业就业扣减应纳税费的优惠，依次扣减增值税、城市维护建设税、教育费附加、地方教育附加和企业所得税时，实行“自行判别、申报享受、有关资料留存备查”的办理方式，申报时无须再向税务机关提供有关资料。但应将有关资料留存备查，并在税务机关复核时予以提供。

我局在对你单位上述优惠事项进行复核时，你单位未能按照规定提供应留存备查的有关资料。

按照《国家税务总局　人力资源社会保障部　国务院扶贫办　教育部关于实施支持和促进重点群体创业就业有关税收政策具体操作问题的公告》（国家税务总局公告2019年第10号）规定，企业招用重点群体享受本项优惠的，由企业留存以下材料备查。

（1）享受税收优惠政策的登记失业半年以上的人员，零就业家庭、城市低保家庭的登记失业人员，以及毕业年度内高校毕业生的《就业创业证》（注明“企业吸纳税收政策”）。

(2) 县以上人力资源社会保障部门核发的《企业吸纳重点群体就业认定证明》。

(3)《重点群体人员本年度实际工作时间表》。

依据:

1.《中华人民共和国税收征收管理法》

第二十五条　纳税人必须依照法律、行政法规规定或者税务机关依照法律、行政法规的规定确定的申报期限、申报内容如实办理纳税申报,报送纳税申报表、财务会计报表以及税务机关根据实际需要要求纳税人报送的其他纳税资料。

第三十三条第(一)款　纳税人依照法律、行政法规的规定办理减税、免税。

第六十条第(一)款第2项　纳税人有下列行为之一的,由税务机关责令限期改正,可以处二千元以下的罚款;情节严重的,处二千元以上一万元以下的罚款:(二)未按照规定设置、保管账簿或者保管记账凭证和有关资料的。

第六十三条　纳税人伪造、变造、隐匿、擅自销毁账簿、记账凭证,或者在账簿上多列支出或者不列、少列收入,或者经税务机关通知申报而拒不申报或者进行虚假的纳税申报,不缴或者少缴应纳税款的,是偷税。对纳税人偷税的,由税务机关追缴其不缴或者少缴的税款、滞纳金,并处不缴或者少缴的税款百分之五十以上五倍以下的罚款;构成犯罪的,依法追究刑事责任。

2.《中华人民共和国税收征收管理法实施细则》

第二十九条　账簿、记账凭证、报表、完税凭证、发票、出口凭证以及其他有关涉税资料应当合法、真实、完整。

账簿、记账凭证、报表、完税凭证、发票、出口凭证以及其他有关涉税资料应当保存10年;但是,法律、行政法规另有规定的除外。

3.《关于进一步支持和促进重点群体创业就业有关税收政策的通知》(财税〔2019〕22号)【《财政部　国家税务总局　国家乡村振兴局　人力

资源和社会保障部关于延长部分扶贫税收优惠政策执行期限的公告》（财政部　税务总局　人力资源社会保障部 国家乡村振兴局公告2021年第18号）将上述税收优惠政策执行期限延长至2025年12月31日】第二条

二、企业招用建档立卡贫困人口，以及在人力资源社会保障部门公共就业服务机构登记失业半年以上且持《就业创业证》或《就业失业登记证》（注明“企业吸纳税收政策”）的人员，与其签订1年以上期限劳动合同并依法缴纳社会保险费的，自签订劳动合同并缴纳社会保险当月起，在3年内按实际招用人数予以定额依次扣减增值税、城市维护建设税、教育费附加、地方教育附加和企业所得税优惠。定额标准为每人每年6 000元，最高可上浮30%，各省、自治区、直辖市人民政府可根据本地区实际情况在此幅度内确定具体定额标准。城市维护建设税、教育费附加、地方教育附加的计税依据是享受本项税收优惠政策前的增值税应纳税额。

按上述标准计算的税收扣减额应在企业当年实际应缴纳的增值税、城市维护建设税、教育费附加、地方教育附加和企业所得税税额中扣减，当年扣减不完的，不得结转下年使用。

4.《关于实施支持和促进重点群体创业就业有关税收政策具体操作问题的公告》（国家税务总局公告2019年第10号）第二条第（三）款

二、企业招用重点群体税收政策

（三）税收减免管理

企业招用重点群体享受本项优惠的，由企业留存以下材料备查：

（1）享受税收优惠政策的登记失业半年以上的人员，零就业家庭、城市低保家庭的登记失业人员，以及毕业年度内高校毕业生的《就业创业证》（注明“企业吸纳税收政策”）。

（2）县以上人力资源社会保障部门核发的《企业吸纳重点群体就业认定证明》。

（3）《重点群体人员本年度实际工作时间表》（见附件）。

5.《企业所得税优惠政策事项办理办法（2018修订）》（国家税务总局公告2018年第23号）

第四条　企业享受优惠事项采取“自行判别、申报享受、相关资料留存备查”的办理方式。企业应当根据经营情况以及相关税收规定自行判断是否符合优惠事项规定的条件，符合条件的可以按照《目录》列示的时间自行计算减免税额，并通过填报企业所得税纳税申报表享受税收优惠。同时，按照本办法的规定归集和留存相关资料备查。

第六条　企业享受优惠事项的，应当在完成年度汇算清缴后，将留存备查资料归集齐全并整理完成，以备税务机关核查。

第十条　企业留存备查资料应从企业享受优惠事项当年的企业所得税汇算清缴期结束次日起保留10年。

第十四条　企业未能按照税务机关要求提供留存备查资料，或者提供的留存备查资料与实际生产经营情况、财务核算情况、相关技术领域、产业、目录、资格证书等不符，无法证实符合优惠事项规定条件的，或者存在弄虚作假情况的，税务机关将依法追缴其已享受的企业所得税优惠，并按照税收征管法等相关规定处理。

6.《国家税务总局关于进一步优化增值税优惠政策办理程序及服务有关事项的公告》（国家税务总局公告2021年第4号）

自2021年4月1日起，单位和个体工商户（以下统称“纳税人”）适用增值税减征、免征政策的，在增值税纳税申报时按规定填写申报表相应减免税栏次即可享受，相关政策规定的证明材料留存备查。

7.《国家税务总局关于城镇土地使用税等“六税一费”优惠事项资料留存备查的公告》（国家税务总局公告2019年第21号）

自2019年5月28日起，对城镇土地使用税、房产税、耕地占用税、车船税、印花税、城市维护建设税、教育费附加（以下简称“六税一费”）享受优惠有关资料实行留存备查管理方式。纳税人享受“六税一费”优惠实行“自行判别、申报享受、有关资料留存备查”办理方式，申报时无须再向税务机关提供有关资料。纳税人根据具体政策规定自行判断是否符合优惠条件，符合条件的，纳税人申报享受税收优惠，并将有关资料留存备查。

8.《国家税务总局东方省税务局关于进一步支持和促进重点群体创业就业有关税收政策的公告》（国家税务总局东方省税务局公告2019年第14号）第二条

二、企业招用建档立卡贫困人口，以及在人力资源社会保障部门公共就业服务机构登记失业半年以上且持《就业创业证》或《就业失业登记证》（注明“企业吸纳税收政策”）的人员，与其签订1年以上期限劳动合同并依法缴纳社会保险费的，自签订劳动合同并缴纳社会保险当月起，在3年内按实际招用人数予以定额每人每年7 800元依次扣减增值税、城市维护建设税、教育费附加、地方教育附加和企业所得税优惠。城市维护建设税、教育费附加、地方教育附加的计税依据是享受本项税收优惠政策前的增值税应纳税额。

通知内容：依据上述税法规定，现通知你单位应于2022年6月24日前将享受安置重点群体创业就业扣减应纳税费优惠的相关资料，依法整理并提交我局，用以核实相关政策执行的真实性、合法性。你单位如未能在规定的期限内提交相关资料或提交的资料不符合税法规定，我局将认定你单位不符合享受安置重点群体创业就业扣减应纳税费优惠条件，不予享受税收优惠政策，依法追缴已享受的优惠税费、自税款缴纳期限届满次日起至纳税人实际缴纳税款之日止，按日加收万分之五的滞纳金，并对你单位的税务违法行为依法作出处罚。

如对本通知不服，应先依照本通知的期限缴纳税款及滞纳金或者提供相应的担保，然后可自上述款项缴清或者提供相应的担保被税务机关确认之日起六十日内依法向国家税务总局文理市税务局申请行政复议。

国家税务总局文理市南山区税务局（印章）
2022年6月16日

（三）用于异常增值税扣税凭证处理

异常增值税扣税凭证处理是增值税风险管理的重要内容。《国家税务总局关于异常增值税扣税凭证管理等有关事项的公告》（国家税务总局公告2019年第38号）规定，增值税一般纳税人取得的增值税专用发票被列入异常凭证范围的，应按照以下规定处理。

（1）尚未申报抵扣增值税进项税额的，暂不允许抵扣。已经申报抵扣增值税进项税额的，除另有规定外，一律作进项税额转出处理。

（2）尚未申报出口退税或者已申报但尚未办理出口退税的，除另有规定外，暂不允许办理出口退税。适用增值税免抵退税办法的纳税人已经办理出口退税的，应根据列入异常凭证范围的增值税专用发票上注明的增值税额作进项税额转出处理；适用增值税免退税办法的纳税人已经办理出口退税的，税务机关应按照现行规定对列入异常凭证范围的增值税专用发票对应的已退税款予以追回。

纳税人因骗取出口退税在被停止出口退（免）税期间取得的增值税专用发票被列入异常凭证范围的，按照前述第（1）项规定执行。

（3）消费税纳税人以外购或委托加工收回的已税消费品为原料连续生产应税消费品，尚未申报扣除原料已纳消费税税款的，暂不允许抵扣；已经申报抵扣的，冲减当期允许抵扣的消费税税款，当期不足冲减的应当补缴税款。

（4）纳税信用A级纳税人取得异常凭证且已经申报抵扣增值税、办理出口退税或抵扣消费税的，可以自接到税务机关通知之日起10个工作日内，向主管税务机关提出核实申请。经税务机关核实，符合现行增值税进项税额抵扣、出口退税或消费税抵扣相关规定的，可不作进项税额转出、追回已退税款、冲减当期允许抵扣的消费税税款等处理。纳税人逾期未提出核实申请的，应于期满后按照前述第（1）项、第（2）项、第（3）项规定作相关处理。

（5）纳税人对税务机关认定的异常凭证存有异议，可以向主管税务机关提出核实申请。经税务机关核实，符合现行增值税进项税额抵扣或出口退税相关规定的，纳税人可继续申报抵扣或者重新申报出口退税；符合消费税抵扣规定且已缴纳消费税税款的，纳税人可继续申报抵扣消费税税款。

接受异常凭证的纳税人所在地主管税务机关，通过抵扣凭证审查系统接收异常凭证信息，并自收到之日起10个工作日内，向接受异常凭证的纳税人发出《税务事项通知书》，通知其所取得的异常凭证暂不得申报抵扣或用于出口退税，已经申报抵扣或用于出口退税的，应按有关规定处理。

【案例3-3】

背景材料：

2020年11月，三泰有限责任公司（以下简称“三泰公司”）向无忧有限责任公司（以下简称“无忧公司”）开具了10张增值税专用发票。2021年4月起，国家税务总局文理市东城区税务局（三泰公司的主管税务机关）陆续收到核实三泰公司取得增值税进项发票对应业务真实性的风控任务。尽管多次联系三泰公司代理记账、报税人员等，但其并不知情也不能联系到企业实际控制人；经查询该单位的纳税申报资料发现，其人员、资产与经营情况严重不符；经对该单位取得的进项发票与其开具的销项发票比对发现，其进销明显不符；又经实地调查发现，三泰公司并未在登记注册地经营。据此，根据《国家税务总局关于走逃（失联）企业开具增值税专用发票认定处理有关问题的公告》（国家税务总局公告2016年第76号，以下简称“76号公告”）第一条规定，税务机关通过实地调查、电话查询、涉税事项办理核查以及其他征管手段，仍对企业和企业相关人员查无下落的，或虽然可以联系到企业代理记账、报税人员等，但其并不知情也不能联系到企业实际控制人的，可以判定该企业为走逃（失联）企业。国家税务总局文理市东城区税务局将三泰公司判定为走逃（失联）企业。

因现有资料不能证实三泰公司取得进项发票对应业务的真实性，且存在“生产能耗与销售情况严重不符”的情形，根据76号公告第二条第（一）款第1项规定：“走逃（失联）企业存续经营期间发生下列情形之一的，所对应属期开具的增值税专用发票列入异常增值税扣税凭证（以下简称‘异常凭证’）范围。1. 商贸企业购进、销售货物名称严重背离的；生产企业无实际生产加工能力且无委托加工，或生产能耗与销售情况严重不符，或购进货物并不能直接生产其销售的货物且无委托加工的。”国家税务总局文理市东城区税务局将三泰公司开具给无忧公司的10张增值税专用发票列入异常凭证的范围；并按照76号公告第二条第（三）款“异常凭证由开具方主管税务机关推送至接受方所在地税务机关进行处理”的规定，将上述10张列入异常凭证的增值税专用发票录入系统推送至接受方无忧公司所在地税务机关进行处理。

2021年8月，国家税务总局文理市南山区税务局（无忧公司的主管税务机关）在收到国家税务总局文理市东城区税务局推送的异常凭证信息后，制作并向无忧公司送达《税务事项通知书》，要求无忧公司将取得的10张增值税专用发票作进项税额转出处理，并告知其可以申请核实。

根据上述背景材料，国家税务总局文理市南山区税务局需要制作《税务事项通知书》告知当事人需要对三泰公司开具的异常增值税扣税凭证予以进项转出处理这一事项。依据说理式税收执法文书的制作要求，该文书制作如下。

国家税务总局文理市南山区税务局
税务事项通知书

文南税通〔2021〕222号

无忧有限责任公司：（纳税人识别号：917837209287349378）

事由：你单位于2020年11月接受三泰有限责任公司（纳税人识别号：916573DN3871A98016，以下简称“三泰公司”）开具的10张增值税专用发票，发票代码78201192，号码分别为013111733001至013111733010，金额8 790 333.20元，税额114 274.32元。三泰公司主管税务机关依据《国家税务总局关于走逃（失联）企业开具增值税专用发票认定处理有关问题的公告》（国家税务总局公告2016年第76号），在通过实地调查、电话查询、涉税事项办理核查以及其他征管手段，要求三泰公司配合核实取得增值税进项发票对应业务真实性时，尽管多次联系三泰公司代理记账、报税人员等，但其并不知情也不能联系到企业实际控制人，三泰公司主管税务机关依法判定三泰公司为走逃（失联）企业。三泰公司开具给你单位的上述10张增值税专用发票，被认定为异常增值税扣税凭证。

依据：

1.《国家税务总局关于走逃（失联）企业开具增值税专用发票认定处理有关问题的公告》（国家税务总局公告2016年第76号）第一条

走逃（失联）企业，是指不履行税收义务并脱离税务机关监管的企业。

根据税务登记管理有关规定，税务机关通过实地调查、电话查询、涉税事项办理核查以及其他征管手段，仍对企业和企业相关人员查无下落的，或虽然可以联系到企业代理记账、报税人员等，但其并不知情也不能联系到企业实际控制人的，可以判定该企业为走逃（失联）企业。

2.《国家税务总局关于异常增值税扣税凭证管理等有关事项的公告》（国家税务总局公告2019年第38号）第三条第（一）款、第（五）款

增值税一般纳税人取得的增值税专用发票列入异常凭证范围的，应按照以

下规定处理：

（一）尚未申报抵扣增值税进项税额的，暂不允许抵扣。已经申报抵扣增值税进项税额的，除另有规定外，一律作进项税额转出处理。

（五）纳税人对税务机关认定的异常凭证存有异议，可以向主管税务机关提出核实申请。经税务机关核实，符合现行增值税进项税额抵扣或出口退税相关规定的，纳税人可继续申报抵扣或者重新申报出口退税；符合消费税抵扣规定且已缴纳消费税税款的，纳税人可继续申报抵扣消费税税款。

3.《异常增值税扣税凭证处理操作规程（试行）》（税总发〔2017〕46号）

接受异常凭证的纳税人所在地主管税务机关，通过抵扣凭证审查系统接收异常凭证信息，并自收到之日起10个工作日内，向接受异常凭证的纳税人发出《税务事项通知书》，通知其所取得的异常凭证暂不得申报抵扣或用于出口退税，已经申报抵扣或用于出口退税的，应按有关规定处理。同时，主管税务机关应当告知接受异常凭证的纳税人，如对税务机关认定的异常凭证存有异议的，应当自收到《税务事项通知书》之日起20个工作日内，向主管税务机关提出核查申请，并提交业务合同、银行凭证、运输仓储证明等有关说明材料。

通知内容：依据上述规定，现通知你单位应于收到本通知之日起十日内将三泰公司2020年11月开具给你单位的、被认定为异常增值税扣税凭证的上述10张增值税专用发票已抵扣的进项税额114 274.32元，作进项税额转出处理。

如你单位对本通知认定的异常凭证存有异议，应当自收到《税务事项通知书》之日起二十个工作日内，向我局提出核查申请，并提交业务合同、银行凭证、运输仓储证明等有关说明材料，由我局自接收申请之日起九十个工作日内完成异常凭证的核实。

国家税务总局文理市南山区税务局

2021年8月11日

接受异常凭证的纳税人，对税务机关认定的异常凭证存有异议，提出核查申请的，主管税务机关一般应自接收申请之日起90个工作日内完成对异常凭证的核实，核实过程中应重点关注以下四个方面。（1）纳税人稽核比对、纳税申报情况，增值税发票抵扣联备查簿，相关纸质信息与电子数据是否相符等。（2）增值税发票信息、业务合同、运输仓储证明以及银行账单资金流的一致性等。（3）需要委托异地税务机关协助调查的，可通过抵扣凭证审查系统，委托与纳税人发生交易的上、下游企业所在地主管税务机关协助核实。（4）需要实地调查的，可通过主管税务机关派员赴纳税人实际生产经营场所，就其经营状况、生产能力等进行调查。异常凭证经税务机关核实后，未发现异常情形，符合现行增值税进项抵扣或出口退税有关规定的，主管税务机关出具《税务事项通知书》，允许纳税人按照现行规定，继续申报抵扣或办理出口退税。

异常凭证的开具方和接受方涉嫌虚开发票、虚抵进项，骗取出口退税以及其他需要稽查立案的，移交稽查部门查处。

三、《税务事项通知书》范例注释

在上述《税务事项通知书》范例中，文书的结构和基本内容要求都与《国家税务总局关于修订部分税务执法文书的公告》（国家税务总局公告2021年第23号）中《税务事项通知书》的式样完全一致。但上述范例是按照说理式税收执法文书的制作要求写作的。

《税务事项通知书》的“说理”要求，出于通知事项可能会对当事人产生不利影响的后果。如在“用于通知纳税人缴纳税款滞纳金”案例中，因为该通知书追缴纳税人已申报未缴纳的税款，要求当事人履行一定的法定义务，对其产生了不利影响；在“用于要求当事人提供有关资料”案例中，因为该通知书要求当事人履行提供资料用于核实当事人申报享受减免税优惠政策是否符合税法规定，若不提供会带来追缴已优惠税款的不利后果；在“用于异常增值税扣税凭证处理”案例中，被认定为异常增值税扣税凭证的10份增值税专用发票，纳税人已抵扣增值税进项税额，需要进行转出进项税额计算补缴增值税额，其后核查如发现当事人存在虚开、偷税情形的，还会移送稽查查处，更是具有明显的不利后果，都需要予以"说理"。从说理式税收执法文书的制作要求分析，这一范例的"说理"部分主要体现在以下五个方面。

（一）对事实进行清晰、具体、准确的描述

一是三个案例中都对通知事项的事实、缘由、过程进行了清晰、准确、具体的描述。例如，在"用于通知纳税人缴纳税款滞纳金"案例中，"你单位于2022年7月11日通过电子税务局办理了2022年第二季度企业所得税预缴申报，申报应预缴企业所得税28 000.00元。截至2022年7月18日本文书制作时，仍未缴纳。依据《中华人民共和国企业所得税法》第五十四条第（一）款、第（二）款规定，你单位企业所得税分季预缴，应当自季度终了之日起十五日内，向税务机关报送预缴企业所得税纳税申报表，预缴税款"。在"用于要求当事人提供有关资料"案例中，"你单位在享受安置重点群体创业就业扣减应纳税费的优惠，依次扣减增值税、城市维护建设税、教育费附加、地方教育附加和企业所得税时，实行'自行判别、申报享受、有关资料留存备查'的办理方式，申报时无须再向税务机关提供有关资料。但应将有关资料留存备查，并在税务机关复核时予以提供。我局在对你单位上述优惠事项复核时，你单位未能按照规定提供应留存备查的有关资料"。在"用于异常增值税扣税凭证处理"案例中，"三泰公司主管税务机关依据《国家税务总局关于走逃（失联）企业开具增值税专用发票认定处理有关问题的公告》（国家税务总局公告2016年第76号），在通过实地调查、电话查询、涉税事项办理核查以及其他征管手段，要求三泰公司配合核实取得增值税进项发票对应业务真实性时，虽然多次联系三泰公司代理记账、报税人员等，但其并不知情也不能联系到企业实际控制人的，三泰公司主管税务机关依法判定三泰公司为走逃（失联）企业。三泰公司开具给你单位的上述10张增值税专用发票，被认定为异常增值税扣税凭证""将三泰公司2020年11月开具给你单位的、被认定为异常增值税扣税凭证的上述10张增值税专用发票已抵扣的进项税额114

274.32 元，作进项税额转出处理”。这些段落属于对客观事实的描述，包括事实涉及的主体——当事人或纳税人，如无忧有限责任公司等；时间——事项发生或发现的时间；行为——未缴纳税款滞纳金、未提供有关资料、认定异常增值税扣税凭证；客体——税款滞纳金、需要提交的留存备查资料、增值税进项税额等。

二是陈述了税务机关对事项的办理（或处理）过程，包括办理的主体——国家税务总局理市东城区税务局中关分局、国家税务总局文理市南山区税务局等，办理的内容——核查税款缴纳情况、要求提交备查资料、认定异常增值税扣税凭证，以及办理的结果——未缴纳税款、没有提交资料、通知转出进项税额等。“事由”的描述，既要说“事”更要有“由”，上述三个不同事项的《税务事项通知书》，对不同的事由都进行了清晰、具体、准确的描述，让接受通知书的当事人一看就清楚明白，不会产生任何歧义。从说理式执法文书的写作要求而言，这是说理式执法文书的重要组成部分之一，也是说理式执法文书的基础。如果文书对事实本身叙述不清楚，就无法进行说理，只有在叙述清楚的基础上才能“说理”充分。

（二）理由说明充分详细

上述范例中属于“说理”部分的文字有：在“用于通知纳税人缴纳税款滞纳金”案例中，“依据《中华人民共和国企业所得税法》第五十四条第（一）款、第（二）款规定，你单位企业所得税分季预缴，应当自季度终了之日起十五日内，向税务机关报送预缴企业所得税纳税申报表，预缴税款”。在“用于要求当事人提供有关资料”案例中，“上述 14 人你单位自行判定符合《财政部　税务总局　人力资源社会保障部　国务院扶贫办关于进一步支持和促进重点群体创业就业有关税收政策的通知》（财税〔2019〕22 号）、《国家税务总局东方省税务局关于进一步支持和促进重点群体创业就业有关税收政策的公告》（国家税务总局东方省税务局公告第 2019 年 14 号）等文件的规定，可自签订劳动合同并缴纳社会保险当月起，在 3 年内按照实际招用人数予以定额依次扣减增值税、城市维护建设税、教育费附加、地方教育附加和企业所得税优惠。定额标准为每人每年7 800元。按照《中华人民共和国税收征收管理法》、《中华人民共和国税收征收管理法实施细则》、《国家税务总局关于进一步优化增值税优惠政策办理程序及服务有关事项的公告》(国家税务总局公告2021年第4号)、《企业所得税优惠政策事项办理办法(2018修订)》(国家税务总局公告2018年第23号印发)、《国家税务总局关于城镇土地使用税等‘六税一费’优惠事项资料留存备查的公告》(国家税务总局公告2019年第21号)等文件规定，你单位在享受安置重点群体创业就业减应纳税费的优惠，依次扣减增值税、城市维护建设税、教育费附加、地方教育附加和企业所得税时，实行‘自行判别、申报享受、有关资料留存备查’的办理方式，申报时无须再向税务机关提供有关资料。但应将有关资料留存备查，并在税务机关复核时予以提供”。在“用于异常增值税扣除凭证处理”案例中，“你单位于2020年11月接受三泰有限责任公司(纳税人识别号:916573DN3871A98016，以下简称‘三泰公司’)开具的10张增值税专用发票，发票代码78201192，号码分别为013111733001至013111733010，金额8 790 333.20元，税额114 274.32元。三泰公司主管税务机关依据《国家税务总局关于走逃(失联)企业开具增值税专用发票认定处理有关问题的公告》(国家税务总局公告2016年第76号)，在通过实地调查、电话查询、涉税事项办理核查以及其他征管手段，要求三泰公司配合核实取得增值税进项发票对应业务真实性时，尽管多次联系三泰公司代理记账、报税人员等，但其并不知情也不能联系到企业实际控制人，三泰公司主管税务机关依法判定三泰公司为走逃(失联)企业。三泰公司开具给你单位的上述10张增值税专用发票，被认定为异常增值税扣税凭证”，就是典型的“说理”。

由于《税务事项通知书》以通知当事人“为”或“不为”一定的行为，因此其“说理”和事实描述在很大程度上存在重叠，在要求纳税人“为”或“不为”时，需要从实体法和程序法的角度阐述为什么需要这样。在说理的过程中，主要依据法律的规定，运用严密的逻辑推理，做到有理、有据、有节，既要维护税法的遵从，又要保障当事人的权益。

一般来说，《税务事项通知书》的“说理”需要关注以下五个方面内容：一是说明办理的法律依据，二是说明办理的条件，三是说明办理的方式，四是列举办理需要的附例材料和要求，五是后续办理处理的差异。同时，尽可能在文书中说明为什么要这样，还要告知当事人应该怎么办，让当事人充分了解税务事项的相关规定，降低办税难度，有助于培养诚信的纳税人。

（三）法律依据援引应具体、准确

上述三种常见的《税务事项通知书》案例的依据部分，主要集中在《税收征管法》《税收征管法实施细则》《中华人民共和国企业所得税法》（以下简称《企业所得税法》）以及《关于实施支持和促进重点群体创业就业有关税收政策具体操作问题的公告》（国家税务总局公告 2019 年第 10 号）等法律文件中。这一部分内容要求：一是援引法律文件的全称、二是援引法律文件的文号，三是援引法律文件的条、款、项，四是援引条文的内容。

在援引法律依据时，要对办理事项涉及的各项法律、法规、规章、规范性文件及其他文件进行充分引用。其中，作为程序性执法文书仅仅需要援引作出这一执法文书的依据，如“《中华人民共和国税收征收管理法》第三十三条第（一）款　纳税人依照法律、行政法规的规定办理减税、免税”。法律依据的援引之所以要把条文的内容全部援引，而且有重复之感，一是因为国家税务总局的相关文件有这样的规定。在《国家税务总局关于印发全国统一税收执法文书式样的通知》（国税发〔2005〕179 号）中附有《税收执法文书标准》，该附件第三条规定，文书引用新《税收征管法》及其实施细则等法律、行政法规、行政规章时，应尽量直接标明具体的条款，并引用原文。二是因为引用原文可以使当事人一目了然，不会有歧义，也不需要查阅相关原文内容。

（四）通知内容要具体、清楚

通知内容就是需要通知当事人“为”或“不为”的内容。例如，在

“用于通知纳税人缴纳税款滞纳金”案例中，要求当事人在规定的时间内缴纳税款滞纳金；在“用于要求当事人提供有关资料”案例中，要求当事人在限定的时间内提供能充分证明符合享受税收优惠条件应当留存备查的各项资料；在“用于异常增值税扣税凭证处理”案例中，要求当事人必须对已抵扣进项税额的异常增值税扣税凭证作进项税额转出处理。从前述三个案例《税务事项通知书》的内容来看，这一部分包括：通知的对象，如明日科贸有限责任公司、霓裳飞扬服装有限责任公司、无忧有限责任公司等；通知的事项，如限期缴纳税款滞纳金、提供有关资料、转出进项税额；不补充提交材料的法律后果，如强制执行、优惠无效、追征税款等。这样的通知内容是具体、清楚、没有歧义的。

（五）当事人救济权利的告知应合法、准确、清楚、具体

在《税务事项通知书》“通知内容”部分，不仅要告知当事人“为”或“不为”的具体要求，还要在文尾部分告知当事人税务行政救济权利。这一部分包括五个方面的内容：一是行使救济权的情形，二是救济权两种可供选择的方式，三是申请行政复议的期限，四是向哪一个税务机关申请行政复议，五是向人民法院起诉的期限。文书范例中关于当事人救济权利的告知比较规范，告知合法、准确、清楚而具体，当事人读完之后十分清楚应当如何行使自己的救济权利。之所以要告知当事人享有的救济权利，是因为税务机关对当事人作出了不利的行政行为，有可能引起争议。

因此，这些范例的说明理由部分有理有据，论证严密、充分，同时又让当事人感受到了一份意想不到的纳税服务，一定不会让其感觉是税务机关因不愿意为其办理税收减免事宜而在故意刁难当事人，使当事人对通知内容信服，使税收事项得以顺利办结。

尽管《国家税务总局关于修订部分税务执法文书的公告》（国家税务总局公告 2021 年第 23 号）中《税务事项通知书》的式样“使用说明”中明确“（4）若同税务机关在纳税上有争议，必须先依照本通知的期限缴纳税款及滞纳金或者提供相应的担保，然后可自上述款项缴清或者提供相应的担保被税务机关确认之日起六十日内依法向税务机关申请行政复议；其他通知事项需要告知被通知人申请行政复议或者提起行政诉讼权利的，应告知被通知人：如对本通知不服，可自收到本通知之日起六十日内依法向税务机关申请行政复议，或者自收到本通知之日起六个月内依法向人民法院起诉。告知税务行政复议的，应写明税务复议机关名称”。但是，具体到实际事项中，常常会出现差异。例如，在“用于异常增值税扣税凭证处理”的《税务事项通知书》中，税务机关通知的是认定的结果和处理，并不是类同于“限期缴纳税款、滞纳金”或是“限期提供资料”等具体执法事项，在纳税人对税务机关持有异议或是认为有损其权益时，相关规范性文件规定的救济方法是“自收到《税务事项通知书》之日起 20 个工作日内，向主管税务机关提出核查申请，并提交业务合同、银行凭证、运输仓储证明等有关说明材料”，由主管税务机关“自接收申请之日起九十个工作日内完成异常凭证的核实”，并不需要申请行政复议或者提起行政诉讼，因此需要区分不同情况进行差异处理。

四、《税务事项通知书》使用说明

首先，在使用《税务事项通知书》时，应当把握的是该执法文书使用的广泛性。如上所述，在税收征管过程中，税务机关需要通知的税务事项比较多，国家税务总局无法对每一个需要通知的税务事项都制定与其对应的专有执法文书。而有的需要通知的税务事项，因没有专有执法文书，国家税务总局就规定通用《税务事项通知书》。《税务事项通知书》是税务机关在税收执法过程中最经常使用且使用最广泛的执法文书，但按照说理式执法要求制作的情形比较少。多数情形下，使用《税务事项通知书》都不会按照说理式税收执法文书制作，因为大多数通知事项不会对当事人产生不利影响。

其次，在税收执法实践中，税务机关在有些场景将《税务事项通知书》作为程序性执法文书使用，但在某些情形下也会将该文书作为实体性执法文书使用。例如，“用于通知纳税人缴纳税款滞纳金”“用于要求当事人提供有关资料”等；又如，纳税人申请房产税、城镇土地使用税困难性减免，《全国税收征管操作规范》中就明确要求，如因不符合法律规定税务机关决定不予批准的，需要使用《税务事项通知书》告知当事人其申请不予批准。所以，有的税务机关把此种通知类执法文书称为“准决定类通知书”。[①] 国家税务总局在制定这一执法文书式样时，在使用说明中也明确规定，通知纳税人、扣缴义务人、纳税担保人缴纳税款、滞纳金的，应告知被通知人：若同税务机关在纳税上有争议，必须先依照本通知的期限缴纳税款及滞纳金或者提供相应的担保，然后可自上述款项缴清或者提供相应的担保被税务机关确认之日起六十日内依法向税务机关申请行政复议；其他通知事项需要告知被通知人申请行政复议或者提起行政诉讼权利的，应告知被通知人：如对本通知不服，可自收到本通知之日起六十日内依法向税务机关申请行政复议，或者自收到本通知之日起六个月内依法向人民法院起诉。告知税务行政复议的，应写明税务复议机关名称。但我们认为，如果税务机关作出的行政行为对当事人实质性权利产生不利影响，就应当使用决定类执法文书。不过按照现有的相关规定以及税收执法习惯，税务机关在对当事人作出对其实质性权利产生不利影响的行政行为时，也可以使用《税务事项通知书》。

最后，在使用《税务事项通知书》时，不论是作为实体性执法文书还是作为程序性执法文书使用，只要会对行政相对人的权利产生不利影响，不管是程序性权利还是实体性权利，都应当按照说理式税收执法文书的要求制作。注意充分说理，使当事人理解和信服税务机关作出的行政行为是有法律依据的，要求其履行一定的法定义务也是有理有据的。因为不排除当事人对相关通知内容有不同理解，甚至不排除税务机关的行政行为存在错误，所以还应当清楚、明确地告知当事人的救济权利，建议尽量按照说理式税收执法文书的要求制作此文书。

在税收执法过程中，《税务事项通知书》是应用最广泛的税务文书。该文书不仅在税收征管活动中经常使用，在纳税服务、税务稽查、行政强

---

① 黄石地方税务局．税收执法文书规范[M]．1 版．北京：法律出版社，2006：91．

制等执法活动中也经常使用。在不同的执法环境和不同的执法事项下，该文书的主体结构基本一致，但具体内容、要求、“说理”方式有所差异，这一点需要特别注意。本书其他章节也会涉及其他执法活动中《税务事项通知》的制作范例。

第二节　责令限期改正通知书

在税收征管过程中，税务机关经常发现行政相对人存在税收违法行为，依据法律规定以及从税收征管要求来说，税务机关有义务依法责令当事人限期改正。因此，《责令限期改正通知书》是纳税人、扣缴义务人违反税收法律、法规的规定，税务机关要求其在规定的时间内改正错误行为的税收执法文书。《税收征管法实施细则》第一百零七条所列举的税务文书就包括该执法文书，而且国家税务总局制定的全国统一税收执法文书式样也包括该执法文书。

一、《责令限期改正通知书》的式样

国家税务总局________税务局（稽查局）

责令限期改正通知书

____税限改〔　〕　号

__________：（纳税人识别号：__________）

你（单位）______________。

根据______________________，限你（单位）于____年__月__日前________________。

税务机关（印章）

年　月　日

二、《责令限期改正通知书》的制作

纳税人、扣缴义务人及其他相关单位和个人有违法违章行为的，需要责令当事人限期改正时，税务机关制作《责令限期改正通知书》，并将文书送达当事人。

【案例3-4】

背景材料：

2022 年 7 月 18 日，国家税务总局文理市东城区税务局中关分局，在纳税申报期限（2022 年 7 月 15 日）到期后，通过金税系统进行催报催缴操作时，发现美好商务有限责任公司 2022 年 7 月应申报税费为增值税、城市维护建设税、房产税、城镇土地使用税、企业所得税（预缴）以及教育费附加、地方教育附加等。2022 年 7 月 11 日，已通过电子税务局申报增值税、城市维护建设税、房产税、城镇土地使用税以及教育费附加、地方教育附加等税费，并缴纳税款 80 000.00 元。但 2022 年第二季度企业所得税预缴申报一直未进行。

根据上述背景材料，国家税务总局文理市东城区税务局中关分局需要制作《责令限期改正通知书》，通知当事人在限期内依法办理纳税申报这一事项。依据说理式税收执法文书的制作要求，该文书制作如下。

国家税务总局文理市东城区税务局中关分局
责令限期改正通知书

文东中税限改〔2022〕120 号

美好商务有限责任公司：（纳税人识别号：9176383072749381M3）

你单位 2022 年 7 月应申报增值税、城市维护建设税、房产税、城镇土地使用税、企业所得税（预缴）以及教育费附加、地方教育附加等税费种类。2022年7月11日已通过电子税务局办理了申报增值税、城市维护建设税、房产税、城镇土地使用税以及教育费附加、地方教育附加等税费，但直到2022年7月15日季度申报期限届满，仍未办理2022年第二季度企业所得税预缴申报，已构成“未按规定期限办理纳税申报和报送资料”的税收违法行为。

根据《中华人民共和国税收征收管理法》第二十五条规定，纳税人必须依照法律、行政法规规定或者税务机关依照法律、行政法规的规定确定的申报期限、申报内容如实办理纳税申报，报送纳税申报表、财务会计报表以及税务机关根据实际需要要求纳税人报送的其他纳税资料；《中华人民共和国企业所得税法》第五十四条第（一）款、第（二）款规定，企业所得税分月或者分季预缴。企业应当自月份或者季度终了之日起十五日内，向税务机关报送预缴企业所得税纳税申报表，预缴税款；《税务行政处罚裁量权行使规则》（国家税务总局公告2016年第78号印发）第十二条规定，税务机关应当责令当事人改正或者限期改正违法行为的，除法律、法规、规章另有规定外，责令限期改正的期限一般不超过三十日等，限你单位于2022年7月24日前，到我局办理2022年第二季度企业所得税预缴申报。

依据《中华人民共和国税收征收管理法》第六十二条规定，纳税人未按照规定的期限办理纳税申报和报送纳税资料的，或者扣缴义务人未按照规定的期限向税务机关报送代扣代缴、代收代缴税款报告表和有关资料的，由税务机关责令限期改正，可以处二千元以下的罚款；情节严重的，可以处二千元以上一万元以下的罚款。同时，依据《税务行政处罚“首违不罚”事项清单》（国家税务总局公告2021年第6号公告印发）规定，首次发生清单中所列事项且危害后果轻微，在税务机关发现前主动改正或者在税务机关责令限期改正的期限内改正的，不予行政处罚。对你单位上述未按规定办理纳税申报的事项，如你单位在本通知书规定的期限内办理纳税申报的，符合税务行政处罚“首违不罚”情形，我局将只对你单位加强税法宣传和辅导，不予行政处罚。如你单位在本通知书规定的期限内仍未办理纳税申报的，我局将依据《中华人民共和国税收征收管理法》第六十二条规定视情节对你单位处以二千元以上一万元以下的罚款。

如对本通知不服，可自收到本通知之日起六十日内依法向国家税务总局文理市东城区税务局申请行政复议，或者自收到本通知之日起六个月内依法向文理市东城区人民法院起诉。

国家税务总局文理市东城区税务局中关分局（印章）

2022 年 7 月 18 日

三、《责令限期改正通知书》范例注释

在与税收相关的法律、法规中，限期改正主要在法律责任一章有具体的规定。例如，在《税收征管法》“法律责任”中，第六十条、第六十一条、第六十二条、第六十四条、第六十八条、第七十条都规定了违反税收征管秩序的行为应予以责令限期改正的具体情形；在《税收征管法实施细则》“法律责任”中，第九十条、第九十一条、第九十二条、第九十五条补充规定了五种违法行为应予以责令限期改正；在《中华人民共和国发票管理办法》（以下简称《发票管理办法》）“罚则”中，第三十六条就规定对违反《发票管理办法》的六种行为应责令限期改正。这些都是税务机关适用责令限期改正的法律依据。

在上述《责令限期改正通知书》范例中，文书的结构和基本内容要求与国家税务总局自 2021 年起适用的新《责令限期改正通知书》式样基本一致。但在内容上是按照说理式税收执法文书的制作要求写作的，并增加了法律救济的相关内容。因为该通知书要求当事人履行一定的法定义务，认定纳税人存在未按规定期限办理纳税申报的违章行为，要求其在规定的时间内到税务机关办理纳税申报，对其产生了不利影响。从说理式税收执法文书的制作要求分析，这一范例的说理部分主要体现在以下五个方面。

第一，清楚准确、合法有据地阐述了当事人存在的违法事实。上述范例中，“你单位2022年7月应申报增值税、城市维护建设税、房产税、城镇土地使用税、企业所得税（预缴）以及教育费附加、地方教育附加等税费种类。2022年7月11日已通过电子税务局办理了申报增值税、城市维护建设税、房产税、城镇土地使用税以及教育费附加、地方教育附加等税费，但直到2022年7月15日季度申报期限届满，仍未办理2022年第二季度企业所得税预缴申报”。这段话就属于对当事人违法事实的阐述。一是陈述了当事人未在规定期限内办理2022年第二季度企业所得税预缴申报这一客观事实。二是阐述了当事人存在违法事实及认定的法律依据。明示当事人的违法事实“但直到2022年7月15日季度申报期限届满，仍未办理2022年第二季度企业所得税预缴申报，已构成‘未按规定期限办理纳税申报和报送资料’的税收违法行为”，列明的法律依据为《税收征管法》第二十五条，《企业所得税法》第五十四条第（一）款、第（二）款的规定。这段对当事人事实的阐述，不但清楚、具体、准确，而且合法、有理有据，使当事人容易接受这样的税务处理。从说理式执法文书的写作要求来看，阐述当事人存在违法事实，一般包括以下内容。一是经查实当事人存在的客观行为及其相应的证据。不但叙述当事人存在的客观行为，而且告知证明客观事实的证据，说明税务机关认定的事实是有证据支持的，即不是推测，更不是凭空捏造，使得税务机关认定的结论给当事人一种踏实、厚重之感。二是依据法律的规定，运用三段论的逻辑推理，对当事人的客观行为进行法律评价，认定当事人存在违法行为。其三段论的基本结构如下：

M－－－－－－－－－－－－－－－－－P（大前提）

S－－－－－－－－－－－－－－－－－－－M（小前提）

S－－－－－－－－－－－－－－－－－－－P（结论）

在上述结构中，M为中项，S为小项，P为大项；M是P为大前提，S

是M为小前提，S是P为结论。大前提是法律规定（条文），小前提是当事人的客观行为。

根据上述三段论的结构，以范例中对当事人违法事实的认定，其推理过程如下：

凡是未在规定的纳税申报期限内办理纳税申报的纳税人，都存在违反《税收征管法》第二十五条及相关实体税法律、法规申报期限之规定的违法行为。（大前提——法律规定）

美好商务有限责任公司直到2022年7月15日季度申报期限届满，仍未办理2022年第二季度企业所得税预缴申报。（小前提——当事人的客观行为）

所以，美好商务有限责任公司存在未按规定办理纳税申报的税收违法行为。（结论）

在上述推论中，“凡是未在规定的纳税申报期限内办理纳税申报的纳税人”是中项（M），“存在违反《税收征管法》第二十五条及相关实体税法律法规申报期限之规定的违法行为”是大项（P），“美好商务有限责任公司存在未按规定办理纳税申报的税收违法行为”是小项（S）。税务机关在认定当事人存在违法行为时，在逻辑思维上都是依照上述推理方式进行认定的。

第二，充分说明了税务机关责令当事人改正，即责令当事人在规定期限内办理纳税申报的理由。上述范例中，“说理”的方式主要体现在两个方面。首先，阐述并认定当事人存在未按照规定期限办理纳税申报和报送纳税资料的税收违法行为（如上所述）。其次，在上述认定的基础上，依据法律规定，进一步阐述税务机关责令当事人改正，即责令其在规定期限内办理纳税申报的理由。因为根据《税收征管法》第六十二条规定：“纳税人未按照规定的期限办理纳税申报和报送纳税资料的，或者扣缴义务人未按照规定的期限向税务机关报送代扣代缴、代收代缴税款报告表和有关资料的，由税务机关责令限期改正，可以处二千元以下的罚款；情节严重的，可以处二千元以上一万元以下的罚款。”这一结论也是运用三段论的逻辑推理得出的。其三段论的结构如下。

凡是纳税人未按规定期限办理纳税申报和报送资料的，由税务机关责令限期改正。（大前提——法律规定）

美好商务有限责任公司未按照规定办理纳税申报和报送资料。（小前提——当事人的客观行为）

所以，由税务机关责令美好商务有限责任公司限期改正。（结论）

上述范例在“说理”的过程中，不但运用了三段论的逻辑推理，有理有据，而且依据纳税申报这一法律规范的内在逻辑结构展开。法律规范的结构是指在法律规范内由构成要素组成的整体。一般认为，法律规范是由假定、处理、制裁三个要素构成的。假定指该规范适用的条件和情形，处理指该规范要求人们如何行为，制裁指不按该规范行为时应承担的法律后果。根据《税收征管法》第二十五条、第六十二条规定，依法纳税申报这一法律规范[①]“假定”部分的适用情形包括纳税人必须依照法律、行政法规规定或者税务机关依照法律、行政法规的规定确定的申报期限、申报内容如实办理纳税申报，报送纳税申报表、财务会计报表以及税务机关根据实际需要要求纳税人报送的其他纳税资料。“处理”部分是要求人们如何行为，即要求依据《企业所得税法》的规定，企业应当自月份或者季度终了之日起十五日内，向税务机关报送预缴企业所得税纳税申报表，预缴税款。“制裁”部分是未按规定期限办理税务登记的，由税务机关责令限期改正，可以处二千元以下的罚款；情节严重的，处二千元以上一万元以下的罚款。上述范例以法理为基础，充分运用法律依据进行说理，尽量使当

① 税务登记包括设立税务登记、变更税务登记和注销税务登记这三种形式。在此仅讨论设立税务登记这一种情形。

事人信赖税务机关作出的行政行为。

第三，具体、准确地援引了法律依据。在上述范例中，援引的法律依据主要是《税收征管法》《企业所得税法》《税务行政处罚“首违不罚”事项清单》（国家税务总局公告2021年第6号公告印发）的规定，法律依据援引准确。而且，不仅援引了法律文件名称的全称，还援引了涉及法律依据的条、款、项，并且援引了法律条款的具体内容，内容较为具体、规范。上述范例在法律援引时，有关“制裁”部分的处罚内容为“对你单位上述未按规定办理纳税申报的事项，如你单位在本通知书规定的期限内办理纳税申报的，符合税务行政处罚‘首违不罚’情形，我局将只对你单位加强税法宣传和辅导，不予行政处罚。如你单位在本通知书规定的期限内仍未办理纳税申报的，我局将依据《中华人民共和国税收征收管理法》第六十二条规定视情节对你单位处以二千元以上一万元以下的罚款”。这不仅考虑了当事人在限定时间内纠正过错可予“免罚”的柔性执法，也严肃指出逾期不改正将从重处罚的内容。但在税收执法实践中需要注意，《国家税务总局关于发布〈第二批税务行政处罚“首违不罚”事项清单〉的公告》（国家税务总局公告2021年第33号）第一条再次强调“对当事人首次发生清单中所列事项且危害后果轻微，在税务机关发现前主动改正或者在税务机关责令限期改正的期限内改正的”，不予行政处罚。同时明确“税务违法行为造成不可挽回的税费损失或者较大社会影响的”，不能认定为“危害后果轻微”。该公告第二条规定，适用税务行政处罚“首违不罚”的，主管税务机关应及时作出不予行政处罚决定，充分保障当事人合法权益。也就是说，税务机关对“首违不罚”事项除了责令限期改正外，还需要制作《不予行政处罚决定书》。

第四，具体、清楚地告知了通知内容。上述范例中，关于通知的内容部分是“限你单位于2022年7月24日前，到我局办理2022年第二季度企业所得税预缴申报”，其包括四个部分：一是通知的对象——你单位（美好商务有限责任公司）。二是纳税申报时间——2022年7月24日之前。这是根据《税务行政处罚裁量权行使规则》（国家税务总局公告2016年第

78号印发）第十二条规定，税务机关应当责令当事人改正或者限期改正违法行为的，除法律、法规、规章另有规定外，责令限期改正的期限一般不超过三十日。税务机关应根据实际情况在三十天内规定一个较为合情合理的时限。三是办理纳税申报的地点——我局（国家税务总局文理市东城区税务局中关分局）。这一告知同样不但清楚、具体，且体现了税务机关细致的纳税服务。四是不改正的后果及其法律依据——如果在本通知规定的期限内仍不办理纳税申报，则根据《税收征管法》第六十二条规定，纳税人未按照规定的期限办理纳税申报和报送纳税资料的，或者扣缴义务人未按照规定的期限向税务机关报送代扣代缴、代收代缴税款报告表和有关资料的，由税务机关责令限期改正，可以处二千元以下的罚款；情节严重的，可以处二千元以上一万元以下的罚款。在这一项通知内容中，不但告知了不办理纳税申报的后果，还告知了当事人这样处理的法律依据。这样的通知内容，对于当事人而言，既是一种督促，也是一种责任和压力；对于税务机关而言，既体现了法律的严肃与威严，也体现了税务机关依法行政的职业风貌。

第五，合法、准确、清楚、具体地告知了当事人的救济权利。上述范例中，当事人救济权利的告知部分是："如对本通知不服，可自收到本通知之日起六十日内依法向国家税务总局文理市东城区税务局申请行政复议，或者自收到本通知之日起六个月内依法向文理市东城区人民法院起诉。"《国家税务总局关于修订部分税务执法文书的公告》（国家税务总局公告2021年第23号）文书式样中，新《责令限期改正通知书》删除了旧文书中"如对本通知不服，可自收到本通知之日起，六十日内依法向申请行政复议；或者自收到本通知之日起，三个月内依法向人民法院起诉"的字样，并没有专门在文书主体中设定说明纳税人救济权的要素。但本书认为，《责令限期改正通知书》仍要告知当事人的救济权。一是因为通知书认定了当事人的违法事实。二是对当事人作出了不利的行政行为，即要求当事人履行一定的义务——于2022年7月24日之前办理纳税申报。虽然税务机关作出的程序性行政行为是合法、合理的，但当事人未必认可，有可能出现争议，这就要求告知当事人救济的权利。

因此，我们认为这样制作《责令限期改正通知书》，基本符合说理式税收执法文书的要求和规范，叙述内容清楚、具体，论证严密、有理有据。

四、《责令限期改正通知书》使用说明

在使用《责令限期改正通知书》时，我们应注意以下两个方面的问题。

第一，在税收执法实践中，税务机关把《责令限期改正通知书》作为程序性执法文书还是实体性税收执法文书使用的问题。这主要涉及行政机关对行政相对人作出限期改正行政行为性质的认识。对此，在理论上存在争议。有的学者认为责令改正是行政处罚的一种形式①，有的学者认为责令改正是一种申诫罚②。当然，也有的学者认为其不是一种行政处罚，而是行政处罚的一种必然结果。③ 我们认为，行政机关作出责令改正是一种介于实体性行政行为与程序性行政行为之间的行政行为，无法简单用二分法对其进行分类，就像傍晚与黎明时分，不能简单说它们是白天还是黑夜，属于哲学上的灰色区域或者数学上的模糊区域。当然，如果必须用二分法进行分类的话，我们更倾向它是一种程序性行政行为。因为，从实质角度来看，这种行政行为并没有对当事人的实体性权益产生影响，只是影响其程序性义务。当然，不论如何界定其性质，其都对当事人产生了不利影响，在作出这类行政行为时应当注意充分说明理由。在使用《责令限期改正通知书》时，应当按照说理式执法文书的要求制作。

第二，应当把握的是该执法文书的使用范围。行政机关一般是在查实了当事人具有行政违法行为，对当事人进行处罚的过程中，作出责令限期改正的行政行为。《行政处罚法》第二十八条规定，行政机关实施行政处

---

① 江必新，等．行政程序概论[M]．北京：北京师范大学出版社，1991：214－215.

② 冯军．行政处罚新论[M]．北京：中国检察出版社，2003：119.

③ 胡锦光．行政处罚研究[M]．北京：法律出版社，1998：47－48.

罚时，应当责令当事人改正或者限期改正违法行为。《发票管理办法》第三十五条规定，违反本办法的规定，有下列情形之一的，由税务机关责令改正，可以处一万元以下的罚款；第三十六条也规定，跨规定的使用区域携带、邮寄、运输空白发票，以及携带、邮寄或者运输空白发票出入境的，由税务机关责令改正，可以处一万元以下的罚款。另外，在《税收征管法》第六十条关于纳税人未按照规定的期限申报办理税务登记、变更或者注销登记的，未按照规定设置、保管账簿或者保管记账凭证和有关资料的，未按照规定将财务、会计制度或者财务、会计处理办法和会计核算软件报送税务机关备查的，未按照规定将其全部银行账号向税务机关报告的，未按照规定安装、使用税控装置，或者损毁或者擅自改动税控装置的；第六十一条关于扣缴义务人未按照规定设置、保管代扣代缴、代收代缴税款账簿或者保管代扣代缴、代收代缴税款记账凭证及有关资料的；第六十二条关于纳税人未按照规定的期限办理纳税申报和报送纳税资料的，或者扣缴义务人未按照规定的期限向税务机关报送代扣代缴、代收代缴税款报告表和有关资料的；第六十四条第（一）款关于纳税人、扣缴义务人编造虚假计税依据的；第七十条关于纳税人、扣缴义务人逃避、拒绝或者以其他方式阻挠税务机关检查的。以及《税收征管法实施细则》第九十条关于纳税人未按照规定办理税务登记证件验证或者换证手续的；第九十一条关于行政相对人非法印制、转借、倒卖、变造或者伪造完税凭证的；第九十二条关于银行和其他金融机构未依照税收征管法的规定在从事生产、经营的纳税人的账户中登录税务登记证件号码，或者未按规定在税务登记证件中登录从事生产、经营的纳税人的账户账号的；第九十五条关于税务机关依照税收征管法第五十四条第（五）项的规定，到车站、码头、机场、邮政企业及其分支机构检查纳税人有关情况时，有关单位拒绝的等情形，税务机关对当事人作出责令限期改正的行政行为，也都是在对当事人进行处罚的过程中作出。其目的就是要求行政机关在对当事人处罚的过程中，不能为罚款而罚款，处罚的目的是教育当事人，纠正当事人的违法行为，使其以后不再犯类似的错误。但是，税务机关在对当事人进行行政处罚的过程中责令当事人限期改正税收违法行为时，有关责令当事人限期改正的事项，一般都是在《税务行政处罚决定书》前作出《责令限期改正通知书》，根据改正的情形裁量处罚的尺度。尤其要注意的是，虽然有的法律条款规定了作出行政处罚时，行政机关应当责令当事人限期改正其违法行为，但只有实际具有可改正性，且能够改正的情形下，才能作出责令当事人限期改正的行政行为。有的当事人的税收违法行为，税务机关应当对其进行行政处罚，但无法责令当事人限期改正。例如，《税收征管法》第六十二条规定：“纳税人未按照规定的期限办理纳税申报和报送纳税资料的，或者扣缴义务人未按照规定的期限向税务机关报送代扣代缴、代收代缴税款报告表和有关资料的，由税务机关责令限期改正，可以处二千元以下的罚款；情节严重的，可以处二千元以上一万元以下的罚款。”如果当事人办理了纳税申报，只是未按照规定的期限申报，那么税务机关可以依法对当事人进行处罚，但不能也没有必要责令当事人限期改正。

当然，对于行政相对人税收违法行为的处理，相关法律条款也有不同表述。有的法律条款表述为：由税务机关责令限期改正，处（并处）×××元以下的罚款。例如，《税收征管法》第六十四条第（一）款规定：“纳税人、扣缴义务人编造虚假计税依据的，由税务机关责令限期改正，并处五万元以下的罚款。”《税收征管法实施细则》第九十一条规定，非法印制、转借、倒卖、变造或者伪造完税凭证的，由税务机关责令改正，处二千元以上一万元以下的罚款；情节严重的，处一万元以上五万元以下的罚款；构成犯罪的，依法追究刑事责任。《税收征管法实施细则》第九十二条规定，银行和其他金融机构未依照税收征管法的规定在从事生产、经营的纳税人的账户中登录税务登记证件号码，或者未按规定在税务登记证件中登录从事生产、经营的纳税人的账户账号的，由税务机关责令其限期改正，处二千元以上二万元以下的罚款；情节严重的，处二万元以上五万元以下的罚款。对于上述情形，税务机关在查实当事人具有行政违法行为时，一定要对当事人进行行政处罚。

而对于行政相对人税收违法行为的处理，有的法律条款却表述为：由税务机关责令限期改正，可以处×××元以下的罚款。例如，《发票管理办法》第三十五条、第三十六条，《税收征管法》第六十条、第六十一条、第六十二条、第七十条，以及《税收征管法实施细则》第九十条、第九十五条都是这样表述的。《税收征管法实施细则》第九十条规定，纳税人未按照规定办理税务登记证件验证或者换证手续的，由税务机关责令限期改正，可以处二千元以下的罚款；情节严重的，处二千元以上一万元以下的罚款。在此不再一一列举。对于类似的情形，有人认为当税务机关查实当事人具有行政违法行为时，并非一定要对当事人进行行政处罚。相对而言，这种行政违法较为轻微，所以法律条款就表述为可以处×××元以下的罚款。这就授权和指示税务机关应当根据当事人的不同违法情形决定是否对当事人进行行政处罚。我们认为，这种观点对相关法律条款的理解有一定的合理性。否则，法律条款的表述无须进行这样的区分。罚与不罚是税务机关的自由裁量权。但作为职权，税务机关不行使处罚的职责，是要有法律依据和理由的，不能随意裁量。2021 年，中共中央办公厅、国务院办公厅《关于进一步深化税收征管改革的意见》中明确要求，“创新行政执法方式，有效运用说服教育、约谈警示等非强制性执法方式，让执法既有力度又有温度，做到宽严相济、法理相融。坚决防止粗放式、选择性、‘一刀切’执法”。《行政处罚法》第三十三条也有相同的规定即“违法行为轻微并及时改正，没有造成危害后果的，不予行政处罚。初次违法且危害后果轻微并及时改正的，可以不予行政处罚”。在这种情形下，先予责令纳税人改正过错就是一种“有温度”的执法，也符合《税务行政处罚裁量权行使规则》（国家税务总局公告 2016 年第 78 号印发）规定的“法律、法规、规章规定可以给予行政处罚，当事人首次违反且情节轻微，并在税务机关发现前主动改正的或者在税务机关责令限期改正的期限内改正的，不予行政处罚”首违不罚的规则。因此，对纳税人、扣缴义务人未按照规定的期限申报、报告的违法行为，税务机关需要大量使用《责令限期改正通知书》，以责成纳税人改正过错。

因此，在适应这样的法律条文时，一般是以不处罚为原则，处罚为例外。税务机关判定当事人的违法行为显著轻微、确实无须对其处罚时，可以不对其进行行政处罚。此时，虽不对当事人进行税务行政处罚，但必须制作并送达《责令限期改正通知书》，要求当事人限期改正其税收违法行为，对纳税人在限期内改正的，税务机关还需要制作《不予行政处罚决定书》。

第三节　核定定额通知书

《税收征管法》第三十五条规定，纳税人有下列情形之一的，税务机关有权核定其应纳税额：依照法律、行政法规的规定可以不设置账簿的；依照法律、行政法规的规定应当设置账簿但未设置的；擅自销毁账簿或者拒不提供纳税资料的；虽设置账簿，但账目混乱或者成本资料、收入凭证、费用凭证残缺不全，难以查账的；发生纳税义务，未按照规定的期限办理纳税申报，经税务机关责令限期申报，逾期仍不申报的；纳税人申报的计税依据明显偏低，又无正当理由的。税务机关核定应纳税额的具体程序和方法由国务院税务主管部门规定。该法第三十七条规定，对未按照规定办理税务登记的从事生产、经营的纳税人以及临时从事经营的纳税人，由税务机关核定其应纳税额，责令缴纳；不缴纳的，税务机关可以扣押其价值相当于应纳税款的商品、货物。扣押后缴纳应纳税款的，税务机关必须立即解除扣押，并归还所扣押的商品、货物；扣押后仍不缴纳应纳税款的，经县以上税务局（分局）局长批准，依法拍卖或者变卖所扣押的商品、货物，以拍卖或者变卖所得抵缴税款。

在核定方法上，《税收征管法实施细则》第四十七条规定，纳税人有税收征管法第三十五条或者第三十七条所列情形之一的，税务机关有权采用下列任何一种方法核定其应纳税额：参照当地同类行业或者类似行业中经营规模和收入水平相近的纳税人的税负水平核定；按照营业收入或者成本加合理的费用和利润的方法核定；按照耗用的原材料、燃料、动力等推算或者测算核定；按照其他合理方法核定。采用前款所列一种方法不足以正确核定应纳税额时，可以同时采用两种以上的方法核定。纳税人对税务机关采取本条规定的方法核定的应纳税额有异议的，应当提供相关证据，经税务机关认定后，调整应纳税额。

《个体工商户税收定期定额征收管理办法》（国家税务总局令第 16 号）自 2007 年 1 月 1 日起施行。该办法规定，个体工商户税收定期定额征收，是指税务机关依照法律、行政法规及本办法的规定，对个体工商户在一定经营地点、一定经营时期、一定经营范围内的应纳税经营额（包括经营数量）或所得额（以下简称“定额”）进行核定，并以此为计税依据，确定其应纳税额的一种征收方式。该办法适用于经主管税务机关认定和县以上税务机关（含县级，下同）批准的生产、经营规模小，达不到《个体工商户建账管理暂行办法》规定设置账簿标准的个体工商户（以下简称“定期定额户”）的税收征收管理。

2022 年我国《政府工作报告》指出，全国市场主体总量超过 1.5 亿户，其中个体工商户占有很大比重。做好个体工商户税收征管是税务机关一项重要工作。

《个体工商户定期定额征收管理办法》规定，个体工商户定期定额征收管理需要通过自行申报、核定定额、定额公示、上级核准、下达定额、公布定额等程序办理。

《核定定额通知书》是税务机关通知纳税人依法核定税收定额的税收执法文书。国家税务总局制定的全国统一税收执法文书式样也包括该执法文书。

一、《核定定额通知书》的式样

国家税务总局______税务局（分局）

核定定额通知书

____税核〔　　〕______号

__________（纳税人）（纳税人识别号：____________________）

根据《中华人民共和国税收征收管理法》《中华人民共和国税收征收管理法实施细则》以及相关规定，经审核你户月应纳税额为______元（分税种税额见下表）。请按规定的期限申报缴纳应纳税款。本通知自______年____月____日起至______年____月____日止执行。

应纳税额明细表

税种	应纳税经营额	税率（征收率）	税额（元）
税额合计（大写）：			

税务机关（印章）

年　月　日

告知事项：

1. 定额执行期间内，如你户月应纳税经营额超过税务机关的核定定额百分之__的，应当在法律、行政法规规定的申报期限内，向主管税务机关进行申报并缴纳税款。

2. 定期定额户应当在定额执行期满后__日内，以该期每月实际发生的经营额、所得额向主管税务机关进行汇总申报。

3. 不按规定的期限进行申报或缴纳应纳税款的，税务机关将依法予以处罚。

在税务机关作出《核定定额通知书》前，需要采集纳税人相关信息，以期能够按照税法规定的核定方法予以核定。

个体工商户定额信息采集表

（适用于营业税改征增值税试点纳税人）

单位名称：　　　　　　　　　　　　　　　　采集日期：　　年　月　日

纳税人识别号		业户名称	
业主姓名		经营地址	
联系电话		经营范围	

调查项目名称	调查项目内容
定额项目	
资产投资总额（元）	
经营面积（m^2）	
主要经营用具及台（套）数	
月发票开具额	
年房屋租金（元）	
仓储面积（m^2）	
所属乡镇、街道	
所属集贸市场	
从业人数	
经营方式	
代理品牌数量	
淡季旺季情况	
代理区域	
交通工具	
所属路段	
经营年限	
广告类别	
信誉程度	
其他项目	

“其他项目”补充说明：	
纳税人签字： 年　月　日	税收管理员签字： 年　月　日

个体工商户定额信息采集表
（商业）

单位名称： 采集日期： 年 月 日

纳税人识别号		业户名称	
业主姓名		经营地址	
联系电话		经营范围	

调查项目名称	调查项目内容
定额项目	
资产投资总额（元）	
经营面积（m^2）	
年房屋租金（元）	
仓储面积（m^2）	
所属乡镇、街道	
所属集贸市场	
从业人数	
经营方式	
兼营情况	
代理品牌数量	
淡季旺季情况	
代理区域	
交通工具	
所属路段	
经营年限	
广告类别	
信誉程度	
应纳消费税经营收入占总收入比例（%）	
其他项目	
“其他项目”补充说明：	
纳税人签字： 年 月 日	税务机关管理人员签字： 年 月 日

个体工商户定额信息采集表

（工业生产及来料加工业）

单位名称：　　　　　　　　　　　　　　　　　　　　采集日期：　　年　月　日

纳税人识别号			业户名称		
业主姓名		经营地址		联系电话	
经营范围			经营方式		

调查项目名称	调查项目内容
定额项目	
资产投资总额（元）	
经营面积（m^2）	
房屋租金（元）	
从业人数	
主要设备名称及台（套）数	
主要设备生产效率	
辅助设备名称及台（套）数	
月用电量（度）	
设备容量	
所属乡镇（街道）	
所属集贸市场	
产品销售区域	
所属路段	
淡季旺季情况	
所属区域	
交通工具	
经营年限	
广告类别	
信誉程度	
其他项目	

"其他项目"补充说明：

纳税人签字： 年　月　日	税务机关管理人员签字： 年　月　日

个体工商户定额信息采集表
（修理修配业）

单位名称：　　　　　　　　　　　　　　　　采集日期：　　年　月　日

纳税人识别号			业户名称		
业主姓名		经营地址		联系电话	
经营范围			经营方式		

调查项目名称	调查项目内容
定额项目	
资产投资总额（元）	
从业人数	
技术资质	
维修种类	
烤漆设备	
所属乡镇、街道	
所属路段	
交通工具	
经营年限	
广告类别	
信誉程度	
其他项目	
“其他项目”补充说明：	
纳税人签字： 年　月　日	税务机关管理人员签字： 年　月　日

二、《核定定额通知书》的制作

《核定定额通知书》主要用于通知纳税人依法核定税款定额事项。

【案例3-5】

背景材料：

张某于2021年4月初在父母和亲戚的帮助下开设经营一家婚纱摄影店，销售婚纱礼服并代办婚庆典礼，生意从一开始就十分火爆。2021年4月11日，在文理市南山区市场监督管理局领取营业执照，注册登记的店名为“浪漫玫瑰婚纱店”，注册登记的类型为个体工商户。同时，在国家税务总局文理市东城区税务局中关分局办理了税务信息报告，并领用了增值税普通发票。4月15日，国家税务总局文理市东城区税务局中关分局上门实地调查并采集了张某相关经营的信息，依法按其主营业务，核定了其季度销售收入为600 000.00元（平均月度销售收入200 000.00元，销售额为不含税销售额），季度缴纳增值税6 000.00元。国家税务总局文理市东城区税务局中关分局制发了《核定定额通知书》，要求其按季度依法办理纳税申报。

根据上述背景材料，国家税务总局文理市东城区税务局中关分局需要按照规范的程序，采集相关信息、核定应纳税额，并制作《核定定额通知书》通知当事人核定税款事项。依据说理式税收执法文书的制作要求，该文书制作如下。

（一）采集相关信息

浪漫玫瑰婚纱店以销售婚纱礼服为主，应使用《个人工商户定额信息采集表》（商业）采集相关信息，信息采集如下。

个体工商户定额信息采集表

（商业）

单位名称：浪漫玫瑰婚纱店 采集日期：2021 年 4 月 15 日

纳税人识别号	92764898ND9377713A	业户名称	浪漫玫瑰婚纱店
业主姓名	张某	经营地址	文理市东城区
联系电话	139××××××××	经营范围	销售婚纱礼服

调查项目名称	调查项目内容
定额项目	销售婚纱礼服
资产投资总额（元）	100 000
经营面积（m^2）	30
年房屋租金（元）	24 000
仓储面积（m^2）	10
所属乡镇、街道	文理市东城区中关街道
所属集贸市场	
从业人数	3
经营方式	销售
兼营情况	婚庆典礼主持
代理品牌数量	1 个
淡季旺季情况	基本一致
代理区域	文理市
交通工具	
所属路段	东大街
经营年限	长期
广告类别	
信誉程度	较好
应纳消费税经营收入占总收入比例（%）	
其他项目	婚庆典礼主持
“其他项目”补充说明：平均每月能主持婚礼四场左右	
纳税人签字： 张某 2021 年 4 月 15 日	税务机关管理人员签字： 王某 李某 2021 年 4 月 15 日

（二）《核定定额通知书》范例

国家税务总局文理市东城区税务局中关分局
核定定额通知书

文东中税核〔2021〕1155 号

浪漫玫瑰婚纱店（纳税人识别号：92764898ND9377713A）：

根据《中华人民共和国税收征收管理法》第三十五条、第三十七条，《中华人民共和国税收征收管理法实施细则》第四十七条，《个体工商户税收定期定额征收管理办法》（国家税务总局令第 16 号）第三条、第七条、第十三条规定，我局于 2021 年 4 月 15 日实地调查并采集了你户经营信息，你户系家庭成员经营且经营规模不大，无建账能力也未聘请中介机构代理记账，依法对你户采取定期定额方式进行税收征管。根据你户的经营规模、经营区域、经营内容、行业特点、管理水平等因素，结合从你户采集信息，我局采取按照成本加合理的费用和利润的方法，并参照同类行业或类似行业中同规模、同区域纳税人的生产、经营情况核定定额。

核定你户主营业务为商品销售，季度销售额 600 000. 00 元（月均销售额 200 000. 00 元，销售额为不含税销售额），按季应纳增值税 6 000. 00 元，并附征城市维护建设税 210. 00 元、教育费附加 90. 00 元、地方教育附加 60. 00 元。

根据《中华人民共和国个人所得税法》第十二条、《中华人民共和国个人所得税法实施条例》第十五条第（三）款、《国家税务总局文理市税务局关于调整个人所得税核定应税所得率有关问题的公告》（国家税务总局文理税务局公告 2018 年第 11 号）第一条第（三）款规定，你户从事生产、经营活动，应按年计算并分期预缴个人所得税。不能正确计算应纳税所得额的，按照我市规定“批发零售业”个人所得税应税所得率 5% 分季度按照“销售额×本行业应税所得率”计算当期经营所得应纳税所得额，按照5% ~35%经营所得超额累进税率计算应纳个人所得税额。

如你户季度实际销售额超过600 000.00元的，应按照实际销售额计算并缴纳相关税费；季度实际销售额未超过600 000.00元的，应按照核定销售额600 000.00元计算并缴纳相关税费。

请按规定的期限申报缴纳应纳税款。本通知自2021年4月15日起至2021年12月31日止执行。

应纳税费明细表

税种	应纳税经营额（所得额）（元）	税率（征收率）	税额（元）
增值税	600 000.00	1%	6 000.00
城市维护建设税	6 000.00	7% ×50%	210.00
教育费附加	6 000.00	3% ×50%	90.00
地方教育附加	6 000.00	2% ×50%	60.00
个人所得税	600 000.00 ×5%	5% ~35%	按年累计计算
税额合计（大写，不含个人所得税）：陆仟叁佰陆拾元整			

国家税务总局文理市东城区税务局中关分局（印章）

2021年4月20日

告知事项：

1. 定额执行期间内，如你户季（或月）应纳税经营额超过税务机关的核定定额20%的，主管税务机关可以重新核定定额。

2. 纳税人对税务机关采取本条规定的方法核定的应纳税额有异议的，应当提供相关证据，经税务机关认定后，调整应纳税额。

3. 不按规定的期限进行申报或缴纳应纳税款的，税务机关将依法予以处罚。

若你单位对税务机关核定的定额有争议的，可以在接到《核定定额通知书》之日起三十日内向我局提出重新核定定额申请，并提供足以说明其生产、经营真实情况的证据，我局将自接到申请之日起三十日内书面答复。

你单位也可以按照法律、行政法规的规定直接向上一级税务机关申请行政复议；对行政复议决定不服的，可以依法向人民法院提起行政诉讼。

在未接到重新核定定额通知、行政复议决定书或人民法院判决书前，仍按原定额缴纳税款。

（三）文件依据

1.《中华人民共和国税收征收管理法》

第三十五条　纳税人有下列情形之一的，税务机关有权核定其应纳税额：

（一）依照法律、行政法规的规定可以不设置账簿的；

（二）依照法律、行政法规的规定应当设置账簿但未设置的；

（三）擅自销毁账簿或者拒不提供纳税资料的；

（四）虽设置账簿，但账目混乱或者成本资料、收入凭证、费用凭证残缺不全，难以查账的；

（五）发生纳税义务，未按照规定的期限办理纳税申报，经税务机关责令限期申报，逾期仍不申报的；

（六）纳税人申报的计税依据明显偏低，又无正当理由的。

税务机关核定应纳税额的具体程序和方法由国务院税务主管部门规定。

第三十七条　对未按照规定办理税务登记的从事生产、经营的纳税人以及临时从事经营的纳税人，由税务机关核定其应纳税额，责令缴纳；不缴纳的，税务机关可以扣押其价值相当于应纳税款的商品、货物。扣押后缴纳应纳税款的，税务机关必须立即解除扣押，并归还所扣押的商品、货物；扣押后仍不缴纳应纳税款的，经县以上税务局（分局）局长批准，依法拍卖或者变卖所扣押的商品、货物，以拍卖或者变卖所得抵缴税款。

2.《中华人民共和国税收征收管理法实施细则》

第四十七条 纳税人有税收征管法第三十五条或者第三十七条所列情形之一的，税务机关有权采用下列任何一种方法核定其应纳税额：

（一）参照当地同类行业或者类似行业中经营规模和收入水平相近的纳税人的税负水平核定；

（二）按照营业收入或者成本加合理的费用和利润的方法核定；

（三）按照耗用的原材料、燃料、动力等推算或者测算核定；

（四）按照其他合理方法核定。

采用前款所列一种方法不足以正确核定应纳税额时，可以同时采用两种以上的方法核定。

纳税人对税务机关采取本条规定的方法核定的应纳税额有异议的，应当提供相关证据，经税务机关认定后，调整应纳税额。

3.《个体工商户税收定期定额征收管理办法》（国家税务总局令第16号）

第三条　本办法适用于经主管税务机关认定和县以上税务机关（含县级，下同）批准的生产、经营规模小，达不到《个体工商户建账管理暂行办法》规定设置账簿标准的个体工商户（以下简称定期定额户）的税收征收管理。

第七条　税务机关应当根据定期定额户的经营规模、经营区域、经营内容、行业特点、管理水平等因素核定定额，可以采用下列一种或两种以上的方法核定：

（一）按照耗用的原材料、燃料、动力等推算或者测算核定；

（二）按照成本加合理的费用和利润的方法核定；

（三）按照盘点库存情况推算或者测算核定；

（四）按照发票和相关凭据核定；

（五）按照银行经营账户资金往来情况测算核定；

（六）参照同类行业或类似行业中同规模、同区域纳税人的生产、经营情况核定；

（七）按照其他合理方法核定。

税务机关应当运用现代信息技术手段核定定额，增强核定工作的规范性和合理性。

第十三条　定期定额户发生下列情形，应当向税务机关办理相关纳税事宜：

（一）定额与发票开具金额或税控收款机记录数据比对后，超过定额的经营额、所得额所应缴纳的税款；

（二）在税务机关核定定额的经营地点以外从事经营活动所应缴纳的税款。

第二十二条　定期定额户对税务机关核定的定额有争议的，可以在接到《核定定额通知书》之日起三十日内向主管税务机关提出重新核定定额申请，并提供足以说明其生产、经营真实情况的证据，主管税务机关应当自接到申请之日起三十日内书面答复。

定期定额户也可以按照法律、行政法规的规定直接向上一级税务机关申请行政复议；对行政复议决定不服的，可以依法向人民法院提起行政诉讼。

定期定额户在未接到重新核定定额通知、行政复议决定书或人民法院判决书前，仍按原定额缴纳税款。

4.《中华人民共和国个人所得税法》

第十二条　纳税人取得经营所得，按年计算个人所得税，由纳税人在月度或者季度终了后十五日内向税务机关报送纳税申报表，并预缴税款；在取得所得的次年三月三十一日前办理汇算清缴。

5.《中华人民共和国个人所得税法实施条例》

第十五条第（三）款　从事生产、经营活动，未提供完整、准确的纳税资料，不能正确计算应纳税所得额的，由主管税务机关核定应纳税所得额或者应纳税额。

6.《国家税务总局文理市税务局关于调整个人所得税核定应税所得率有关问题的公告》（国家税务总局文理市税务局公告 2018 年第 11 号）

第一条第（三）款　关于生产经营所得核定征收个人所得税应税所得率问题。“批发和零售业”核定应税所得率标准调整为5%。

三、《核定定额通知书》范例注释

上述《核定定额通知书》范例是对无建账能力的纳税人，明确其按期应缴纳税额纳税义务。如上所述，本通知书根据前期采集的纳税人经营信息，按照合理的方法直接确定了当事人的实质性义务。所以，《核定定额通知书》也应按照说理式税收执法文书的制作要求写作。核定定额这种需要通过一定程序进行的税收行政执法活动范例，其说理性主要体现在以下四个方面。

第一，需要准确采集纳税人的相关信息，了解纳税人经营情况。上述范例中，税务机关在浪漫玫瑰婚纱店办理了税务信息报告后，即对其进行实地调查，了解相关情况，结合个体工商户主营业务为商品销售，采集并填制《个人工商户定额信息采集表》（商业）。在《核定定额通知书》中，“我局于2021年4月15日实地调查并采集了你户经营信息，你户系家庭成员经营且经营规模不大，无建账能力也未聘请中介机构代理记账，依法对你户采取定期定额方式进行税收征管”。这段话就是对该个体工商户进行情况调查、信息采集事实的阐述。其陈述了当事人经营规模不大，无建账能力也未建账这一客观事实；告知了税务机关根据纳税人的实际情况作出采取定期定额方式进行税收征管的决定，实地调查并完成对《个人工商户定额信息采集表》（商业）相关内容的采集。其中，明确告知了税务机关调查工作的开展——实地调查并采集信息。此处实地调查十分必要，对于新办纳税人，开业巡查能够及时调查并修正纳税人相关信息，了解纳税人生产经营情况以及建账核算情况，特别是对其不具备建账能力的情况进行了解核实；同时，也告知了采取定期定额方式进行税收征管的决定，并依据此决定采集相关信息。

第二，对税务机关核定定额采取的方法进行了说明。在《核定定额通知书》中，“根据你户的经营规模、经营区域、经营内容、行业特点、管理水平等因素，结合从你户采集信息，我局采取按照成本加合理的费用和利润的方法，并参照同类行业或类似行业中同规模、同区域纳税人的生产、经营情况核定定额”。这段话就是对核定方法的说明，即税务机关根据采集的信息按照成本加合理的费用和利润的方法测算销售额后，在和同行业或类似行业中同规模、同区域纳税人的生产、经营情况进行比较后，确定核定的销售额，“核定你户主营业务为商品销售，季度销售额600 000.00元（月均销售额200 000.00元，销售额为不含税销售额），按季应纳增值税6 000.00元，并附征城市维护建设税210.00元、教育费附加90.00元、地方教育附加60.00元。根据《中华人民共和国个人所得税法》第十二条、《中华人民共和国个人所得税法实施条例》第十五条第（三）款、《国家税务总局文理市税务局关于调整个人所得税核定应税所得率有关问题的公告》（国家税务总局文理税务局公告2018年第11号）第一条第（三）款规定，你户从事生产、经营活动，应按年计算并分期预缴个人所得税。不能正确计算应纳税所得额的，按照我市规定‘批发零售业’个人所得税应税所得率5%分季度按照‘销售额×本行业应税所得率’计算当期经营所得应纳税所得额，按照5%～35%经营所得超额累进税率计算应纳个人所得税额”。这里的描述，告知了纳税人所属税务机关核定的销售额所采取的方法，强调了核定定额的合理性。其说理的方式主要体现在四个方面。一是采取了两种核定方法的叠加以确保更加合理。二是告知了核定的基础参数，主要参考了纳税人的经营规模、经营区域、经营内容、行业特点、管理水平等因素，并且符合《税收征管法实施细则》第四十七条的规定。三是核定了季度销售额600 000.00元，并依法计算了季度应纳增值税、城市维护建设税、教育费附加、地方教育附加。四是告知了个人所得税计税方式和计算方式，按照《中华人民共和国个人所得税法》第十二条、《中华人民共和国个人所得税法实施条例》第十五条第（三）款、《国家税务总局文理市税务局关于调整个人所得税核定应税所得率有关问题的公告》（国家税务总局文理市税务局公告2018年第11号）第一条第（三）款规定，“你户从事生产、经营活动，应按年计算并分期预缴个人所得税。不能正确计算应纳税所得额的，按照我市规定‘批发零售业’个人所得税应税所得率5%分季度按照‘销售额×本行业应税所得率’计算当期经营所得应纳税所得额，按照5%～35%经营所得超额累进税率计算应纳个人所得税额”。其中，明确说明了经营所得个人所得税应按年计税、分期预缴，按照本市“批发零售业”个人所得税应税所得率5%分季度计算当期经营所得应纳税所得额，并按季度累计应纳税所得额，按照5%～35%经营所得超额累进税率计算应纳个人所得税额。

第三，明确告知了每个季度销售额确定规则和本通知书的有效期间。上述范例中，在《核定定额通知书》中“如你户季度实际销售额超过600 000.00元的，应按照实际销售额计算并缴纳相关税费；季度实际销售额未超过600 000.00元的，应按照核定销售额600 000.00元计算并缴纳相关税费。请按规定的期限申报缴纳应纳税款。本通知自2021年4月15日起至2021年12月31日止执行”。一是明确了每个季度销售额需要按照核定销售额（600 000.00元）与当期发票开具金额或税控收款机记录数据比对，按照孰高的原则确定销售额，即如果2021年第二季度发票开具金额为800 000.00元，超过了核定定额600 000.00元，那么2021年第二季度销售额就要按照800 000.00元确定，并据以计算增值税、城市维护建设税、教育费附加、地方教育附加，以及个人所得税当季和累计应纳税所得额并计税。二是明确告知了本通知书的有效期间，自2021年4月15日起至2021年12月31日止。超过该期间的，就需要重新核定。

第四，具体、清楚地告知了相关内容。上述范例中，不但告知了个体工商户在定额执行期间内，出现季度应纳税经营额超过税务机关的核定定额20%的情形时，主管税务机关可以重新计算并重新核定定额。而且，依据《税收征管法》的规定，纳税人对税务机关核定的应纳税额有异议的，应当提供相关证据，经税务机关认定后调整应纳税额，这是税法赋予纳税人的救济权利。同时，还告知纳税人不按规定的期间进行申报或缴纳应纳税款的，税务机关将依法予以处罚的法律后果，体现了法律的严肃与威严。

因此，这样制作《核定定额通知书》比较符合说理式税收执法文书的要求和规范。

四、《核定定额通知书》使用说明

在使用《核定定额通知书》时，我们应注意以下三个方面的问题。

第一，《核定定额通知书》式样中没有依据栏。在税收执法实践中，税务机关需要做好有关核定定额的相关政策宣传。

第二，要注意核定定额的程序性。不能仅制作下发《核定定额通知书》，还需要按照《个体工商户税收定期定额征收管理办法》规定，遵循“自行申报、核定定额、定额公示、上级核准、下达定额、公布定额”的执法程序。但是，在《核定定额通知书》中，因为其执行的是结果类的通知、告知职能，所以仅需要对其中关键的内容进行“说理”，如为什么采用定期定额征收管理方式，信息是怎么采集的，采取了什么方法核定销售额，实际经营情况超出或不足定额的如何办理，有异议该如何救济等。

第三，应当注意《核定定额通知书》使用的救济方式。纳税人核定定额是有一定期限的，一般情况下，纳税人没有出现重大的经营变化，定额保持一定的稳定性。也就是说，纳税人核定定额是可以调整的，这种调整有两种发起方式：一种是税务机关依职权发起，如文书范例中提到“定额执行期间内，如你户季（或月）应纳税经营额超过税务机关的核定定额20%的，主管税务机关可以重新核定定额”就是典型的依职权调整，这时税务机关只需要重新发起核定程序即可。另一种是依纳税人申请发起，是一种救济权利。从2014年“对纳税人变更纳税定额的核准”就是一个行政许可事项，需要按照税务行政许可的方式进行。

《国家税务总局关于优化纳税人延期缴纳税款等税务事项管理方式的公告》（国家税务总局公告2022年第20号）规定，自2022年11月1日起，税务机关收到纳税人对已核定应纳税额的异议申请后，按照《个体工商户税收定期定额征收管理办法》（国家税务总局令第16号公布，第44号修改）规定的核定程序重新核定定额并通知纳税人。

第四章　其他税收征管执法事项的“说理”

在税收征管过程中，税务机关经常会对具有税收违法行为的行政相对人作出对其实质性权益产生不利影响的具体行政行为。除了最常用的制发《税务事项通知书》《责令限期改正通知书》《核定定额通知书》等程序性执法行为外，还有不常发生但确实会对纳税人产生不利影响的实体性税收征管执法行为，也应当使用说理式税收执法文书。

第一节　税务行政审批制度改革和税务行政许可

2004年，我国《行政许可法》颁布的主要目的是规范和约束行政机关的行政审批权。对行政权进行规范和约束，是行政法立法的主要目的之一。因此，税务机关在贯彻落实《行政许可法》的过程中也较好地体现了行政法立法的精神，不但使税务行政许可项目不断减少，更主要的是大量减少了税务行政审批项目，即非审批事项不断增多。

2014年2月13日，国家税务总局发布《关于公开行政审批事项等相关工作的公告》（国家税务总局公告2014年第10号），第一次向社会公开目前保留的税务行政审批事项清单，总局机关和国税系统，以及国地税系统都可以实施的行政审批项目为87项（不包括完全只由地税系统实施的审批项目。根据国务院审改办的摸底口径，地税系统不是税务总局垂直管理部门，不被纳入国务院部门的行政审批事项摸底范围，由地方政府组织清理），其中行政许可7项，非行政许可审批80项。

2015年5月，李克强在全国推进简政放权放管结合职能转变工作电视电话会议上首次提出“当前和今后一个时期，深化行政体制改革、转变政府职能总的要求是：简政放权、放管结合、优化服务、协同推进，即‘放、管、服’三管齐下”以来，随着“放、管、服”改革的深入，税务行政审批制度改革也大步迈进。到2022年，税务行政审批事项除仅保留了房产税、城镇土地使用税、困难性减免税等极少数需要核准的税收优惠审批事项和6项行政许可事项外，其他审批事项都取消了，税收优惠也全面实行“自行判别、申报享受、相关资料留存备查”的模式，适用于绝大多数的税收优惠事项。

《国家税务总局关于优化纳税人延期缴纳税款等税务事项管理方式的公告》（国家税务总局公告2022年第20号）规定，自2022年11月1日起，税务总局根据国务院审定的行政许可事项清单，发布《税务行政许可事项清单(2022年版)》，编列“增值税防伪税控系统最高开票限额审批”1项税务行政许可事项。《国家税务总局关于进一步简化税务行政许可事项办理程序的公告》（2019年第34号）发布的“对纳税人延期缴纳税款的核准”“对纳税人延期申报的核准”“对纳税人变更纳税定额的核准”“对采取实际利润额预缴以外的其他企业所得税预缴方式的核定”“企业印制发票审批”等5个事项不再作为行政许可事项管理，依照有关法律、行政法规规定实施。

当然，由于税收征管的需要，对于仅有的这些税务行政审批事项，如果税务机关对行政相对人的审批申请作出不予同意的行政决定，就会对纳税人产生税收实质性不利影响，需要通过《税务事项通知书》《不予税务行政许可通知书》等，将不予同意的税务行政审批决定通知当事人。因此，也应当按照说理式税收执法文书的制作要求制作相关文书。

第二节　不同意核准决定的《税务事项通知书》

对纳税人提出需要税务行政核准的事项，税务机关作出“不予同意”的决定时，需要通过《税务事项通知书》通告纳税人。这也是对《税务事项通知书》应用范围中“办理有关涉税事项时”的使用。其“说理”与前面所述的《税务事项通知书》基本一致。

一、《税务事项通知书》的式样

国家税务总局______税务局（分局）

税务事项通知书

________税通〔　　〕________号

__________：（纳税人识别号：__________）

事由：

依据：

通知内容：

税务机关（印章）

年　月　日

二、“不予同意”《税务事项通知书》的制作

【案例4-1】

背景材料：

好猫装配有限责任公司隶属于东方省文理市南山区，该单位办公楼为自有房产，年度应纳房产税40 000.00元。2021年该单位发生亏损，2022年1月18日，企业以2021年度亏损，资金存在困难，符合《中华人民共和国房产税暂行条例》（国发〔1986〕90号）第六条“除本条例第五条规定者外，纳税人纳税确有困难的，可由省、自治区、直辖市人民政府确定，定期减征或者免征房产税”的规定为由，向国家税务总局文理市南山区税务局提出申请，申请免征2021年度已缴纳的房产税40 000.00元。

《东方省房产税施行细则》（东政发〔2003〕10号）规定，“除另有规定者外，纳税人纳税确有困难，可向房产所在地税务机关申请，经县（市）税务局批准，酌情给予定期减税或免税的照顾”。《国家税务总局东方省税务局关于明确房产税城镇土地使用税减免税有关事项的公告》（国家税务总局东方省税务局公告2018年第13号）规定，纳税人符合下列情形之一的，纳税确有困难的，税务机关可以酌情考虑减征或免征房产税。具体规定：一是因风、火、水、地震等严重自然灾害或其他不可抗力因素发生重大损失的；二是受市场因素影响，难以维系正常生产经营，发生亏损的；三是依法进入破产程序或停产、停业连续六个月以上的。国家税务总局文理市南山区税务局收到企业免税申请后，实地查看发现企业仍在正常生产经营，经核查认为不符合房产税困难性减免的条件，不予同意减免税，遂书面告知当事人税务机关的决定。

根据上述背景材料，国家税务总局文理市南山区税务局需要制作《税务事项通知书》告知纳税人对其减免税申请不予审批的结果。依据说理式税收执法文书的制作要求，该文书制作如下。

国家税务总局文理市南山区税务局
税务事项通知书

文南税通〔2022〕41号

好猫装配有限责任公司：（纳税人识别号：91876394720AD4957C）

事由：我局收悉你单位于2022年1月18日提交的困难性减免2021年度房产税40 000.00元的申请后，立即对你单位提交的相关资料和减免申请进行审核。你单位2021年度受市场因素影响发生了经营亏损，造成企业资金运转存在一定程度的困难，经我局实地核查，发现你单位经营亏损并未对企业生产经营产生严重影响，未造成难以维系正常生产经营的困难，不符合房产税困难性减免的条件。

依据：《中华人民共和国税收征收管理法》第三十三条第（一）款规定，纳税人依照法律、行政法规的规定办理减税、免税。

《中华人民共和国房产税暂行条例》第六条规定，除本条例第五条规定者外，纳税人纳税确有困难的，可由省、自治区、直辖市人民政府确定，定期减征或者免征房产税。

《国家税务总局关于城镇土地使用税等“六税一费”优惠事项资料留存备查的公告》（国家税务总局公告2019年第21号）规定，自发布之日起，纳税人享受“六税一费”优惠实行“自行判别、申报享受、有关资料留存备查”办理方式，申报时无须再向税务机关提供有关资料。纳税人根据具体政策规定自行判断是否符合优惠条件，符合条件的，纳税人申报享受税收优惠，并将有关资料留存备查。城镇土地使用税、房产税困难减免税不适用上述规定，仍按照现行规定办理。

《东方省房产税施行细则》（东政发〔2003〕10号）第六条规定，除另有规定者外，纳税人纳税确有困难，可向房产所在地税务机关申请，经县（市）税务局批准，酌情给予定期减税或免税的照顾。

《国家税务总局东方省税务局关于明确房产税城镇土地使用税减免税有关事项的公告》（国家税务总局东方省税务局公告2018年第13号）规定，纳税人符合下列情形之一的，纳税确有困难的，税务机关可以酌情考虑减征或免征房产税。具体规定：一是因风、火、水、地震等严重自然灾害或其他不可抗力因素发生重大损失的；二是受市场因素影响，难以维系正常生产经营，发生亏损的；三是依法进入破产程序或停产、停业连续六个月以上的。

通知内容：对你单位申请困难性减免2021年度房产税40 000.00元的申请，我局不予同意，你单位应按规定足额缴纳2021年度房产税。

如对本决定不服，你单位可自收到本通知之日起六十日内依法向国家税务总局文理市税务局申请行政复议。

国家税务总局文理市南山区税务局（印章）

2022年1月25日

三、“不予同意”《税务事项通知书》范例注释

主管税务机关依法决定对当事人的减免税申请不予审批，这对当事人而言，直接影响其实质性经济利益，其满怀的期望破灭之后，内心一定想知道为什么税务机关对其减免税申请不予审批。所以，不予同意申请事项的《税务事项通知书》一定要满足当事人想了解原因的心理需求，充分“说理”。这一范例的“说理”部分因内容不是很复杂，所以相对比较简单。

第一，叙述客观事实，这是“说理”的基础和重要组成部分。主要包括两个方面：一是主管税务机关收悉“你单位于2022年1月18日提交的困难性减免2021年度房产税40 000.00元的申请”；二是“经我局实地核查，发现你单位经营亏损并未对企业生产经营产生严重影响，未造成难以维系正常生产经营的困难”，造成不符合房产税困难性减免税的条件。

第二，阐述税务机关对其减免税申请不予同意的理由。一是企业虽然亏损但仍然正常生产经营；二是依据相关法律规定，即“《东方省房产税施行细则》（东政发〔2003〕10号）”以及“《国家税务总局东方省税务局关于明确房产税城镇土地使用税减免税有关事项的公告》（国家税务总局东方省税务局公告2018年第13号）”等；三是运用两个三段论逻辑推理，说明税务机关决定对当事人减免税申请不予审批的理由。第一个三段论推理过程如下。

企业符合规定情形纳税确有困难是其能否享受困难性减免房产税的必要条件，即受市场因素影响，难以维系正常生产经营，发生亏损享受减免房产税。（大前提）

企业发生的经营亏损是否造成企业生产经营难以维系的后果，这是其能否享受困难性减免房产税的充分条件。（小前提）

因好猫装配有限责任公司的亏损未造成难以维系生产经营的后果，所以该单位不得享受减免税优惠。（结论）

第二个三段论推理过程如下。

凡是不符合减免税优惠条件的，都不得享受减免税优惠。需要核准的

减免税申请，不予同意。（大前提——法律规定）

好猫装配有限责任公司不符合减免税优惠条件。（小前提——当事人的客观行为）

所以，主管税务机关不予同意好猫装配有限责任公司房产税困难性减免税申请。（结论）

这样的三段论逻辑推理方式一般都能够掌握，说明运用这样的方式进行说理具有较强的说服力，其逻辑的结论具有必然性、规律性、合理性，容易让当事人明白和接受。

第三，具体、清楚地告知了相关内容。《税务事项通知书》不但告知了税务机关决定对当事人减免税申请不予同意这一结果，还告知了当事人的救济权利。

因此，上述范例在说明理由时虽然相对比较简练，但基本符合说理式税收执法文书的制作要求和规范。

四、“不予同意”《税务事项通知书》使用说明

在使用“不予同意”《税务事项通知书》时，我们应注意以下两个问题。

第一，该执法文书使用的广泛性。近几年来，虽然绝大多数涉税事项不再需要审批，但依然会有部分税务事项需要核准，尤其是房产税、城镇土地使用税、困难性减免税等优惠项目。当税务机关对当事人的申请决定不予同意时，应当使用《税务事项通知书》通知上述结果。

第二，把握该执法文书使用的场景。范例中税务机关作出的不予税务行政审批决定将直接影响当事人的实质性经济利益，对其产生实质性不利影响，因此在作出这样的决定时，应当使用说理式税收执法文书充分说明理由，满足当事人想了解不予税务行政审批的原因这一心理需求。而这一税收执法文书应当是《税务事项通知书》。在税收执法实践中，税务机关要注意避免制作的《税务事项通知书》过于简单，即仅告知当事人不予同意申请事项结果的问题。

第三节 不予税务行政许可决定书

2004 年我国颁布《行政许可法》的主要目的是规范和约束行政机关的行政许可权。而且，根据《国家税务总局关于进一步简化税务行政许可事项办理程序的公告》（国家税务总局公告 2019 年第 34 号）的规定，作出不予许可的决定，应当出具加盖本机关印章（或许可专用章）的不予许可决定书，并应当说明理由，告知申请人享有申请行政复议或提起行政诉讼的权利。因此，税务机关作出不予许可的决定时一定是使用《不予税务行政许可决定书》，而且在使用该文书时，应该按照说理式执法文书的要求制作。

一、《不予税务行政许可决定书》的式样

国家税务总局______税务局（分局）

不予税务行政许可决定书

______税许不准字〔　　〕第______号

(申请人)：(纳税人识别号：____________________)

你单位于______年____月____日提出的(项目名称) 税务行政许可申请，本机关于______年____月____日受理。

经审查，你单位提出的税务行政许可申请(不予许可的依据和理由)，决定不予该项税务行政许可。

如你单位不服，请于收到本决定之日起六十日内向(行政复议机关名称) 申请行政复议，或者在六个月内向人民法院提起诉讼。

（　　）税务局

（加盖税务机关印章或许可专用章）

年　月　日

签收栏
受送达人： 年　月　日

二、《不予税务行政许可决定书》的制作

【案例4-2】

背景材料：

星海橱柜有限责任公司于2019年8月设立，注册地为东方省文理市南山区，为增值税一般纳税人，其专用发票最高开票限额核定为100 000.00元。2022年6月16日，该单位向国家税务总局文理市南山区税务局提出增值税专用发票最高开票限额1 000 000.00元的申请，并提交了企业基本生产经营情况书面报告原件、企业法定代表人、经办人员身份证明原件和复印件、《最高开票限额申请审批表》原件、《税务行政许可申请表》原件等资料。国家税务总局文理市南山区税务局在当天受理了该单位提交的申请。经过实地核实后发现，该单位的预计年增值税应税销售额达不到50 000.00元，也不生产销售单位价格在100 000.00元以上且不可分割的货物，且没有偶然发生大宗交易业务的情形，达不到增值税专用发票最高开票限额1 000 000.00元的核定标准，不符合《国家税务总局东方省税务局关于增值税发票管理事项的公告》（国家税务总局东方省税务局公告2018年第18号）规定，决定做出不予批准的行政许可。此时，需要书面告知当事人税务机关的决定。

依据《国家税务总局关于进一步简化税务行政许可事项办理程序的公告》（国家税务总局公告2019年第34号）规定，办理对纳税人变更纳税定额的核准，自受理申请之日起15个工作日内作出行政许可决定。国家税务总局文理市南山区税务局于2022年6月26日制作并送达《不予税务行政许可决定书》。

根据上述背景材料，国家税务总局文理市南山区税务局需要制作《不予税务行政许可决定书》，告知纳税人对其增值税专用发票最高开票限额1 000 000.00元的申请不予许可。依据说理式税收执法文书的制作要求，该文书制作如下。

国家税务总局文理市南山区税务局
不予税务行政许可决定书

文南税许不准字〔2022〕第3号

星海橱柜有限责任公司：

你单位于2022年6月16日向我局提出了增值税专用发票最高开票限额1 000 000.00元的行政许可申请，并提交了相关资料，我局于同日受理了你单位的申请。经我局实地核实及对相关资料进行审查，发现你单位2022年预计年增值税应税销售额达不到50 000 000.00元，你单位也不生产销售单位价格在100 000.00元以上且不可分割的货物，且也没有偶然发生大宗交易业务的可能性。

经审查，你单位提出的税务行政许可申请根据《国家税务总局东方省税务局关于增值税发票管理事项的公告》（国家税务总局东方省税务局公告2018年第18号）规定，工业企业一般纳税人申请核定最高开票限额1 000 000.00元的，企业年增值税应税销售额不得低于50 000 000.00元，或者必须有主要销售单位价格在100 000.00元以上且不可分割货物的情形。对企业偶然发生大宗交易业务，且单笔销售额超过已核定的最高开票限额的，经企业提出申请，可按规定提出临时调额申请，确定其专用发票最高开票限额，按实际交易规模限额限量供应专用发票，并于5个工作日内恢复到原核定标准。由于你单位的预计年增值税应税销售额达不到50 000 000.00元，也不主要销售单位价格在100 000.00元以上且不可分割的货物，且没有偶然发生大宗交易业务的可能性，达不到增值税专用发票最高开票限额1 000 000.00元的核定标准，现决定对你单位提出的增值税专用发票最高开票限额1 000 000.00元的申请不予许可。

如你单位不服，请于收到本决定之日起六十日内向国家税务总局文理市税务局申请行政复议，或者在六个月内向文理市南山区人民法院提起诉讼。

国家税务总局文理市南山区税务局（印章）

2022年6月26日

签收栏
受送达人： 年　月　日

三、《不予税务行政许可决定书》范例注释

上述不予税务行政许可决定的行政行为，即依法决定对当事人的增值税专用发票最高开票限额 1 000 000.00 元的申请不予许可，对当事人的生产经营造成不利影响，所以《不予税务行政许可决定书》一定要告知不予许可的理由。因此，《不予税务行政许可决定书》必须按照说理式税收执法文书的制作要求写作。

第一，较为全面地叙述当事人的客观情形。在本决定书中，一是叙述当事人于 2022 年 6 月 16 日向税务机关提出了增值税专用发票最高开票限额 1 000 000.00 元的行政许可申请，并提交了相关资料这一客观事实。二是叙述税务机关受理了该单位的申请这一事实。三是叙述税务机关对该单位进行了实地核实及对其提交的相关资料进行审查的结果。对这一审查结果的叙述，应当依据相关文件的规定，不但应当叙述公司 2022 年预计年增值税应税销售额达不到 50 000 000.00 元这一事实，还应当叙述该单位不主要销售单位价格在 1 000 000.00 元以上且不可分割的货物这一事实，以及没有偶然发生大宗交易业务的可能性。因为这三种情形只要有一种存在，税务机关都应当对当事人的申请予以许可。只有这三种情形都不存在时，税务机关才可以作出不予税务行政许可的决定。因此，在对客观事实进行叙述时，应当注意周全性。

第二，阐述税务机关对其申请不予许可的理由。一是依据上述事实。二是援引相关法律依据，即“根据《国家税务总局东方省税务局关于增值税发票管理事项的公告》（国家税务总局东方省税务局公告 2018 年第 18 号）规定，工业企业一般纳税人申请核定最高开票限额 1 000 000.00 元的，企业年增值税应税销售额不得低于 50 000 000.00 元，或者必须有主要销售单位价格在 1 000 000.00元以上且不可分割货物的情形。对企业偶然发生大宗交易业务，且单笔销售额超过已核定的最高开票限额的，经企业提出申请，可按规定提出临时调额申请，确定其专用发票最高开票限额，按实际交易规模限额限量供应专用发票，并于 5 个工作日内恢复到原核定标准”。三是在上述事实与法律依据的基础上，运用两个三段论逻辑推理，说明税务机关决定对当事人申请不予许

可的理由。第一个三段论推理过程如下。

东方省规定，凡是工业企业一般纳税人企业年增值税应税销售额低于50 000 000.00元的，或者没有主要销售单位价格在 100 000.00 元以上且不可分割货物情形的，或者没有偶然发生大宗交易业务可能性的，达不到增值税专用发票最高开票限额 1 000 000.00 元的核定标准。（大前提——法律规定）

星海橱柜有限责任公司的预计年增值税应税销售额达不到 50 000 000.00 元，也不主要销售单位价格在 100 000.00 元以上且不可分割的货物，且没有偶然发生大宗交易业务的可能性。（小前提——当事人的客观行为）

所以，星海橱柜有限责任公司达不到增值税专用发票最高开票限额 1 000 000.00 元的核定标准。（结论）

第二个三段论推理过程如下。

凡是达不到增值税专用发票最高开票限额 1 000 000.00 元核定标准的，税务机关对其申请都不予许可。（大前提——法律规定）

星海橱柜有限责任公司达不到增值税专用发票最高开票限额1 000 000.00 元的核定标准。（小前提——当事人的客观行为）

所以，税务机关对星海橱柜有限责任公司的申请不予许可。（结论）

上述三段论逻辑推理的方式，虽然是隐藏在文书的说理之中，但还是比较清楚明白的，当事人对不予许可的理由能够较好地理解。

第三，具体、清楚地告知相关内容。本决定书不但告知了税务机关决定对当事人的申请不予许可这一结果，还告知了当事人的救济权利。

第四，注意许可审核时间的规定。《国家税务总局关于进一步简化税务行政许可事项办理程序的公告》（国家税务总局公告 2019 年第 34 号）规定“办理对纳税人变更纳税定额的核准，自受理申请之日起 15 个工作日内作出行政许可决定。在上述时限内不能办结的，经税务机关负责人批准，可以延长 5 个工作日”。这个时间规定虽不需要在文书中引为依据，但必须符合规定，避免因超期导致执法过错。

因此，上述范例在说明理由时基本符合说理式税收执法文书的制作要求和规范，使得当事人能够较好地理解税务机关不予许可的理由。

四、《不予税务行政许可决定书》使用说明

虽然税务机关在贯彻落实我国《行政许可法》的过程中，较好地体现了行政法立法的精神，使税务行政许可项目不断减少，但是目前只有指定企业印制发票、对纳税人延期缴纳税款的核准、对纳税人延期申报的核准、对纳税人变更纳税定额的核准、增值税专用发票（增值税税控系统）最高开票限额审批、对采取实际利润额预缴以外的其他企业所得税预缴方式的核定等6项。2022年税务行政许可事项还在进一步减少，《国家税务总局关于优化纳税人延期缴纳税款等税务事项管理方式的公告》（国家税务总局公告2022年第20号）规定，自2022年11月1日起，税务总局根据国务院审定的行政许可事项清单，发布《税务行政许可事项清单（2022年版）》，仅编列“增值税防伪税控系统最高开票限额审批”1项税务行政许可事项，其他5个事项不再作为行政许可事项管理，依照有关法律、行政法规规定实施。

税务行政许可事项减少不等于税务行政许可事务数量减少。增值税专用发票（增值税税控系统）最高开票限额审批这一许可事项的业务量就较大，所以《不予税务行政许可决定书》的使用频率会较高。除了关注上述《不予税务行政许可决定书》的使用之外，还包括《撤销税务行政许可决定书》这一说理式执法文书的使用。而且，还应关注许多相关程序性说理式税收执法文书的使用，如《税务行政许可不予受理通知书》《补正税务行政许可材料告知书》的使用，在此我们就不再一一制作其范例。

同时，应当注意，税务机关在作出不予许可决定这一行政行为时，一定是使用《不予税务行政许可决定书》这一税收执法文书，而不是使用《税务事项通知书》《税务行政许可审批表》之类税收执法文书，告知当事人不予税务行政许可决定这一事项。否则，就会出现错误使用税收执法文书的情形。因为我国的《行政许可法》以及国家税务总局的相关文件明确规定，作出不予许可的决定，应当给当事人出具《不予税务行政许可决定书》。

第四节 收缴、停止发售发票决定书

在当前税收征管实践中，以票管税仍然是税务机关重要的税收管理方式，尤其是对增值税的管理，增值税发票几乎成了唯一的管理手段。同时，纳税人在生产经营活动中，发票不仅是重要的交易凭证，发票对纳税人的税收利益也具有至关重要的作用。在企业所得税的税前扣除环节，尤其在增值税的抵扣环节，发票就成为极关键的凭证。对于一定规模的纳税人而言，如果离开了发票几乎就无法正常经营。因此，税务机关在对纳税人作出收缴、停止发售发票的决定时，会对纳税人的利益产生实质性的不利影响。为此，税务机关在制作《收缴、停止发售发票决定书》时，也一定是按照说理式执法文书的要求制作的。

一、《收缴、停止发售发票决定书》的式样

国家税务总局________税务局（分局）

收缴、停止发售发票决定书

____税停票〔 〕______号

__________：（纳税人识别号：____________________）

根据《中华人民共和国税收征收管理法》第七十二条规定，由于你单位存在________的税收违法行为，且拒不接受税务机关处理，决定自______年____月____日起停止向你单位发出发票并收缴你单位的空白发票。

如对本决定不服，可自收到本决定之日起六十日内依法向______申请行政复议，或者自收到本决定之日起六个月内依法向_________人民法院起诉。

税务机关（印章）

年 月 日

二、《收缴、停止发售发票决定书》的制作

【案例4-3】

背景材料：

星海橱柜有限责任公司于2019年8月设立，为增值税一般纳税人。2022年6月未按照规定的期限办理增值税纳税申报和报送纳税资料。国家税务总局文理市南山区税务局于2022年6月20日向该单位送达《责令限期改正通知书》（文南税限改〔2022〕106号），要求该单位在2022年6月25日前进行纳税申报，但该单位逾期仍未进行纳税申报。国家税务总局文理市南山区税务局决定依照法定程序对该单位进行处罚。但在处罚的过程中，该单位拒不接受税务机关处理，既不签收法律文书，也不配合税务机关核实有关情况。国家税务总局文理市南山区税务局决定自2022年7月17日起停止向该单位发出[①]发票并收缴其空白发票。此时，需要书面告知当事人税务机关的处理决定。

根据上述背景材料，国家税务总局文理市南山区税务局需要制作《收缴、停止发售发票决定书》告知纳税人决定停止向其发出发票并收缴其空白发票。依据说理式税收执法文书的制作要求，该文书制作如下。

国家税务总局文理市南山区税务局
收缴、停止发售发票决定书

文南税停票〔2022〕3号

星海橱柜有限责任公司（纳税人识别号91733A913032475085）：

经核实，你单位于2022年6月未按照《中华人民共和国税收征收管理

---

① 现行纳税人在税务机关领用发票不需要任何费用，原“发售”在本书中依据实际情况修正为“发出”。

法》第二十五条规定，依照法律、行政法规规定或者税务机关依照法律、行政法规的规定确定的申报期限、申报内容如实办理增值税纳税申报及报送纳税资料。我局于2022年6月20日向你单位送达了《责令限期改正通知书》（文南税限改〔2022〕106号），要求你单位在2022年6月25日前进行纳税申报，但你单位逾期仍未进行纳税申报。我局决定依照法定程序对你单位进行行政处罚。但在处罚的过程中，你单位拒不接受我局的处理，既不签收法律文书，也不配合我局核实有关情况。

根据《中华人民共和国税收征收管理法》第七十二条规定，从事生产、经营的纳税人、扣缴义务人有本法规定的税收违法行为，拒不接受税务机关处理的，税务机关可以收缴其发票或者停止向其发售发票。由于你单位有未按照规定的期限办理纳税申报和报送纳税资料的税收违法行为，且拒不接受税务机关处理，我局决定自2022年7月17日起停止向你单位发出发票并收缴你单位的空白发票。

如对本决定不服，可自收到本决定之日起六十日内依法向国家税务总局文理市税务局申请行政复议，或者自收到本决定之日起六个月内依法向文理市南山区人民法院起诉。

国家税务总局文理市南山区税务局（印章）

2022年7月16日

三、《收缴、停止发售发票决定书》范例注释

上述《收缴、停止发售发票决定书》范例表明税务机关对纳税人作出了停止发出发票并收缴空白发票的行政行为，必将对当事人的生产经营造成不利影响，因此《收缴、停止发售发票决定书》必须按照说理式税收执法文书的制作要求制作。

第一，较为客观地叙述当事人存在的违法事实。在制作《收缴、停止发售发票决定书》时，叙述当事人的违法事实一般包括两个方面：一是当

事人有《税收征管法》规定的税收违法行为，二是当事人存在拒不接受税务机关处理的违法行为。在上述范例中，当事人具有《税收征管法》规定的税收违法行为，表现为该单位于2022年6月未按照规定的期限办理增值税纳税申报和报送纳税资料，其违反了《税收征管法》第二十五条的规定。该条规定，纳税人必须依照法律、行政法规规定或者税务机关依照法律、行政法规的规定确定的申报期限、申报内容如实办理纳税申报，报送纳税申报表、财务会计报表以及税务机关根据实际需要要求纳税人报送的其他纳税资料。而且，税务机关送达《责令限期改正通知书》要求该单位在规定的时间内进行纳税申报后，该单位仍未进行纳税申报。当事人存在拒不接受税务机关处理的违法行为，表现为在税务机关对该单位进行处罚的过程中，该单位既不签收法律文书，也不配合税务机关核实有关情况。因此，范例中关于当事人存在违法事实的叙述较为客观全面，符合该文书的规范要求。

第二，阐述税务机关对当事人作出停止发出发票并收缴空白发票这一行政行为的理由。文书对这一事项的说理，首先以当事人存在上述违法事实为基础；其次援引相关法律依据，即《税收征管法》第七十二条的规定，当事人有该法规定的税收违法行为，拒不接受税务机关处理的，税务机关可以收缴其发票或者停止向其发售发票。

第三，根据当事人的违法事实以及相关法律规定，运用三段论逻辑推理，说明税务机关对当事人作出停止发出发票并收缴空白发票这一行政行为的理由。三段论推理过程如下。

凡是有《税收征管法》规定的税收违法行为，拒不接受税务机关处理的，税务机关可以收缴其发票或者停止向其发出发票。（大前提——法律规定）

星海橱柜有限责任公司有《税收征管法》规定的税收违法行为，且有拒不接受税务机关处理的情形。（小前提——当事人的客观行为）

所以，税务机关可以收缴星海橱柜有限责任公司的发票或者停止向其发出发票。（结论）

通过上述三段论逻辑推理的方式，比较充分、清楚地阐述了税务机关作出这一行政行为的理由。法律条文的原文是“收缴其发票或者停止向其发售发票”，如果当事人还存有空白发票，那么税务机关在停止发出发票的同时，必须收缴空白发票。

第三，具体、清楚地告知了相关内容。该决定书不但告知了税务机关决定自2022年7月17日起停止向该单位发出发票并收缴该单位的空白发票这一结果，同时还告知当事人的相关救济权利。

可以认为，上述范例在说明理由时基本符合说理式税收执法文书的制作要求和规范，使得当事人能够较好地理解税务机关作出这一行政行为的理由。

四、《收缴、停止发售发票决定书》使用说明

税务机关在对当事人作出收缴、停止发售发票这一行政行为并制作《收缴、停止发售发票决定书》时，应注意以下两个方面。

第一，这一行政行为会对当事人的生产经营以及税收利益产生较大不利影响，因此要注意充分说明作出这一决定的理由。要高度重视说理的问题，避免当事人的误解，甚至产生不必要的纠纷。我们认为，税务总局的这一文书式样，从说理式执法文书的要求而言，并未充分体现“说理”的精神，因此我们在制作这一文书的范例时，依据“说理”的要求，对税务总局这一文书式样在内容和格式方面略有改动，以避免简单化的迹象。

第二，正因为这一行政行为会对当事人的生产经营以及税收利益产生较大不利影响，所以税务机关要善于利用收缴、停止发售发票这一行政行为及这一执法文书来治理税收违法行为。对于税收违法行为，不仅对其进行行政处罚，还应注意辅以其他有效手段，尤其是对恶意抵制税务处理的当事人作出收缴、停止发售发票的决定，有助于遏制当事人的抵制情绪。而在税收执法实践中，税务机关较少作出这样的行政行为，不常使用这一执法文书，这一现象值得我们关注。还需要进一步强调的是，在使用《收缴、停止发售发票决定书》时，其使用情形一定是当事人具有两个方面的违法事实：一是当事人有《税收征管法》规定的税收违法行为，二是当事人存在拒不接

受税务机关处理的违法行为。如果当事人有《税收征管法》规定的税收违法行为，但态度较好，表示愿意接受税务机关处理，那么也不能适用该执法文书。这一文书主要适用于有税收违法行为又不接受处理，不思悔改，态度恶劣的当事人。而且，如果当事人存有空白发票，税务机关在对当事人作出停止发售发票决定的同时，还必须收缴其空白发票。当然，如果当事人没有空白发票，就只需要决定对其停止发售发票即可。

第五节　阻止出境决定书

《税收征管法》第四十四条以及《税收征管法实施细则》第七十四条规定，欠缴税款的纳税人或者其法定代表人需要出境的，应当在出境前向税务机关结清应纳税款、滞纳金或者提供担保。未按照规定结清应纳税款、滞纳金或者提供纳税担保的，税务机关可以通知出入境管理机关阻止其出境。如果税务机关决定阻止纳税人或者纳税人的法定代表人出境，必须制作《阻止出境决定书》。众所周知，如果税务机关对当事人作出阻止出境的决定，将会对纳税人的权益产生实质性的不利影响。为此，税务机关在制作《阻止出境决定书》时，也要按照说理式执法文书的要求制作。

一、《阻止出境决定书》的式样

国家税务总局________税务局

阻止出境决定书

____税阻〔　　〕　　号

__________：（纳税人识别号：____________________）

鉴于你（单位）未按规定结清应纳税款、滞纳金，又不提供纳税担保，根据《中华人民共和国税收征收管理法》第四十四条规定，决定并通知出入境管理机关于______年__月____日起阻止你（单位）______出境。

如对本决定不服，可自收到本决定之日起六十日内依法向__________申请行政复议，或者自收到本决定之日起六个月内依法向__________人民法院起诉。

税务机关（印章）

年　月　日

二、《阻止出境决定书》的制作

【案例4-4】

背景材料：

星海橱柜有限责任公司于2019年8月设立，为增值税一般纳税人。从2021年6月1日至2022年5月31日累计欠缴税款1 010 000.00元。国家税务总局文理市南山区税务局于2022年6月20日通过一定渠道得知该单位法定代表人李星海将在2022年7月25到英国参加商品展览会。国家税务总局文理市南山区税务局于2022年6月21日向该单位送达《税务事项通知书》（文南税通〔2022〕301号），告知如果该单位法定代表人需要出境，必须在离境之前向税务机关结清应纳税款、滞纳金或者提供担保。如果未按照规定结清应纳税款、滞纳金或者提供纳税担保，税务机关将通知出入境管理机关阻止其出境。但该单位仍未按照规定结清应纳税款、滞纳金，也未提供纳税担保。国家税务总局文理市南山区税务局决定依法阻止该单位的法定代表人出境。国家税务总局文理市南山区税务局需要制作税务执法文书，书面告知当事人税务机关的这一决定。

根据上述背景材料，该主管税务局需要制作执法文书告知星海橱柜有限责任公司税务机关决定依法阻止其法定代表人出境，这就需要制作《阻止出境决定书》。按照说理式税收执法文书的要求，该执法文书制作如下。

国家税务总局文理市南山区税务局
阻止出境决定书

文南税阻〔2022〕1号

星海橱柜有限责任公司：（纳税人识别号：91733A913032475085）

经核实，你单位从2021年6月1日至2022年5月31日累计欠缴税款1 010 000.00元。我局已于2022年6月21日向你单位送达了《税务事项通知书》（文南税通〔2022〕301号），告知你单位法定代表人李星海如果需要出境，必须在离境之前向税务机关结清应缴纳的税款、滞纳金或者提供担保。如果未依法结清应缴纳的税款、滞纳金或者提供纳税担保，税务机关将通知出入境管理机关阻止其出境。

鉴于你单位未依法结清应缴纳的税款、滞纳金，又不提供纳税担保，根据《中华人民共和国税收征收管理法》第四十四条“欠缴税款的纳税人或者他的法定代表人需要出境的，应当在出境前向税务机关结清应纳税款、滞纳金或者提供担保。未结清税款、滞纳金，又不提供担保的，税务机关可以通知出境管理机关阻止其出境”，以及《中华人民共和国税收征收管理法实施细则》第七十四条“欠缴税款的纳税人或者其法定代表人在出境前未按照规定结清应纳税款、滞纳金或者提供纳税担保的，税务机关可以通知出入境管理机关阻止其出境”的规定，我局决定并通知出入境管理机关自2022年7月25日至2022年8月24日阻止你单位法定代表人李星海出境。

如对本决定不服，可自收到本通知之日起六十日内依法向国家税务总局文理市税务局申请行政复议，或者自收到本通知之日起六个月内依法向文理市南山区人民法院起诉。

国家税务总局文理市南山区税务局（印章）

2022年7月24日

三、《阻止出境决定书》范例注释

上述《阻止出境决定书》表明税务机关对当事人已经作出了阻止其法定代表人出境的决定，这必将对当事人的生产经营造成不利影响，因此《阻止出境决定书》也是按照说理式税收执法文书的制作要求制作的。上述范例中，其说理性主要表现在以下三个方面。

第一，较为客观地叙述当事人存在的违法事实。上述范例中，叙述当事人的违法事实包括两个方面：一是该单位从2021年6月1日至2022年5月31日累计欠缴税款1 010 000.00元。依据《国家税务总局关于认真贯彻执行阻止欠税人出境实施办法的通知》（国税发〔1996〕216号）第一条规定，原则上个人欠税3万元以上，企业欠税20万元以上，方可函请公安边防部门实施边控。而在本拟制的材料中，当事人累计欠缴税款1 010 000.00元，符合税务总局阻止欠税人出境文件的规定。二是税务机关告知了当事人有关离境清税制度的规定后，该单位仍未按规定结清应纳税款、滞纳金，又不提供纳税担保。上述范例对当事人违法事实的叙述，基本符合《税收征管法》第四十四条以及《税收征管法实施细则》第七十四条关于税务机关阻止纳税人或者他的法定代表人出境的条件，因此所叙述的违法事实清楚。所谓“叙述的违法事实清楚”，就是依据法律规定，结合当事人存在的客观事实，对当事人的违法事实进行叙述，使之与法律的规定基本一致，即叙述的违法事实是否清楚的标准就是其是否与法律的规定基本一致。《税收征管法》第四十四条以及《税收征管法实施细则》第七十四条关于税务机关阻止纳税人或者其法定代表人出境的条件包括两个方面：一是当事人存在欠税的事实；二是在纳税人或其法定代表人出境之前没有结清税款、滞纳金，又不提供纳税担保。上述范例对这两个方面情形的叙述较为清楚，比较全面地叙述了当事人存在的违法事实。这是执法文书说明理由的重要基础，也是说明理由制度的重要内容。

第二，阐述税务机关对当事人作出阻止其法定代表人出境决定这一行政行为的理由。文书对这一事项的“说理”，一是以当事人存在上述违法事实为基础；二是援引相关法律依据，即《税收征管法》第四十四条以及《税收征管法实施细则》第七十四条的规定；三是根据当事人的违法事实以及相关法律规定，运用三段论逻辑推理，说明税务机关对当事人作出阻止其法定代表人出境决定这一行政行为的理由。三段论推理过程如下。

凡是欠缴税款的纳税人未按照规定结清应纳税款、滞纳金或者提供纳税担保的，税务机关可以通知出入境管理机关阻止纳税人或者其法定代表人出境。（大前提——法律规定）

星海橱柜有限责任公司有欠税的税收违法行为，且有未按照规定结清应纳税款、滞纳金或者提供纳税担保的情形。（小前提——当事人存在的违法行为）

所以，税务机关可以通知出入境管理机关阻止星海橱柜有限责任公司的法定代表人出境。（结论）

通过上述三段论逻辑推理的方式，比较充分、清楚地阐述了税务机关作出这一行政行为的理由。

第三，具体、清楚地告知了相关内容。该文书不但告知了税务机关决定自 2022 年 7 月 25 日至 2022 年 8 月 24 日阻止星海橱柜有限责任公司法定代表人李星海出境这一结果，而且告知了当事人的相关救济权利。

可以认为，上述范例在说明理由时也是基本符合说理式税收执法文书的制作要求和规范的，使得当事人能够较好地理解税务机关作出这一行政行为的理由。

四、《阻止出境决定书》使用说明

税务机关在对纳税人作出阻止其或者其法定代表人出境的决定这一行政行为并制作《阻止出境决定书》时，应注意以下三个方面。

第一，税务机关要善于利用该执法文书追缴欠税。对于欠缴税款的纳税人，尤其是恶意欠税的纳税人，即有缴税能力就是故意拖欠不缴税的纳税人，尤其是欠税的外国人，通过阻止其出境的方式追缴欠税，是行之有效的方式之一。对于外国人，只要阻止其出境，就会对其工作、生活以及其他事项的安排产生较大不利影响。对于中国公民，尤其是中国商人需要出国的，一般都有公务安排，或者较为周密的度假安排，如果其欠税，只要阻止其出境，也会对其生产经营或者生活以及其他事项的安排产生较大不利影响。所以，如果纳税人有缴纳税款的能力，被阻止出境之后，可能会考虑清缴欠税。因此，税务机关对欠税的纳税人，要高度关注其本人或者其法定代表人出境的动向，使用《阻止出境决定书》作出阻止其出境的决定，以此作为清缴欠税的手段之一。《国家税务总局关于认真贯彻执行阻止欠税人出境实施办法的通知》（国税发〔1996〕216 号）第一条第（二）款也规定，对纳税人的欠税事项，凡是能在境内控管的，尽可能不要留待欠税人出境时解决。而在税收执法实践中，税务机关较少作出这样的行政行为，也不常使用这一执法文书，这一现象值得我们关注。

第二，这一行政行为会对当事人的生产经营、生活以及其他事项的安排产生较大不利影响，因此要注意充分说明作出这一决定的理由，高度重视说理的问题，避免当事人产生误解，甚至产生不必要的纠纷。我们认为，国家税务总局的这一文书式样，从说理式执法文书的要求来说，基本体现了说理的精神。其表述为“鉴于你单位未依法结清应缴纳的税款、滞纳金，又不提供纳税担保，根据《中华人民共和国税收征收管理法》第四十四条……”但是，说理还不是很充分。因此，我们在制作这一文书范例时，依据说理的要求，对国家税务总局的这一文书式样在内容方面略作修改，以避免简单化，不但叙述了当事人欠税的事实，还说明了当事人在税务机关告知了离境清税制度之后仍不清缴税款的事实，更充分地说明了作出这一行政行为的理由。

第三，在使用《阻止出境决定书》时应注意的一些其他事项。一是根据国家税务总局和公安部联合制定的《阻止欠税人出境实施办法》（国税发〔1996〕215 号）规定，这一文书只能是欠税人所在地县级以上（含县级）税务机关使用，不能是稽查局使用。该办法第四条规定，阻止欠税人出境由县级以上（含县级）税务机关申请，报省、自治区、直辖市税务机关审核批准，由审批机关填写《边控对象通知书》，函请同级公安厅、局办理边控手续。县级以上（含县级）税务机关的申请批准之后，应当由其作出阻止纳税人或者其法定代表人出境决定。二是税务机关在对纳税人作出阻止其或者其法定代表人出境的决定这一行政行为之前，应当填制《阻止欠税人出境布控申请表》，报省、自治区、直辖市税务机关审核批准，省级税务机关接到申请后应在24小时内审批完毕，并由审批机关填写《边控对象通知书》，函请同级公安厅、局办理边控手续。三是税务机关在对纳税人作出阻止其或者其法定代表人出境的决定这一行政行为之前，还应当向当事人送达《税务事项通知书》，告知离境清税制度的相关规定。因为许多纳税人并不知道这一制度，税务机关在作出这一行政行为时，从合理的角度，应尽量告知当事人这一制度的相关规定，避免对当事人造成更多不利影响。《阻止欠税人出境实施办法》第三条也规定，经税务机关调查核实，欠税人未按规定结清应纳税款又未提供纳税担保且准备出境的，税务机关可依法向欠税人申明不准出境。也就是说，税务机关在作出这一决定之前，税务机关可依法向欠税人申明不准出境，即告知离境清税制度的相关规定。因此，在上述范例中，我们增加了这一内容。四是注意控制的期限。《阻止欠税人出境实施办法》第七条规定，边防检查站阻止欠税人出境的期限一般为一个月。对控制期限逾期的，边防检查站可自动撤控。需要延长控制期限的，税务机关可按照第四条、第五条规定办理续控手续。因此，在上述范例中，我们表述为——“我局决定并通知出入境管理机关自2022年7月25日至2022年8月24日阻止你单位法定代表人李星海出境”。其法律依据就是上述文件的相关规定。而在国家税务总局的式样中只是表述为“决定并通知出入境管理机关于______年____月____日起阻止你（单位）出境”，并没有控制的期限，但在具体制作该执法文书时应当注意这一问题。五是注意该文书的制作和送达的时间。该文书的制作时间应当是在当事人出境前制作，并在阻止当事人出境的当天送达。根据《国家税务总局关于认真贯彻执行阻止欠税人出境实施办法的通知》（国税发〔1996〕216号）第四条规定，公安边防部门阻止欠税人出境时，申请阻止出境的税务机关应派员到场，并告知当事人其被阻止出境的事由、依据、欠税金额，及未结清税款或未提供纳税担保前不得离境等内容。从这一规定可以看出，这一文书应当是当场送达当事人。因此，文书不能限定当事人在《税务事项通知书》后多少天内结清税款、滞纳金或提供纳税担保，因为法律规定纳税人只要在离境之前结清税款、滞纳金或提供纳税担保即可。六是注意撤控程序。根据国税发〔1996〕216 号文件第五条规定，如果被阻止出境的欠税人结清所欠税款或提供纳税担保后，税务机关应立即依照布控程序撤控，即由申请布控的税务机关填写《阻止欠税人出境撤控申请表》，报省级税务机关审批，审批同意后，填写《阻止欠税人出境撤控通知书》，送同级公安厅、局办理撤控手续。

第六节　税务行政处罚决定书（简易）

在税收征管过程中，税务机关经常会发现行政相对人存在税收违法行为，依据法律的规定应当给予其罚款的税务行政处罚。《行政处罚法》第五十一条规定：“违法事实确凿并有法定依据，对公民处以二百元以下、对法人或者其他组织处以三千元以下罚款或者警告的行政处罚的，可以当场作出行政处罚决定。法律另有规定的，从其规定。”

因此，《税务行政处罚决定书（简易）》是在纳税人、扣缴义务人违反税收法律、法规的规定时，税务机关依法对其作出《行政处罚法》规定可以按照简易程序处罚的，督促行政相对人改正其错误行为的税收执法文书。《税收征管法实施细则》第一百零七条列举的税务文书就包括该执法文书。国家税务总局制定的全国统一税收执法文书式样也包括该执法文书。

一、《税务行政处罚决定书（简易）》的式样

国家税务总局________税务局（稽查局）

税务行政处罚决定书（简易）

______税简罚〔　〕____号

<table>
<tr><td>被处罚人名称</td><td colspan="3"></td></tr>
<tr><td>被处罚人证件名称</td><td></td><td>证件号码</td><td></td></tr>
<tr><td>处罚地点</td><td></td><td>处罚时间</td><td></td></tr>
<tr><td>违法事实及
处罚依据</td><td colspan="3"></td></tr>
<tr><td>缴纳方式</td><td colspan="3">□1. 当场缴纳；
□2. 限15日内到______________缴纳。</td></tr>
<tr><td>罚款金额</td><td colspan="3">（大写）______________ ¥________元</td></tr>
<tr><td>告知事项</td><td colspan="3">1. 当事人应终止违法行为并予以纠正；
2. 如对本决定不服，可以自收到本决定书之日起六十日内依法向______申请行政复议，或者自收到本决定书之日起六个月内依法向________起诉；
3. 到期不缴纳罚款的，税务机关可自缴款期限届满次日起每日按罚款数额的3%加处罚款，加处罚款的数额不超过罚款本数；
4. 对处罚决定逾期不申请行政复议也不向人民法院起诉，又不履行的，税务机关有权依法采取强制执行措施或者申请人民法院强制执行。</td></tr>
<tr><td colspan="4">执法人员已出示执法证件，告知我享有陈述、申辩权利，我陈述、申辩如下：
经办人：
年　月　日</td></tr>
<tr><td colspan="2">执法人员：
税务机关（印章）：
年　月　日</td><td colspan="2">签收情况：
经办人：
年　月　日</td></tr>
</table>

二、《税务行政处罚决定书（简易）》的制作

【案例4-5】

背景材料：

星海橱柜有限责任公司于2019年8月设立，为增值税一般纳税人。2022年6月未按照规定的期限办理增值税纳税申报和报送纳税资料。国家税务总局文理市南山区税务局于2022年6月20日向该单位送达《责令限期改正通知书》（文南税限改〔2022〕321号），要求该单位在2022年6月29日前进行纳税申报，但该单位仍未进行纳税申报。6月30日，国家税务总局文理市南山区税务局决定对该单位依法按照简易程序处以罚款，按照《国家税务总局东方省税务行政处罚裁量基准》（国家税务总局东方省税务局公告2019年第26号）“纳税人未按照规定的期限办理纳税申报和报送纳税资料，单位纳税人按次处罚款二千元，个人按次处罚款五百元”的规定，对于星海橱柜有限责任公司未按规定办理纳税申报的行为，应处罚款2 000元。此时，需要书面告知当事人税务机关的处罚决定。

按照说理式税收执法文书的要求，该执法文书制作如下。

国家税务总局文理市南山区税务局
税务行政处罚决定书（简易）

文南税简罚〔2022〕13号

被处罚人名称	星海橱柜有限责任公司		
被处罚人证件名称	营业执照	证件号码	91733A913032475085
处罚地点	国家税务总局文理市南山区税务局	处罚时间	2022年6月30日

<table>
<tr><td>违法事实及处罚依据</td><td colspan="2">一、违法事实及处罚决定
你单位2022年6月未按照规定的期限办理增值税纳税申报和报送纳税资料。国家税务总局文理市南山区税务局于2022年6月20日向你单位送达《责令限期改正通知书》（文南税限改〔2022〕321号），要求你单位在2022年6月29日前进行纳税申报。但期限届满你单位仍未进行纳税申报。依据《中华人民共和国税收征收管理法》第六十二条规定，对你单位未按照规定的期限办理纳税申报和报送纳税资料的行为罚款二千元。
二、处罚依据
《中华人民共和国税收征收管理法》第二十五条　纳税人必须依照法律、行政法规规定或者税务机关依照法律、行政法规的规定确定的申报期限、申报内容如实办理纳税申报，报送纳税申报表、财务会计报表以及税务机关根据实际需要要求纳税人报送的其他纳税资料。
第六十二条　纳税人未按照规定的期限办理纳税申报和报送纳税资料的，或者扣缴义务人未按照规定的期限向税务机关报送代扣代缴、代收代缴税款报告表和有关资料的，由税务机关责令限期改正，可以处二千元以下的罚款；情节严重的，可以处二千元以上一万元以下的罚款。
《国家税务总局东方省税务行政处罚裁量基准》（国家税务总局东方省税务局公告2019年第26号）规定，纳税人未按照规定的期限办理纳税申报和报送纳税资料，单位纳税人按次处罚款二千元，个人按次处罚款五百元。</td></tr>
<tr><td colspan="2">缴纳方式</td><td>□1. 当场缴纳；
☑2. 限十五日内到国家税务总局文理市南山区税务局缴纳。</td></tr>
<tr><td colspan="2">罚款金额</td><td>（大写）贰仟元整 ¥2 000.00元</td></tr>
</table>

<table>
<tr><td>告知事项</td><td>1. 当事人应终止违法行为并予以纠正；
2. 如对本决定不服，可以自收到本决定书之日起六十日内依法向国家税务总局文理市南山区税务局申请行政复议，或者自收到本决定书之日起六个月内依法向文理市南山区人民法院起诉；
3. 到期不缴纳罚款的，税务机关可自缴款期限届满次日起每日按罚款数额的百分之三加处罚款，加处罚款的数额不超过罚款本数；
4. 对处罚决定逾期不申请行政复议也不向人民法院起诉，又不履行的，税务机关有权依法采取强制执行措施或者申请人民法院强制执行。</td></tr>
<tr><td colspan="2">执法人员已出示执法证件，告知我享有陈述、申辩权利，我陈述、申辩如下：
我对违法事实无异议，接受税务机关依法罚款。

经办人：李星海
2022 年 6 月 30 日</td></tr>
<tr><td>执法人员：吴天、王平
税务机关（印章）：国家税务总局文理市南山区税务局

2022 年 6 月 30 日</td><td>签收情况：已签收

经办人：李星海
星海橱柜有限责任公司（公章）
2022 年 6 月 30 日</td></tr>
</table>

三、《税务行政处罚决定书（简易）》范例注释

上述《税务行政处罚决定书（简易）》范例是税务机关对纳税人作出了罚款决定的行政行为，必将对当事人的生产经营造成不利影响，因此《税务行政处罚决定书（简易）》必须按照说理式税收执法文书的制作要求制作。

第一，要符合简易程序处罚的范围和程序要求。简易程序的税务行政处罚在适用范围上，要符合《行政处罚法》第五十一条的规定，对公民处

以二百元以下，对法人或者其他组织处以三千元以下罚款或者警告行政处罚的，当场作出税务行政处罚时使用。在执法程序上，也要符合《行政处罚法》第五十二条的规定，执法人员当场作出行政处罚决定的，应当向当事人出示执法证件，填写预定格式、编有号码的行政处罚决定书，并当场交付当事人。当事人拒绝签收的，应当在行政处罚决定书上注明。前款规定的行政处罚决定书应当载明当事人的违法行为，行政处罚的种类和依据、罚款数额、时间、地点，申请行政复议、提起行政诉讼的途径和期限，以及行政机关名称，并由执法人员签名或者盖章。执法人员当场作出的行政处罚决定，应当报所属行政机关备案。

第二，简易程序处罚的“说理”更多地体现在口头上。简易程序处罚的程序简单，由税务机关两名具有税务行政执法资格的工作人员当场作出。这就要求在制作《税务行政处罚决定书（简易）》时，需要完成“说理”的行为。主要包括四点：一是纳税人违法事实的确认。纳税人发生了按照《税收征管法》等相关税收法律法规规定的违法行为，在本范例中，指的是纳税人 2022 年 6 月未按照规定的期限办理增值税纳税申报和报送纳税资料，主管税务机关于 2022 年 6 月 20 日向其送达《责令限期改正通知书》（文南税限改〔2022〕321 号），要求其在 2022 年 6 月 29 日前进行纳税申报，在限期内纳税人仍未进行纳税申报。二是税务机关作出行政罚款的决定。对照《税收征管法》的规定和《国家税务总局东方省税务行政处罚裁量基准》（国家税务总局东方省税务局公告 2019 年第 26 号），纳税人未按规定办理纳税申报，经责令限期改正，逾期仍未改正的，不符合“首违不罚”的范围，必须给予处罚。三是明确罚款的金额并确定其符合简易程序处罚的范围。对法人和其他组织处以 3 000 元以下的（含）罚款，可以适用简易程序，本范例中对纳税人裁量处以 2 000 元罚款，符合规定的条件。四是记载了纳税人行使陈述申辩的权利。这是“说理”的重要一环，听取并核查纳税人的陈述申辩，使税务机关能够准确作出行政处罚，同时易于纳税人接受处罚并改正违法行为。《行政处罚法》规定，行政机关在作出行政处罚决定之前，应当告知当事人拟作出的行政处罚内容及事实、理由、依据，并告知当事人依法享有的陈述、申辩、要求听证等权利。当事人有权进行陈述和申辩。行政机关必须充分听取当事人的意见，对当事人提出的事实、理由和证据，应当进行复核；当事人提出的事实、理由或者证据成立的，行政机关应当采纳。行政机关不得因当事人陈述、申辩给予其更重的处罚。

第三，简易程序处罚也应遵循行政处罚的一般规定。例如，行政处罚应当由具有行政执法资格的执法人员实施。除法律另有规定外，执法人员不得少于两人。执法人员与案件有直接利害关系或者有其他关系可能影响公正执法的，应当回避。当事人认为执法人员与案件有直接利害关系或者有其他关系可能影响公正执法的，有权申请回避。行政机关及其工作人员对实施行政处罚过程中知悉的国家秘密、商业秘密或者个人隐私，应当依法予以保密。执法过程中，执法人员的执法证件应当出示，并需要在《税务行政处罚决定书（简易）》中说明。

第四，简易程序处罚也应取得相应的证据。证据包括：书证，物证，视听资料，电子数据，证人证言，当事人的陈述，鉴定意见，勘验笔录、现场笔录。证据必须经查证属实，方可作为认定案件事实的根据。行政机关应当依法以文字、音像等形式，对行政处罚的启动、调查取证、审核、决定、送达、执行等进行全过程记录，归档保存。

四、《税务行政处罚决定书（简易）》使用说明

税务机关在对当事人按照简易程序作出行政罚款时应注意以下两个方面。

第一，这一行政行为会对当事人的生产经营以及税收利益产生较大不利影响，因此要注意充分说明作出这一决定的理由。要高度重视说理的问题，避免当事人的误解，甚至产生不必要的纠纷。我们认为，简易程序的行政罚款，主管税务机关的“说理”更多地体现在作出处罚决定前与行政相对人的相互联系上，即更多地采用“口头说理”的方式，这种“说理”需要使用一定的手段予以记录（如使用执法记录仪），并留存备查。在制

作这一文书时，也要依据“说理”的要求，尽可能避免出现简单化的现象。

第二，正因为这一行政行为会对当事人的生产经营以及税收利益产生较大不利影响，所以税务机关要善于利用这一行政行为及对应执法文书惩治税收违法行为。对于税收违法行为，不仅要对其进行行政处罚，还要注意辅以其他有效手段。例如，做好税法的宣传，帮助解决纳税堵点问题，有助于平复和消除当事人的抵制情绪。

第五章　社会保险费征管中的说理式执法

第一节　社会保险费征管模式的改革

2018 年 3 月，中央决定自 2019 年 1 月 1 日起将社会保险费全责划转税务机关征收以来，“社保税征”作为一个高频热词，为社会各界广泛关注。缴费人对于合规缴费后带来的现实成本增长倍感压力。2018 年 11 月 1 日，我国民营经济座谈会后，国家充分考虑社会保险费征管机制变化带给企业的适应程度和预期紧缩效应，及时调整了社保税征的进程，优先解决企业实际负担问题，部署降低社会保险费率，保持社会保险费征收制度稳定。

2019 年 4 月，国务院办公厅印发《降低社会保险费率综合方案》，对降低养老保险单位缴费比例，继续阶段性降低失业保险、工伤保险费率，调整社会保险费缴费基数政策，加快推进养老保险省级统筹，提高养老保险基金中央调剂比例，稳步推进社会保险费征收体制改革，建立工作协调机制，认真做好组织落实工作进行了部署，标志着社会保险费政策和征缴逐步进入规范化轨道。到 2020 年 11 月，全国税务机关都顺利完成了社会保险费的划转工作。

2021 年 3 月 24 日，中共中央办公厅、国务院办公厅出台《关于进一步深化税收征管改革的意见》，推动税务执法、服务、监管的理念方式手段变革，税费一体，深入推进精确执法、精细服务、精准监管、精诚共治，大幅提高税法遵从度和社会满意度，明显降低征纳成本，发挥税收在国家治理中的基础性、支柱性、保障性作用。

第二节　社会保险费执法文书的构建

《社会保险法》没有对社会保险费一般性征管程序使用的文书进行规范，我国各省现行社会保险费征缴，尽管已划归税务机关主责征管，但是在制度上仍然适用划转前的社会保险费征管制度，费种之间、地区之间差异很大，执法文书也不尽统一。

2015 年 12 月，国家税务总局公告发布《社会保险费及其他基金规费文书式样》（国家税务总局公告 2015 年第 98 号），就税务机关负责征收社会保险费及其他相关基金规费地区社会保险费执法文书进行了规范，制发了《社会保险费缴费登记表（适用单位缴费人）》等 35 种执法文书，以加强和规范税务机关社会保险费、残疾人就业保障金及其他基金规费征管工作，方便缴费人履行缴费义务，提高税务机关服务质量和征管效率。2019 年 12 月，国家税务总局发布第 49 号公告，修订了其中的《残疾人就业保障金缴费申报表》。2021 年 7 月，国家税务总局印发《关于修订部分税务执法文书的公告》（国家税务总局公告 2021 年第 23 号），修订了《社会保险费行政处罚事项告知书》等 4 份社会保险费行政处罚文书。

目前，国家税务总局制定并执行的与社会保险费有关的税务文书共有 34 种（详见本书第二章第一节），其中涉及税务行政执法，会对缴费人产生不利影响的主要有《社会保险费行政处罚决定书》《社会保险费行政处罚决定书（简易）》《社会保险费征收决定书（通用）》《社会保险费限期缴纳通知书》等。这些文书在制作过程中，都需要遵循“说理”的要求。

上述文书的具体式样如下。

一、《社会保险费行政处罚决定书》的式样

国家税务总局________税务局

社会保险费行政处罚决定书

____税社罚决〔　　〕______号

__________：(纳税人识别号：________________)

经我局（所）____________，你（单位）存在违法事实及处罚决定如下：

一、违法事实及证据

（一）

1.

2.

（二）

……

上述违法事实，主要有以下证据证明：

1.

2.

3.

……

二、处罚决定

（一）

1.

2.

（二）

……

以上应缴款项共计________元。限你（单位）自本决定书送达之日起__________日内到________缴纳入库（账号：__________）。到期不缴纳罚款，我局（所）可依照《中华人民共和国行政处罚法》第七十二条第一款第（一）项规定，每日按罚款数额的百分之三加处罚款。

如对本决定不服，可以自收到本决定书之日起六十日内依法向__________申请行政复议，或自收到本决定书之日起六个月内依法向__________人民法院起诉。如对处罚决定逾期不申请复议也不向人民法院起诉，又不履行的，我局（所）将依据《中华人民共和国行政处罚法》的规定申请人民法院强制执行。

税务机关（印章）

年 月 日

使用说明：

1. 本决定书依据《中华人民共和国社会保险法》《社会保险费征缴暂行条例》《中华人民共和国行政处罚法》设置。

2. 适用范围：税务机关在对当事人作出社会保险费行政处罚决定时使用。

3. 本文书受送达人处填写当事人名称或者姓名，统一社会信用代码或者有效身份证件号码，没有统一社会信用代码的，填写纳税人识别号。

4. “经我局（所）”：横线处填写“于______年____月____日至______年____月____日对你（单位）（地址：______）______年____月____日至______年____月____日情况进行检查”，或者“对你（单位）（地址：______）情况进行检查核实”。地址填写注册登记地址或者有效身份证件上的地址。

5. 本决定书的主体部分，必须抓住社会保险费的主要违法事实，简明扼要地加以陈述并说明主要证据，然后列举处罚的法律依据和具体情节轻重，写明处罚结论。若违法事实及证据复杂，应分类分项陈述。

6. 本决定书所援引的处罚依据，必须是社会保险法律、行政法规、地方性法规或者规章；并应当注明文件名称、文号和有关条款。

7. “向 ”横线处填写有权受理行政复议申请的上级税务机关的具体名称。

8. 本决定书与文书送达回证一并使用。

9. 文书字号设为“社罚决”。

10. 本决定书为 A4 竖式，一式二份，一份送当事人，一份装入卷宗。

二、《社会保险费行政处罚决定书（简易）》的式样

国家税务总局______税务局

社会保险费行政处罚决定书（简易）

______税社简罚〔　　〕______号

<table>
<tr><td colspan="2">被处罚单位名称</td><td colspan="3"></td></tr>
<tr><td colspan="2">被处罚单位
证件名称</td><td></td><td>证件号码</td><td></td></tr>
<tr><td colspan="2">处罚地点</td><td></td><td>处罚时间</td><td></td></tr>
<tr><td colspan="2">违法事实及
处罚依据</td><td colspan="3"></td></tr>
<tr><td colspan="2">缴纳方式</td><td colspan="3">□1. 限十五日内到__________缴纳；
□2. 当场缴纳。</td></tr>
<tr><td colspan="2">罚款金额</td><td colspan="3">人民币（大写）________ ¥________元</td></tr>
<tr><td>告知
事项</td><td colspan="4">当事人应终止违法行为并予以纠正；
如对本决定不服，可以自收到本决定书之日起六十日内依法向____申请行政复议，或自收到本决定书之日起六个月内依法向________人民法院起诉；
到期不缴纳罚款的，税务机关可自缴款期限届满次日起每日按罚款数额的百分之三加处罚款，加处罚款的数额不超过罚款本数；
对处罚决定逾期不申请行政复议也不向人民法院起诉，又不履行的，税务机关将依法申请人民法院强制执行。</td></tr>
<tr><td colspan="5">执法人员已告知我享有陈述、申辩权利，我陈述、申辩如下：

经办人：
年　月　日</td></tr>
<tr><td colspan="3">执法人员：
税务机关（印章）：

年　月　日</td><td colspan="2">签收情况：

经办人：
年　月　日</td></tr>
</table>

使用说明：

1. 本决定书依据《中华人民共和国社会保险法》《中华人民共和国行政处罚法》第五十一条、第五十二条设置。

2. 适用范围：对法人或者其他组织处以3 000元（含3 000元）以下罚款，当场作出社会保险费行政处罚时使用。

3. 填写说明：

（1）被处罚单位名称：填写单位全称。

（2）被处罚单位证件名称：填写营业执照或者其他合法有效证件。

（3）证件号码：填写统一社会信用代码，没有统一社会信用代码的，填写纳税人识别号。

（4）缴纳方式：如果是当场缴纳，在“□2”内打“√”，如果是指定缴纳在“□1”处打“√”，在“ ”填写缴纳地点。

（5）经办人：填写具体经办被处罚事项，能代表被处罚单位陈述申辩及签收文书的人员，同时加盖单位公章。

4. 文书字号设为“社简罚”。

5. 本表为A4型竖式，一式二份，当事人一份，作出处罚决定的税务机关一份。

三、《社会保险费征收决定书》的式样

国家税务总局________税务局
社会保险费征收决定书

______税社______字〔　　〕______号

用人单位全称：________________________________

社会保险费管理码：________________________________

法定代表人（负责人）：________________________________

身份证件类型及号码：________________________________

单位地址 ：________________________________

×××：（纳税人识别号：________________________________）

你单位应缴未缴______年____月至______年____月的基本养老保险费￥______元，基本医疗保险费￥______元，工伤保险费￥______元，失业保险费￥______元，生育保险费￥______元，以上累计欠缴社会保险费￥______元。

______年____月____日，我（分）局依法作出《社会保险费限期缴纳通知书》（______税社______字〔　　〕______号），并依法送达，你单位逾期仍未缴纳。根据《中华人民共和国社会保险法》第八十六条，现作出如下征收决定：

请你单位收到本决定后十五日内到______税务局______分局缴纳欠缴的社会保险费人民币（大写）__________ ￥______元和自欠缴之日起至缴纳之日止按日加收的滞纳金（2011 年 7 月 1 日前欠缴社会保险费按日加收千分之二滞纳金，2011 年 7 月 1 日后欠缴社会保险费按日加收万分之五滞纳金）。

如对本决定不服，可以自收到本决定之日起六十日内依法向__________申请行政复议，或自收到本决定之日起六个月内依法向__________人民法院起诉。如对本决定逾期既不申请复议也不向法院起诉，我局将依照《中华人民共和国社会保险法》相关规定申请人民法院依法强制执行。

税务机关（公章）
年　月　日

四、《社会保险费限期缴纳通知书》的式样

国家税务总局________税务局

社会保险费限期缴纳通知书

______税社______字〔　〕______号

×××：（纳税人识别号：______________________________

社会保险费管理码：______________________________）

事由：责令限期缴纳社会保险费。

依据：《中华人民共和国社会保险法》第六十三条、第八十六条。

内容：____

____

逾期仍未缴纳，我局将依据《中华人民共和国社会保险法》相关规定依法强制执行。

告知事项：如对本通知有异议，可以自收到本通知之日起六十日内依法向__________申请行政复议，或自收到本通知之日起六个月内依法向__________人民法院起诉。

税务机关（公章）

年　月　日

第三篇

税务稽查中的“说理”

第六章　税务稽查检查执法中的“说理”

在税务稽查环节，许多程序性执法文书不仅会对行政相对人的程序性权利产生不利影响或者增加其程序性义务，而且会间接地对当事人的实质性权利和义务产生影响。因此，我们认为在此环节，只要是对行政相对人产生不利影响的程序性执法文书都应当采用说理式税收执法文书。在此，我们将按照税务稽查办案的正常程序，对此环节涉及的程序性说理式税收执法文书进行分析。

第一节　税务检查通知书

税务机关确定检查对象之后开始与纳税人接触并对其进行税务检查，首先是向当事人送达《税务检查通知书》。这是一份程序性执法文书，可以说是税务机关进入纳税人生产经营场所进行检查的“门票”或“凭证”，是税务稽查环节必须送达的文书，也是使用最多、最常见的执法文书之一。

一、《税务检查通知书》的式样

> 国家税务总局________税务局（稽查局）
>
> 税务检查通知书
>
> ______税检通〔　〕______号
>
> __________：（纳税人识别号：____________________）
>
> 根据《中华人民共和国税收征收管理法》第五十四条规定，决定派______等________人，自______年____月____日起对你（单位）______年____月____日至______年____月____日期间（如检查发现此期间以外明显的税收违法嫌疑或线索不受此限）涉税情况进行检查。届时请依法接受检查，如实反映情况，提供有关资料。
>
> 税务机关（印章）
>
> 年　月　日
>
> 告知：税务机关派出的人员进行税务检查时，应当出示税务检查证和税务检查通知书，并有责任为被检查人保守秘密；未出示税务检查证和税务检查通知书的，被检查人有权拒绝检查。

二、《税务检查通知书》的制作

【案例6-1】

背景材料：

星海电缆有限责任公司设立于2009年8月，为增值税一般纳税人。2022年8月，国家税务总局文理市税务局稽查局接到风险管理部门按照风险管理工作流程推送的高风险纳税人风险信息指标，稽查局通过对财务资料及申报数据进行分析，该单位2020年度至2021年度涉嫌存在严重的税收违法行为。稽查局依法立案之后，决定自2022年8月26日起派李江、王虹对该单位所涉税费情况进行检查。国家税务总局文理市税务局稽查局依法向该单位送达书面通知书，告知当事人相关情况。

根据上述背景材料，国家税务总局文理市税务局稽查局需要制作《税务检查通知书》告知当事人对其进行税务检查的相关情况。依据说理式税收执法文书的制作要求，该文书制作如下。

国家税务总局文理市税务局稽查局
税务检查通知书

文税稽检通〔2022〕36 号

星海电缆有限责任公司：（纳税人识别号：982829703217036726）

我局接到风险管理部门推送的风险信息，经对相关资料及申报数据进行分析，发现你单位2020 年度至 2021 年度涉嫌存在涉税违法行为。根据《中华人民共和国税收征收管理法》第五十四条规定，税务机关有权进行下列税务检查：

（一）检查纳税人的账簿、记账凭证、报表和有关资料，检查扣缴义务人代扣代缴、代收代缴税款账簿、记账凭证和有关资料；

（二）到纳税人的生产、经营场所和货物存放地检查纳税人应纳税的商品、货物或者其他财产，检查扣缴义务人与代扣代缴、代收代缴税款有关的经营情况；

（三）责成纳税人、扣缴义务人提供与纳税或者代扣代缴、代收代缴税款有关的文件、证明材料和有关资料；

（四）询问纳税人、扣缴义务人与纳税或者代扣代缴、代收代缴税款有关的问题和情况；

（五）到车站、码头、机场、邮政企业及其分支机构检查纳税人托运、邮寄应纳税商品、货物或者其他财产的有关单据、凭证和有关资料；

（六）经县以上税务局（分局）局长批准，凭全国统一格式的检查存款账户许可证明，查询从事生产、经营的纳税人、扣缴义务人在银行或者其他金融机构的存款账户。税务机关在调查税收违法案件时，经设区的市、自治州以上税务局（分局）局长批准，可以查询案件涉嫌人员的储蓄存款。税务机关查询所获得的资料，不得用于税收以外的用途。

因此，我局决定派李江、王虹等人，自2022年8月26日起对你单位2020年1月1日至2021年12月31日期间（如检查发现此期间以外明显的税收违法嫌疑或线索不受此限）所涉税费情况进行检查。届时请依法接受检查，如实反映情况，提供有关资料。

国家税务总局文理市税务局稽查局（印章）

2022年8月25日

告知：税务机关派出的人员进行税务检查时，应当出示税务检查证和税务检查通知书，并有责任为被检查人保守秘密；未出示税务检查证和税务检查通知书的，被检查人有权拒绝检查。

三、《税务检查通知书》范例注释

上述《税务检查通知书》范例是告知当事人税务机关对其进行税务检查的相关情况。虽然该文书是一份程序性执法文书，但该文书确定了当事人的法定义务，对其将产生不利影响。所以，《税务检查通知书》也应按照说理式税收执法文书的制作要求进行写作。这一范例的说理性主要体现在以下三个方面。

第一，阐明了税务机关对当事人进行税务检查的原因。上述范例说明，税务机关对当事人进行税务检查有两个理由：一是稽查局“接到风险管理部门推送的风险信息”；二是稽查局“经对相关资料及申报数据进行分析，发现你单位2020年度至2021年度涉嫌存在涉税违法行为”。税务机关对当事人进行税务检查的理由不仅依据风险指标信息提示，还通过对相关资料及申报数据进行分析，发现当事人确实涉嫌存在涉税违法行为。因此，较为充分地阐明了税务机关进行检查的原因。

第二，告知了税务机关对当事人进行税务检查的法律依据。税务机关依据《税收征管法》第五十四条的规定对当事人进行税务检查，全面告知了当事人税务机关的相关检查权，增强了“说理”的充分性。全文援引该法第五十四条的相关规定，是为了告知纳税人税务机关在行使检查权时涉及的所有权限，以便税务机关在税务检查中行使权利时纳税人能够理解和接受。

第三，具体、清楚地明确了检查实施的人员、时间等相关内容。上述范例中，不但明确告知当事人参加检查的税务工作人员、开始检查的时间、检查所涉税费情况的所属期，以及当事人相关法定义务——“依法接受检查，如实反映情况，提供有关资料”。同时，还告知了税务机关进行检查的法定义务以及被检查人的权利——“税务机关派出的人员进行税务检查时，应当出示税务检查证和税务检查通知书，并有责任为被检查人保守秘密；未出示税务检查证和税务检查通知书的，被检查人有权拒绝检查”。

因此，上述《税务检查通知书》范例虽然较为简洁，但是基本符合说理式税收执法文书的要求和规范。

四、《税务检查通知书》使用说明

在使用《税务检查通知书》时，我们应重视“说理”的问题。国家税务总局在2021年重新修订了《税务检查通知书》的式样，但没有充分考虑“说理”的问题。由于该文书将对当事人产生不利影响，确定了当事人的法定义务，应当按照说理式税收执法文书的制作要求进行写作。首先，直接规定了当事人的程序性义务——“依法接受检查，如实反映情况，提供有关资料”。因此，当事人必须配合税务机关进行检查。这将增加当事人的工作量，对当事人产生不利影响。其次，该通知书将间接地影响当事人的实质性义务。因为根据现行《税务稽查案件办理程序规定》第十二条规定，稽查局应当加强稽查案源管理，全面收集整理案源信息，合理、准确地选择待查对象。案源管理依照国家税务总局有关规定执行。根据现行

《税务稽查案源管理办法（试行）》第三条规定，本办法所称“税务稽查案源”（以下统称“案源”）即税收违法案件的来源，是指经过收集、分析、判断、处理等程序形成的涉嫌偷税（逃避缴纳税款）、逃避追缴欠税、骗税、抗税、虚开发票等税收违法行为的相关数据、信息和线索。也就是说，一般被选择为待查对象的纳税人是存在一定税收违法嫌疑的。同时，《税务稽查案件办理程序规定》第十三条规定，待查对象确定后，经稽查局局长批准实施立案检查，必要时，依照法律法规的规定，稽查局可以在立案前进行检查。

选案环节确定待查对象后，向稽查局局长报请批准《税务稽查立案审批表》（具体见下表）实施立案检查。《税务稽查立案审批表》中有一栏必须填写“涉嫌税收违法性质”。

税务稽查立案审批表

编号：×××

<table>
<tr><td>案件编号</td><td></td><td>纳税人识别号</td><td></td></tr>
<tr><td>待查对象名称</td><td colspan="3"></td></tr>
<tr><td>地　　址</td><td colspan="3"></td></tr>
<tr><td>法定代表人
（负责人）</td><td></td><td>案件来源</td><td></td></tr>
<tr><td>检查所属期间</td><td></td><td>涉嫌税收违法性质</td><td></td></tr>
<tr><td>选案分析及
立案依据</td><td colspan="3">经办人（签名）：　　年　月　日</td></tr>
<tr><td>选案部门
审核意见</td><td colspan="3">部门负责人（签名）：　　年　月　日</td></tr>
<tr><td>稽查局分管领导
意见</td><td colspan="3">（签名）　　年　月　日</td></tr>
<tr><td>稽查局局长
审批</td><td colspan="3">（签名）　　年　月　日</td></tr>
</table>

因此，经过立案稽查的案件，当事人一般都要被税务机关进行税务处理，如责令补缴税款、缴纳滞纳金，有的情形下还要进行行政处罚。正因为税务机关的税务检查行为将对当事人产生程序性和实质性的不利影响，所以面对税务机关的税务检查行为，当事人自然会向税务机关提问：这么多纳税人，税务机关为什么就检查自己而不去检查别人？对于纳税人这一合理提问，税务机关理应予以明确回答，让当事人明白他为什么被检查，使他自觉接受而非抵制税务机关的检查。所以，税务机关在制作《税务检查通知书》时必须充分说明对当事人进行税务检查的理由，满足当事人本能、合理的心理欲求。在上述范例中，较为充分地说明了税务机关进行税务检查的理由。当然，案件来源多种多样，但只要确定为待查对象，税务机关一般都是有理由的，否则无法予以立案。在上述《税务稽查立案审批表》中的“选案分析及立案依据”一栏，其内容事实上就是对当事人进行立案检查的理由和依据，因此立案检查的理由在《税务检查通知书》中应当明确告知被检查对象。

第二节　税务协助检查通知书

检查人员在向有关单位和个人调查取证、协查案件时使用《税务协助检查通知书》。拥有上述功能的执法文书最开始的名称是《税务检查通知书（二）》，后来国家税务总局修订文书时下发《国家税务总局关于修订部分税务执法文书的公告》（国家税务总局公告2021年第23号），将《税务检查通知书（二）》修订为《税务协助检查通知书》。它主要用于向与被检查对象有往来交易或其他业务关系的单位和个人获取证明材料或者相应证据。在税收执法实践中，其使用频率和次数也是比较高的，有时甚至超过《税务检查通知书》，毕竟一个案件中只可能有一份《税务检查通知书》，却可能存在若干份《税务协助检查通知书》。

一、《税务协助检查通知书》的式样

国家税务总局________税务局（稽查局）

税务协助检查通知书

____税协通〔 〕________号

__________（纳税人识别号：____________________）

根据《中华人民共和国税收征收管理法》第五十七条规定，现派________等______人，前往你处对______进行调查取证，请予支持，并依法如实提供有关资料及证明材料。

税务机关（印章）

年 月 日

告知：税务机关派出的人员进行税务调查时，应当出示税务检查证和税务协助检查通知书。未出示税务检查证和税务协助检查通知书的，被调查人有权拒绝为税务机关提供有关资料及证明材料；有权拒绝协助税务机关调查取证。

二、《税务协助检查通知书》的制作

【案例6-2】

背景材料：

星海电缆有限责任公司设立于2009年8月，为增值税一般纳税人。2020年度至2022年度与星光光缆有限责任公司签订三年期租赁仓库房产合同，租用星光光缆有限责任公司位于经济开发区宇宙大道与银河路交口东南角7#仓库房产（不动产证书号：房权证文产字第8110106581号）。2022年8月，星光光缆有限责任公司由于欠缴税款被国家税务总局文理市税务局稽查局依法采取税收强制执行措施。国家税务总局文理市税务局稽查局通知星海电缆有限责任公司，要求提供星光光缆有限责任公司出租经济开发区宇宙大道与银河路交口东南角7#仓库房产（不动产证书号：房权证文产字第8110106581号）相关资料。国家税务总局文理市税务局稽查局对星海电缆有限责任公司依法制作并送达书面通知书，通知当事人相关情况并要求予以配合协助检查。

根据上述背景材料，国家税务总局文理市税务局稽查局需要制作《税务协助检查通知书》通知当事人并要求其配合税务协助检查的相关情况。依据说理式税收执法文书的制作要求，该文书制作如下。

国家税务总局文理市税务局稽查局
税务协助检查通知书

文税稽协通〔2022〕211号

星海电缆有限责任公司：（纳税人识别号：982829703217036726）

星光光缆有限责任公司为我局立案检查纳税人，该单位未按规定期限缴纳欠缴税款及滞纳金。

依照《中华人民共和国税收征收管理法》第四十条规定，从事生产、经营的纳税人、扣缴义务人未按照规定的期限缴纳或者解缴税款，纳税担保人未按照规定的期限缴纳所担保的税款，由税务机关责令限期缴纳，逾期仍未缴纳的，经县以上税务局（分局）局长批准，税务机关可以采取下列强制执行措施：（一）书面通知其开户银行或者其他金融机构从其存款中扣缴税款；（二）扣押、查封、依法拍卖或者变卖其价值相当于应纳税款的商品、货物或者其他财产，以拍卖或者变卖所得抵缴税款。税务机关采取强制执行措施时，对前款所列纳税人、扣缴义务人、纳税担保人未缴纳的滞纳金同时强制执行。个人及其所扶养家属维持生活必需的住房和用品，不在强制执行措施的范围之内。

我局对星光光缆有限责任公司采取税收强制执行措施，拟对其名下位于经济开发区宇宙大道与银河路交口东南角7#仓库房产（不动产证书号：房权证文产字第8110106581号）进行依法拍卖。

根据《中华人民共和国税收征收管理法》第五十七条规定，税务机关依法进行税务检查时，有权向有关单位和个人调查纳税人、扣缴义务人和其他当事人与纳税或者代扣代缴、代收代缴税款有关的情况，有关单位和个人有义务向税务机关如实提供有关资料及证明材料。由于你单位2020年度到2022年度承租了星光光缆有限责任公司位于经济开发区宇宙大道与银河路交口东南角7#仓库房产（不动产证书号：房权证文产字第8110106581号），现派李江、王虹等2人，前往你处就上述房产租赁有关情况进行调查取证。请予支持，并依法如实向我局提供你单位与星光光缆有限责任公司租赁合同、房租支付银行流水、账簿记载及其他相关资料和证明材料。

国家税务总局文理市税务局稽查局（印章）

2022年8月26日

告知：税务机关派出的人员进行税务调查时，应当出示税务检查证和税务协助检查通知书。未出示税务检查证和税务协助检查通知书的，被调查人有权拒绝为税务机关提供有关资料及证明材料；有权拒绝协助税务机关调查取证。

三、《税务协助检查通知书》范例注释

上述《税务协助检查通知书》范例是告知当事人税务机关要求其配合税务检查的相关情况。由于接到通知的当事人并不是税务稽查选案时确定的检查对象，而是根据《税收征管法》规定履行协助检查的法定义务。因此，在其履行法定义务之前，需向其说明需要协助检查的事项、理由、相关法律依据及当事人的法定权利。综上所述，《税务协助检查通知书》范例的说理性主要体现在以下三个方面。

第一，阐明了税务机关要求当事人配合税务检查的原因。上述范例中，税务机关之所以要求当事人配合提供相关证据资料，是因为当事人与被检查对象发生了相关业务往来。由于被检查对象发生了违反税法的行为“该单位未按规定期限缴纳欠缴税款及滞纳金”，拒不接受税务机关处理，不履行缴纳税款的义务，税务机关必须以强制手段为国家税款挽回损失。在执法过程中，需要当事人根据与被检查对象的业务往来情况配合检查并提供证据材料，共同为协税、护税、追回国家税款尽心尽力，因此较为充分地阐明了税务机关要求当事人协助检查的原因。

第二，告知了税务机关要求当事人配合税务检查的法律依据。税务机关依据《税收征管法》第五十七条的规定，要求当事人协助税务检查，清晰明确地告知了当事人税务机关的权利及其应履行的义务，增强了“说理”的充分性。全文援引该法第五十七条的相关规定，是为了告知当事人税务机关在行使检查权时涉及向被查对象以外单位和个人调查取证的权限，以便税务机关在税务检查中行使权利时当事人能够理解和接受。

第三，精准列举配合检查需提供的资料内容、时间及相关规定。上述范例中，不但明确告知了当事人配合检查的业务事项，并且列举了与该业务相关需提供的材料内容，以及当事人相关法定义务“前往你处就上述房产租赁有关情况进行调查取证。请予支持，并依法如实向我局提供你单位与星光光缆有限责任公司租赁合同、房租支付银行流水、账簿记载及其他相关资料和证明材料”。同时，还告知了税务机关要求当事人配合检查的法定义务以及当事人应享有的法定权利“税务机关派出的人员进行税务调查时，应当出示税务检查证和税务协助检查通知书。未出示税务检查证和税务协助检查通知书的，被调查人有权拒绝为税务机关提供有关资料及证明材料；有权拒绝协助税务机关调查取证”。

因此，上述《税务协助检查通知书》范例基本符合说理式税收执法文书的要求和规范。

四、《税务协助检查通知书》使用说明

税收执法实践中，《税务协助检查通知书》除用于调查被查对象上、下游企业购销业务之外，更多地还被运用在调查被查对象的资产所有权（如不动产管理中心等）、银行票据往来（如各商业银行或其他金融机构等）、特殊资质要求（如向科技局调查高新技术企业或向商务局调查机动车拆解资质）等，因此更加需要重视“说理”问题，让第三方当事人明白“为什么”“做什么”“给什么”。

第一，对于当事人而言，假如税务机关不在《税务协助检查通知书》中说清楚理由，当事人不知道为什么需要协助检查，不清楚和当事人有业务往来的被查对象到底发生了什么样的涉税违法行为，会承担什么样的行政责任，甚至是刑事责任，不清楚当事人与被查对象之间的业务往来是否会影响企业正常的运转和经营，往往会影响配合协查案件的深度和速度。因此，税务机关需要运用说理式法则先帮当事人消除疑虑，确保当事人能够轻松提供资料，高度配合协查。

第二，当事人在明白为什么要配合协查之后，并不知道自己能够做些什么。特别是，当被查对象是当事人颇为重要的客户时，可能会有多笔性质不同的业务往来存在，此时需要税务机关告知当事人协助检查的事项、时间及具体要求，有的放矢，既可以减轻当事人配合的工作量，也可以加快案件检查的质效。

第三，要清晰地看到，实践中确实存在着一些不配合税务机关依法履行税收检查职责，甚至妨害、阻挠、拒绝税务机关调查纳税人、扣缴义务人和其他当事人与纳税或者代扣代缴、代收代缴税款有关的情况，以及不如实提供有关资料及证明材料的现象，使国家的税收权益得不到应有的保障，有的甚至造成极为严重的后果，因此税务机关需要明确告知当事人“给什么”，让当事人知道如实提供有关资料及证明材料是当事人的法定义务。

第三节　调取账簿资料通知书

《调取账簿资料通知书》也是税务稽查环节中常见的执法文书之一。根据《税收征管法实施细则》第八十六条规定，税务机关调取的账簿资料包括往年的账簿资料和当年的账簿资料。不论税务机关调取的是纳税人、扣缴义务人往年的账簿资料，还是纳税人、扣缴义务人当年的账簿资料，都是对当事人作出不利行政行为，都将对其产生不利影响。因此，税务机关在使用《调取账簿资料通知书》时，应当按照说理式执法文书的制作规范制作该文书。

一、《调取账簿资料通知书》的式样

国家税务总局________税务局（稽查局）

调取账簿资料通知书

____税调〔　　〕________号

__________：（纳税人识别号：____________________）

根据《中华人民共和国税收征收管理法实施细则》第八十六条规定，经______税务局（分局）局长批准，决定调取你（单位）______年____月____日至______年____月____日的账簿、记账凭证、报表和其他有关资料到税务机关进行检查，请于______年____月____日前送到________税务局（稽查局）。

联系人员：

联系电话：

税务机关地址：

税务机关（印章）

年　月　日

二、《调取账簿资料通知书》的制作

【案例6-3】

背景材料：

星海电缆有限责任公司设立于2009年8月，为增值税一般纳税人。2022年8月，国家税务总局文理市税务局稽查局收到外省稽查局的函告，该单位2022年3月1日至2022年7月31日期间在增值税方面涉嫌存在税收违法行为，稽查局通过对相关资料进行分析，该单位在此期间增值税方面涉嫌存在严重的税收违法行为。稽查局依法立案之后，决定自2022年8月26日起派李江、王虹对该单位所涉税费情况进行检查，并决定调取该单位当年度的账簿进行检查。国家税务总局文理市税务局稽查局依法制作并送达《税务检查通知书》（文税稽检通〔2022〕36号），同时依法送达书面通知，调取该单位的账簿，并告知当事人有关调账的情况。

根据上述背景材料，国家税务总局文理市税务局稽查局需要制作《调取账簿资料通知书》告知当事人有关调账的情况。依据说理式税收执法文书的制作要求，该文书制作如下。

国家税务总局文理市税务局稽查局
调取账簿资料通知书

文税稽调〔2022〕36号

星海电缆有限责任公司：（纳税人识别号：982829703217036726）

你单位2022年3月1日至2022年7月31日期间涉嫌存在税收违法行为，根据《中华人民共和国税收征收管理法》第五十四条第（一）款规定，税务机关有权检查纳税人的账簿、记账凭证、报表和有关资料，检查扣缴义务人代扣代缴、代收代缴税款账簿、记账凭证和有关资料。根据

《中华人民共和国税收征收管理法实施细则》第八十六条规定，税务机关行使税收征管法第五十四条第（一）项职权时，可以在纳税人、扣缴义务人的业务场所进行；必要时，经县以上税务局（分局）局长批准，可以将纳税人、扣缴义务人以前会计年度的账簿、记账凭证、报表和其他有关资料调回税务机关检查，但是税务机关必须向纳税人、扣缴义务人开付清单，并在3个月内完整退还；有特殊情况的，经设区的市、自治州以上税务局局长批准，税务机关可以将纳税人、扣缴义务人当年的账簿、记账凭证、报表和其他有关资料调回检查，但是税务机关必须在30日内退还。根据《国家税务总局关于贯彻〈中华人民共和国税收征收管理法〉及其实施细则若干具体问题的通知》（国税发〔2003〕47号）第十一条规定，实施细则第八十六条所称的，“有特殊情况”是指纳税人有下列情形之一：（一）涉及增值税专用发票检查的；（二）纳税人涉嫌税收违法行为情节严重的；（三）纳税人及其他当事人可能毁灭、藏匿、转移账簿等证据资料的；（四）税务机关认为其他需要调回检查的情况。我局已依法制作并向你单位送达了《税务检查通知书》（文税稽检通〔2022〕36号），因稽查工作需要，经国家税务总局文理市税务局局长批准，决定调取你单位2022年3月1日至2022年7月31日的账簿、记账凭证、报表和其他有关资料到税务机关进行检查。请于2022年8月29日前将上述资料送到国家税务总局文理市税务局稽查局。

联系人员：李江、王虹

联系电话：87806638

税务机关地址：扬子江北路515号

国家税务总局文理市税务局稽查局（印章）

2022年8月26日

三、《调取账簿资料通知书》范例注释

上述《调取账簿资料通知书》范例是告知当事人税务机关对其进行调账检查的相关情况。上述范例按照说理式税收执法文书的制作要求，其“说理”性主要体现在以下三个方面。

第一，说明了税务机关调账检查的理由。上述范例中，稽查局调账检查的实际理由主要有两个：一是国家税务总局文理市税务局稽查局收到外省稽查局的函告，该单位2022年3月1日至2022年7月31日期间在增值税方面涉嫌存在税收违法行为。二是国家税务总局文理市税务局稽查局通过对相关资料进行分析，该单位在2022年3月1日至2022年7月31日期间增值税方面涉嫌存在严重的税收违法行为。也就是说，税务机关对当事人进行调账检查的理由不仅是收到外省稽查局的函告，还通过相关资料分析出当事人存在严重的税收违法行为。税务机关进行调账检查的理由较为充分。但是，税务机关在制发《调取账簿资料通知书》以及《税务检查通知书》时，要特别注意“保密”与“说理”的区别，注意对案件线索及相关情况的保密，避免因为“说理”而泄密，既不能明示上面两项调账理由，也不强调“涉嫌存在严重的税收违法行为”，而是表述为“你单位2022年3月1日至2022年7月31日期间涉嫌存在税收违法行为”。同时，税务机关在制发《税务检查通知书》《调取账簿资料通知书》等通知类程序性文书时，还应对其执法程序的合理性进行“说理”。如上述范例中，就说明了调取当事人当年的账簿、记账凭证、报表和其他有关资料“因稽查工作需要，经国家税务总局文理市税务局局长批准”。

第二，告知了税务机关对当事人进行调账检查的法律依据。上述范例中，税务机关需要调取当事人当年的账簿资料进行检查，因此在说明该行政行为的法律依据时提出三个法律依据：一是依据《税收征管法》第五十四条第（一）款，二是依据《税收征管法实施细则》第八十六条，三是依据《国家税务总局关于贯彻〈中华人民共和国税收征收管理法〉及其实施细则若干具体问题的通知》（国税发〔2003〕47号）第十一条。由此进一

步说明了税务机关对当事人进行调账检查的理由。

第三，具体、清楚地告知了相关内容。上述范例中，告知了当事人以下事项：一是告知了税务机关调取当年账簿资料的批准人“经国家税务总局文理市税务局局长批准”。二是告知了所调取账簿资料的所属期“2022年3月1日至2022年7月31日”。三是告知了所调取资料的范围“账簿、记账凭证、报表和其他有关资料”。四是告知了调取账簿资料的方式“于2022年8月29日前将上述资料送到国家税务总局文理市税务局稽查局”。五是告知了税务检查程序已开始“我局已依法制作并向你单位送达了《税务检查通知书》（文税稽检通〔2022〕36号）”。当然，在具体执法过程中，在调取当事人账簿等资料时，往往都是由检查人员带走，尤其是情况紧急，检查人员不带走就有可能导致账簿等资料被隐匿、转移，甚至销毁的情形。所以，在该执法文书中，如果需要当事人将账簿资料送到税务机关，可以表述为：“______年____月____日由当事人于某年某月某日送到税务机关。”但如果是由检查人员带回税务机关，可以表述为：“……于______年____月____日由检查人员带回税务局（稽查局）。”六是告知了税务机关的联系人员、联系电话、税务机关的地址。

因此，上述《调取账簿资料通知书》范例基本符合说理式税收执法文书的要求和规范。

四、《调取账簿资料通知书》使用说明

在使用《调取账簿资料通知书》时，我们应注意以下五个方面的问题。

第一，我们应重视“说理”的问题。国家税务总局在2005年制定的《调取账簿资料通知书》的式样中没有充分考虑“说理”的问题。但调取当事人账簿资料进行检查，尤其是调取当事人当年账簿资料进行检查时，将对当事人产生不利影响。具体包括以下方面：一是增加了当事人的工作量，不仅要整理税务机关通知调取的账簿资料，还要按时将资料送至税务机关。二是当税务机关调取当事人当年的账簿资料时，会对当事人记账甚

至生产经营带来不便。因此，法律也明确规定税务机关必须在30日内归还所调取的账簿资料。三是税务机关还可能通过调账检查发现当事人的其他税收违法行为，一旦证据确凿，事实成立，当事人就会受到相应的处理，带来经济上的损失。也就是说，调账检查可能间接地对当事人的实质性利益带来不利影响。虽然调账检查属于税务机关的法定职权，但税务机关在依职权行使权利时应当充分说明理由。当然，在调取当事人往年的账簿资料时，相关法律规定并没有明确规定调取的条件和理由，只是规定“必要时”，税务机关可以将纳税人、扣缴义务人以前会计年度的账簿、记账凭证、报表和其他有关资料调回税务机关检查。但国税发〔2003〕47号等法律文件并没有进一步解释“必要时”的具体情形，使得税务机关在说明调取当事人账簿资料的理由时具有一定的难度。在税收执法实践中，税务机关实施调账检查的方式，一般基于两方面原因：一方面，基于工作的便利。如果需要查阅的账簿资料较多，检查账簿资料的时间较长，检查人员需要多次到当事人经营场所进行查阅和复制账簿资料，那么不但会给企业正常经营带来不必要的打扰和影响，不符合行政执法高效便民原则，而且在交通不是很便利的情形下，会造成检查时间的浪费和检查费用的增加，不符合成本效益原则。此时，有必要施行调账检查的方式。另一方面，基于对当事人的防范。防范当事人在税务机关对其实施检查时毁灭、藏匿、转移账簿等证据资料。不论调账检查的实际理由如何，在制发《调取账簿资料通知书》以及《税务检查通知书》时，调账检查的理由都宜表述为“因稽查工作需要”。当然，这样的说理似乎不够充分，但是税务机关在税务检查开始前需要对案件相关情况予以保密，确保检查顺利进行。因此，文书回避了税务机关调账检查的实际理由，只对调账程序的合法性进行说明，更显温和。

第二，注意法律依据的援引。在国家税务总局制定的该文书式样中，在法律依据方面仅仅援引了《税收征管法实施细则》第八十六条，但我们认为，该式样在法律依据的援引方面并不充分。尤其在说明调取当事人当年账簿进行检查的理由时，国家税务总局制定的该文书式样在法律依据的引用方面存在缺陷，主要理由如下：一是赋予税务机关调账检查权最高位阶的法律文件是《税收征管法》，执法文书在援引法律依据时，应当首先引用该行政行为最高法律位阶的法律依据。《税收征管法》第五十四条规定，“税务机关有权进行下列税务检查：（一）检查纳税人的账簿、记账凭证、报表和有关资料，检查扣缴义务人代扣代缴、代收代缴税款账簿、记账凭证和有关资料”。这是税务机关调账检查权的首要法律依据。而《税收征管法实施细则》第八十六条的规定，是来源于《税收征管法》第九十三条规定的授权，授权国务院根据《税收征管法》制定实施细则。《税收征管法实施细则》第八十六条规定，税务机关行使《税收征管法》第五十四条第（一）项职权时，可以在纳税人、扣缴义务人的业务场所进行；必要时，经县以上税务局（分局）局长批准，可以将纳税人、扣缴义务人以前会计年度的账簿、记账凭证、报表和其他有关资料调回税务机关检查，但是税务机关必须向纳税人、扣缴义务人开付清单，并在3个月内完整退还；有特殊情况的，经设区的市、自治州以上税务局局长批准，税务机关可以将纳税人、扣缴义务人当年的账簿、记账凭证、报表和其他有关资料调回检查，但是税务机关必须在30日内退还。法律依据援引的目的就是说明行政机关作出行政行为的合法性，说明行政权的来源和依据，理应首先援引最高法律位阶的法律依据。因此，《调取账簿资料通知书》在援引法律依据时，应当首先援引《税收征管法》的依据，其次援引《税收征管法实施细则》的依据。二是税务机关在调取当事人当年账簿资料进行检查时，仅以《税收征管法》及《税收征管法实施细则》作为依据还不充分。《税收征管法实施细则》第八十六条规定，有特殊情况的，税务机关可以将纳税人、扣缴义务人当年的账簿、记账凭证、报表和其他有关资料调回检查。但当事人具有什么“特殊情况”时税务机关有权调账检查，《税收征管法实施细则》第八十六条并没有规定，而是在《国家税务总局关于贯彻〈中华人民共和国税收征收管理法〉及其实施细则若干具体问题的通知》（国税发〔2003〕47号）第十一条中有明确规定。该条规定，“实施细则第八十六条所称的‘特殊情况’是指纳税人有下列情形之一：

（一）涉及增值税专用发票检查的；（二）纳税人涉嫌税收违法行为情节严重的；（三）纳税人及其他当事人可能毁灭、藏匿、转移账簿等证据资料的；（四）税务机关认为其他需要调回检查的情况”。该文件在进一步明确了税务机关调取当事人当年账簿资料进行检查的条件，同时进一步规范了税务机关的调账检查权。只有符合上述情形时，税务机关才可以调取当事人当年账簿资料进行检查。因此，税务机关在援引调取当事人当年账簿资料的法律依据时，也必须援引国税发〔2003〕47 号文件的相关规定。当然，如果税务机关调取当事人往年的账簿资料，就只需要援引《税收征管法》及《税收征管法实施细则》的相关条文作为依据即可。

第三，注意调账批准权行使准确。税务局稽查局调取纳税人、扣缴义务人的账簿等资料，需要依法经过批准。2001 年修订后的《税收征管法》及《税收征管法实施细则》，明确了税务局稽查局的独立执法主体资格，即税务局稽查局可以自己的名义独立行使执法权。但是，《税收征管法实施细则》第八十六条又规定，调取纳税人、扣缴义务人的账簿等资料必须由税务局局长批准，所以在税务执法实践中，如果税务局稽查局需要调账，程序上也必须经税务局局长批准。2005 年，国家税务总局印发的全国统一税收执法文书式样中明确规定，调账主体是稽查局的，文书应加盖稽查局的公章。因此，该执法文书的制发需要由“县以上税务局（分局）局长批准”，但签章视调账主体的不同而不同。如果税务局调账，调账主体就填写“国家税务总局×××税务局”并盖章；如果稽查局调账，调账主体就填写“国家税务总局×××税务局稽查局”并盖章。文书字轨根据该执法文书“使用说明”第八条的规定，税务局调账字轨使用“调”，稽查局调账字轨使用“稽调”。

第四，注意在调账时应区分当年账簿资料与往年账簿资料。《税收征管法实施细则》第八十六条在税务机关对其当年账簿资料与往年账簿资料调取的条件、批准的权限及期限等方面都作出了不同规定。首先，前提条件不同。调取往年账簿资料在“必要时”就可以调取，而调取当年账簿资料，必须是“有特殊情况的”。其次，批准权限不同。调取往年账簿资料，只需经县以上税务局（分局）局长批准即可，而调取当年账簿资料，必须经设区的市、自治州以上税务局局长批准才可以。最后，退还账簿的期限不同。调取往年账簿后，应当在 3 个月内完整退还，而调取当年账簿，必须在 30 日内退还。由于税务机关调取当年账簿资料与往年账簿资料存在上述不同规定，就必然要求在调账时区分当年账簿资料与往年账簿资料，应当分别调取，甚至可以使用两份《调取账簿资料通知书》。否则，就可能出现经县以上税务局（分局）局长批准而调取了当事人当年账簿的情形，还可能出现当年账簿与往年账簿同时退还，导致当年账簿调账超期等程序违法的现象。

第五，注意对调账的批准程序严格把关。一是调取往年账簿可以是县以上税务局（分局）局长批准，而调取当年的账簿必须经设区的市、自治州以上税务局局长批准；二是必须是税务局（分局）局长批准。一般情况下，只能是税务局（分局）的“一把手”局长批准，而不能是主管稽查工作的副局长批准，除非遇到特殊情形，经特别授权之后，才可由授权副局长批准，当特殊情形消除后，还是应恢复由“一把手”局长批准。也就是说，特别授权只是偶尔为之。局长的批准权既是一种权力，更是一种责任，必须由“一把手”局长履行的职责，不能由他人履行。在税收执法实践中，还可能出现经稽查局局长批准就调取当事人的账簿等资料的情形，这是明显违反程序规定的，应严格按程序执法。对于税务局（分局）局长批准，还应注意填写《税务行政执法审批表》，其式样如下。

税务行政执法审批表

编号		纳税人识别号	
纳税人名称			
税务执法行为			
拟使用文书			
申请理由	申请单位：　　　　年　月　日		
承办部门 审核意见	负责人：　　　　年　月　日		
局长意见	局长：　　　　年　月　日		

在填写《税务行政执法审批表》时，尤其注意局长审批的时间一定在《调取账簿资料通知书》填发之前；否则，就会出现程序颠倒导致执法文书不具有法律效力的情形。

与《调取账簿资料通知书》配合使用的还有《调取账簿资料清单》，主要用于检查人员在调取和退还账簿资料时记录作为证明何时调取了当事人的何种账簿资料，又在何时退还何种账簿资料。其式样如下。

调取账簿资料清单

被查对象名称：　　　　　　　　　　　　　　　　　　　　　　共　　页第　　页

序号	账簿资料名称	资料所属时期	单位	数量	页（号）数	备注

税务检查人员签字： 企业经办人签字： 税务机关（签章） 调取时间：　　年　月　日	税务检查人员签字： 企业经办人签字： 纳税人（签章） 退还时间：　　年　月　日

上述《调取账簿资料清单》式样取自《关于印发全国统一税收执法文书式样的通知》（国税发〔2005〕179 号）。在税收执法实践中，金税三期税务管理系统还增设了《调取账簿资料退还清单》，其式样如下。

调取账簿资料退还清单

被查对象名称：

案件编号：　　　　　　　　　　　　　　　　　　　　共　　页第　　页

<table>
<tr><th>序号</th><th>账簿资料名称</th><th>资料所属时期</th><th>单位</th><th>数量</th><th>页（号）数</th><th>备注</th></tr>
<tr><td></td><td></td><td></td><td></td><td></td><td></td><td></td></tr>
<tr><td></td><td></td><td></td><td></td><td></td><td></td><td></td></tr>
<tr><td></td><td></td><td></td><td></td><td></td><td></td><td></td></tr>
<tr><td></td><td></td><td></td><td></td><td></td><td></td><td></td></tr>
<tr><td></td><td></td><td></td><td></td><td></td><td></td><td></td></tr>
<tr><td></td><td></td><td></td><td></td><td></td><td></td><td></td></tr>
<tr><td colspan="3">税务检查人员签字：
税务机关（盖章）：
退还日期：　　年　月　日</td><td colspan="4">企业经办人签字：
纳税人（签章）：
被查对象是否拒不签字：
退还日期：　　年　月　日</td></tr>
<tr><td colspan="3">上传附件</td><td colspan="4"></td></tr>
</table>

一调一退，从程序上保证了调取纳税人账簿凭证资料的保管历史，既有利于划分账簿凭证的保管责任，又有助于税务机关依法为纳税人的情况保密。因此，在填写《调取账簿资料清单》时，调取账簿资料的名称和数量需要查点清楚，并在备注栏注明调取账簿资料的出处。在税务机关检查中有部分资料提前退还或者检查完毕退还全部账簿资料时，要填写《调取账簿资料退还清单》，由被查对象清点无误后双方在清单上签字，并注明退还时间，加盖被查对象印章。《调取账簿资料清单》与《调取账簿资料退还清单》均一式两份，一份交被查对象，另一份入案卷进行保存。

需要注意的是，《调取账簿资料退还清单》末尾处“纳税人签章”行次下单独列示了一个选项“被查对象是否拒不签字”，如被查对象拒绝签字盖章取回账簿资料，税务机关可在此选项下注明，并对被查对象的拒绝行为如实记录留存备查。

第四节　检查存款账户许可证明

存款，是纳税人、扣缴义务人进行生产、经营和履行纳税义务的非常重要的显示器。在市场经济条件下，货币是进行商品流通结算的媒介，而存款账户是反映户主货币运动的重要所在，纳税人、扣缴义务人的生产、经营活动和货币收付都与存款有着十分密切的联系，如原材料的采购、商品的销售、工资的支付、税款的缴纳以及红利的分配等。因此，对纳税人、扣缴义务人的存款账户进行检查是税务稽查办案的常用手段，需要制发《检查存款账户许可证明》这一重要的执法文书。

一、《检查存款账户许可证明》的式样

国家税务总局________税务局（稽查局）

检查存款账户许可证明

____税许〔　　〕________号

__________：（纳税人识别号：____________________）

根据《中华人民共和国税收征收管理法》第五十四条第（六）项规定，经________税务局（分局）局长批准，我局税务人员______等________人（税务检查证号码分别为：______）前去你处查询________的______情况，请予支持协助。

税务机关（印章）

年　月　日

二、《检查存款账户许可证明》的制作

【案例6-4】

背景材料：

星海电缆有限责任公司设立于2009年8月，为增值税一般纳税人。2022年8月，国家税务总局文理市税务局稽查局收到外省稽查局以一户一函的形式出具的《税收违法案件协查函》《已证实虚开通知单》及相关证据资料，表明该单位2021年度在增值税方面涉嫌接受虚开增值税专用发票行为。稽查局依法立案之后，决定自2022年8月26日起派李江、王虹对该单位所涉税费情况进行检查，并决定查询该单位银行存款账户。国家税务总局文理市税务局稽查局依法向该单位开户银行中国建设银行股份有限公司文理市分行制作并送达《检查存款账户许可证明》，告知文理市分行应依法提供星海电缆有限责任公司存款账户的相关情况。

根据上述背景材料，国家税务总局文理市税务局稽查局需要制作《检查存款账户许可证明》并送达被查对象开户银行，告知其提供星海电缆有限责任公司存款账户情况。依据说理式税收执法文书的制作要求，该文书制作如下。

国家税务总局文理市税务局稽查局
检查存款账户许可证明

文税稽许〔2022〕357号

中国建设银行股份有限公司文理市分行：

根据《中华人民共和国税收征收管理法》第五十四条第（六）款规定，经县以上税务局（分局）局长批准，凭全国统一格式的检查存款账户许可证明，查询从事生产、经营的纳税人、扣缴义务人在银行或者其他金融机构的存

款账户。税务机关在调查税收违法案件时，经设区的市、自治州以上税务局（分局）局长批准，可以查询案件涉嫌人员的储蓄存款。税务机关查询所获得的资料，不得用于税收以外的用途。根据《中华人民共和国税收征收管理法实施细则》第八十七条规定，税务机关行使税收征管法第五十四条第（六）项职权时，应当指定专人负责，凭全国统一格式的检查存款账户许可证明进行，并有责任为被检查人保守秘密。检查存款账户许可证明，由国家税务总局制定。税务机关查询的内容，包括纳税人存款账户余额和资金往来情况。

因稽查工作需要，经国家税务总局文理市税务局局长批准，我局委派税务人员李江、王虹等2人（税务检查证号码分别为：文税稽3426180011、文税稽3426180019）前去你处查询星海电缆有限责任公司2021年度的存款账户余额和资金往来（账户号码：38556672001956322173）情况，请予支持协助。

国家税务总局文理市税务局稽查局（印章）

2022年8月30日

三、《检查存款账户许可证明》范例注释

上述《检查存款账户许可证明》范例是告知被查对象开户银行需提供被查对象银行账户的存款情况，这里的存款情况既包括纳税人存款账户余额，也包括资金往来情况。这一范例的说理性主要体现在以下两个方面。

第一，告知了税务机关要求当事人提供存款账户情况的法律依据。税务机关依据《税收征管法》第五十四条第（六）款的规定，要求当事人提供被查对象的存款账户信息，全面地告知了当事人税务机关的相关检查职权，增强了“说理”的充分性。之所以援引《税收征管法》法第五十四条中与查询存款账户相关的规定，是因为税收执法实践中有些金融机构的分支行业务窗口并不熟悉《检查存款账户许可证明》的法定性，经常会提出质疑或出现不配合检查的情形。援引法条一目了然，既告知了当事人应履行的法定义务，又体现了税务机关依职权检查的法定权利。

第二，具体、清楚地告知当事人应提供存款账户信息的相关内容。上述范例中，之所以详细告知当事人负责查询被查对象存款账户信息的检查人员名称、查询银行账户号码、查询年度，是因为存款账户和储蓄存款受到国家法律保护，银行为储户保密是其建立信誉、保证业务发展的前提条件，严格规范对存款账户和储蓄存款的查询，有利于防止权力被滥用导致侵犯公民的合法权益。上述范例还指出了当事人需配合税务机关依法行使检查权的法定义务“请予支持协助”。

因此，上述《检查存款账户许可证明》范例虽然较为简洁，但是基本符合说理式税收执法文书的要求和规范。

四、《检查存款账户许可证明》使用说明

《检查存款账户许可证明》是一种面向第三方行使检查权的执法文书，需要金融机构提供纳税人、扣缴义务人开户账户的存款余额和资金往来的明细情况。在使用《检查存款账户许可证明》时，我们应注意以下三个方面的问题。

第一，存款是纳税人、扣缴义务人存放在银行或者其他金融机构的货币资金。纳税人、扣缴义务人在生产经营活动中的各项经济活动款项大多通过在银行或者其他金融机构的存款结算，税务机关通过对纳税人、扣缴义务人在银行或者其他金融机构的存款进行查询，就能比较准确地掌握纳税人、扣缴义务人的实际收入和支出情况。有些重大偷税、虚开发票等违法案件的线索往往是从查询从事生产、经营的纳税人、扣缴义务人在银行或者其他金融机构的存款账户和案件涉嫌人员的储蓄存款中得到的。在税务查账、生产经营现场检查中发现的许多可疑情况，也大多可以从纳税人、扣缴义务人在银行或者其他金融机构的存款账户和案件涉嫌人员的储蓄存款查询中得到澄清与证实。例如，检查虚开发票类案件和骗取出口退税类案件可通过检查资金是否存在回流，以及银行承兑汇票是否真实有效等途径佐证纳税人是否涉嫌存在税收违法行为；偷税类案件需要检查是否通过其他银行账户隐匿收入未缴税，是否通过个人账户发放奖励少缴税

等。因此，需要赋予税务机关对从事生产、经营的纳税人、扣缴义务人在银行或者其他金融机构的存款账户和案件涉嫌人员储蓄存款的查询权，税务机关可以根据具体情况的需要，依法进行查询。

第二，税务机关行使存款账户、储蓄存款的检查权有着严格的限制性规定。《税收征管法》第五十四条第（六）款规定，税务机关检查纳税人、扣缴义务人在银行或者其他金融机构的存款账户、储蓄存款时，必须遵循以下原则：一是凡查询从事生产、经营的纳税人、扣缴义务人在银行或者其他金融机构的存款账户，需经县以上税务局（分局）局长批准，同时还必须持全国统一格式的《检查存款账户许可证明》进行，未经县以上税务局（分局）局长批准不得查询；二是调查税收违法案件时，经设区的市、自治州以上税务局（分局）局长批准，才可以查询案件涉嫌人员的储蓄存款；三是税务机关查询所获得的资料，不得用于税收以外的用途。由此可见，税务机关查询存款账户、储蓄存款职权的行使，受到严格的程序限制和规范制约。查询从事生产、经营的纳税人、扣缴义务人存款账户必须填写《税务行政执法审批表》，经县以上税务局（分局）局长批准后，并向银行等金融机构出具统一格式的《检查存款账户许可证明》才能实施，如果税务机关在调查税收违法案件时，需要查询案件涉嫌人员的储蓄存款，则需要经设区的市、自治州以上税务局（分局）局长批准方可进行，同时注意税务机关查询所获得的资料，不得用于税收以外的用途。税务机关必须依法办事，不得滥用存款账户、储蓄存款的查询权，更不得将查询所获得的资料用于税收以外的用途。

第三，根据《税收征管法实施细则》第八十七条规定，税务机关行使《税收征管法》第五十四条第（六）项职权时，应当指定专人负责，凭借全国统一格式的《检查存款账户许可证明》进行，并有责任为被检查人保守秘密。《检查存款账户许可证明》由国家税务总局制定。税务机关查询的内容，包括纳税人存款账户余额和资金往来情况。税务机关应指定专人负责此项检查并妥善保管相关资料。在账户检查前后，都需要严格遵循保密规定，并尽可能减少此类信息的接触人员，履行为当事人保密的责任。

第五节　询问通知书

《税收征管法》规定，税务机关有询问纳税人、扣缴义务人与纳税或者代扣代缴、代收代缴税款有关问题和情况的税务检查权。在税收执法实践中，为进一步获取和固定证据，证实或排除案件疑点，税务机关会经常使用询问检查，通过言语交流向当事人、见证人或其他知情人员了解情况。因此，《询问通知书》是税务稽查开展案件检查时较为常用的执法文书之一。

一、《询问通知书》的式样

国家税务总局________税务局（稽查局）

询问通知书

____税询〔　　〕________号

__________：（身份证号码：____________________）

根据《中华人民共和国税收征收管理法》第五十四条第（四）项规定，请__________________于____年____月__日__时到______就涉税事宜接受询问。

联系人员：

联系电话：

税务机关地址：

税务机关（印章）

年　月　日

二、《询问通知书》的制作

【案例6-5】

背景材料：

星海电缆有限责任公司设立于2009年8月，为增值税一般纳税人。2022年8月，国家税务总局文理市税务局稽查局接到群众举报，该单位2021年度发放员工工资未代扣代缴个人所得税。稽查局通过查询征管系统发现星海电缆有限责任公司2021年申报收入为3.97亿元，申报职工薪酬9 054万元，申报代扣代缴个人所得税仅2.91万元，收入与职工薪酬不匹配，个人所得税计税依据明显与个人所得税入库额不匹配。依法立案之后，稽查局决定自2022年8月26日起派李江、王虹对该单位所涉税费情况进行检查。检查后发现员工工资列支和发放存在诸多疑点，决定通知该单位法定代表人（李星海，身份证号码：326823197402072105）、财务人员（王某、赵某）及部分员工（逐一列名）到税务机关接受询问。国家税务总局文理市税务局稽查局依法必须向被询问人送达书面通知书，告知被询问人相关情况并配合询问。

根据上述背景材料，国家税务总局文理市税务局稽查局需要针对每一个被询问人，制作并送达《询问通知书》，通知其应履行的法定义务。依据说理式税收执法文书的制作要求，该文书制作如下。

国家税务总局文理市税务局稽查局
询问通知书

文税稽询〔2022〕36号

李星海（身份证号码：326823197402072105）：

根据《中华人民共和国税收征收管理法》第五十四条第（四）款规

定，税务机关有权进行询问纳税人、扣缴义务人与纳税或者代扣代缴、代收代缴税款有关的问题和情况的税务检查。根据《中华人民共和国税收征收管理法》第五十七条规定，税务机关依法进行税务检查时，有权向有关单位和个人调查纳税人、扣缴义务人和其他当事人与纳税或者代扣代缴、代收代缴税款有关的情况，有关单位和个人有义务向税务机关如实提供有关资料及证明材料。因稽查工作需要，请你于2022年9月16日15时到国家税务总局文理市税务局稽查局（扬子江路515号）就星海电缆有限责任公司工资薪金发放，以及个人所得税扣缴税款义务履行情况等涉税事宜接受询问。

联系人员：李江、王虹

联系电话：87806638

税务机关地址：扬子江北路515号

税务机关（印章）

2022年9月11日

三、《询问通知书》范例注释

《询问通知书》是税务机关告知被查对象需通知相关人员就公司可能存在的涉税违法事实接受询问调查的程序性执法文书。该文书不仅确定了被查对象的法定义务，而且业务相关人员被询问回答的内容有可能成为依法定性进行税务处理和税务行政处罚的检查证据，可能会对被查对象产生不利影响。因此，《询问通知书》应按照说理式税收执法文书的制作要求进行写作。这一范例的说理性主要体现在以下三个方面。

第一，明确税务机关对当事人进行税务检查的法律依据。税务机关依据《税收征管法》第五十四条第（四）款的规定对被询问人进行询问，明确税务机关可进行询问的法定权利和被询问人需接受询问的法定义务。由于被询问人并不全部是法定代表人和财务负责人，还有一些是被查对象负责相关业务的其他人员，对税收相关法律、法规可能存在认识上的真空，税务机关在税务检查中行使这些权利时要采取“说理”的形式，帮助被询问人理解应履行的义务以便其能如实回答问题，配合税务机关开展检查。

第二，具体、清楚地告知了相关内容。上述范例中，不但告知了被询问人接受询问应到达的时间、地点和应联系的税务工作人员“2022 年 9 月 16 日 15 时到国家税务总局文理市税务局稽查局”“扬子江路 515 号”“李江、王虹”，还告知了被询问人可能被询问的具体事项“就星海电缆有限责任公司工资薪金发放以及个人所得税扣缴税款义务履行情况等涉税事宜接受询问”。在询问地点的确定上并没有明确的规定，可以在税务机关，也可以应被询问人要求在其他地点进行，但无论在什么地点，都需要遵循税法的规定。同时，还应该注意保密原则，在案件查处过程中要注意为举报人保密，不得泄露举报人信息及检举事项。如上述范例背景材料中，有关稽查局接到群众举报后对该单位进行数据分析确认了违法疑点并最后依法立案检查的情况，就不能在《询问通知书》中透露。如果税务机关告知检查原因是由于被举报，那么当事人很可能会分析出是谁举报的，这样税务机关就会存在泄密的执法风险。

第三，《询问通知书》需要“一人一通知”。在税收执法实践中，很多税务人员误认为《询问通知书》是通知被检查单位，由被检查单位通知具体人员接受询问，这是错误的。询问是向具体人员实施的税务检查，其对象只能是确定的被询问人。上述范例中，被询问人不仅有公司法定代表人李星海，还有财务人员王某、赵某，以及部分员工，需要逐一制作并送达《询问通知书》。同时，“一人一通知”还能有效做好保密工作，保护被询问人不会因询问受到影响，也有利于被询问人放下包袱讲述实情。

因此，上述《询问通知书》范例虽然较为简洁，但是基本符合说理式税收执法文书的要求和规范。

四、《询问通知书》使用说明

在使用《询问通知书》时，应注意以下两个方面的问题。

第一，《询问通知书》并不是税务机关每次询问时都必须送达的文书。根据《税务稽查案件办理程序规定》第二十条规定，询问应当由两名以上检查人员实施。除在被查对象生产、经营、办公场所询问外，应当向被询问人送达《询问通知书》。所以，税务人员在被查单位生产、经营场所向被查对象随机进行的询问，只需要做好《询问（调查）笔录》即可，不需要制作并送达《询问通知书》。《询问（调查）笔录》式样如下。

国家税务总局__________税务局（稽查局）

询问（调查）笔录

（第______次）

共______页第______页

时　间：__________　　地　点：__________

询问（调查）人：__________　　记录人：__________

被询问（调查）人姓名：______　　性别：______年龄：______

证件种类：__________　　证件号码：__________

工作单位：__________　　职务：__________

联系电话：__________

住址：____

问：____

答：____

询问（调查）人签字：　　记录人签字：

被询问（调查）人签字并押印：

年　月　日

第二，要依法开展询问检查并做好询问笔录。做好询问笔录需要注意以下五个方面。

一是询问时需严格按照《税收征管法》及其实施细则的有关规定实施。询问开始之前，检查人员应向被询问人出示税务检查证表明身份，并根据《税收征管法》第五十四条第（四）项、第五十七条规定，向被询问人告知有接受税务机关询问（调查）的法定义务以及不如实提供情况应承担的法律责任。同时，还需要根据《税收征管法》第十二条规定向被询问人告知有要求询问（调查）人员回避的法定权利。《询问（调查）笔录》应当用钢笔（碳素笔）、毛笔书写或计算机制作，不能使用铅笔或圆珠笔。笔录主页上方已设定的内容要逐项填写清楚，尤其是询问（调查）开始、中止和结束的时间，一定要填写到时、分，所涉及的数字要用阿拉伯数字填写。由于询问可以多次，所以还须在笔录上注明是对被询问人第几次询问。询问（调查）的时间应尽量在工作时间内进行，如果不得不在工作以外的时间进行询问，一定要向被询问人说明，并征得被询问人同意。否则，可能会被质疑为变相留置和限制被询问人，会带来执法风险和检查纠纷。

二是询问之前应拟定询问提纲，真实、准确、详细、具体地做好询问记录。重要情节要尽量记下原话，以保持其原意不变。询问记录人要切记此时不是写作文，一定不要对原话进行删改、润色、随意取舍，对于被询问人提供的每一个事实或情节，都应当完整全面反映。对证人提供的物证、书证，都要在记录中反映出来并记明证据的来源。询问人员出示证据（书证或物证等）提问时，应在笔录上写明出示何种证据以及被询问人对所出示证据的反应。在询问过程中，被询问人对问题避而不答的，应当在笔录中注明被询问人当时的动作形态（如思考、停顿、默然等，举例：“此时沉默，时间自 15：20 起至 15：25 止”），对于影响案件的关键性问题要刨根问底、紧追不舍、一究到底。在询问过程中，要求被询问人对问题明确表示肯定或否定，如回答模棱两可或有意模糊的，应采取不同问话方式反复多次询问。但也要注意，不要使用暗示性或隐喻性的言辞，也不能用判断性和指向性的语句（如“是否”“为何”等），防止被询问人反证询问人引供、逼供和诱供。如被询问人称“不知道”或“不了解”，可尽量要求其提供知情人或其他可了解的渠道。

三是询问笔录应在询问结束后交由被询问人核对，对没有阅读能力的被询问人应向其宣读。被询问人如认为笔录有遗漏或差错，应允许其补充或改正。修改过的询问笔录，应当由被询问人在改动处捺指印。被询问人认为笔录无误后，检查人员在询问笔录的最后一页空白处画线，这主要是表示“以下无正文内容”。核对无误后，由被询问人在尾页结束处写明“以上笔录我看过（或者向我宣读过），与我说的相符”，并逐页签章、捺指印。被询问人拒绝在询问笔录上签章、捺指印的，检查人员应当在询问笔录上注明。在实际工作中，被询问人除在笔录结束处签名并捺指印外，一般还要在询问笔录文头被询问人的姓名以及涉及文中数字的地方捺指印，如有多页询问材料还应当齐缝捺指印。

四是询问（调查）人、记录人要逐页签署日期并签名。检查人员可以同时担任询问（调查）人和记录人，但应当分别签名；询问（调查）人与记录人不得相互代签名；询问（调查）人签字处应当由两名以上检查人员签名。

五是询问可以采取记录、录音、录像、照相等方法进行，但录音、录像、照相需要事前征得被询问人同意。《税收征管法》第五十八条规定，税务机关调查税务违法案件时，对与案件有关的情况和资料，可以记录、录音、录像、照相和复制。

第六节　税收保全措施决定书

在税务稽查环节，税务机关发现从事生产经营的纳税人或扣缴义务人具有税收违法行为，为了有效保障国家税款的追缴，在符合法律规定的条件下，有必要采取税收保全措施，此时将使用《税收保全措施决定书》。税务机关使用该文书告知当事人税务机关对其采取税收保全措施的相关情况。在此种情景下使用《税收保全措施决定书》必将给当事人带来不利影响，应当按照说理式执法文书的要求制作该文书。

一、《税收保全措施决定书（冻结存款适用）》

（一）文书式样

国家税务总局________税务局（稽查局）

税收保全措施决定书

（冻结存款适用）

____税保冻〔　　〕　　号

__________：（纳税人识别号：______）

鉴于你（单位）（地址：______________），根据《中华人民共和国税收征收管理法》________规定，经______税务局（分局）局长批准，决定从______年____月____日至______年____月____日冻结你（单位）在______的存款（大写）______（￥______元）。请于______年____月____日前缴纳应纳税款；逾期未缴的，将依照《中华人民共和国税收征收管理法》________规定采取强制执行措施。

如对本决定不服，可自收到本决定之日起六十日内依法向______申请行政复议，或者自收到本决定之日起六个月内依法向________人民法院起诉。

冻结账户的账号：

税务机关（印章）

年　月　日

（二）文书制作

【案例6-6】

背景材料：

星海电缆有限责任公司设立于2009年8月，为增值税一般纳税人，企业所得税查账征收。2022 年 8 月，国家税务总局文理市税务局稽查局收到外省稽查局以一户一函的形式出具的《税收违法案件协查函》《已证实虚开通知单》及相关证据资料，表明该单位 2021 年 3 月接受的 3 份由阳光铜业有限公司开具的增值税专用发票为虚开发票。2022 年 8 月 26 日，稽查局依法对星海电缆有限责任公司立案之后，当天派李江、王虹对该单位 2021 年度所涉税费情况进行检查，此前该单位没有接受过税务机关检查。

通过检查发现，该单位 2021 年 3 月接受了由阳光铜业有限公司开具的 3 份增值税专用发票，发票号码分别为 00082685、00082686、00082687，货物名称为铜线，涉及的增值税税额分别为 13 000.00 元、39 000.00 元、26 000.00 元，合计 78 000.00 元。发票价税合计为 678 000.00元，据该单位法定代表人和会计陈述，星海电缆 2021 年 9 月从个体工商户吴某处低价购买铜线，未取得发票，之后以支付开票费的方式从阳光铜业公司取得上述虚开的增值税专用发票，并于 2021 年 9 月抵扣了上述虚开增值税专用发票的进项税额。该行为造成少缴纳增值税 78 000.00 元，城市维护建设税 5 460.00 元，教育费附加 2 340.00元，地方教育附加 1 560.00 元。根据《中华人民共和国发票管理办法》第二十二条规定，该单位存在虚开增值税专用发票行为。

检查人员在依法进行税务稽查时发现，就在检查期间，该单位的收入很少转入其银行账户，而是转入其法定代表人李星海的个人银行卡账户。为了保障税务机关有效追缴税款，国家税务总局文理市税务局稽查局决定依法冻结该单位银行账户，并向其送达《税收保全措施决定书》告知上述事项。

根据上述背景材料，国家税务总局文理市税务局稽查局需要制作《税收保全措施决定书（冻结存款适用）》告知当事人星海电缆有限责任公司税务机关对其采取税收保全措施的相关情况。依据说理式税收执法文书的制作要求，该文书制作如下。

国家税务总局文理市税务局稽查局
税收保全措施决定书

（冻结存款适用）

文税稽保冻〔2022〕2号

星海电缆有限责任公司：（纳税人识别号：982829703217036726）

鉴于你单位（地址：文理市南山区文理大街36号）2021年9月接受了3份虚开的增值税专用发票，发票涉及的增值税税额为78 000.00元，取得虚开的增值税专用发票不得抵扣进项税额，因你单位2021年9月无进项税留抵税额，进项税转出后应补缴增值税78 000.00元，城市维护建设税5 460.00元，共计应补缴税款83 460.00元。检查期间，你单位将营业收入转入你单位法定代表人李星海个人的银行卡账户（中国银行文理市支行，账号：6266053391473251O4），具有明显转移、隐匿应纳税收入的迹象。为了保障税务机关有效追缴税款，根据《中华人民共和国税收征收管理法》第五十五条规定，税务机关对从事生产、经营的纳税人以前纳税期的纳税情况依法进行税务检查时，发现纳税人有逃避纳税义务行为，并有明显的转移、隐匿其应纳税的商品、货物以及其他财产或者应纳税的收入的迹象的，可以按照本法规定的批准权限采取税收保全措施。经国家税务总局文理市税务局局长批准，决定从2022年9月26日至2022年10月20日冻结你单位在中国建设银行股份有限公司文理市支行的存款（大写）捌万叁仟肆佰陆拾元整（￥83 460.00元）。请于2022年10月15日前缴纳应纳税款；逾期未缴纳的，将依照《中华人民共和国税收征收管理法》第四十条第（一）款规定采取强制执行措施。

如对本决定不服，你单位可自收到本决定之日起六十日内依法向国家税务总局文理市税务局申请行政复议，或者自收到本决定之日起六个月内依法向文理市南山区人民法院起诉。

冻结账户开户行：中国建设银行股份有限公司文理市支行，账号：

38556672001956322173。

国家税务总局文理市税务局稽查局（印章）

2022 年 9 月 26 日

（三）《税收保全措施决定书》范例注释

上述《税收保全措施决定书》范例告知当事人税务机关对其采取税收保全措施的相关情况。按照说理式税收执法文书的制作要求，其“说理”性主要体现在以下四个方面。

第一，充分说明了税务机关对星海电缆有限责任公司采取税收保全措施的理由。该文书对这一理由的阐述，首先说明该单位以前年度具有逃避纳税义务行为“鉴于你单位（地址：文理市南山区文理大街 36 号）2021 年 9 月接受了 3 份虚开的增值税专用发票，发票涉及的增值税税额为 78 000.00元，取得虚开的增值税专用发票不得抵扣进项税额，因你单位 2021 年 9 月无进项税留抵税额，进项税转出后应补缴增值税78 000.00元，城市维护建设税 5 460.00 元，共计应补缴税款 83 460.00 元”。这是税务机关可以作出实施税收保全措施这一行政行为，并使用该执法文书的事实基础之一。其次，说明该单位具有明显转移、隐匿应纳税收入迹象的事实“检查期间，你单位将营业收入转入你单位法定代表人李星海个人的银行卡账户（中国银行文理市支行，账号：626605339147325104），具有明显转移、隐匿应纳税收入的迹象”。这是税务机关可以作出实施税收保全措施这一行政行为并使用该执法文书的事实基础之二。对这两个事实的阐述，说明当事人星海电缆有限责任公司的行为具备适用《税收征管法》第五十五条规定的条件。最后，援引法律依据，并同时运用三段论的逻辑推理，充分阐述税务机关冻结当事人银行存款的理由。这一推理过程如下。

凡是税务机关发现纳税人有逃避纳税义务行为，并有明显的转移、隐匿其应纳税的商品、货物以及其他财产或者应纳税的收入迹象的，都可以

采取税收保全措施。（大前提——法律规定）

税务机关发现星海电缆有限责任公司有逃避纳税义务行为，并有明显的转移、隐匿应纳税收入的迹象。（小前提——当事人存在的违法行为）

所以，税务机关可以对星海电缆有限责任公司采取税收保全措施。（结论）

通过上述三段论逻辑推理的分析，当事人能够较好地理解税务机关对其采取税收保全措施的理由。

第二，说明了税务机关对当事人采取税收保全措施的法律依据“《中华人民共和国税收征收管理法》第五十五条的规定”，并援引了该条款的所有内容，充分地说明了税务机关作出该行政行为的法律依据，说明税务机关作出该行政行为有法可依。

第三，清楚地告知了税务机关对当事人采取税收保全措施的相关内容。一是批准程序及其批准人“国家税务总局文理市税务局局长批准”；二是采取税收保全措施的期限“从 2022 年 9 月 26 日至 2022 年 10 月 20 日”；三是税务机关采取税收保全措施的方式“冻结你单位在中国建设银行股份有限公司文理市支行的存款”；四是冻结存款的金额“（大写）捌万叁仟肆佰陆拾元整（￥83 460.00）”；五是冻结具体账户“账号：38556672001956322173”。在税收执法实践中，税务机关对教育费附加、地方教育附加采取强制措施，没有明确的法律支持，因此本文书只对税款采取了税收保全措施。

第四，清楚地告知了当事人相关救济权利“可自收到本决定之日起六十日内依法向国家税务总局文理市税务局申请行政复议，或者自收到本决定之日起六个月内依法向文理市南山区人民法院起诉。”

因此，上述《税收保全措施决定书》范例较为符合说理式税收执法文书的制作要求和规范。

（四）《税收保全措施决定书》使用说明

税务机关在使用《税收保全措施决定书》时，应注意以下 4 个方面的问题。

第一，重视说明税务机关采取税收保全措施的理由。在上述范例中，税务机关向当事人说明了为什么要对其采取税收保全措施，不仅《税收征管法》有相关规定，而且当事人具有符合适用该法条的情形，税务机关可以依法对其作出这一行政行为。否则，国家税款存在更大风险，税务机关也具有渎职的风险。采取税收保全措施需要说明理由，虽然《税收征管法》对此没有明确规定，但在我国《行政强制法》中对此有明确规定，该法第十八条第（五）项规定，行政机关实施行政强制措施应当场告知当事人采取行政强制措施的理由、依据以及当事人依法享有的权利、救济途径。

第二，注意“说理”的方式。首先，要说明当事人以前年度具有逃避纳税义务的事实。其次，要说明当事人有明显转移、隐匿其应纳税的商品、货物以及其他财产或者应纳税收入的迹象。这是税务机关采取税收保全措施的两个事实前提。如果仅仅存在第一个违法事实，税务机关不能采取税收保全措施。在税收执法实践中，税务机关一定要注意这一问题，因为我们发现，有的税务机关在税务检查时仅仅发现当事人以前年度具有逃避纳税义务的事实，就采取税收保全措施，这是违反《税收征管法》规定的。最后，要依据上述两个方面的事实，援引相应的法律依据，运用三段论的逻辑推理，阐述税务机关采取税收保全措施的理由。

第三，注意填写冻结银行存款的期限。税收保全措施有两种主要形式：一是书面通知纳税人开户银行或者其他金融机构冻结纳税人相当于应纳税款的存款；二是扣押、查封纳税人的价值相当于应纳税款的商品、货物或其他财产。税收保全措施的期限，在《税收征管法实施细则》及《税务稽查案件办理程序规定》（国家税务总局令第 52 号）和《行政强制法》中均有规定，但具体规定不尽相同，在执行时应注意准确适用。

《税收征管法实施细则》第八十八条规定，依照税收征管法第五十五条规定，税务机关采取税收保全措施的期限一般不得超过 6 个月；重大案件需要延长的，应当报国家税务总局批准。也就是说，依照《税收征管法实施细则》规定，税收保全措施，包括冻结银行存款的期限可以是6个月。《行政强制法》第三十二条规定，自冻结存款、汇款之日起三十日内，行政机关应当作出处理决定或者作出解除冻结决定；情况复杂的，经行政机关负责人批准，可以延长，但是延长期限不得超过三十日。法律另有规定的除外。《税务稽查案件办理程序规定》（国家税务总局令第52号）第三十条规定：“按照本规定第二十八条第二款采取查封、扣押措施的，期限一般不得超过6个月；重大案件有下列情形之一，需要延长期限的，应当报国家税务总局批准：（一）案情复杂，在查封、扣押期限内确实难以查明案件事实的；（二）被查对象转移、隐匿、销毁账簿、记账凭证或者其他证据材料的；（三）被查对象拒不提供相关情况或者以其他方式拒绝、阻挠检查的；（四）解除查封、扣押措施可能使纳税人转移、隐匿、损毁或者违法处置财产，从而导致税款无法追缴的。除前款规定情形外采取查封、扣押、冻结措施的，期限不得超过30日；情况复杂的，经县以上税务局局长批准，可以延长，但是延长期限不得超过30日。”根据上述规定可知，规定情形的查封、扣押一般不超过6个月，除了规定情形以外的查封、扣押、冻结措施，期限不得超过30日。也就是说，冻结存款这种保全情形，只能适用30天，不能适用6个月期限。

可以看出，关于冻结银行存款的期限，《税收征管法实施细则》与《行政强制法》的规定不一致。但2021年出台的《税务稽查案件办理程序规定》与《行政强制法》保持了一致。《行政强制法》属于法律，《税收征管法实施细则》属于行政法规，当二者对同一事项规定不一致时，应当适用位阶较高的法律规范。所以，目前对于冻结银行存款的期限应适用《行政强制法》和《税务稽查案件办理程序规定》，期限为30天而非6个月。因此，在上述范例中，我们表述为“决定从2022年9月26日至2022年10月20日冻结你单位在中国建设银行股份有限公司文理市支行的存款（大写）捌万叁仟肆佰陆拾元整（￥83 460.00）元”。

总结一下各项保全措施的期限：冻结存款是不超过30日；一般情形的查封扣押也是不超过30日；规定情形的查封、扣押是不得超过6个月。这个规定情形是指《税务稽查案件办理程序规定》第二十八条第（二）款的规定，检查从事生产、经营的纳税人以前纳税期的纳税情况时，发现纳税人有逃避纳税义务行为，并有明显的转移、隐匿其应纳税的商品、货物以及其他财产或者应纳税收入迹象的，经县以上税务局局长批准，可以依法采取税收强制措施。

第四，注意该文书的使用范围。税务机关除了依据《税收征管法》第五十五条的规定采取税收保全措施之外（如上述范例），还可以依据该法第三十七条、第三十八条的规定采取税收保全措施。《税收征管法》第三十七条规定，对未按照规定办理税务登记的从事生产、经营的纳税人以及临时从事经营的纳税人，由税务机关核定其应纳税额，责令缴纳；不缴纳的，税务机关可以扣押其价值相当于应纳税款的商品、货物。当然，税务机关依据《税收征管法》第三十七条规定采取税收保全措施，其方式只能是扣押，而不能采取查封和冻结银行存款的方式。《税收征管法》第三十八条规定，税务机关有根据认为从事生产、经营的纳税人有逃避纳税义务行为的，可以在规定的纳税期之前，责令限期缴纳应纳税款；在限期内发现纳税人有明显的转移、隐匿其应纳税的商品、货物以及其他财产或者应纳税收入迹象的，税务机关可以责成纳税人提供纳税担保。如果纳税人不能提供纳税担保，经县以上税务局（分局）局长批准，税务机关可以采取税收保全措施。但在税收执法实践中，第三十八条的规定几乎难以适用，出现第三十八条规定的这种情形十分罕见。而对于该法第三十七条规定的情形，在现实生活中却经常出现，税务机关可以依法对当事人采取税收保全措施。

二、《税收保全措施决定书（扣押/查封适用）》

《税收保全措施决定书》有两种式样，一种是冻结存款适用（如上述范例），另一种是扣押/查封适用，二者略有区别。对此，我们可以再拟制一份背景材料，并制作一份《税收保全措施决定书（扣押/查封适用）》，强化对这一说理式税收执法文书的使用。

（一）文书式样

国家税务总局________税务局（稽查局）

税收保全措施决定书

（扣押/查封适用）

____税保封〔 〕________号

__________：（纳税人识别号： ）

鉴于你（单位）（地址：____________），根据《中华人民共和国税收征收管理法》______规定，经______税务局（分局）局长批准，决定从______年____月____日至______年____月____日对你（单位）的____（商品、货物或者其他财产）予以______。如纳税限期期满仍未缴纳税款，将依法拍卖或者变卖所扣押、查封的商品、货物或者其他财产抵缴税款。

如对本决定不服，可自收到本决定之日起六十日内依法向______申请行政复议，或者自收到本决定之日起六个月内依法向______人民法院起诉。

税务机关（印章）

年 月 日

（二）文书制作

【案例6-7】

背景材料：

2022年6月8日，张丰租赁星海电缆有限责任公司的门面房从事销售钢材等经营活动，但未依法办理税务登记，也未申报纳税。2022年9月21日，有人将此事举报到国家税务总局文理市税务局稽查局。国家税务总局文理市税务局稽查局依法对张丰进行检查，核定张丰应补缴税款3 211.00元，责令张丰限期缴纳税款，张丰并未依法缴纳。国家税务总局文理市税务局稽查局决定扣押其价值相当于应纳税款的商品、货物，即20根9米长的螺纹钢。该稽查局需要制作《税收保全措施决定书》送达给当事人。

根据上述背景材料，依据说理式税收执法文书的制作要求，该文书制作如下。

国家税务总局文理市税务局稽查局
税收保全措施决定书

（扣押/查封适用）

文税稽保扣〔2022〕3号

张丰：（纳税人识别号：622723198602013412）

经查实，你从2022年6月8日开始从事销售钢材等经营活动，但未依法办理税务登记，也未申报纳税。我局依法核定你应补缴税款3 211.00元并责令你限期缴纳上述税款，但你并未依法缴纳。根据《中华人民共和国税收征收管理法》第三十七条规定，对未按照规定办理税务登记的从事生产、经营的纳税人以及临时从事经营的纳税人，由税务机关核定其应纳税额，责令缴纳；不缴纳的，税务机关可以扣押其价值相当于应纳税款的商品、货物。扣押后缴纳应纳税款的，税务机关必须立即解除扣押，并归还所扣押的商品、货物；扣押后仍不缴纳应纳税款的，经县以上税务局（分局）局长批准，依法拍卖或者变卖所扣押的商品、货物，以拍卖或者变卖所得抵缴税款。为了保障税务机关有效追缴税款，我局决定自2022年9月22日起对你仓库中的20根9米长的螺纹钢予以扣押。如果你自扣押之日起十五日内仍未缴纳税款、滞纳金的，我局将依法拍卖或者变卖所扣押钢材抵缴税款、滞纳金。

如对本决定不服，可自收到本决定之日起六十日内依法向国家税务总局文理市税务局申请行政复议，或者自收到本决定之日起六个月内依法向文理市南山区人民法院起诉。

国家税务总局文理市税务局稽查局（印章）

2022年9月22日

第七节 解除税收保全措施决定书

税务机关对纳税人采取税收保全措施之后，纳税人缴纳了应纳税款，或者税务机关已依法采取强制执行措施追缴税款入库，或者查明纳税人没有违法行为，或者被冻结款项、被扣押、被查封财产与违法行为无关，违法行为已作处理不再需要冻结、扣押、查封的，税务机关需要送达《解除税收保全措施决定书》，由于在保全期间当事人权益可能会受到不利影响，因此送达该文书时需要与《税收保全措施决定书》结合使用，也应当按照说理式执法文书的要求制作。

《解除税收保全措施决定书》对应《税收保全措施决定书》，也有两种文书式样，一种适用于解除冻结存款，另一种适用于解除扣押/查封财产。

一、《解除税收保全措施决定书》的式样

（一）冻结存款适用

国家税务总局________税务局（稽查局）

解除税收保全措施决定书

（冻结存款适用）

____税解保冻〔　　〕　号

__________：（纳税人识别号：__________）

鉴于你（单位），根据____规定，我局决定解除____年____月__日《税收保全措施决定书（冻结存款适用）》（________税稽保冻〔　　〕　号）对你（单位）存款账户____号存款的冻结。

税务机关（印章）

年　月　日

（二）扣押/查封适用

国家税务总局________税务局（稽查局）

解除税收保全措施决定书

（扣押/查封适用）

____税解保封〔　　〕________号

__________：（纳税人识别号：__________）

鉴于你（单位），根据____规定，我局决定解除______年____月____日《税收保全措施决定书（查封/扣押适用）》（____税稽保封〔　〕________号）查封（扣押）你（单位）的商品、货物或者其他财产。请于____年____月____日前持《查封商品、货物或者其他财产清单》（或《扣押商品、货物或者其他财产专用收据》），前来办理解除查封（扣押）手续。

税务机关（印章）

年　月　日

二、《解除税收保全措施决定书》的制作

（一）冻结存款适用

【案例6-8】

背景材料：

星海电缆有限责任公司于2009年8月设立，为增值税一般纳税人，企业所得税查账征收。2022年8月，国家税务总局文理市税务局稽查局收到外省稽查局以一户一函的形式出具的《税收违法案件协查函》《已证实虚开通知单》及相关证据资料，表明该单位2021年9月接受的3份由阳光铜业有限公司开具的增值税专用发票为虚开发票。2022年8月26日，国家税务总局文理市税务局稽查局依法对星海电

缆有限责任公司立案之后，当天派李江、王虹对该单位2021年度所涉税费情况进行检查，此前该单位没有接受过税务机关检查。

通过检查发现，该单位2021年9月接受了由阳光铜业有限公司开具的3份增值税专用发票，发票号码分别为00082685、00082686、00082687，货物名称为铜线，涉及的增值税税额分别为13 000.00元、39 000.00元、26 000.00元，合计78 000.00元。发票价税合计为678 000.00元，据该单位法定代表人和会计陈述，星海电缆2021年9月从个体工商户吴某处低价购买铜线，未取得发票，之后以支付开票费的方式从阳光铜业公司取得上述虚开的增值税专用发票，并于2021年9月抵扣了上述虚开发票的进项税额。该行为造成少缴纳增值税78 000.00元，城市维护建设税5 460.00元，教育费附加2 340.00元，地方教育附加1 560.00元。根据《中华人民共和国发票管理办法》第二十二条规定，该单位存在虚开增值税专用发票行为。

检查人员在依法进行税务稽查时发现，就在检查期间，该单位的收入很少转入其银行账户，而是转入其法定代表人李星海的个人银行卡账户。为了保障税务机关有效追缴税款，国家税务总局文理市税务局稽查局于2022年9月26日决定依法冻结该单位银行账户，并于当日向其送达《税收保全措施决定书（冻结存款适用)》（文税稽保冻〔2022〕2号）告知上述事项。

该单位于2022年10月8日缴纳了应纳税款及滞纳金，国家税务总局文理市税务局稽查局当日作出解除冻结决定，并向其送达《解除税收保全措施决定书》告知上述事项。

根据上述背景材料，国家税务总局文理市税务局稽查局需要制作《解除税收保全措施决定书》，告知当事人星海电缆有限责任公司税务机关对其采取解除税收保全措施的相关情况。依据说理式税收执法文书的制作要求，该文书制作如下。

国家税务总局文理市税务局稽查局
解除税收保全措施决定书

（冻结存款适用）

文税稽解保冻〔2022〕2号

星海电缆有限责任公司：（纳税人识别号：982829703217036726）

你单位（地址：文理市南山区文理大街36号）2021年9月接受了三份虚开的增值税专用发票，发票涉及的增值税税额为78 000.00元，进项税转出后应补缴增值税78 000.00元，城市维护建设税5 460.00元，共计应补缴税款83 460.00元。检查期间，你单位将营业收入转入法定代表人李星海个人的银行卡账户（中国银行文理市支行，账号：6266053391473251O4），具有明显转移、隐匿应纳税收入的迹象。根据《中华人民共和国税收征收管理法》第五十五条规定，经国家税务总局文理市税务局局长批准，决定从2022年9月26日至2022年10月20日冻结你单位在中国建设银行股份有限公司文理市支行（账号：38556672001956322173）的存款（大写）捌万叁仟肆佰陆拾元整（￥83 460.00元）。要求你单位于2022年10月15日前缴纳应纳税款。

根据《中华人民共和国行政强制法》第三十三条第（一）款规定，有下列情形之一的，行政机关应当及时作出解除冻结决定：（一）当事人没有违法行为；（二）冻结的存款、汇款与违法行为无关；（三）行政机关对违法行为已经作出处理决定，不再需要冻结；（四）冻结期限已经届满；（五）其他不再需要采取冻结措施的情形。行政机关作出解除冻结决定的，应当及时通知金融机构和当事人。金融机构接到通知后，应当立即解除冻结。根据《中华人民共和国税收征收管理法实施细则》第六十八条规定，纳税人在税务机关采取税收保全措施后，按照税务机关规定的期限缴纳税款的，税务机关应当自收到税款或者银行转回的完税凭证之日起1日内解除税收保全。鉴于你单位已经于2022年10月8日缴纳了应纳税款及滞纳金，我局决定解除2022年9月26日《税收保全措施决定书（冻结存款适用）》（文税稽保冻

〔2022〕2 号）对你单位存款账户 38556672001956322173 账号存款的冻结。

国家税务总局文理市税务局稽查局（印章）

2022 年 10 月 8 日

（二）扣押/查封适用

【案例6-9】

背景材料：

2022 年 6 月 8 日，张丰租赁星海电缆有限责任公司的门面房从事销售钢材等经营活动，但未依法办理税务登记，也未申报纳税。2022 年 9 月 21 日，有人将此事举报到国家税务总局文理市税务局稽查局。文理市税务局稽查局依法对张丰进行检查，核定张丰应补缴税款 3 211.00元，责令张丰限期缴纳税款。张丰并未依法缴纳，文理市税务局稽查局于 2022 年 9 月 22 日制作并送达了《税收保全措施决定书（扣押/查封适用）》（文税稽保扣〔2022〕3 号），决定扣押其价值相当于应纳税款的 20 根 9 米长的螺纹钢货物，责令张丰自扣押之日起 15 日内缴纳税款及滞纳金。张丰在 2022 年 10 月 8 日缴纳了应纳税款及滞纳金，国家税务总局文理市税务局稽查局决定解除之前作出的税收保全措施。

根据上述背景材料，依据说理式税收执法文书的制作要求，该文书制作如下。

国家税务总局文理市税务局稽查局
解除税收保全措施决定书

（扣押/查封适用）

文税稽解保扣〔2022〕3号

张丰：（纳税人识别号：622723198602013412）

经查实，你自2022年6月8日开始从事销售钢材等经营活动，但未依法办理税务登记，也未申报纳税。我局依法核定你应补缴税款3 211.00元并责令你限期缴纳上述税款，但你并未依法缴纳。根据《中华人民共和国税收征收管理法》第三十七条规定，我局于2022年9月22日制作《税收保全措施决定书（扣押/查封适用）》（文税稽保扣〔2022〕3号），并于当日送达给你，对你仓库中20根9米长的螺纹钢货物进行扣押。

《中华人民共和国税收征收管理法实施细则》第六十八条规定，纳税人在税务机关采取税收保全措施后，按照税务机关规定的期限缴纳税款的，税务机关应当自收到税款或者银行转回的完税凭证之日起1日内解除税收保全。《中华人民共和国行政强制法》第二十八条规定，有下列情形之一的，行政机关应当及时作出解除查封、扣押决定：（一）当事人没有违法行为；（二）查封、扣押的场所、设施或者财物与违法行为无关；（三）行政机关对违法行为已经作出处理决定，不再需要查封、扣押；（四）查封、扣押期限已经届满；（五）其他不再需要采取查封、扣押措施的情形。解除查封、扣押应当立即退还财物；已将鲜活物品或者其他不易保管的财物拍卖或者变卖的，退还拍卖或者变卖所得款项。变卖价格明显低于市场价格，给当事人造成损失的，应当给予补偿。

鉴于你已于2022年10月8日缴纳应纳税款3 211.00元及滞纳金，根据《中华人民共和国税收征收管理法实施细则》第六十八条、《中华人民共和国行政强制法》第二十八条之规定，决定解除2022年9月22日《税收保全措施决定书（扣押/查封适用）》（文税稽保扣〔2022〕3号）扣押你的20根9

米长的螺纹钢货物。请你于2022年10月8日缴纳税款之日起，持《扣押商品、货物或者其他财产专用收据》，前来办理解除扣押手续，领回扣押物品。

国家税务总局文理市税务局稽查局（印章）

2022年10月8日

三、《解除税收保全措施决定书》范例注释

上述《解除税收保全措施决定书》范例告知当事人税务机关对其采取解除税收保全措施的相关情况。按照说理式税收执法文书的制作要求，其“说理”性主要体现在以下三个方面。

第一，充分说明了税务机关对星海电缆有限责任公司解除采取税收保全措施的理由。该文书对这一理由的阐述，首先，说明该单位为何会被采取税收保全措施“2021年9月接受了3份虚开的增值税专用发票，发票涉及的增值税税额为78 000.00元，进项税转出后应补缴增值税78 000.00元，城市维护建设税5 460.00元，共计应补缴税款83 460.00元。检查期间，你单位将营业收入转入你单位法定代表人李星海个人的银行卡账户（中国银行文理市支行，账号：6266053391473251O4），具有明显转移、隐匿应纳税收入的迹象”。其次，说明该单位被税务机关依法采取税收保全措施后履行纳税义务“鉴于你单位已经于2022年10月8日缴纳了应纳税款及滞纳金”。这是税务机关应该作出解除税收保全措施这一行政行为并使用该执法文书的事实基础。对这两个事实的阐述，说明当事人星海电缆有限责任公司的行为具备适用《行政强制法》第三十三条第（一）款、《税收征管法实施细则》第六十八条规定的条件。最后，援引法律依据，并同时运用三段论的逻辑推理，充分阐述当事人履行纳税义务后税务机关立即解除冻结银行存款的理由。这一推理过程如下。

凡是税务机关采取税收保全措施后，当事人缴纳了应纳税款或者税务

机关已依法采取强制执行措施追缴税款入库，或者查明当事人没有违法行为，或者被冻结款项与违法行为无关，违法行为已作处理不再需要冻结，税务机关需要采取解除税收保全措施。（大前提——法律规定）

星海电缆有限责任公司履行了相应纳税义务（小前提——当事人履行义务或失去情境）。

所以，税务机关应当对星海电缆有限责任公司解除税收保全措施。（结论）

通过上述三段论逻辑推理的分析，当事人能够较好地理解税务机关对其先采取税收保全措施又因为当事人履行义务等情形予以依法解除税收保全措施的理由。

第二，说明了税务机关对当事人采取解除税收保全措施的法律依据“《中华人民共和国行政强制法》第三十三条第（一）款”“《中华人民共和国税收征收管理法实施细则》第六十八条规定”。这充分地“说明”了税务机关作出该行政行为有法可依。

第三，清楚地告知了税务机关对当事人解除税收保全措施的相关内容。注意，这里与原税收保全措施文书紧密相关“我局决定解除 2022 年 9 月 26 日《税收保全措施决定书（冻结存款适用）》（文税稽保冻〔2022〕2 号）对你单位存款账户 38556672001956322173 账号存款的冻结”。

因此，上述《解除税收保全措施决定书》范例较为符合说理式税收执法文书的制作要求和规范。

四、《解除税收保全措施决定书》使用说明

税务机关在使用《解除税收保全措施决定书》时，应注意以下三个方面的问题。

第一，重视说明税务机关采取解除税收保全措施的理由。根据《税收征管法》相关规定，当事人具有符合适用解除税收保全措施的情形，税务机关必须依法对其作出这一行政行为；否则，会给当事人的合法权益带来损害，如果当事人提起行政诉讼，税务机关就有败诉的风险。

根据《税务稽查案件办理程序规定》第三十一条规定：“有下列情形

之一的，应当依法及时解除税收强制措施：（一）纳税人已按履行期限缴纳税款、扣缴义务人已按履行期限解缴税款、纳税担保人已按履行期限缴纳所担保税款的；（二）税收强制措施被复议机关决定撤销的；（三）税收强制措施被人民法院判决撤销的；（四）其他法定应当解除税收强制措施的。”这里的强制措施对应的就是冻结、查封和扣押措施。而在第三十一条中列举的被复议机关决定撤销、被人民法院判决撤销都是当事人维权后产生的结果，遇到此种情形，税务机关应第一时间采取解除措施。

一般情形下，符合适用解除税收保全措施的原因主要有五点：一是没有违法行为；二是被冻结的存款，被扣押、被查封的商品、货物或其他财产与违法行为无关；三是对违法行为已作出处理决定，不再需要冻结、扣押、查封；四是冻结、扣押、查封期限已经届满；五是税款已在期限内缴纳，此种情形有可能是当事人在限期内自行缴纳应纳税款，也有可能是税务机关采取强制执行措施追缴税款入库，无论是哪种情形的缴纳，都属于税款已在期限内缴纳。

第二，注意解除税收保全措施的时间。根据《税收征管法实施细则》第六十八条规定，纳税人是在税务机关采取税收保全措施后，按照税务机关规定的期限缴纳税款的，税务机关应当自收到税款或者银行转回的完税凭证之日起 1 日内解除税收保全。此规定在解除冻结存款和查封商品货物或财产的税收保全措施时具有一定的可执行性，但在解除扣押商品货物或财产的税收保全措施中基本不具备可执行性。解除扣押保全措施时，税务机关可以做到在自收到税款或者银行转回的完税凭证之日起 1 日内作出解除税收保全措施的决定，但可能因被保全人原因（如出差、暂时不领回物品等）难以在 1 日内送达文书并返还财产。本书认为，在 1 日内制作解除税收保全措施决定文书并通知被保全人后，被保全人可随时持《查封商品、货物或者其他财产清单》（或《扣押商品、货物或者其他财产专用收据》）办理解除查封（扣押）手续，领回扣押物品。因此，本书将原文书样式中表述的“请于______年____月____日前持《查封商品、货物或者其他财产清单》（或《扣押商品、货物或者其他财产专用收据》），前来办理解除查封（扣押）手续”变更为“请自______年____月____日缴纳税款之日起，持《扣押商品、货物或者其他财产专用收据》前来办理解除查封（扣押）手续，领回扣押物品（解除扣押适用）”。

第三，注意解除税收保全措施时需要履行的其他义务。采取解除冻结存款税收保全措施时，须与《解除冻结存款通知书》一并使用，而且《解除税收保全措施决定书》除了送达执行冻结存款账户的金融机构外，还需要同时送达当事人。解除查封（扣押）税收保全措施时，税务机关须将当事人保存的《查封商品、货物或者其他财产清单》（或《扣押商品、货物或者其他财产专用收据》）收回存档。根据《税务稽查案件办理程序规定》第三十二条规定，解除税收强制措施时，应当向纳税人、扣缴义务人、纳税担保人送达《解除税收强制措施决定书》，告知其解除税收强制措施的时间、内容和依据，并通知其在规定时间内办理解除税收强制措施的有关事宜：一是采取冻结存款措施的，应当向冻结存款的纳税人开户银行或者其他金融机构送达解除冻结存款通知书，解除冻结；二是采取查封商品、货物或者其他财产措施的，应当解除查封并收回查封商品、货物或者其他财产清单；三是采取扣押商品、货物或者其他财产措施的，应当予以返还并收回《扣押商品、货物或者其他财产专用收据》。假如税收强制措施涉及协助执行单位，还应当向协助执行单位送达税务协助执行通知书，通知解除税收强制措施相关事项。

需要注意的是，解除税收保全的执法文书有两种式样，一种是冻结存款适用，另一种是扣押/查封适用，二者从文书式样到使用范围都有所不同，使用时应注意区分。

第八节　税务事项通知书（检查结束前告知）

《税务事项通知书》是税务管理环节和税务稽查环节常见的执法文书之一。税务管理环节如何从“说理”的角度制作该执法文书，前文已作分析。税务稽查环节使用该文书通知当事人有关事项，从“说理”的角度制作该执法文书，其制作规范和要求基本与税务管理环节一致，本应无须重复。但是，在税务稽查环节，在检查结束前，若检查人员发现被检查对象存在税收违法事实，可根据《税务稽查案件办理程序规定》的要求，使用《税务事项通知书》将发现的税收违法事实和依据告知被查对象。被查对象对违法事实和依据有异议的，应当在限期内提供说明及证据材料。被查对象口头说明的，检查人员应当制作笔录，由当事人签章。在此情景下使用该文书是检查环节所特有的，与税务管理环节使用该文书在内容的表述上有所不同。

在税收执法实践中，有些检查人员不重视在此情景下使用该文书，长期通过口头告知的形式将税收违法事实向当事人简要说明，等于变相剥夺了当事人行使法定的陈述和申辩权利。并且由于从未使用该执法文书，导致在此情景下需要使用该文书时也不知道如何依据该文书的制作要求填写，尤其从说理式执法文书要求的角度而言，制作该执法文书更是无从下手。因此，有必要依据说理式执法文书的制作要求，分析该文书的制作规范。

一、《税务事项通知书》的式样

国家税务总局________税务局（稽查局）

税务事项通知书

____税通〔　　〕________号

__________：（纳税人识别号：____________________）

事由：

依据：

通知内容：

税务机关（印章）

年　月　日

二、《税务事项通知书》的制作

【案例6-10】

背景材料：

星海电缆有限责任公司设立于2009年8月，为增值税一般纳税人。2022年8月，国家税务总局文理市税务局稽查局收到外省稽查局以一户一函的形式出具的《税收违法案件协查函》《已证实虚开通知单》及相关证据资料，该单位2021年9月接受的3份由阳光铜业有限公司开具的增值税专用发票为虚开发票。国家税务总局文理市税务局稽查局通过相关资料分析，该单位涉嫌存在税收违法行为。

稽查局依法立案之后，决定自2022年8月26日起派李江、王虹对该单位2021年度所涉税费情况进行检查。通过检查发现，该单位2021年9月接受了由阳光铜业有限公司开具的3份增值税专用发票，发票号码分别为00082685、00082686、00082687，货物名称为铜线，涉及的增值税税额分别为13 000.00元、39 000.00元、26 000.00元，合计78 000.00元，发票价税合计为678 000.00元。据该单位法定代表人和会计陈述，星海电缆2021年9月从个体工商户吴某处低价购买铜线，未取得发票，之后以支付开票费的方式从阳光铜业有限公司取得上述虚开的增值税专用发票，并于2021年9月抵扣了上述虚开增值税专用发票的进项税额。该行为造成少缴纳增值税78 000.00元，城市维护建设税5 460.00元，教育费附加2 340.00元，地方教育附加1 560.00元。检查人员责令其限期换开发票，该单位表示已经无法换开发票，提供了个体工商户吴某为非正常户的记录，星海电缆与该个体工商户签订的购货合同，以及星海电缆转账支付给吴某货款的银行转账记录。该批钢材的成本在企业所得税税前已经扣除，上述条件满足《国家税务总局关于发布〈企业所得税税前扣除凭证管理办法〉的公告》（国家税务总局公告 2018 年第 28 号）第十四条的要求，企业所得税无须进行纳税调增。

另外，检查组还发现星海电缆 2021 年度隐瞒销售废料收取款项 1 130 000.00元，取得不含税收入 1 000 000.00 元，少缴纳增值税 130 000.00元，城市维护建设税 9 100.00 元，教育费附加 3 900.00 元，地方教育附加 2 600.00 元。上述两项涉税违法行为共导致少缴企业所得税 243 760.00 元。

根据《税务稽查案件程序办理规定》第三十五条规定，检查结束前，检查人员可以将发现的税收违法事实和依据告知被查对象，被查对象对违法事实和依据有异议的，应当在限期内提供说明及证据材料。被查对象口头说明的，检查人员应当制作笔录，由当事人签章。

根据上述背景材料，国家税务总局文理市税务局稽查局需要制作《税务事项通知书》告知当事人税务机关发现的税收违法事实和依据，要求其在限期内提供有关资料进行书面说明。依据说理式税收执法文书的制作要求，该文书制作如下。

国家税务总局文理市税务局稽查局
税务事项通知书

文税稽通〔2022〕236 号

星海电缆有限责任公司：（纳税人识别号：982829703217036726）

事由：经我局对你单位 2021 年度所涉税费情况检查，发现你单位在 2021 年度存在以下税收违法行为。

一、你单位让他人为自己虚开增值税专用发票，价税合计 678 000.00 元，少缴相关税费

你单位 2021 年 9 月取得阳光铜业有限公司开具的三份增值税专用发

票，发票代码为4300171230，发票号码分别为00082685、00082686、00082687，货物名称为铜线，发票金额为600 000.00元，发票税额为78 000.00元，发票价税合计为678 000.00元，并于2021年9月抵扣了上述虚开发票的进项税额。经调查，你单位与阳光铜业有限公司并不存在真实的货物交易，据你单位法定代表人和会计陈述，你单位于2021年9月从个体工商户吴某处低价购买铜线，未取得发票，之后以支付开票费的方式从阳光铜业有限公司取得上述虚开的增值税专用发票。

根据《中华人民共和国发票管理办法》第二十二条第（二）款第2项规定，你单位2021年9月取得阳光铜业有限公司开具的三张增值税专用发票，发票金额600 000.00元，发票税额78 000.00元，价税合计678 000.00元，属于让他人为自己开具与实际经营业务情况不符的发票，为虚开发票行为。

二、你单位隐匿销售铜废料收入1 000 000.00元，造成少缴相关税费

2021年10月，你单位对外销售铜废料收取款项1 130 000.00元，换算为不含税收入1 000 000.00元，未记入收入科目。隐匿铜废料收入1 000 000.00元。

三、上述违法行为应补缴的税费

1. 增值税方面

根据《中华人民共和国增值税暂行条例》第一条规定，在中华人民共和国境内销售货物或者加工、修理修配劳务（以下简称“劳务”），销售服务、无形资产、不动产以及进口货物的单位和个人，为增值税的纳税人，应当缴纳增值税。因此，你单位属于增值税纳税人。

对于上述第一项违法行为，根据《中华人民共和国增值税暂行条例》第九条规定，纳税人购进货物或者应税劳务，取得的增值税扣税凭证不符合法律、行政法规或者国务院税务主管部门有关规定的，其进项税额不得从销项税额中抵扣。《国家税务总局关于纳税人虚开增值税专用发票征补税款问题的公告》（国家税务总局公告2012年第33号）规定，纳税人取得虚开的增值税专用发票，不得作为增值税合法有效的扣税凭证抵扣其进项税额。因此，你单位于2021年10月10日申报2021年9月的增值税时，利用上述虚开的增值税专用发票抵扣进项税78 000.00元，应做进项税额转

出。根据《中华人民共和国增值税暂行条例》第四条规定，除本条例第十一条规定外，纳税人销售货物、劳务、服务、无形资产、不动产，应纳税额为当期销项税额抵扣当期进项税额后的余额。应纳税额计算公式：应纳税额=当期销项税额-当期进项税额，当期销项税额小于当期进项税额不足抵扣时，其不足部分可以结转下期继续抵扣。因此，你单位不允许抵扣的进项税额应首先抵扣当期期末留抵税额，由于你单位2021年9月没有期末留抵税额，进项税额转出后，你单位应在2021年10月补缴增值税78 000.00元。

对于上述第二项违法行为，根据《中华人民共和国增值税暂行条例》第二条第（一）款第2项、《财政部　税务总局关于调整增值税税率的通知》(财税〔2018〕32号）第一条、《财政部　税务总局　海关总署关于深化增值税改革有关政策的公告》（财政部　税务总局　海关总署公告2019年第39号）第一条规定，纳税人销售货物税率为13%。因此，你单位未计收入的铜废料收入适用13%税率。根据《中华人民共和国增值税暂行条例》第四条规定，除本条例第十一条规定外，纳税人销售货物、劳务、服务、无形资产、不动产，应纳税额为当期销项税额抵扣当期进项税额后的余额。应纳税额计算公式：应纳税额=当期销项税额-当期进项税额，当期销项税额小于当期进项税额不足抵扣时，其不足部分可以结转下期继续抵扣。因此，你单位调增的销项税额应首先抵扣当期期末留抵税额，由于你单位2021年10月没有期末留抵税额，调增的销项税额应全额调增当期增值税应纳税额。该条例第五条规定，纳税人发生应税销售行为，按照销售额和本条例第二条规定的税率计算收取的增值税额，为销项税额。销项税额计算公式：销项税额=销售额×税率。该条例第六条第（一）款规定，销售额为纳税人发生应税销售行为收取的全部价款和价外费用，但是不包括收取的销项税额。因此，你单位在账簿上不列、少列收入，应按不含税销售额乘以适用税率计算应调增的销项税额。该条例第十九条第（一）款第1项规定，发生应税销售行为，增值税纳税义务发生时间为收讫销售款项或者取得索取销售款项凭据的当天；先开具发票的，为开具发票的当天。因此，你单位增值税纳税义务发生时间应在提供铜废料销售行为并收讫销售款项或者取得索取销售款项凭据的当天。你单位应补缴2021年度10月增值税130 000.00（1 000 000×13%）元。

2. 城市维护建设税方面

根据《中华人民共和国城市维护建设税法》第一条规定，在中华人民共和国境内缴纳增值税、消费税的单位和个人，为城市维护建设税的纳税人，应当依照本法规定缴纳城市维护建设税。因此，你单位属于城市维护建设税纳税人。该法第二条规定，城市维护建设税以纳税人依法实际缴纳的增值税、消费税税额为计税依据，《关于城市维护建设税计税依据确定办法等事项的公告》（财政部　税务总局公告2021年第28号）第一条第（一）款规定，城市维护建设税以纳税人依法实际缴纳的增值税、消费税税额（以下简称“两税税额”）为计税依据；第（二）款规定，依法实际缴纳的两税税额，是指纳税人依照增值税、消费税相关法律法规和税收政策规定计算的应当缴纳的两税税额（不含因进口货物或境外单位和个人向境内销售劳务、服务、无形资产缴纳的两税税额），加上增值税免抵税额，扣除直接减免的两税税额和期末留抵退税退还的增值税税额后的金额。因此，你单位由于本次检查应补缴增值税应按规定缴纳城市维护建设税。《中华人民共和国城市维护建设税法》第四条规定，纳税人所在地在市区的，城市维护建设税税率为百分之七。由于你单位位于市区，因此适用百分之七城市维护建设税税率。该法第五条规定，城市维护建设税的应纳税额按照计税依据乘以具体适用税率计算。因此，你单位少缴的城市维护建设税，按本次检查应补缴增值税作为计税依据乘以7%税率计算，应补缴城市维护建设税14 560.00（78 000.00×7%＋130 000.00×7%）元。

3. 教育费附加方面

根据《征收教育费附加的暂行规定》第二条规定，凡消费税、增值税、营业税的单位和个人，除按照《国务院关于筹措农村学校办学经费的通知》（国发〔1984〕174号）的规定，缴纳农村教育事业费附加的单位外，都应当依照本规定缴纳教育费附加。因此，你单位属教育费附加缴费人。该规定第三条第（一）款规定，教育费附加，以各单位和个人实际缴纳的增值税、营业税、消费税的税额为计征依据，教育费附加率为3%，分别与增值税、营业税、消费税同时缴纳。因此，你单位教育费附加率为3%。该规定第五条规定，教育费附加由税务机关负责征收；该规定第六条规定，教育费附加的征收管理，按照消费税、增值税、营业税的有关规定办理。《关于城市维护建设税计税依据确定办法等事项的公告》（财政部 税务总局公告2021年第28号）第二条规定，教育费附加、地方教育附加计征依据与城市维护建设税计税依据一致，按本公告第一条规定执行。因此，你单位少缴的教育费附加，按本次检查应补缴增值税作为计税依据适用3%费率计算，应补缴教育费附加6 240.00（78 000.00×3%+130 000.00×3%）元。

4. 地方教育附加方面

根据《财政部关于统一地方教育附加政策有关问题的通知》（财综〔2010〕98号）第二条规定，统一地方教育附加征收标准。地方教育附加征收标准统一为单位和个人（包括外商投资企业、外国企业及外籍个人）实际缴纳的增值税、营业税和消费税税额的2%。因此，你单位属地方教育附加缴费人。根据《东方省人民政府办公厅关于印发〈东方省地方教育附加征收使用管理暂行办法〉的通知》（文府办〔2011〕19号）第二条规定，东方省行政区域内缴纳增值税、消费税、营业税（以下简称"三税"）的单位和个人（包括外商投资企业、外国企业及外籍个人），按照其实际缴纳三税税额的2%征收地方教育附加。具体的征收管理比照教育费附加的有关规定执行。《关于城市维护建设税计税依据确定办法等事项的公告》（财政部 税务总局公告2021年第28号）第二条规定，教育费附加、地方教育附加计征依据与城市维护建设税计税依据一致，按本公告第一条规定执行。因此，你单位少缴的地方教育附加，按本次检查应补缴增值税作为计税依据乘以2%费率计算，应补缴地方教育附加4 160.00（78 000.00×2%+130 000.00×2%）元。

5. 企业所得税方面

根据《中华人民共和国企业所得税法》第一条第（一）款规定，在中华人民共和国境内，企业和其他取得收入的组织（以下统称“企业”）为企业所得税的纳税人，依照本法的规定缴纳企业所得税。因此，你单位属于企业所得税纳税人。

对于上述第一项违法行为，你单位从阳光铜业有限公司取得的虚开的增值税专用发票，根据《国家税务总局关于发布〈企业所得税税前扣除凭证管理办法〉的公告》（国家税务总局公告2018年第28号）第十二条规定，企业取得私自印制、伪造、变造、作废、开票方非法取得、虚开、填写不规范等不符合规定的发票，以及取得不符合国家法律、法规等相关规定的其他外部凭证，不得作为税前扣除凭证。经检查人员调查核实，你单位并非从阳光铜业有限公司购入货物，实际上是从个体工商户吴某处购入铜线，应向吴某索取发票，你单位表示已无法联系吴某，无法补开发票，并提供了个体工商户吴某的非正常户记录，你单位与该个体工商户吴某签订的购货合同，以及你单位转账支付给吴某货款的银行转账记录。上述条件满足《国家税务总局关于发布〈企业所得税税前扣除凭证管理办法〉的公告》（国家税务总局公告2018年第28号）第十四条规定，企业在补开、换开发票、其他外部凭证过程中，因对方注销、撤销、依法被吊销营业执照、被税务机关认定为非正常户等特殊原因无法补开、换开发票、其他外部凭证的，可凭以下资料证实支出真实性后，其支出允许税前扣除：（一）无法补开、换开发票、其他外部凭证原因的证明资料（包括工商注销、机构撤销、列入非正常经营户、破产公告等证明资料）；（二）相关业务活动的合同或者协议；（三）采用非现金方式支付的付款凭证；（四）货物运输的证明资料；（五）货物入库、出库内部凭证；（六）企业会计核算记录以及其他资料。前款第（一）项至第（三）项为必备资料。因此，你单位该批铜线的成本在企业所得税税前允许扣除。

对于上述第二项违法行为，根据《中华人民共和国企业所得税法》第六条规定，企业以货币形式和非货币形式从各种来源取得的收入，为收入总额。因此，你单位2021年10月采取在账簿上不列、少列收入的方式隐瞒销售铜废料收入1 000 000.00元应当属于你单位2021年度的应纳税收入，应调增2021年应纳税所得额1 000 000.00元。根据该法第五条规定，企业每一纳税年度的收入总额，减除不征税收入、免税收入、各项扣除以及允许弥补的以前年度亏损后的余额，为应纳税所得额。由于你单位上述铜废料成本已在企业所得税税前扣除，所以上述隐匿的销售铜废料收入1 000 000.00元应当全额调增应纳税所得额。另外，根据该法第八条规定，企业实际发生的与取得收入有关的、合理的支出，包括成本、费用、税金、损失和其他支出，准予在计算应纳税所得额时扣除。《中华人民共和国企业所得税法实施条例》第三十一条规定，企业所得税法第八条所称税金，是指企业发生的除企业所得税和允许抵扣的增值税以外的各项税金及其附加。你单位补缴的各项税费可以在企业所得税税前扣除，应调减2021年应纳税所得额24 960.00（14 560.00 + 6 240.00 + 4 160.00）元。你单位已申报2021年应纳所得税3 000 000.00元，已实际缴纳企业所得税750 000.00元，根据该法第四条规定，企业所得税的税率为25%。该法第二十二条规定，企业的应纳税所得额乘以适用税率，减除依照本法关于税收优惠的规定减免和抵免的税额后的余额，为应纳税额。所以，2021年应补缴企业所得税243 760.00［（1 000 000.00 - 24 960.00 + 3 000 000.00）× 25% - 750 000.00］元。

综上所述，上述两项涉税违法行为造成少缴纳增值税208 000.00元，城市维护建设税14 560.00元，教育费附加6 240.00元，地方教育附加4 160.00元,企业所得税243 760.00元，总计为476 720.00元。

根据《中华人民共和国税收征收管理法》第六十三条第（一）款规定，纳税人伪造、变造、隐匿、擅自销毁账簿、记账凭证，或者在账簿上多列支出或者不列、少列收入，或者经税务机关通知申报而拒不申报或者进行虚假的纳税申报，不缴或者少缴应纳税款的，是偷税。你单位使用上述虚开增值税专用发票抵扣增值税，进行虚假纳税申报，以及隐匿收入造成的少缴增值税208 000.00元、城市维护建设税14 560.00元、企业所得税243 760.00元行为是偷税，偷税税款合计为466 320.00元。

依据《税务稽查案件办理程序规定》第三十五条：“检查结束前，检查人员可以将发现的税收违法事实和依据告知被查对象。被查对象对违法事实和依据有异议的，应当在限期内提供说明及证据材料。被查对象口头说明的，检查人员应当制作笔录，由当事人签章。”

通知内容：如对上述违法事实和依据有异议，限你单位在收到《税务事项通知书》后十五日内提供说明及证据材料。

联系人员：李江、王虹

联系电话：87806638

税务机关地址：扬子江北路515号

国家税务总局文理市税务局稽查局（签章）

2022年10月11日

三、《税务事项通知书》范例注释

上述《税务事项通知书》范例是税务机关告知当事人检查发现其涉嫌存在的税收违法行为和依据，并告知当事人如对税务机关发现的违法事实和依据有异议，可以在本通知的期限内提供说明及证据材料，予以陈述、申辩。上述范例按照说理式税收执法文书的要求制作，其“说理”性主要体现在以下三个方面。

第一，清楚地告知了当事人存在的违法事实，并同时运用三段论的逻辑推理，说明了税务机关认定违法事实的法律依据和理由。一是存在虚开发票偷税行为，且在增值税方面使用虚开发票抵扣增值税，进行虚假纳税申报，导致少缴增值税及相关附加税费。二是存在偷税行为。在销售收入方面采取隐匿手段少计收入，进行虚假纳税申报，导致少缴增值税及相关附加税费和企业所得税。同时，说明了税务机关认定上述违法事实的相关法律依据和理由，并援引了相关条款的所有内容，“说理”充分，使得当事人能够有针对性地为当事人对上述违法事实及其违法的性质进行陈述和说明。上述范例是按规范的标准制作的，在实际工作中，针对检查人员制作的《税务事项通知书》往往很难达到审理人员制作决定性文书的水准，可以根据情况适当简化，但税收违法事实和依据不能少。

第二，说明了税务机关对当事人送达《税务事项通知书》的法律依据，即《税务稽查案件办理程序规定》第三十五条，并援引了该条款的所有内容。这样充分地说明了税务机关送达该执法文书的理由。

第三，清楚地告知了当事人相关的内容。通知的事项“如对上述违法事实和依据有异议，限你单位在收到《税务事项通知书》后十五日内提供说明及证据材料。联系人员：李江、王虹；联系电话：87806638；税务机关地址：扬子江北路515号”。告知内容包括：一是时间“在收到《税务事项通知书》后十五日内”；二是资料“提供说明及证据材料”；三是联系事宜“联系人员：李江、王虹；联系电话：87806638；税务机关地址：扬子江北路515号”。

需要注意的是，关于异议说明的方式，《税务稽查案件办理程序规定》第三十五条和文书中并没有限制是采取书面形式还是口头形式，但在实际工作中，税务机关跟当事人沟通时，尽量鼓励当事人提供书面说明。

因此，上述《税务事项通知书》范例也比较符合说理式税收执法文书制作要求和规范。

四、《税务事项通知书》使用说明

在使用《税务事项通知书》时，我们应注意以下三个方面的问题。

第一，检查结束前告知被查对象税收违法事实和依据时使用该执法文书。税务机关在税务检查中发现当事人存在税收违法行为，应当依法对当事人作出税务处理。告知被查对象税收违法事实和依据，能够保障当事人针对认定的违法行为和拟作出的处理决定行使陈述权与申辩权。这样不仅可以较好地保障当事人的合法权益，也可以使税务机关查清案件事实，准确适用法律，减少办案差错，降低执法风险。《税务稽查案件办理程序规定》第三十五条规定，检查结束前，检查人员可以将发现的税收违法事实和依据告知被查对象。有观点认为，规章里说的是“可以”，不是“必须”，所以检查结束前也可以不下达《税务事项通知书》。这种观点肯定不符合“说理”的要求，《税收征管法》赋予了当事人享有陈述权、申辩权，税务机关应当高度重视检查结束前税务事项告知的规范性，即使用书面方式向当事人进行违法事实告知。更进一步说，如果仅仅采取口头简要告知而不是书面详细告知，就无法留下相关执法证据。假设当事人在行政复议或行政诉讼中提出税务机关剥夺其知情权，没有履行告知的法定义务，使当事人不能行使法定的陈述权和申辩权。此时，若税务机关没有在检查结束前制作并送达《税务事项通知书》，一定无法举证，可能会影响最终的复议和诉讼结果。还有观点认为，在税务机关拟对被查对象或者其他涉税当事人作出税务行政处罚决定前，应当向其送达《税务行政处罚事项告知书》，告知其依法享有陈述、申辩及要求听证的权利，当事人在被处罚之前完全可以进行陈述、申辩，不存在当事人没有陈述、申辩就被税务处罚的现象。但是，若税务机关对当事人的涉税行为仅仅需要追缴税款，而无须对其进行行政处罚。例如，当事人因计算错误等行为导致少缴税款，不存在偷税的主观故意；或者因税务机关的责任导致当事人少缴税款；或者因当事人善意取得增值税专用发票而被要求转出增值税进项税额；等等。税务机关都不会对当事人作出行政处罚决定，也不会向当事人送达《税务行政处罚事项告知书》。在此种情形下，如果税务机关不在检查结束前告知被查对象税收违法事实和依据以及陈述、申辩的权利，就会出现税务机关剥夺当事人知情权，没有履行告知的法定义务的情形。因此，检查结束前，税务机关使用《税务事项通知书》书面告知被查对象税收违法事实和依据及其可依法行使陈述权和申辩权，是防范执法风险不可或缺的重要一环。也有观点认为，若需要下达《税务行政处罚事项告知书》，就不需要再下达《税务事项通知书》了。笔者认为，在检查结束前，检查人员可以将发现的税收违法事实和依据通过《税务事项通知书》告知被查对象，而《税务行政处罚事项告知书》是审理人员在拟对当事人作出税务行政处罚前制作并送达的文书，用于告知当事人依法享有陈述、申辩及要求听证的权利。两种文书属于稽查不同环节保障纳税人合法权益的做法，均须依法下达，存在处罚事项告知时，可以根据实际情况将《税务事项通知书》适当简化。

第二，使用《税务事项通知书》时应重视“说理”的问题。如上所述，税务机关通过检查发现被查对象存在税收违法行为，检查结束前需要通过《税务事项通知书》告知被查对象税收违法的事实和依据及其可依法行使陈述权与申辩权。但税务机关认定的事实是否清楚，适用法律是否准确，必须按照说理式执法文书的要求阐述清楚，否则将间接影响当事人的实质性利益。因此，税务机关在使用该执法文书时应注意按照说理式执法文书的要求制作该执法文书。

第三，使用《税务事项通知书》时应注意对违法事实的表述。在使用《税务事项通知书》时，关于违法事实的告知，应当注意以下两个问题。一是将检查中发现的涉税违法事实按照一定的规则进行分类，清晰地告知当事人。在上述范例中，基本是按照违法行为的性质以及税种的分类进行告知的。第一项违法行为是虚开发票，以及由虚开发票导致的少缴增值税及相关附加税费的偷税行为；第二项违法行为是隐匿收入导致的少缴增值税及相关附加税费和企业所得税的偷税行为。这样基本清楚地告知了当事人被税务机关检查发现的涉税违法事实。这并不是说一定要按照范例中的分类方式表述，任何能够清晰表述的分类方式都可以。二是告知当事人的是违法事实，而不是客观事实。对一个客观事实进行客观描述是不需要进行法律评价的，其主观色彩较低。而对违法事实的阐述需对客观事实进行法律评价，或者需要将客观事实与法律评价相结合，自由裁量权体现度较高，具有浓厚的主观色彩。根据《税务稽查案件办理程序规定》第三十五条规定，检查结束前，检查人员可以将发现的税收违法事实告知当事人。因此，在告知违法事实时，势必援引法律依据对违法行为的性质进行评价和认定。在上述范例中，援引了《发票管理办法》以及《税收征管法》的相关规定，并对当事人违法行为的性质给予了认定：一是涉嫌存在虚开发票行为，二是涉嫌存在偷税行为。

当事人通过接受送达《税务事项通知书》，对税务机关作出行政决定的事由、法律依据及维权途径均有清晰的认知，将有利于当事人行使法定陈述权和申辩权，合法维护自身权益。

第七章　税务稽查处理（处罚）中的“说理”

税务稽查的最终结果，就是对稽查部门查实的纳税人、扣缴义务人的各种税收违法行为，依据税收法律、行政法规、规章及规范性文件，作出定性、追缴税款、给予处罚的行政决定。其中，涉及的税务处理决定和税务行政处罚决定是最重要的环节，会产生对纳税人、扣缴义务人补缴税款、处以罚款等严重的不利影响，因此更要注重“说理”。其文书的制作应当采用说理式税收执法文书要求。

第一节　税务处理决定书

《税务处理决定书》是税务稽查环节最常见、最重要的执法文书之一。如果经税务机关查明当事人存在不缴或者少缴税款的违法事实，则税务机关必须向当事人追缴税款并加收滞纳金（依法不需要加收滞纳金的除外），如果经税务机关查明当事人存在虚开发票的行为，也可能不涉及追缴税款，只涉及对虚开发票行为的定性处理，此时税务机关使用的执法文书就是《税务处理决定书》。因此，《税务处理决定书》载明税务机关已经查实当事人存在的违法事实及其证据和对当事人的行政处理决定及其法律依据，并告知当事人相关救济权利。这既是税务机关向当事人追缴税款、加收滞纳金的法律凭证，也是当事人具有补缴税款、缴纳滞纳金义务的法律凭证，还是当事人进行法律救济的凭证。因此，该执法文书确定了当事人的实质性义务，也应当依据说理式执法文书的制作规范和要求制作该执法文书。

为了熟练掌握该文书的“说理”，本书列举了三个不同类型的案例，每个案例的特点不同，我们在每个案例后面分别就具有本案例特点的范例注释进行了阐述，而对属于《税务处理决定书》共有的应“说理”的内容，在最后一个案例进行系统表述。

一、《税务处理决定书》的式样

国家税务总局________税务局（稽查局）

税务处理决定书

____税处〔　　〕________号

__________（纳税人识别号：________________）

我局（所）于____年__月__日至____年__月__日对你（单位）（地址：______）____年__月__日至____年__月__日____情况进行了检查，违法事实及处理决定如下：

一、违法事实

（一）

1.

2.

（二）

……

二、处理决定及依据

（一）

1.

2.

（二）

……

限你（单位）自收到本决定书之日起__日内到________将上述税款及滞纳金缴纳入库，并按照规定进行相关账务调整。逾期未缴清的，将依照《中华人民共和国税收征收管理法》第四十条规定强制执行。

你（单位）若同我局（所）在纳税上有争议，必须先依照本决定的期限缴纳税款及滞纳金或者提供相应的担保，然后可自上述款项缴清或者提供相应担保被税务机关确认之日起六十日内依法向________申请行政复议。

税务机关（印章）

年　月　日

二、《税务处理决定书》的制作及注释

因为《税务处理决定书》是非常重要的说理式执法文书，所以我们可以通过多个案例熟悉、掌握该文书的运用。

（一）接受虚开增值税发票范例

1.《税务处理决定书》制作

【案例7-1】

背景材料：

星海电缆有限责任公司设立于2009年8月，为增值税一般纳税人，企业所得税查账征收。2022年8月，国家税务总局文理市税务局稽查局收到外省稽查局以一户一函的形式出具的《税收违法案件协查函》《已证实虚开通知单》及相关证据资料，表明该单位2021年9月接受的3份由阳光铜业有限公司开具的增值税专用发票为虚开发票。2022年8月26日，稽查局依法对星海电缆有限责任公司立案之后，当天派李江、王虹对该单位2021年度所涉税费情况进行检查，此前该单位没有接受过税务机关检查。

通过检查发现，该单位2021年9月接受了由阳光铜业有限公司开具的3份增值税专用发票，发票号码分别为00082685、00082686、00082687，货物名称为铜线，涉及的增值税税额分别为13 000.00元、39 000.00元、26 000.00元，合计78 000.00元，发票价税合计为678 000.00元。据该单位法定代表人和会计陈述，星海电缆2021年9月从个体工商户吴某处低价购买铜线，未取得发票，之后以支付开票费的方式从阳光铜业有限公司取得上述虚开的增值税专用发票，并于2021年9月抵扣了上述虚开发票的进项税额。该行为导致少缴纳增值税78 000.00元，城市维护建设税5 460.00元，教育费附加2 340.00元，地方教育附加1 560.00元。检查人员责令其限期换开发票，该单位表示已经无法换开发票，提供了个体工商户吴某为非正常户的记

录，星海电缆与该个体工商户签订的购货合同，以及星海电缆转账支付给吴某货款的银行转账记录。该批钢材的成本在企业所得税税前已经扣除，上述条件满足《国家税务总局关于发布〈企业所得税税前扣除凭证管理办法〉的公告》（国家税务总局公告2018年第28号）第十四条的要求，企业所得税无须进行纳税调增。

证明以上违法事实的证据有：(1) 外省稽查局出具的《税收违法案件协查函》《已证实虚开通知单》及相关证据资料；(2) 阳光铜业有限公司开具给星海电缆有限责任公司的3份增值税专用发票的复印件；(3) 星海电缆有限责任公司2021年9月的《增值税及附加税费申报表（一般纳税人适用)》及缴税银行回单；(4) 星海电缆有限责任公司法定代表人的询问笔录；(5) 星海电缆有限责任公司会计的询问笔录；(6) 支付开票费的银行转账记录；(7) 个体工商户吴某的非正常户记录；(8) 星海电缆有限责任公司与该个体工商户签订的购货合同；(9) 星海电缆有限责任公司转账支付给吴某货款的银行转账记录；(10) 2021年9月铜线的入库单。

另外，检查组还发现星海电缆有限责任公司2021年10月隐匿销售废料收取款项1 130 000.00元，换算为不含税收入1 000 000.00元，未计入收入科目，少缴纳增值税130 000.00元，城市维护建设税9 100.00元，教育费附加3 900.00元，地方教育附加2 600.00元。上述两项涉税违法行为共导致少缴企业所得税243 760.00元。

证明以上违法事实的证据有：(1) 车间工人李凯、王峰的询问笔录，有关废料的照片三张；(2) 废料保管部门的台账；(3) 销售废料的出库单；(4) 收入明细账（没有废料销售收入记录)；(5) 星海电缆有限责任公司法定代表人询问笔录；(6) 星海电缆有限责任公司会计人员询问笔录；(7) 星海电缆有限责任公司2021年10月的《增值税及附加税费申报表（一般纳税人适用)》、2021年度《企业所得税年度纳税申报表》(A类)。

根据《中华人民共和国发票管理办法》第二十二条规定，该单位存在虚开增值税专用发票行为。根据《中华人民共和国税收征收管理法》第六十三条第（一）款规定，该单位在增值税、城市维护建设税、企业所得税方面存在偷税行为，共涉及税额为466 320.00元。该单位全年缴纳各项税款5 000 000.00元，全年偷税额占各税种应纳税总额比例未达到10%。

根据上述背景材料，国家税务总局文理市税务局稽查局需要制作《税务处理决定书》并送达当事人。依据说理式税收执法文书的制作要求，该文书制作如下。

国家税务总局文理市税务局稽查局
税务处理决定书

文税稽处〔2022〕39号

星海电缆有限责任公司：（纳税人识别号：982829703217036）

我局于2022年8月26日至2022年9月25日对你单位（地址：文理市南山区文理大街36号）2021年1月1日至2021年12月31日所涉税费情况进行了检查。违法事实及处理决定如下：

一、违法事实及证据

（一）你单位让他人为自己虚开增值税专用发票，价税合计678 000.00元，导致少缴增值税及相关税费

你单位2021年9月取得阳光铜业有限公司开具的三份增值税专用发票，发票代码为4300171230，发票号码分别为00082685、00082686、00082687，货物名称为铜线，发票金额为600 000.00元，发票税额为78 000.00元，发票价税合计为678 000.00元，并于2021年9月抵扣了上述虚开发票的进项税额。经调查，你单位与阳光铜业有限公司并不存在真实的货物交易，据你单位法定代表人和会计陈述，你单位2021年9月从个体工商户吴某处低价购买铜线，未取得发票，之后以支付开票费的方式从

阳光铜业有限公司取得上述虚开的增值税专用发票。

上述违法事实，主要有以下证据证明：

1. 3份由阳光铜业有限公司开具的增值税专用发票的复印件，证明你单位接受了三份由阳光铜业有限公司开具的增值税专用发票，涉及增值税共计78 000.00元。

2. 外省稽查局出具的《税收违法案件协查函》《已证实虚开通知单》及相关证据资料，你单位法定代表人的询问笔录，会计的询问笔录，支付开票费的银行转账记录，上述证据证明你单位接受三张发票行为属于让他人为自己虚开发票的违法行为。

3. 你单位与个体工商户吴某签订的购货合同，你单位支付给吴某货款的银行转账记录，2022年9月铜线的入库单，上述证据证明你单位与个体工商户吴某存在购进铜线交易。

4. 上述购进铜线的出库单和销售单，证明该批铜线已经全部出库且对外销售。

5. 你单位2021年10月10日填报的《增值税及附加税费申报表（一般纳税人适用)》，证明你单位2021年9月利用上述虚开的发票抵扣增值税78 000.00元，未依法申报缴纳增值税、城市维护建设税、教育费附加、地方教育附加。

根据《中华人民共和国发票管理办法》第二十二条第（二）款第2项规定，你单位2021年9月取得阳光铜业有限公司开具的三张增值税专用发票，发票金额600 000.00元，发票税额78 000.00元，价税合计678 000.00元，属于让他人为自己开具与实际经营业务情况不符的发票，为虚开发票行为。

（二）你单位采取在账簿上不列、少列收入的方式隐匿销售铜废料收入1 000 000.00元，导致少缴相关税费

2021年10月，你单位对外销售铜废料收取款项1 130 000.00元，换算为不含税收入1 000 000.00元，未计入收入科目，隐匿铜废料收入1 000 000.00元。

上述违法事实，主要有以下证据证明：

1. 你单位车间工人李凯、王峰的询问笔录，有关废料的照片三张，证

明你单位生产产品的过程中产生了铜废料。

2. 你单位废料收集和仓储保管部门的台账，证明你单位2021年度产生铜废料共计18.6吨。

3. 销售铜废料的出库单，你单位法定代表人询问笔录，会计人员询问笔录，证明你单位有销售铜废料的行为，取得现金销售款项1 130 000.00元。

4. 你单位收入明细账簿，证明收入明细账中没有记录销售铜废料的收入。

5. 你单位2021年度《增值税及附加税费申报表（一般纳税人适用）》、2021年度《企业所得税年度纳税申报表》（A类），证明你单位2021年度隐匿铜废料收入业务未依法申报缴纳增值税、城市维护建设税、教育费附加、地方教育附加、企业所得税。

（三）应补缴税费情况

1. 增值税方面

根据《中华人民共和国增值税暂行条例》第一条规定，在中华人民共和国境内销售货物或者加工、修理修配劳务（以下简称劳务），销售服务、无形资产、不动产以及进口货物的单位和个人，为增值税的纳税人，应当缴纳增值税。因此，你单位属于增值税纳税人。

对于上述第（一）项违法事实，根据《中华人民共和国增值税暂行条例》第九条规定，纳税人购进货物或者应税劳务，取得的增值税扣税凭证不符合法律、行政法规或者国务院税务主管部门有关规定的，其进项税额不得从销项税额中抵扣。《国家税务总局关于纳税人虚开增值税专用发票征补税款问题的公告》（国家税务总局公告2012年第33号）规定，纳税人取得虚开的增值税专用发票，不得作为增值税合法有效的扣税凭证抵扣其进项税额。因此，你单位2021年10月10日申报2021年9月的增值税时，利用上述虚开的增值税专用发票抵扣进项税78 000.00元，应作进项税额转出。根据《中华人民共和国增值税暂行条例》第四条规定，除本条例第十一条规定外，纳税人销售货物、劳务、服务、无形资产、不动产，应纳税额为当期销项税额抵扣当期进项税额后的余额。应纳税额计算公式：应纳税额 = 当期销项税额 - 当期进项税额，当期销项税额小于当期进项税额不足抵扣时，其不足部分可以结转下期继续抵扣。因此，你单位不允许抵扣的进项税额应首先抵扣当期期末留抵税额，由于你单位2021年9月没有期末留抵税额，进项税额转出后，你单位2021年9月应调增值税应纳税额78 000.00元。

对于上述第（二）项违法事实，根据《中华人民共和国增值税暂行条例》第二条第（一）款第2项、《财政部　税务总局关于调整增值税税率的通知》（财税〔2018〕32号）第一条、《财政部　税务总局　海关总署关于深化增值税改革有关政策的公告》（财政部　税务总局　海关总署公告2019年第39号）第一条规定，纳税人销售货物税率为13%。因此，你单位未计收入的铜废料收入适用13%税率。根据《中华人民共和国增值税暂行条例》第五条规定，纳税人发生应税销售行为，按照销售额和本条例第二条规定的税率计算收取的增值税额，为销项税额。销项税额计算公式：销项税额 = 销售额 × 税率。该条例第六条第（一）款规定，销售额为纳税人发生应税销售行为收取的全部价款和价外费用，但是不包括收取的销项税额。因此，你单位在账簿上不列、少列收入，应按不含税销售额乘以适用税率计算应调增的销项税额。该条例第四条规定，除本条例第十一条规定外，纳税人销售货物、劳务、服务、无形资产、不动产，应纳税额为当期销项税额抵扣当期进项税额后的余额。应纳税额计算公式：应纳税额 = 当期销项税额 - 当期进项税额，当期销项税额小于当期进项税额不足抵扣时，其不足部分可以结转下期继续抵扣。因此，你单位调增的销项税额应首先抵扣当期期末留抵税额，由于你单位2021年10月没有期末留抵税额，所以调增的销项税额应全额调增当期增值税应纳税额。该条例第二十三条第（二）款规定，纳税人以1个月或者1个季度为1个纳税期的，自期满之日起15日内申报纳税。你单位属于以1个月为纳税期的纳税人，应自期满之日起15日内申报纳税。该条例第十九条第（一）款第1项规定，发生应税销售行为，增值税纳税义务发生时间为收讫销售款项或者取得索取销售款项凭据的当天；先开具发票的，为开具发票的当天。因此，你单位增值税纳税义务发生时间应在提供铜废料销售行为并收讫销售款项，或者取得索取销售款项凭据的当天。你单位应调增2021年度10月增值税应纳税额130 000.00（1 000 000.00×13%）元。

2. 城市维护建设税方面

根据《中华人民共和国城市维护建设税法》第一条规定，在中华人民共和国境内缴纳增值税、消费税的单位和个人，为城市维护建设税的纳税人，应当依照本法规定缴纳城市维护建设税。该法第二条规定，城市维护建设税以纳税人依法实际缴纳的增值税、消费税税额为计税依据。《关于城市维护建设税计税依据确定办法等事项的公告》（财政部　税务总局公告2021年第28号）第一条第（一）款规定，城市维护建设税以纳税人依法实际缴纳的增值税、消费税税额（以下简称两税税额）为计税依据。第（二）款规定，依法实际缴纳的两税税额，是指纳税人依照增值税、消费税相关法律法规和税收政策规定计算的应当缴纳的两税税额（不含因进口货物或境外单位和个人向境内销售劳务、服务、无形资产缴纳的两税税额），加上增值税免抵税额，扣除直接减免的两税税额和期末留抵退税退还的增值税税额后的金额。因此，你单位属于城市维护建设税纳税人。你单位由于本次检查应补缴增值税应按规定缴纳城市维护建设税。

根据《中华人民共和国城市维护建设税法》第四条规定，纳税人所在地在市区的，城市维护建设税税率为百分之七。该法第五条规定，城市维护建设税的应纳税额按照计税依据乘以具体适用税率计算；该法第七条规定，城市维护建设税的纳税义务发生时间与增值税、消费税的纳税义务发生时间一致，分别与增值税、消费税同时缴纳。你单位位于市区，适用百分之七城市维护建设税税率。你单位少缴纳城市维护建设税的纳税义务发生时间与少缴纳增值税的纳税义务发生时间一致。你单位少缴纳的城市维护建设税，按本次检查应补缴增值税作为计税依据乘以7%税率计算，应补缴城市维护建设税14 560.00（78 000.00×7%+130 000.00×7%）元。

3. 教育费附加方面

根据《征收教育费附加的暂行规定》第二条规定，凡消费税、增值税、营业税的单位和个人，除按照《国务院关于筹措农村学校办学经费的通知》（国发〔1984〕174号）的规定，缴纳农村教育事业费附加的单位外，都应当依照本规定缴纳教育费附加。该规定第三条第（一）款规定，教育费附加，以各单位和个人实际缴纳的增值税、营业税、消费税的税额为计征依据，教育费附加率为3%，分别与增值税、营业税、消费税同时缴纳；该规定第五条第（一）款规定，教育费附加由税务机关负责征收；该规定第六条规定，教育费附加的征收管理，按照消费税、增值税、营业税的有关规定办理。同时，根据《关于城市维护建设税计税依据确定办法等事项的公告》（财政部 税务总局公告2021年第28号）第二条规定，教育费附加、地方教育附加计征依据与城市维护建设税计税依据一致，按本公告第一条规定执行。因此，你单位属教育费附加缴费人。你单位少缴的教育费附加，按本次检查应补缴增值税作为计税依据适用3%费率计算，与增值税同时缴纳。你单位应补缴教育费附加6 240.00（78 000.00×3%+130 000.00×3%）元。

4. 地方教育附加方面

根据《财政部关于统一地方教育附加政策有关问题的通知》（财综〔2010〕98号）第二条规定，统一地方教育附加征收标准。地方教育附加征收标准统一为单位和个人（包括外商投资企业、外国企业及外籍个人）实际缴纳的增值税、营业税和消费税税额的2%。根据《东方省人民政府办公厅关于印发〈东方省地方教育附加征收使用管理暂行办法〉的通知》（文府办〔2011〕19号）第二条规定，东方省行政区域内缴纳增值税、消费税、营业税（以下简称“三税”）的单位和个人（包括外商投资企业、外国企业及外籍个人），按照其实际缴纳三税税额的2%征收地方教育附加。具体的征收管理比照教育费附加的有关规定执行。同时，根据《关于城市维护建设税计税依据确定办法等事项的公告》（财政部 税务总局公告2021年第28号）第二条规定，教育费附加、地方教育附加计征依据与城市维护建设税计税依据一致，按本公告第一条规定执行。因此，你单位属地方教育附加缴费人。你单位少缴的地方教育附加，按本次检查应补缴增值税作为计税依据适用2%费率计算，与增值税同时缴纳。你单位应补缴地方教育费附加4 160.00（78 000.00×2%+130 000.00×2%）元。

5. 企业所得税方面

根据《中华人民共和国企业所得税法》第一条第（一）款规定，在中华人民共和国境内，企业和其他取得收入的组织（以下统称“企业”）为企业所得税的纳税人，依照本法的规定缴纳企业所得税。因此，你单位属于企业所得税纳税人。

对于上述第（一）项违法事实，你单位从阳光铜业取得的虚开增值税专用发票，根据《国家税务总局关于发布〈企业所得税税前扣除凭证管理办法〉的公告》（国家税务总局公告2018年第28号）第十二条规定，企业取得私自印制、伪造、变造、作废、开票方非法取得、虚开、填写不规范等不符合规定的发票，以及取得不符合国家法律、法规等相关规定的其他外部凭证，不得作为税前扣除凭证。经查实，你单位并非从阳光铜业购入货物，实际上是从个体工商户吴某处购入铜线，应向吴某索取发票，你单位表示已无法联系吴某，无法补开发票，并提供了个体工商户吴某的非正常户记录，你单位与该个体工商户吴某签订的购货合同，以及你单位转账支付给吴某货款的银行转账记录。上述条件满足《国家税务总局关于发布〈企业所得税税前扣除凭证管理办法〉的公告》（国家税务总局公告2018年第28号）第十四条规定，企业在补开、换开发票、其他外部凭证过程中，因对方注销、撤销、依法被吊销营业执照、被税务机关认定为非正常户等特殊原因无法补开、换开发票、其他外部凭证的，可凭以下资料证实支出真实性后，其支出允许税前扣除：（一）无法补开、换开发票、其他外部凭证原因的证明资料（包括工商注销、机构撤销、列入非正常经营户、破产公告等证明资料）；（二）相关业务活动的合同或者协议；（三）采用非现金方式支付的付款凭证；（四）货物运输的证明资料；（五）货物入库、出库内部凭证；（六）企业会计核算记录以及其他资料。前款第（一）项至第（三）项为必备资料。因此，你单位该批铜线的成本允许在企业所得税税前扣除。

对于上述第（二）项违法事实，根据《中华人民共和国企业所得税法》第六条规定，企业以货币形式和非货币形式从各种来源取得的收入，为收入总额。因此，你单位2021年10月采取在账簿上不列、少列收入的方式隐匿销售铜废料收入1 000 000.00元应当属于你单位2021年度的应纳税收入，应调增2021年应纳税所得额1 000 000.00元。根据该法第五条规定，企业每一纳税年度的收入总额，减除不征税收入、免税收入、各项扣除以及允许弥补的以前年度亏损后的余额，为应纳税所得额。由于你单位上述铜废料成本已在企业所得税税前扣除，所以你单位上述隐匿的销售铜废料收入1 000 000.00元应当全额调增2021年应纳税所得额。另外，根据该法第八条规定，企业实际发生的与取得收入有关的、合理的支出，包括成本、费用、税金、损失和其他支出，准予在计算应纳税所得额时扣除。《中华人民共和国企业所得税法实施条例》第三十一条规定，企业所得税法第八条所称税金，是指企业发生的除企业所得税和允许抵扣的增值税以外的各项税金及其附加。你单位补缴的城市维护建设税、教育费附加、地方教育附加可以在企业所得税税前扣除，应调减2021年应纳税所得额24 960.00（14 560.00 + 6 240.00 + 4 160.00）元。你单位已申报2021年应纳所得税3 000 000.00元，已实际缴纳企业所得税750 000元，根据该法第四条规定，企业所得税的税率为25%；该法第二十二条规定，企业的应纳税所得额乘以适用税率，减除依照本法关于税收优惠的规定减免和抵免的税额后的余额，为应纳税额。所以，你单位2021年应补缴企业所得税243 760.00［（1 000 000.00 − 24 960.00 + 3 000 000.00）×25% − 750 000.00）］元。

上述两项涉税违法行为导致少缴纳增值税208 000.00元，城市维护建设税14 560.00元，教育费附加6 240.00元，地方教育附加4 160.00元，企业所得税243 760.00元，各项税费共计为476 720.00元。

6. 上述不缴少缴税款的定性

综上所述，根据《中华人民共和国税收征收管理法》第六十三条第（一）款规定，纳税人伪造、变造、隐匿、擅自销毁账簿、记账凭证，或者在账簿上多列支出或者不列、少列收入，或者经税务机关通知申报而拒不申报或者进行虚假的纳税申报，不缴或者少缴应纳税款的，是偷税。对纳税人偷税的，由税务机关追缴其不缴或者少缴的税款、滞纳金，并处不缴或者少缴的税款百分之五十以上五倍以下的罚款；构成犯罪的，依法追究刑事责任。因此，你单位使用上述虚假发票抵扣增值税，进行虚假纳税申报，以及隐匿收入导致少缴纳税款466 320.00元的行为属偷税行为。

（四）我局对你单位税务检查相关程序执行情况的说明

在检查结束前，即2022年9月20日，我局向你单位送达了《税务事项通知书》，将发现的税收违法事实和依据告知了你单位，并要求你单位对违法事实和依据有异议的，应当在限期内提供说明及证据材料，你单位在限期内未提交说明及证据材料，也未提出陈述申辩意见。

2022年10月21日，我局向你单位送达了《税务行政处罚事项告知书》，告知了你单位已经查证的违法事实、证据、行政处罚的法律依据和拟给予的行政处罚，并告知你单位有要求举行听证的权利，你单位在规定时间内未提出听证申请。

二、处理决定及依据

（一）根据《中华人民共和国发票管理办法》第二十二条第（二）款第2项规定，你单位第（一）项违法行为属于让他人为自己开具与实际经营业务情况不符的发票，为虚开发票行为。虚开增值税专用发票金额600 000.00元，税额为78 000.00元，价税合计为678 000.00元。

（二）根据《中华人民共和国税收征收管理法》第六十三条第（一）款规定，你单位第（一）项、第（二）项违法行为，属于偷税行为，应追缴你单位2021年度因偷税而少缴纳税款合计466 320.00元，其中少缴纳增值税208 000.00元，少缴纳城市维护建设税14 560.00元，少缴纳企业所得税243 760.00元。

（三）根据《征收教育费附加的暂行规定》第二条、第三条、第五条第（一）款、第六条，《关于城市维护建设税计税依据确定办法等事项的公告》（财政部　税务总局公告2021年第28号）第二条，《财政部关于统一地方教育附加政策有关问题的通知》（财综〔2010〕98号）第二条，以及《东方省人民政府办公厅关于印发〈东方省地方教育附加征收使用管理暂行办法〉的通知》（文府办〔2011〕19号）第二条规定，追缴你单位2021年度少缴纳教育费附加、地方教育附加合计10 400.00元，其中教育费附加6 240.00元，地方教育附加4 160.00元。

（四）根据《中华人民共和国税收征收管理法》第六十三条第（一）款、第三十二条“纳税人未按照规定期限缴纳税款的，扣缴义务人未按照规定期限解缴税款的，税务机关除责令限期缴纳外，从滞纳税款之日起至实际缴纳税款之日止，按日加收万分之五的滞纳金”，以及《中华人民共和国税收征收管理法实施细则》第七十五条“税收征管法第三十二条规定的加收滞纳金的起止时间，为法律、行政法规规定或者税务机关依照法律、行政法规的规定确定的税款缴纳期限届满次日起至纳税人、扣缴义务人实际缴纳或者解缴税款之日止”的规定，对你单位少缴纳的增值税、城市维护建设税、企业所得税，从滞纳税款之日起，至实际缴纳或者解缴税款之日止，按日加收滞纳税款万分之五的滞纳金。

对你单位违法行为的税务行政处罚将另行决定。

限你单位自收到本决定书之日起十五日内到国家税务总局文理市南山区税务局（扬子江路515号）将上述税款及相关滞纳金缴纳入库，并按照规定进行相关账务调整。逾期未缴清的，将依照《中华人民共和国税收征收管理法》第四十条规定强制执行或者申请人民法院强制执行。

你单位若同我局在纳税上有争议，必须先依照本决定的期限缴纳税款及滞纳金或者提供相应的担保，然后可自上述款项缴清或者提供相应担保被税务机关确认之日起六十日内依法向国家税务总局文理市税务局申请行政复议。

国家税务总局文理市税务局稽查局（印章）

2022年10月31日

2.《税务处理决定书》范例注释

上述《税务处理决定书》范例按照说理式税收执法文书的要求制作，其“说理”性主要体现在以下五个方面。

第一，清楚地阐述了当事人存在的违法事实。一是让他人为自己虚开增值税发票，致使该单位多抵扣增值税进项税额，导致少缴纳增值税及相关附加税费的后果。二是隐匿销售收入，进行虚假纳税申报，导致少缴增值税及相关附加税费和企业所得税的后果。在处理决定书中，对当事人违法事实的阐述，一般包括以下三个方面的内容。

其一，叙述案件的客观事实。例如，关于让他人为自己虚开增值税专用发票的违法事实，上述范例这样叙述“你单位2021年9月取得阳光铜业有限公司开具的三份增值税专用发票，发票代码为4300171230，发票号码分别为00082685、00082686、00082687，货物名称为铜线，发票金额为600 000.00元，发票税额为78 000.00元，发票价税合计为678 000.00元，并于2021年9月抵扣了上述虚开发票的进项税额。经调查，你单位与阳光铜业有限公司并不存在真实的货物交易，据你单位法定代表人和会计陈述，你单位2021年9月从个体工商户吴某处低价购买铜线，未取得发票，之后以支付开票费的方式从阳光铜业有限公司取得上述虚开的增值税专用发票”。这一客观事实又包括两个方面的内容：一方面，该单位在没有购进阳光铜业有限公司任何货物的情况下，接受了三份由阳光铜业有限公司开具的增值税专用发票；另一方面，该单位利用上述发票抵扣增值税进项税额78 000.00元，导致少缴增值税和相关附加税费的后果。

其二，对上述客观事实援引税收实体法进行税收评价，说明对国家税收造成的不利影响。以第（一）项违法事实对增值税导致的不利影响为例，范例中这样阐述“根据《中华人民共和国增值税暂行条例》第一条规定，在中华人民共和国境内销售货物或者加工、修理修配劳务（以下简称‘劳务’），销售服务、无形资产、不动产以及进口货物的单位和个人，为增值税的纳税人，应当缴纳增值税。因此，你单位属于增值税纳税人。对于上述第（一）项违法事实，根据《中华人民共和国增值税暂行条例》第九条规定，纳税人购进货物或者应税劳务，取得的增值税扣税凭证不符合法律、行政法规或者国务院税务主管部门有关规定的，其进项税额不得从销项税额中抵扣。《国家税务总局关于纳税人虚开增值税专用发票征补税款问题的公告》（国家税务总局公告2012年第33号）规定，纳税人取得虚开的增值税专用发票，不得作为增值税合法有效的扣税凭证抵扣其进项税额。因此，你单位2021年10月10日申报2021年9月的增值税时，利用上述虚开的增值税专用发票抵扣进项税78 000.00元，应作进项税额转出。根据《中华人民共和国增值税暂行条例》第四条规定，除本条例第十一条规定外，纳税人销售货物、劳务、服务、无形资产、不动产，应纳税额为当期销项税额抵扣当期进项税额后的余额。应纳税额计算公式：应纳税额＝当期销项税额－当期进项税额，当期销项税额小于当期进项税额不足抵扣时，其不足部分可以结转下期继续抵扣。因此，你单位不允许抵扣的进项税额应首先抵扣当期期末留抵税额，由于你单位2021年9月没有期末留抵税额，进项税额转出后，你单位2021年9月应调增值税应纳税额78 000.00元”。对上述客观事实进行税收实体法评价包括两个方面的内容：一方面，要援引相关实体法的依据，如《中华人民共和国增值税暂行条例》（以下简称《增值税暂行条例》）第一条、第四条、第九条以及《国家税务总局关于纳税人虚开增值税专用发票征补税款问题的公告》（国家税务总局公告2012年第33号）的规定。另一方面，运用逻辑推理，说明当事人存在少缴税款的事实，对上述基本法律事实进行税收实体法的评价。这一税收实体法的评价隐含以下三段论推理。

第一步推理过程：

凡是取得不合法的增值税扣税凭证，其当期进项税额不得从当期销项税额中抵扣。（大前提——法律规定，如《增值税暂行条例》第九条规定）

星海电缆有限责任公司取得了不合法的增值税扣税凭证。（小前提——当事人存在的违法行为）

所以，星海电缆有限责任公司的进项税额不得从销项税额中抵扣。（结论）

第二步推理过程：

凡是取得不合法的增值税扣税凭证，进行虚假纳税申报，其进项税额从销项税额中抵扣的，都会导致少缴增值税及相关附加税费的后果。（大前提——法律规定，如《增值税暂行条例》第四条规定）

星海电缆有限责任公司让他人为自己虚开增值税专用发票，属于取得不合法的增值税扣税凭证，并将进项税额从销项税额中予以抵扣。（小前提——当事人存在的违法事实）

所以，星海电缆有限责任公司存在让他人为自己虚开增值税专用发票，致使扣税凭证不合法而导致少缴增值税的违法行为。（结论）

其三，在上述税收实体法评价的基础上对当事人的违法行为予以定性。上述范例这样阐述“综上所述，根据《中华人民共和国税收征收管理法》第六十三条第（一）款规定，纳税人伪造、变造、隐匿、擅自销毁账簿、记账凭证，或者在账簿上多列支出或者不列、少列收入，或者经税务机关通知申报而拒不申报或者进行虚假的纳税申报，不缴或者少缴应纳税款的，是偷税。对纳税人偷税的，由税务机关追缴其不缴或者少缴的税款、滞纳金，并处不缴或者少缴的税款百分之五十以上五倍以下的罚款；构成犯罪的，依法追究刑事责任。你单位使用上述虚假发票抵扣增值税，进行虚假纳税申报，以及隐匿收入导致少缴纳税款466 320.00元的行为属偷税行为”。这一评价包括两个方面的内容：一方面，要援引相关程序法的依据，如《税收征管法》第六十三条规定；另一方面，运用逻辑推理，对上述违法行为进行税收程序法《税收征管法》的评价，说明当事人违法事实的性质。如上述范例中，这一法律评价的三段论推理如下。

凡是进行虚假纳税申报导致不缴或者少缴应纳税款的都是偷税。（大前提——法律规定，如《税收征管法》第六十三条规定）

星海电缆有限责任公司具有虚假纳税申报导致不缴或者少缴应纳税款的行为。（小前提——当事人存在的违法行为）

所以，星海电缆有限责任公司具有偷税行为。（结论）

对于当事人隐匿收入导致少缴增值税及相关附加税费和企业所得税方面的税收违法行为，也是采取相同的阐述方式。一般而言，在《税务处理决定书》以及《税务行政处罚决定书》中，对当事人违法事实的阐述，都是采用上述三个步骤。首先，叙述当事人存在的客观事实。其次，对存在的客观事实进行税收实体法的评价，说明对国家税收产生的不利影响。最后，在税收实体法评价的基础上进行《税收征管法》的评价，认定当事人违法行为的性质，为下文中对当事人作出的处理决定打下基础。

第二，充分地阐述了当事人存在违法事实的证据。例如，关于存在让他人为自己虚开增值税专用发票违法事实的证据，上述范例这样阐述“上述违法事实，主要有以下证据证明：1. 三份由阳光铜业有限公司开具的增值税专用发票的复印件，证明你单位接受了三份由阳光铜业有限公司开具的增值税专用发票，涉及增值税共计 78 000.00 元；2. 外省稽查局出具的《税收违法案件协查函》《已证实虚开通知单》及相关证据资料，你单位法定代表人的询问笔录，会计的询问笔录，支付开票费的银行转账记录，上述证据证明你单位接受三张发票行为属于让他人为自己虚开发票的违法行为；3. 你单位与个体工商户吴某签订的购货合同，你单位支付给吴某货款的银行转账记录，2022 年 9 月铜线的入库单，上述证据证明你单位与个体工商户吴某存在购进铜线交易；4. 上述购进的铜线的出库单和销售单，证明该批铜线已经全部出库且对外销售；5. 你单位 2021 年 10 月 10 日填报的《增值税及附加税费申报表（一般纳税人适用）》，证明你单位 2021 年 9 月利用上述虚开的发票抵扣增值税 78 000.00 元，未依法申报缴纳增值税、城市维护建设税、教育费附加、地方教育附加”。《税务处理决定书》

中关于证据的阐述，不是简单罗列证据，而是对证据进行分类，并同时说明每一类证据能证明什么方面，依据这些证据能够证明当事人存在违法行为。

例如，在上述范例中，第一类证据“1. 三份由阳光铜业有限公司开具的增值税专用发票的复印件，证明你单位接受了三份由阳光铜业有限公司开具的增值税专用发票，涉及增值税共计 78 000.00 元”。

第二类证据“2. 外省稽查局出具的《税收违法案件协查函》、《已证实虚开通知单》及相关证据资料，你单位法定代表人的询问笔录，会计的询问笔录，支付开票费的银行转账记录，上述证据证明你单位接受三张发票行为属于让他人为自己虚开发票的违法行为”。

第三类证据“3. 你单位与个体工商户吴某签订的购货合同，你单位支付给吴某货款的银行转账记录，2022 年 2 月铜线的入库单，上述证据证明你单位与个体工商户吴某存在购进铜线交易；4. 上述购进的铜线的出库单和销售单，证明该批铜线已经全部出库且对外销售”。

以上三类证据可以证明“你公司在与阳光铜业有限公司并没有任何铜的交易的情况下接受了 3 份由阳光铜业有限公司开具的增值税专用发票”。

第四类证据“5. 你单位 2021 年 10 月 10 日填报的《增值税及附加税费申报表（一般纳税人适用）》，证明你单位 2021 年 9 月利用上述虚开的发票抵扣增值税 78 000.00 元，未依法申报缴纳增值税、城市维护建设税、教育费附加、地方教育附加”。

总之，通过上述证据的阐述，可以证明当事人存在让他人为自己虚开增值税专用发票导致少缴纳增值税及相关附加税费的违法事实。关于当事人 2021 年度隐匿销售废料收入这一事实，上述范例对相关证据的阐述也是采取这一方式进行的。

第三，综述当事人被发现的违法事实使国家税收造成的总体损失。上述范例是这样综述的“上述两项涉税违法行为导致少缴纳增值税 208 000.00 元，城市维护建设税 14 560.00 元，教育费附加 6 240.00 元，地方教育附加4 160.00 元，企业所得税 243 760.00 元，各项税费共计为 476 720.00 元”。这一综述起到承上启下的作用。一是对上述违法事实导致的后果进行总结，提出税务机关对本案的总体意见，使当事人能够清楚地对本案有一个结论性认识。二是为下文作出税务处理的决定打下基础。

第四，清楚地告知了税务机关作出的处理决定及相关法律依据。对于当事人存在的违法事实，一是追缴上述少缴的税款，二是对其少缴的税款按日加收滞纳税款万分之五的滞纳金。对于追缴税款和加收滞纳金的决定，也是运用逻辑三段论推理得出的。三段论推理过程如下。

对纳税人偷税的，由税务机关追缴其不缴或者少缴的税款、滞纳金。(大前提——法律规定)

星海电缆有限责任公司存在偷税行为。(小前提——当事人存在的违法情形)

所以，对星海电缆有限责任公司追缴税款、滞纳金。(结论)

通过上述三段论逻辑推理的方式，比较充分、清楚地阐述了税务机关对当事人追缴税款、滞纳金的理由。

第五，清楚地告知了当事人相关内容。一是告知了税务检查相关程序执行情况；二是告知了对当事人的税务行政处罚将另行决定；三是告知了当事人缴纳税款、滞纳金的时限、缴纳地点以及逾期不缴纳的法律后果；四是告知了当事人如果对上述处理决定不服，其相关的救济权利以及行使权利的条件、时限和方式。《税务处理决定书》文书式样中，结尾部分表述为“逾期未缴清的，将依照《中华人民共和国税收征收管理法》第四十条规定强制执行”。本范例中，我们表述为“逾期未缴清的，将依照《中华人民共和国税收征收管理法》第四十条规定强制执行或者申请人民法院强制执行”，之所以在处理决定书中加上“或者申请人民法院强制执行”，是因为在《税务处理决定书》中有追缴少缴纳教育费附加、地方教育附加的内容，而这两项附加不属于税款，不适用《税收征管法》，税务机关无权强制执行，所以文书中采取了这样的表述方式。

因此，我们认为，上述《税务处理决定书》范例较为符合说理式税收执法文书的制作要求和规范。

（二）不列、少列收入偷税范例

1. 《税务处理决定书》制作

【案例7-2】

背景材料：

文理市平安交通运输服务公司设立于2021年9月10日，为增值税一般纳税人，企业所得税查账征收。2022年6月1日，根据国家税务总局文理市税务局风险管理部门推送稽查局的风险信息，国家税务总局文理市税务局稽查局对案源信息进行识别判断后，对文理市平安交通运输服务公司立案检查，决定在当天派李江、王虹对该单位2021年9月10日至2021年12月31日所涉税费情况进行检查。此前，该单位未经历过税务机关检查。该单位12月期末留抵税额8 938.92元，其余各月期末留抵税额为0.00元。企业所得税税率为25%（2021年应纳税所得额8 000 000.00元，已申报缴纳企业所得税2 000 000.00元），印花税采用按月汇总申报缴纳方式。当地税务机关规定，纳税人应当自纳税期满之日起15日内申报缴纳按期汇总缴纳的印花税，当年各税种应纳税总额合计2 500 000.00元。2021年企业所得税汇算清缴结束时间为2022年5月31日。

经稽查局查实，该单位2021年度承包文理市振兴钢材经销有限责任公司钢材运输业务，按月签订运输合同（按含税金额签订合同）、结算运费，因文理市振兴钢材经销有限责任公司不索要发票，该单位让文理市振兴钢材经销有限责任公司将含税金额为684 953.43元（10月为275 921.57元，11月为196 729.37元，12月为212 302.49元）的运费汇入其法定代表人李平安个人建行卡中。此部分运费未计收入，运输成本已计入当期损益，未申报缴纳各项税费。根据《中华人民共和国税收征收管理法》第六十三条第（一）款规定，稽查局将该单位采取在账簿上不列、少列收入的方式隐匿收入628 397.64元，少缴纳税额合计为206 877.81元（增值税47 616.87元、城市维护建设税3 333.18元、印花税342.47元、企业所得税155 585.29元）的行为，认定为偷税。另外，少缴增值税导致少缴纳教育费附加、地方教育附加合计2 380.84元（教育费附加1 428.51元、地方教育附加952.33元）。

证明以上违法事实的主要证据有：

1. 该单位与文理市振兴钢材经销有限责任公司签订的2021年10月、11月、12月的货物运输合同3份，司机周某询问笔录；

2. 文理市振兴钢材经销有限责任公司的仓库保管员询问笔录、会计询问笔录，销售部经理曹阳情况说明；

3. 该单位法定代表人李平安建行卡（账号：6217111199030754108）银行资金流水证明；

4. 该单位建行账户（账号：38573982001956332751）银行资金流水证明；

5. 该单位2021年主营业务收入账簿复印件，2021年主营业务成本账簿复印件，2021年《增值税及附加税费申报表（一般纳税人适用）》《企业所得税年度纳税申报表》（A类）、《财产和行为税纳税申报表》。

在检查结束前，即2022年6月6日，国家税务总局文理市税务局稽查局向该单位送达了《税务事项通知书》，将发现的税收违法事实和依据告知了该单位，并要求其对违法事实和依据有异议的，应当在限期内提供说明及证据材料，该单位在限期内未提交说明及证据材料，也未提出陈述申辩意见。

2022年6月13日，国家税务总局文理市税务局稽查局向该单位送达了《税务行政处罚事项告知书》，告知了当事人已经查证的违法事实、证据、行政处罚的法律依据和拟将给予所偷税款206 877.81元的50%罚款，即罚款金额 103 438.91 元，并告知该单位有要求举行听证的权利。该单位在规定时间内未提出听证申请。

国家税务总局文理市税务局稽查局决定对文理市平安交通运输服务公司的偷税行为进行税务处理，向其追缴少缴纳税款合计 206 877.81元，并对其加收滞纳金，同时追缴少缴增值税导致少缴纳的教育费附加、地方教育附加合计 2 380.84 元。

现需要制作并向当事人送达《税务处理决定书》告知上述税务机关的决定。假设此案件未达到东方省税务机关规定的重大税务案件审理标准。

根据上述背景材料，国家税务总局文理市税务局稽查局需要制作《税务处理决定书》并送达给当事人。依据说理式税收执法文书的制作要求，该文书制作如下。

国家税务总局文理市税务局稽查局
税务处理决定书

文税稽处〔2022〕186 号

文理市平安交通运输服务公司：（纳税人识别号：982829703211352186）

我局于 2022 年 6 月 1 日至 2022 年 6 月 9 日对你单位（地址：文理市南山区文理大街 186 号）2021 年 9 月 10 日至 2021 年 12 月 31 日所涉税费情况进行了检查，业已终结。确认你单位存在以下违法事实，并作出如下处理决定：

一、违法事实及证据

经查实，你单位 2021 年度承包文理市振兴钢材经销有限责任公司钢材运输业务，按月签订运输合同（按含税金额签订合同）、结算运费。因文理市振兴钢材经销有限责任公司不索要发票，你单位让文理市振兴钢材经销有限责任公司将含税金额 684 953.43 元（10 月 275 921.57 元，11 月

196 729.37 元，12 月 212 302.49 元）的运费款汇入你单位法定代表人李平安个人建行卡中，此部分运费未计收入。你单位采取这种在账簿上不列、少列收入的方式隐匿收入 628 397.64 元（已按增值税率 9% 换算为不含税销售额），其中 2021 年 10 月 253 139.06 元，2021 年 11 月 180 485.66 元，2021 年 12 月 194 772.92 元。经检查确认，上述少计运输收入的成本支出已计入当期损益。

上述违法事实，主要有以下证据证明：

1. 你单位与文理市振兴钢材经销有限责任公司签订的 2021 年 10 月、11 月、12 月的货物运输合同三份，司机周某询问笔录；

2. 文理市振兴钢材经销有限责任公司的仓库保管员询问笔录、会计询问笔录，销售部经理曹阳情况说明；

3. 你单位法定代表人李平安建行卡（账号：6217111199030754108）银行资金流水证明；

4. 你单位建行账户（账号：38573982001956332751）银行资金流水证明；

5. 你单位 2021 年主营业务收入账簿复印件，2021 年主营业务成本账簿复印件，2021 年《增值税及附加税费申报表（一般纳税人适用）》《企业所得税年度纳税申报表》（A 类）、《财产和行为税纳税申报表》。

以上第 1 ~4 项证据证明你单位从文理市振兴钢材经销有限责任公司取得运输服务收入。以上第 5 项证据证明你单位从文理市振兴钢材经销有限责任公司取得的运输服务收入未计收入，成本已结转，且未依法申报缴纳增值税、城市维护建设税、印花税、企业所得税、教育费附加、地方教育附加。

（一）你单位 2021 年度采取在账簿上不列、少列收入的方式隐匿收入，导致少缴纳税款合计 206 877.81 元

1. 增值税方面

根据《中华人民共和国增值税暂行条例》第一条规定，在中华人民共和国境内销售货物或者加工、修理修配劳务（以下简称劳务），销售服务、

无形资产、不动产以及进口货物的单位和个人，为增值税的纳税人，应当缴纳增值税。《中华人民共和国增值税暂行条例》第二条第（一）款第2项、《财政部　税务总局关于调整增值税税率的通知》（财税〔2018〕32号）第一条、《财政部 税务总局 海关总署关于深化增值税改革有关政策的公告》（财政部　税务总局　海关总署公告2019年第39号）第一条规定，纳税人销售交通运输服务，税率为9%。因此，你单位属于增值税纳税人，未列、少列收入的交通运输服务收入适用9%税率。

根据《中华人民共和国增值税暂行条例》第五条规定，纳税人发生应税销售行为，按照销售额和本条例第二条规定的税率计算收取的增值税额，为销项税额。销项税额计算公式：销项税额 = 销售额 × 税率。该条例第六条第（一）款规定，销售额为纳税人发生应税销售行为收取的全部价款和价外费用，但是不包括收取的销项税额。该条例第四条规定，除本条例第十一条规定外，纳税人销售货物、劳务、服务、无形资产、不动产，应纳税额为当期销项税额抵扣当期进项税额后的余额。应纳税额计算公式：应纳税额 = 当期销项税额 - 当期进项税额，当期销项税额小于当期进项税额不足抵扣时，其不足部分可以结转下期继续抵扣。因此，你单位在账簿上不列、少列收入，应按不含税销售额乘以适用税率计算应调增的销项税额，调增的销项税额应首先抵扣当期期末留抵税额。你单位2021年10月、11月没有期末留抵税额，调增的销项税额全额调增当期增值税应纳税额，12月末你单位有期末留抵税额8 938.92元，12月应调增的增值税销项税额应首先抵减当期期末留抵税额，之后就余额调增增值税应纳税额。

根据《中华人民共和国增值税暂行条例》第二十三条第（二）款规定，纳税人以1个月或者1个季度为1个纳税期的，自期满之日起15日内申报纳税。该条例第十九条第（一）款第1项规定，发生应税销售行为，增值税纳税义务发生时间为收讫销售款项或者取得索取销售款项凭据的当天；先开具发票的，为开具发票的当天。你单位属于以1个月为纳税期的纳税人，应自期满之日起15日内申报纳税。你单位隐匿收入的增值税纳税义务发生时间应在提供交通运输服务，签订合同并按合同约定时间收讫销售款项的当天。

综上所述，你单位2021年采取在账簿上不列、少列收入的方式隐匿收入，导致你单位少缴纳增值税47 616.87元，其中10月22 782.52（253 139.06×9%）元；11月16 243.71（180 485.66×9%）元；12月8 590.64（194 772.92×9%－12月期末留抵税额8 938.92）元，检查调整后你单位2021年12月期末留抵进项税额为0元。

2. 城市维护建设税方面

根据《中华人民共和国城市维护建设税法》第一条规定，在中华人民共和国境内缴纳增值税、消费税的单位和个人，为城市维护建设税的纳税人，应当依照本法规定缴纳城市维护建设税。该法第二条规定，城市维护建设税以纳税人依法实际缴纳的增值税、消费税税额为计税依据。根据《关于城市维护建设税计税依据确定办法等事项的公告》（财政部　税务总局公告2021年第28号）第一条第（一）款规定，城市维护建设税以纳税人依法实际缴纳的增值税、消费税税额（以下简称两税税额）为计税依据；第（二）款规定，依法实际缴纳的两税税额，是指纳税人依照增值税、消费税相关法律法规和税收政策规定计算的应当缴纳的两税税额（不含因进口货物或境外单位和个人向境内销售劳务、服务、无形资产缴纳的两税税额），加上增值税免抵税额，扣除直接减免的两税税额和期末留抵退税退还的增值税税额后的金额。因此，你单位属于城市维护建设税纳税人，本次检查应补缴的增值税应按规定缴纳城市维护建设税。

根据《中华人民共和国城市维护建设税法》第四条规定，纳税人所在地在市区的，城市维护建设税税率为百分之七。该法第五条规定，城市维护建设税的应纳税额按照计税依据乘以具体适用税率计算。你单位位于市区，适用百分之七城市维护建设税税率。你单位少缴的城市维护建设税，按本次检查应补缴增值税作为计税依据乘以百分之七税率计算。

根据《中华人民共和国城市维护建设税法》第七条规定，城市维护建设税的纳税义务发生时间与增值税、消费税的纳税义务发生时间一致，分别与增值税、消费税同时缴纳。因此，你单位少缴纳城市维护建设税的纳税义务发生时间与少缴纳增值税的纳税义务发生时间一致。

综上所述，你单位采取2021年在账簿上不列、少列收入的方式隐匿收入，因少缴增值税导致少缴纳城市维护建设税3 333.18元，其中，10月1 594.78（22 782.52 ×7%）元；11月1 137.06（16 243.71 ×7%）元；12月601.34（8 590.64 ×7%）元。

3. 印花税方面

根据《中华人民共和国印花税暂行条例》（国务院令第11号）第一条规定，在中华人民共和国境内书立、领受本条例所列举凭证的单位和个人，都是印花税的纳税义务人，应当按照本条例规定缴纳印花税。该条例第二条第（一）款第1项规定，购销、加工承揽、建设工程承包、财产租赁、货物运输、仓储保管、借款、财产保险、技术合同或者具有合同性质的凭证为应纳税凭证。因此，你单位属于印花税纳税人，与文理市振兴钢材经销有限责任公司签订的货物运输合同属应纳税凭证，应当缴纳印花税。

根据《中华人民共和国印花税暂行条例》第三条第（一）款规定，纳税人根据应纳税凭证的性质，分别按比例税率或者按件定额计算应纳税额。具体税率、税额的确定，依照本条例所附《印花税税目税率表》执行。该条例附件:《印花税税目税率表》中货物运输合同按运输费用万分之五贴花。因此，你单位货物运输合同应按运输费用万分之五贴花。

根据《中华人民共和国印花税暂行条例》第五条规定，印花税实行由纳税人根据规定自行计算应纳税额，购买并一次贴足印花税票（以下简称贴花）的缴纳办法。为简化贴花手续，应纳税额较大或者贴花次数频繁的，纳税人可向税务机关提出申请，采取以缴款书代替贴花或者按期汇总缴纳的办法。应纳税凭证应当于书立或者领受时贴花。根据《中华人民共和国印花税暂行条例施行细则》（财税字〔1988〕255号）第十四条第（一）款规定，条例第七条所说的书立或者领受时贴花，是指在合同的签订时、书据的立据时、账簿的启用时和证照的领受时贴花。根据《国家税务总局东方省税务局关于调整印花税纳税期限的公告》（国家税务总局东方省税务局公告2020年第1号）第二条规定，印花税按期汇总缴纳的，汇总申报缴纳的期限为一个月。纳税人应当自纳税期满之日起十五日内申报缴纳按期汇总缴纳的印花税。你单位与文理市振兴钢材经销有限责任公司签订的货物运输合同应于书立时贴花。因你单位按月汇总缴纳印花税，应当自纳税期满之日起十五日内申报缴纳按期汇总缴纳的印花税。

综上所述，你单位2021年度与文理市振兴钢材经销有限责任公司签订以上多笔货物运输合同，未按规定按月汇总申报缴纳印花税，导致少缴纳印花税342.47元，其中10月137.96（275 921.57×0.5‰）元；11月98.36（196 729.37×0.5‰）元；12月106.15（212 302.49×0.5‰）元。

4. 企业所得税方面

根据《中华人民共和国企业所得税法》第一条第（一）款规定，在中华人民共和国境内，企业和其他取得收入的组织（以下统称企业）为企业所得税的纳税人，依照本法的规定缴纳企业所得税。该法第四条第（一）款规定，企业所得税的税率为25%。因此，你单位属于企业所得税纳税人，你单位适用25%企业所得税税率。

根据《中华人民共和国企业所得税法》第六条第（一）款规定，企业以货币形式和非货币形式从各种来源取得的收入，为收入总额。该法第五条规定，企业每一纳税年度的收入总额，减除不征税收入、免税收入、各项扣除以及允许弥补的以前年度亏损后的余额，为应纳税所得额。该法第二十二条规定，企业的应纳税所得额乘以适用税率，减除依照本法关于税收优惠的规定减免和抵免的税额后的余额，为应纳税额。因此，你单位取得的未计收入的交通运输服务收入应属于2021年度收入总额范围，应并入应纳税所得额。你单位少计算的应纳税所得额应按照25%的税率计算应补缴的企业所得税。

根据《中华人民共和国企业所得税法》第五十三条规定，企业所得税按纳税年度计算。纳税年度自公历1月1日起至12月31日止。该法第五十四条第（三）款规定，企业应当自年度终了之日起五个月内，向税务机关报送年度企业所得税纳税申报表，并汇算清缴，结清应缴应退税款。因此，你单位2021年度少缴纳的企业所得税应当自年度终了之日起五个月内结清应缴税款。

综上所述，你单位2021年采取在账簿上不列、少列收入的方式隐匿收入，根据《中华人民共和国企业所得税法》第八条规定，企业实际发生的与取得收入有关的、合理的支出，包括成本、费用、税金、损失和其他支出，准予在计算应纳税所得额时扣除。因此，扣除本次查补的城市维护建设税、教育费附加、地方教育附加、印花税后，应调增你单位2021年应纳税所得额622 341.15（628 397.64 - 3 333.18 - 1 428.51 - 952.33 - 342.47）元，导致你单位少缴纳企业所得税155 585.29［622 341.15 + 已申报应纳税所得额8 000 000）×25% - 已申报企业所得税2 000 000］元。

5. 上述不缴、少缴税款的定性

根据《中华人民共和国税收征收管理法》第六十三条第（一）款规定，纳税人伪造、变造、隐匿、擅自销毁账簿、记账凭证，或者在账簿上多列支出或者不列、少列收入，或者经税务机关通知申报而拒不申报或者进行虚假的纳税申报，不缴或者少缴应纳税款的，是偷税。对纳税人偷税的，由税务机关追缴其不缴或者少缴的税款、滞纳金，并处不缴或者少缴的税款百分之五十以上五倍以下的罚款；构成犯罪的，依法追究刑事责任。你单位在账簿上不列、少列收入，导致少缴纳税款206 877.81元的行为属偷税行为。

（二）你单位2021年采取在账簿上不列、少列收入的方式隐匿收入，因少缴增值税导致少缴纳教育费附加、地方教育附加合计2 380.84元

1. 教育费附加方面

根据《征收教育费附加的暂行规定》第二条规定，凡消费税、增值税、营业税的单位和个人，除按照《国务院关于筹措农村学校办学经费的通知》（国发〔1984〕174号）的规定，缴纳农村教育事业费附加的单位外，都应当依照本规定缴纳教育费附加。该规定第三条第（一）款规定，教育费附加，以各单位和个人实际缴纳的增值税、营业税、消费税的税额

为计征依据，教育费附加率为3%，分别与增值税、营业税、消费税同时缴纳。该规定第五条第（一）款规定，教育费附加由税务机关负责征收；该规定第六条规定，教育费附加的征收管理，按照消费税、增值税、营业税的有关规定办理。同时，根据《关于城市维护建设税计税依据确定办法等事项的公告》（财政部　税务总局公告2021年第28号）第二条规定，教育费附加、地方教育附加计征依据与城市维护建设税计税依据一致，按本公告第一条规定执行。因此，你单位属教育费附加缴费人，少缴的教育费附加，按本次检查应补缴增值税作为计税依据适用3%费率计算，与增值税同时缴纳。

你单位2021年在账簿上不列、少列收入的方式隐匿收入，因少缴增值税导致少缴纳教育费附加1 428.51元，其中10月683.48（22 782.52×3%）元；11月487.31（16 243.71×3%）元；12月257.72（8 590.64×3%）元。

2. 地方教育附加方面

根据《财政部关于统一地方教育附加政策有关问题的通知》（财综〔2010〕98号）第二条规定，统一地方教育附加征收标准。地方教育附加征收标准统一为单位和个人（包括外商投资企业、外国企业及外籍个人）实际缴纳的增值税、营业税和消费税税额的2%。根据《东方省人民政府办公厅关于印发〈东方省地方教育附加征收使用管理暂行办法〉的通知》（文府办〔2011〕19号）第二条规定，东方省行政区域内缴纳增值税、消费税、营业税（以下简称“三税”）的单位和个人（包括外商投资企业、外国企业及外籍个人），按照其实际缴纳三税税额的2%征收地方教育附加。具体的征收管理比照教育费附加的有关规定执行。同时，根据《关于城市维护建设税计税依据确定办法等事项的公告》（财政部　税务总局公告2021年第28号）第二条规定，教育费附加、地方教育附加计征依据与城市维护建设税计税依据一致，按本公告第一条规定执行。因此，你单位属地方教育附加缴费人，少缴的地方教育附加，按本次检查应补缴增值税作为计税依据适用2%费率计算，与增值税同时缴纳。

你单位2021年在账簿上不列、少列收入，因少缴增值税导致少缴纳地方教育附加952.33元，其中10月455.65（22 782.52×2%）元；11月324.87（16 243.71×2%）元；12月171.81（8 590.64×2%）元。

（三）我局对你单位税务检查相关程序执行情况的说明

在检查结束前，即2022年6月6日，我局向你单位送达了《税务事项通知书》，将发现的税收违法事实和依据告知了你单位，并要求你单位对违法事实和依据有异议的，应当在限期内提供说明及证据材料，你单位在限期内未提交说明及证据材料，也未提出陈述申辩意见。

2022年6月13日，我局向你单位送达了《税务行政处罚事项告知书》，告知了你单位已经查证的违法事实、证据、行政处罚的法律依据和拟将给予的行政处罚，并告知你单位有要求举行听证的权利，你单位未在限期内提出听证申请。

二、处理决定及依据

（一）根据《中华人民共和国税收征收管理法》第六十三条第（一）款规定，追缴你单位2021年度因偷税而少缴纳税款合计206 877.81元，其中少缴纳增值税47 616.87元，检查调整后你单位2021年12月期末留抵进项税额为0元；少缴纳城市维护建设税3 333.18元；少缴纳印花税342.47元；少缴纳企业所得税155 585.29元。

（二）根据《征收教育费附加的暂行规定》第二条、第三条、第五条第（一）款、第六条，《关于城市维护建设税计税依据确定办法等事项的公告》（财政部　税务总局公告2021年第28号）第二条，《财政部关于统一地方教育附加政策有关问题的通知》（财综〔2010〕98号）第二条，《东方省人民政府办公厅关于印发〈东方省地方教育附加征收使用管理暂行办法〉的通知》（文府办〔2011〕19号）第二条规定，追缴你单位2021年度少缴纳教育费附加、地方教育附加合计2 380.84元，其中教育费附加1 428.51元，地方教育附加952.33元。

（三）根据《中华人民共和国税收征收管理法》第六十三条第（一）款、第三十二条“纳税人未按照规定期限缴纳税款的，扣缴义务人未按照规定期限解缴税款的，税务机关除责令限期缴纳外，从滞纳税款之日起，按日加收滞纳税款万分之五的滞纳金”，以及《中华人民共和国税收征收管理法实施细则》第七十五条“税收征管法第三十二条规定的加收滞纳金的起止时间，为法律、行政法规规定或者税务机关依照法律、行政法规的规定确定的税款缴纳期限届满次日起至纳税人、扣缴义务人实际缴纳或者解缴税款之日止”规定，对你单位少缴纳的增值税、城市维护建设税、印花税、企业所得税，从滞纳税款之日起至实际缴纳或者解缴税款之日止，按日加收滞纳税款万分之五的滞纳金。

对你单位违法行为的税务行政处罚将另行决定。

限你单位自收到本决定书之日起十五日内到国家税务总局文理市南山区税务局（扬子江路519号）将上述税费及相应滞纳金缴纳入库，并按照规定进行相关账务调整。逾期未缴清的，将依照《中华人民共和国税收征收管理法》第四十条规定强制执行或者申请人民法院强制执行。

你单位若同我局在纳税上有争议，必须先依照本决定的期限缴纳税款及滞纳金或者提供相应的担保，然后可自上述款项缴清或者提供相应担保被税务机关确认之日起六十日内依法向国家税务总局文理市税务局申请行政复议。

国家税务总局文理市税务局稽查局（印章）

2022年6月23日

2.《税务处理决定书》范例注释

上述《税务处理决定书》范例按照说理式税收执法文书的要求制作，其“说理”性主要体现在以下七个方面（前面已表述的内容不再赘述）。

第一，清楚地阐述了当事人存在的违法事实。一是在账簿上不列、少列收入导致少缴纳税款合计206 877.81元（增值税47 616.87元，城市维护建设税3 333.18元，印花税342.47元；企业所得税155 585.29元），存在偷税行为。二是因少缴增值税导致少缴纳教育费附加、地方教育附加合计 2 380. 84 元（教育费附加 1 428. 51 元，地方教育附加 952. 33 元）。在处理决定书中，对当事人违法事实的阐述，一般包括以下两个方面的内容。

一是叙述案件的客观事实。例如，关于增值税方面的违法事实，上述范例这样叙述“经查实，你单位 2021 年度承包文理市振兴钢材经销有限责任公司钢材运输业务，按月签订运输合同（按含税金额签订合同）、结算运费。因文理市振兴钢材经销有限责任公司不索要发票，你单位让文理市振兴钢材经销有限责任公司将含税金额 684 953. 43 元（10 月 275 921. 57 元；11 月 196 729. 37 元；12 月 212 302. 49 元）的运费款汇入你单位法定代表人李平安个人建行卡中，此部分运费未计收入，你单位采取这种在账簿上不列、少列收入的方式隐匿收入 628 397. 64 元（已按增值税率 9% 换算为不含税销售额），其中 2021 年 10 月 253 139. 06 元，2021 年 11 月 180 485. 66 元，2021 年 12 月 194 772. 92 元。经检查确认，上述少计运输收入的成本支出已计入当期损益”，“你单位 2021 年采取在账簿上不列、少列收入的方式隐匿收入，导致你单位少缴纳增值税 47 616. 87 元，其中 10 月 22 782. 52（253 139. 06 ×9%）元；11 月 16 243. 71（180 485. 66 × 9%）元；12 月 8 590. 64（194 772. 92 ×9% －12 月期末留抵税额 8 938. 92 元）。检查调整后你单位 2021 年 12 月期末留抵进项税额为 0 元”。这一客观事实又包括两个方面的内容：其一，该单位 2021 年采取在账簿上不列、少列收入的方式隐匿收入 628 397. 64 元；其二，隐匿收入的行为导致该单位少缴纳增值税 47 616. 87 元。

二是对上述客观事实援引税收实体法进行税收评价，说明对国家税收造成的不利影响。上述范例这样阐述“根据《中华人民共和国增值税暂行条例》第一条规定，在中华人民共和国境内销售货物或者加工、修理修配劳务（以下简称劳务），销售服务、无形资产、不动产以及进口货物的单位和个人，为增值税的纳税人，应当缴纳增值税。该条例第二条第（一）款第 2 项，《财政部　税务总局关于调整增值税税率的通知》（财税〔2018〕32 号）第一条，《财政部　税务总局　海关总署关于深化增值税改革有关政策的公告》（财政部　税务总局　海关总署公告2019年第39号）第一条规定，纳税人销售交通运输服务，税率为9%。因此，你单位属于增值税纳税人，未列、少列收入的交通运输服务收入适用9%税率。根据《中华人民共和国增值税暂行条例》第五条规定，纳税人发生应税销售行为，按照销售额和本条例第二条规定的税率计算收取的增值税额，为销项税额。销项税额计算公式：销项税额=销售额×税率。该条例第六条第（一）款规定，销售额为纳税人发生应税销售行为收取的全部价款和价外费用，但是不包括收取的销项税额；该条例第四条规定，除本条例第十一条规定外，纳税人销售货物、劳务、服务、无形资产、不动产，应纳税额为当期销项税额抵扣当期进项税额后的余额。应纳税额计算公式：应纳税额=当期销项税额-当期进项税额，当期销项税额小于当期进项税额不足抵扣时，其不足部分可以结转下期继续抵扣。因此，你单位在账簿上不列、少列收入，应按不含税销售额乘以适用税率计算应调增的销项税额，调增的销项税额应首先抵扣当期期末留抵税额。你单位2021年10月、11月没有期末留抵税额，调增的销项税额全额调增当期增值税应纳税额，12月末你单位有期末留抵税额8 938.92元，12月应调增的增值税销项税额应首先抵减当期期末留抵税额，之后就余额调增增值税应纳税额。根据《中华人民共和国增值税暂行条例》第二十三条第（二）款规定，纳税人以1个月或者1个季度为1个纳税期的，自期满之日起15日内申报纳税。该条例第十九条第（一）款第1项规定，发生应税销售行为，增值税纳税义务发生时间为收讫销售款项或者取得索取销售款项凭据的当天；先开具发票的，为开具发票的当天。你单位属于以1个月为纳税期的纳税人，应自期满之日起15日内申报纳税。你单位隐匿收入的增值税纳税义务发生时间应在提供交通运输服务，签订合同并按合同约定时间收讫销售款项的当天。综上所述，你单位2021年采取在账簿上不列、少列收入的方式隐匿收入，导致你单位少缴纳增值税47 616.87元，其中10月22 782.52（253 139.06×9%）元；11月16 243.71（180 485.66×9%）元；12月8 590.64（194 772.92×9%-12月期末留抵税额8 938.92元），检查调整后你单位2021年12月期末留抵进项税额为0元”。对上述客观事实进行税收实体法的评价包括两个方面的内容：其一，援引相关实体法的依据，如《增值税暂行条例》第一条、第二条第（一）款第2项、第四条、第五条、第六条第（一）款、第十九条第（一）款第1项、第二十三条第（二）款，《财政部　税务总局关于调整增值税税率的通知》（财税〔2018〕32号）第一条，《财政部　税务总局　海关总署关于深化增值税改革有关政策的公告》（财政部　税务总局　海关总署公告2019年第39号）第一条的规定；其二，运用逻辑推理，说明当事人存在少缴税款的事实，对上述基本法律事实进行税收实体法的评价。

第二，清晰地告知了当事人少缴纳税费的所属期。例如，关于增值税方面，“你单位2021年采取在账簿上不列、少列收入的方式隐匿收入，导致你单位少缴纳增值税47 616.87元，其中，10月22 782.52（253 139.06×9%）元，11月16 243.71（180 485.66×9%）元，12月8 590.64（194 772.92×9%－12月期末留抵税额8 938.92）元，检查调整后你单位2021年12月期末留抵进项税额为0元”。根据《税务行政复议规则》第十四条第（一）款第1项规定，行政复议机关受理申请人对税务机关下列具体行政行为不服提出的行政复议申请：征税行为，包括确认纳税主体、征税对象、征税范围、减税、免税、退税、抵扣税款、适用税率、计税依据、纳税环节、纳税期限、纳税地点和税款征收方式等具体行政行为，征收税款、加收滞纳金，扣缴义务人、受税务机关委托的单位和个人作出的代扣代缴、代收代缴、代征行为等。《税务行政复议规则》规定需要复议前置征税行为的范围就包括纳税期限，而税款所属期会直接影响纳税期限的确定，以及滞纳金的计算，有时也会直接影响应纳税款的确定（如增值税纳税义务发生时间在不同月份，可能会产生调减期末留抵税额或调增当期增值税应纳税额两种不同结果），因此税款所属期也是容易引起税务行政复议的重要因素之一，应该充分“说理”。

第三，在上述税收实体法评价的基础上对当事人的违法行为予以定性。上述范例这样阐述“根据《中华人民共和国税收征收管理法》第六十三条第（一）款规定，纳税人伪造、变造、隐匿、擅自销毁账簿、记账凭证，或者在账簿上多列支出或者不列、少列收入，或者经税务机关通知申报而拒不申报或者进行虚假的纳税申报，不缴或者少缴应纳税款的，是偷税。对纳税人偷税的，由税务机关追缴其不缴或者少缴的税款、滞纳金，并处不缴或者少缴的税款百分之五十以上五倍以下的罚款；构成犯罪的，依法追究刑事责任。你单位在账簿上不列、少列收入，导致少缴纳税款206 877.81元的行为属偷税行为”。这一评价包括两个方面的内容：一方面，援引相关程序法的依据，如《税收征管法》第六十三条的规定；另一方面，运用逻辑推理，对上述违法行为进行税收程序法《税收征管法》的评价，说明当事人违法事实的性质。

第四，充分地阐述了当事人存在违法事实的证据。调查取证是说理式执法文书的重要前提。例如，关于当事人违法事实的证据，上述范例这样阐述“上述违法事实，主要有以下证据证明：1. 你单位与文理市振兴钢材经销有限责任公司签订的 2021 年 10 月、11 月、12 月的货物运输合同三份，司机周某询问笔录；2. 文理市振兴钢材经销有限责任公司的仓库保管员询问笔录、会计询问笔录，销售部经理曹阳情况说明；3. 你单位法定代表人李平安建行卡（账号：6217111199030754108）银行资金流水证明；4. 你单位建行账户（账号：38573982001956332751）银行资金流水证明；5. 你单位2021 年主营业务收入账簿复印件，2021 年主营业务成本账簿复印件，2021 年《增值税及附加税费申报表（一般纳税人适用）》《企业所得税年度纳税申报表》（A 类），《财产和行为税纳税申报表》。以上第 1 ~ 4 项证据证明你单位从文理市振兴钢材经销有限责任公司取得运输服务收入。以上第 5 项证据证明你单位从文理市振兴钢材经销有限责任公司取得的运输服务收入未计收入，成本已结转，且未依法申报缴纳增值税、城市维护建设税、印花税、企业所得税、教育费附加、地方教育附加”。《税务处理决定书》关于证据的阐述，不是简单罗列证据，而是对证据进行分类，并同时说明每一类证据能证明什么方面，依据这些证据能够证明当事人存在违法行为。例如，在上述范例中，第一类证据“1. 你单位与文理市振兴钢材经销有限责任公司签订的2021年10月、11月、12月的货物运输合同三份，司机周某询问笔录；2. 文理市振兴钢材经销有限责任公司的仓库保管员询问笔录、会计询问笔录，销售部经理曹阳情况说明；3. 你单位法定代表人李平安建行卡（账号：6217111199030754108）银行资金流水证明；4. 你单位建行账户（账号：38573982001956332751）银行资金流水证明”，“以上第1～4项证据证明你单位从文理市振兴钢材经销有限责任公司取得运输服务收入”。第二类证据“5. 你单位2021年主营业务收入账簿复印件，2021年主营业务成本账簿复印件，2021年《增值税及附加税费申报表（一般纳税人适用）》《企业所得税年度纳税申报表》（A类）、《财产和行为税纳税申报表》”，“以上第5项证据证明你单位从文理市振兴钢材经销有限责任公司取得的运输服务收入未计收入，成本已结转，且未依法申报缴纳增值税、城市维护建设税、印花税、企业所得税、教育费附加、地方教育附加”。总之，通过上述证据的阐述，形成完整的证据链条，可以证明该单位2021年度采取在账簿上不列、少列收入的方式隐匿收入，导致少缴纳各项税费的违法事实。

第五，在检查结束前告知当事人享受陈述、申辩权，在行政处罚前告知当事人具有申请听证权，当事人逾期未提出陈述、申辩意见，也未提出听证申请。例如，关于当事人的违法行为，对当事人提出的陈述、申辩意见以及申请听证的情况，上述范例是这样说明的“在检查结束前，即2022年6月6日，我局向你单位送达了《税务事项通知书》，将发现的税收违法事实和依据告知了你单位，并要求你单位对违法事实和依据有异议的，应当在限期内提供说明及证据材料，你单位在限期内未提交说明及证据材料，也未提出陈述申辩意见。2022年6月13日，我局向你单位送达了《税务行政处罚事项告知书》，告知了你单位已经查证的违法事实、证据、行政处罚的法律依据和拟将给予的行政处罚，并告知你单位有要求举行听证的权利，你单位未在限期内提出听证申请”。需要注意的是，如果当事人在检查结束前或者在听证会上提出了陈述、申辩意见，提交了证据材料，税务机关就要对当事人提出的陈述、申辩意见以及提交的证据材料是否采信，充分地说明理由。有观点认为，《税务处理决定书》中没有必要向当事人说明送达《税务行政处罚事项告知书》以及告知当事人享有要求举行听证的权利等情形，但我们认为当事人的听证、陈述、申辩等重要程序性权利必须得以保障，而且当事人听证权的行使有可能直接影响对当事人的处理结果，各地税务机关普遍采取先下达《税务行政处罚事项告知书》，之后一起下达《税务处理决定书》《税务行政处罚决定书》方式也主要是源于此。

第六，清楚地告知了税务机关作出的处理决定，并同时告知了作出处理决定的相关法律依据。

一方面，对于当事人存在的偷税行为，一是追缴因偷税而少缴纳税款206 877.81元，二是对其少缴的税款按日加收滞纳税款万分之五的滞纳金。另一方面，对于当事人存在的少缴教育费附加、地方教育附加的行为，追缴少缴的教育费附加、地方教育附加合计2 380.84元。目前，对教育费附加、地方教育附加，是否课征滞纳金，是否处以罚款尚存在争议。一种观点认为，对教育费附加、地方教育附加应该比照《税收征管法》规定课征滞纳金，应该处以罚款，主要依据是《征收教育费附加的暂行规定》第六条规定，教育费附加的征收管理，按照消费税、增值税、营业税的有关规定办理。而《增值税暂行条例》第二十六条规定，增值税的征收管理依照《税收征管法》及本条例有关规定执行。《中华人民共和国消费税暂行条例》（以下简称《消费税暂行条例》）第十六条规定，消费税的征收管理依照《税收征管法》及本条例有关规定执行。对于地方教育附加，各省一般都会下发地方教育附加征收使用管理暂行办法，规定地方教育附加具体的征收管理比照教育费附加的有关规定执行。还有一种观点认为，对教育费附加、地方教育附加不应该课征滞纳金，也不应该处以罚款，主要是考虑到滞纳金、罚款是一种责任或负担，理应接受更为审慎的评判，故应首先考虑较为保守的法律方法，采取有利于纳税人的方法。在税收执法实践中，税务机关对两附加处以罚款的情形极少存在，但对两附加课征滞纳金的税务机关却不在少数，本书中采取了比较保守的法律方法，即对教育费附加与地方教育附加不课征滞纳金、不处以罚款。

第七，清楚地告知了当事人相关的内容。一是告知了税务检查相关程序执行情况；二是告知了对当事人违法行为的税务行政处罚将另行决定；三是告知了当事人缴纳税款、滞纳金的时限、地点以及逾期不缴纳的法律后果；四是告知了当事人如果对上述处理决定不服，则其相关的救济权利以及行使权利的条件、时限和方式。《税务处理决定书》文书式样中，结尾部分表述为“逾期未缴清的，将依照《中华人民共和国税收征收管理法》第四十条规定强制执行。”本案例中，我们表述为“逾期未缴清的，将依照《中华人民共和国税收征收管理法》第四十条规定强制执行或者申请人民法院强制执行”，之所以在处理决定书中加上“或者申请人民法院强制执行”，是因为在《税务处理决定书》中有追缴少缴纳教育费附加、地方教育附加的内容，而两附加不属于税款，不适用《税收征管法》，税务机关无权强制执行，所以文书中采取了这样的表述方式。

（三）走逃失联纳税人对外虚开发票范例

在稽查实务中，还有一类常见的案件类型，就是对走逃失联企业对外虚开发票的查处。我们接下来制作一份关于走逃失联企业对外虚开案例的说理式文书。

1.《税务处理决定书》制作

【案例7-3】

背景材料：

2022年4月5日，根据国家税务总局文理市税务局风控部门推送风险信息，国家税务总局文理市税务局稽查局对文理市龙腾商贸有限公司（纳税人识别号：914401135697920056）进行立案检查。检查所属期限为2021年12月10日至2022年3月31日。文理市龙腾商贸有限公司成立于2021年12月10日，为增值税一般纳税人，2022年3月16日由于3个月未进行纳税申报，金三系统自动将其转为非正常户，经过主管税务机关国家税务总局文理市南山区税务局实地调查，3月

20 日确认该户为走逃失联户。

立案后经检查人员张峰、赵海查实，该户登记的经营地址中查无此户，法定代表人李唯，办税人员刘双无法联系，经查询增值税发票管理新系统，该单位在存续期间，没有取得增值税专用发票。2021 年 12 月 25 日至 2021 年 12 月 31 日对外开具增值税专用发票 25 份，发票号码为 00414676～00414700，发票代码为 1200211130，货物劳务服务名称为“设备”，合计发票金额 2 210 176.99 元，税额 287 323.01 元，价税合计 2 497 500.00 元，上述开具的销售发票未进行增值税纳税申报。经查询该单位银行账户报告表和增值税发票管理新系统查询到的增值税专用发票上记载的银行账户（农业银行账号：10554601040001543）资金流向，没有任何资金往来信息。

经检查组对该单位下游的 A 公司、B 公司、C 公司进行外调协查，A 公司和 B 公司主管税务机关出具了走逃失联证明，C 公司出具了书面说明，称原来曾与龙腾公司洽谈过业务，但没有谈成，最终并未发生交易，也没有支付过款项，龙腾商贸开具的增值税专用发票 C 公司未入账。

检查人员根据调查情况判定文理市龙腾商贸有限公司开具增值税专用发票的交易不真实，对外开具的 25 份发票属于虚开的增值税专用发票。审理人员在对证据资料进行审核后，经过稽查局集体审理作出税务处理决定书。现需要制作并向当事人送达《税务处理决定书》，告知上述税务机关的决定。

根据上述拟制的背景材料，国家税务总局文理市税务局稽查局需要制作《税务处理决定书》并送达给当事人。依据说理式税收执法文书的制作要求，该文书制作如下。

国家税务总局文理市税务局稽查局
税务处理决定书

文税稽处〔2022〕25号

文理市龙腾商贸有限公司：（纳税人识别号：914401135697920056）

我局于2022年4月5日至2022年4月30日对你单位（地址：文理市南山区文理大街56号）2021年12月10日至2022年3月31日所涉税费情况进行了检查，违法事实及处理决定如下：

一、违法事实及证据

经查实，你单位虚假登记经营地址，逾期未申报且走逃失联，对外虚开增值税专用发票25份。相关事实及证据如下。

（一）你单位走逃失联。你单位成立于2021年12月10日，成立之后三个月未进行纳税申报，2022年3月16日金三系统将你单位转为非正常户，主管税务机关国家税务总局文理市南山区税务局在实地调查后于2022年3月20日出具走逃（失联）证明。我局对你单位立案后，去注册登记地址文理市南山区文理大街56号进行实地查找，未找到你单位，该注册登记地址的房产为文理市新特五金矿产有限公司所有，该单位法定代表人出具证明，没有与你单位发生过业务往来，也未签订过房屋租赁协议。你单位法定代表人李唯、办税人员刘双的手机号码均已停机，无法联系。证实你单位已走逃（失联）。

以上事实有下列证据证明：国家税务总局文理市南山区税务局非正常户公告（2022年4月）；你单位经营场所照片；文理市新特五金矿产有限公司出具的证明；拨打电话的录像资料；主管税务机关出具的走逃失联证明。

（二）你单位有销售无购进。通过增值税发票管理新系统查询，你单位在2021年12月至2022年3月成立期间没有取得任何增值税专用发票。累计领取增值税专用发票25份，2021年12月25日至2021年12月31日累计开具25份，发票代码：1200211130，发票号码00414676～00414700，开具发票金额2 210 176.99元，税额287 323.01元，价税合计2 497 500.00元。

以上事实有下列证据证明：增值税发票管理新系统打印出的发票信息。

（三）你单位直接走逃不申报。你单位从成立之日起到被认定为走逃（失联）之日未进行过纳税申报。

以上事实有下列证据证明：金三系统查询的纳税申报信息截图。

（四）你单位银行账户无资金往来信息。经查询你单位在税务登记信息中申报的银行账户和电子底账管理系统中的增值税专用发票上记载的银行账户（农业银行账号：10554601040001543）资金流向，没有发现任何资金往来信息。

以上事实有下列证据证明：银行账户资金流水证明。

（五）下游受票企业情况。你单位的下游受票企业A公司和B公司，已被主管税务机关出具了走逃（失联）证明；C公司出具了书面说明，表明曾与龙腾公司洽谈过业务，最终没有达成意向，并没有真实业务交易，也没有任何付款行为，龙腾商贸开具的增值税专用发票C公司准备退回，但因无法联系未能退回，C公司对上述发票未入账，也未抵扣进项税额。

以上事实有下列证据证明：A公司、B公司主管税务机关出具的走逃（失联）证明；C公司法定代表人出具的情况说明。

经稽查局集体审理，对你单位开具增值税专用发票行为结合查实的证据进行分析后判定，你单位于2021年12月25日至2021年12月31日开具的25份增值税专用发票，没有真实的交易。

在检查结束前，即2022年4月20日，我局向你单位送达了《税务事项通知书》，将发现的税收违法事实和依据告知了你单位，并要求你单位对违法事实和依据有异议的，应当在限期内提供说明及证据材料，你单位在限期内未提交说明及证据材料，也未提出陈述申辩意见。

二、处理决定及依据

根据《中华人民共和国发票管理办法》第二十二条“开具发票应当按

照规定的时限、顺序、栏目，全部联次一次性如实开具，并加盖发票专用章。任何单位和个人不得有下列虚开发票行为：（一）为他人、为自己开具与实际经营业务情况不符的发票；（二）让他人为自己开具与实际经营业务情况不符的发票；（三）介绍他人开具与实际经营业务情况不符的发票”之规定，对你单位开具的25份增值税专用发票定性为为他人开具与实际经营情况不符的发票，属虚开发票行为。虚开发票代码1200211130，发票号码00414676~00414700，金额为2 210 176.99元，税额为287 323.01元，虚开发票价税合计为2 497 500.00元。

限你单位自收到本决定书之日起十五日内按照规定进行相关账务调整。

你单位若同我局在处理决定上有争议，可自收到本决定书之日起六十日内依法向国家税务总局文理市税务局申请行政复议，或者自收到本决定书之日起六个月内依法向文理市南山区人民法院起诉。

国家税务总局文理市税务局稽查局

2022年5月10日

2.《税务处理决定书》范例注释

上述《税务处理决定书》范例按照说理式税收执法文书的制作要求，其“说理”性主要体现在以下五个方面（前面已表述的内容不再赘述）。

第一，告知了税务机关判定其为走逃失联企业的核查过程。首先，主管税务机关查找后无法联系，出具了走逃（失联）证明；其次，检查人员实地查找、取证、打电话，均无法与被查单位取得联系。上述措施和证据充分证明了被查对象处于走逃（失联）的状态。

第二，告知了调取的走逃（失联）企业的发票取得、发票开具、纳税申报、银行流水、下游受票企业情况。通过增值税发票管理新系统可以查询到该单位是否取得发票，对外开具发票的份数、金额和税额。通过金税三期系统可以查询到该单位的纳税申报情况。通过查询银行账户信息获得其资金流水记录，通过外调协查可以取得下游受票企业情况。对于走逃失联企业的检查，因为检查时无法取得当事人的配合，只能通过外围调取与该企业相关的信息。

第三，告知了税务机关判断交易真实性的依据。税务机关对走逃失联企业开具发票交易真实性的判定，审理依据主要是取得的外围调取证据。

此处三段论推理过程如下。

让他人为自己开具与实际经营业务情况不符的发票，为虚开发票行为。（大前提——行政法规规定）

经结合查实的证据判定，文理市龙腾商贸有限公司给他人开具与实际经营业务情况不符的发票。（小前提——当事人存在的违法情形）

所以，文理市龙腾商贸有限公司具有虚开发票行为。（结论）

通过上述三段论逻辑推理的方式，比较充分、清楚地阐述了税务机关是如何判定当事人发票开具的业务是不真实的。

根据逻辑推理的方式，税务机关判定交易不真实后，根据《发票管理办法》第二十二条的规定认定当事人开具的发票属于虚开发票。

第四，告知了最终的处理决定。在税收执法实践中，对虚开的增值税专用发票是否需要补征税款存在争议。一种观点认为，应该补征增值税，依据主要是《国家税务总局关于纳税人虚开增值税专用发票征补税款问题的公告》（国家税务总局公告2012年第33号）规定，纳税人虚开增值税专用发票，未就其虚开金额申报并缴纳增值税的，应按照其虚开金额补缴增值税；已就其虚开金额申报并缴纳增值税的，不再按照其虚开金额补缴增值税。还有一种观点认为，对外虚开的发票不存在真实交易，不需要补征增值税。近几年来，各地税务机关普遍采纳第二种观点。本书也采纳第二种观点，即因对外虚开的发票不存在真实交易，没有发生增值税应税范围中的经营活动，所以对当事人对外虚开发票的行为不追缴增值税及相关的附加税费。此案因虚开发票的税额达到了虚开增值税专用发票立案追诉标准，所以需要将其移送至公安机关。2022 年 4 月 29 日，最高人民检察院、公安部联合发布修订后的《关于公安机关管辖的刑事案件立案追诉标准的规定（二）》，自 2022 年 5 月 15 日施行。该规定第五十六条规定，“〔虚开增值税专用发票、用于骗取出口退税、抵扣税款发票案（刑法第二百零五条）〕虚开增值税专用发票或者虚开用于骗取出口退税、抵扣税款的其他发票，虚开的税款数额在十万元以上或者造成国家税款损失数额在五万元以上的，应予立案追诉”。虚开增值税专用发票罪立案追诉标准由原来的虚开税款数额在五万元以上提升到十万元以上，在实际工作中要特别关注。

第五，告知了行政救济权利。通常《税务处理决定书》中告知的行政救济权利只有申请行政复议权，因为处理决定书一般都是作出对当事人征税、加收滞纳金的决定，如果当事人对此有异议，则按照《税收征管法》第八十八条规定，“纳税人、扣缴义务人、纳税担保人同税务机关在纳税上发生争议时，必须先依照税务机关的纳税决定缴纳或者解缴税款及滞纳金或者提供相应的担保，然后可以依法申请行政复议；对行政复议决定不服的，可以依法向人民法院起诉”，需要复议前置。但对于本处理决定书中确认虚开发票的处理决定，是否属于纳税争议，是否需要复议前置，在实践中有不同的理解和认定。

2021 年度某税务司法审判案例中，有对该问题的法院判例，在 × × × 省高级人民法院的行政裁定书中，法院认定：《税收征管法实施细则》第一百条规定，“税收征管法第八十八条规定的纳税争议，是指纳税人、扣缴义务人、纳税担保人对税务机关确定纳税主体、征税对象、征税范围、减税、免税及退税、适用税率、计税依据、纳税环节、纳税期限、纳税地点以及税款征收方式等具体行政行为有异议而发生的争议”。纳税争议涉及的是纳税标准问题，涉及的应该是金额、期限等问题。该案涉及《税务处理决定书》系针对虚开增值税专用发票行为作出处理，不属于纳税争议。原一审法院认为，该案属于纳税争议，是复议前置行为，进而认为 ×

××公司起诉不符合法定起诉条件，裁定不予立案，属于认定事实不清，适用法律错误。本书采纳了判例中有利于纳税人的观点，对确认虚开发票的税务处理决定，告知当事人除了可以提出行政复议外，还可以向人民法院提起行政诉讼。

另外，需要注意的是，根据《国家税务总局关于修改〈重大税务案件审理办法〉的决定》（国家税务总局令第51号）第十一条第（二）款规定："有下列情形之一的案件，不属于重大税务案件审理范围：（一）公安机关已就税收违法行为立案的；（二）公安机关尚未就税收违法行为立案，但被查对象为走逃（失联）企业，并且涉嫌犯罪的；（三）国家税务总局规定的其他情形。"案例中被查对象为走逃（失联）企业，并且涉嫌犯罪，虽然案件将移送公安机关，但不属于重大税务案件审理范围。根据《国家税务总局关于修改〈重大税务案件审理办法〉的决定》第十一条第（一）款第4项规定，除上述情形之外的拟移送公安机关处理的其他案件属于重大税务案件，需经市局重大税务案件审理委员会审理。

三、《税务处理决定书》使用说明

在当前税收执法实践中，《税务处理决定书》是最应当改进的税收执法文书之一。按照"说理"的要求制作《税务处理决定书》，需要各级税务机关高度关注。该文书在违法事实的阐述、法律依据的援引以及说明理由等方面，都存在需要进一步研究、解决的问题。依据说理式税收执法文书的要求，在撰写《税务处理决定书》时，应重点关注以下八个方面。

第一，如何充分说明理由。税务机关对当事人作出追缴税款、加收滞纳金的决定，对其作出严厉的、极为不利的行政行为，应当充分说明理由。应当按照说理式执法文书的要求制作该执法文书。不但应当说清事实，列举证明事实存在的证据以及作出处理决定的法律依据，充分阐释作出该行政行为的理由，还应当充分说明对当事人陈述、申辩意见是否采信的理由。而当前税收执法实践中撰写的《税务处理决定书》在上述几个方面都存在一定的不足。另外，在《税务处理决定书》中还需要包括对税务检查相关程序执行情况的说明，这样说理程序才合法正当。

第二，如何客观阐述违法事实。撰写《税务处理决定书》时，对违法事实的阐述，一般包括三个方面的内容：一是叙述当事人存在的客观事实；二是对存在的客观事实进行税收实体法的评价；三是在税收实体法评价的基础上对当事人违法行为予以定性。这不仅需要描述客观事实和行为，还要按照《税收征管法》《发票管理办法》等法律、行政法规的规定，对当事人违法行为予以定性。这一定是负面的评判，否则不能称为“违法事实”。而在税收执法实践中，多数《税务处理决定书》对当事人违法事实的阐述逻辑性不强、条理不清，主要表现为仅仅叙述当事人存在的客观事实，而不对叙述的客观事实进行税收实体法和程序法的税法评价，不对违法行为予以定性，只是直接引用相关法律规定作出税务处理决定，以致人们难以看懂个案的具体事实与抽象的法律规定之间的逻辑关系，尤其是对于对税法相关规定不够了解的当事人来说。《税务稽查案件办理程序规定》第十七条第（一）款规定，检查应当依照法定权限和程序收集证据材料。收集的证据必须经查证属实，并与证明事项相关联。《国家税务总局关于修订部分税务执法文书的公告》（国家税务总局公告2021年第23号）中对《税务处理决定书》中有关违法事实的表述，由原来的“查结的违法事实”变为现在的“查证的违法事实”，表达更精准，更符合说理文书的要求。而所谓“违法事实”，应该是经过执法机构法律评价的事实，是查证的违法事实。而且，在叙述当事人具有的客观事实时，应当达到事实清楚。事实清楚的标准一般依据违法行为的法律构成要件，对具体违法事实的叙述与其相应法律规定的该违法行为所有构成要件是一致的。也就是说，对具体违法事实的叙述达到了法律对该违法行为的叙述状态。例如，关于偷税行为的法定构成要件，根据《税收征管法》第六十三条第（一）款规定，一是偷税的主体是纳税人或者扣缴义务人，二是当事人具有该法条规定的四种偷税手段的一种或多种，三是由于当事人偷税手段造成了其不缴或者少缴税款的结果，四是当事人在主观方面是故意的。根据偷税的法定构成要件，在对偷税行为进行叙述时，应当基本包含这些因素。例如，在【案例7－2】范例中，关于当事人的偷税行为是这样叙述的“你单位2021年度采取在账簿上不列、少列收入的方式隐匿收入，导致少缴纳税款合计206 877.81元”。而其中主体要件——“你单位”；手段要件——“采取在账簿上不列、少列收入的方式隐匿收入”；结果要件——“导致少缴纳税款”。对于主观故意要件，一般不直接叙述，而是通过对手段要件的叙述，推导出主观故意的要件。当事人采取在账簿上不计、少计收入的方式隐匿收入，其主观方面就是故意的。上述范例对当事人偷税行为的叙述基本符合偷税的法定构成要件，因此认为其对违法事实的叙述达到了事实清楚的要求。

第三，如何准确援引法律依据。在撰写《税务处理决定书》时，应注意对法律依据的援引。在税收执法实践中，有的税务工作人员在撰写《税务处理决定书》时，关于追缴税款法律依据的援引，就直接引用税收实体法的相关规定作为法律依据。我们认为，这属于适用法律错误的情形。《税务处理决定书》是在处理税收违法行为时使用的。既然是税收违法行为，首先就要对该违法行为予以定性，再依据《税收征管法》有关法律责任的条款进行处理。例如，对于处理偷税这样的违法行为，处理的依据应当是《税收征管法》第六十三条的规定。根据该条款规定，对于偷税行为的处理，首先，由税务机关追缴其不缴或者少缴的税款；其次，加收滞纳金；最后，处不缴或者少缴的税款百分之五十以上五倍以下的罚款。如果构成犯罪的，依法追究刑事责任。这才是税务机关处理偷税行为应当援引的法律。而在某一税种（实体法）的法律、法规中，一般只是规定纳税义务人、税种、税目、税率、纳税申报期、税收优惠等要素。关于该税种的征收与管理，则明确规定依据《税收征管法》进行，对于违法行为如何处理一般也不予直接规定（《中华人民共和国印花税暂行条例》除外，但在《中华人民共和国印花税法》出台后，对违法行为处理也都统一适用《税收征管法》）。因此，对税收违法行为的处理不能直接引用税收实体法的相关规定作为依据。而对于税收实体法相关条款的援引，如上所述，都是在叙述违法事实，对当事人的税收行为进行实体法的评价时则援引税收实体法的相关条款。曾经有税务机关在《税务处理决定书》中，关于追缴税款法律依据的援引，就是直接援引税收实体法的相关条款，某法院在对该税务机关作出该行政行为的法律依据进行评判时认为，该税务机关在作出被诉处理决定中，并无援引《税收征管法》第五章中具体的法律责任条款，属适用法律错误，应予撤销，并以此作为判决撤销该行政行为的理由之一。因此，税务机关虽然对税收违法行为作出追缴税款、加收滞纳金的处理决定，而非作出税务行政处罚决定，但必须援引《税收征管法》的相关条款作为依据。在上述范例中，关于追缴税款的依据就是援引《税收征管法》第六十三条第（一）款的规定。

在援引法律依据时，一般是以税收法律、行政法规或者规章作为依据。不能仅仅援引财政部、国家税务总局发布的规章级别以下的有关税收规范性文件作为处理税收违法行为的依据。即使需要援引这类规范性文件作为法律依据，也必须是首先援引税收法律、行政法规或者规章，其次援引税收规范性文件作为理解税收法律、行政法规或者规章的依据。在实际工作中，有的税务机关在对案件进行定性处理时，直接引用税收规范性文件，有的甚至直接引用国家税务总局关于案件查处的通知等内部文件，而且把内部文件作为定性依据直接标注在决定性文书上，这是具有很大执法风险的。文件层级不够，而且可能涉密，这是在税收执法过程中应该引起大家特别注意的问题。具体到本案，文中关于走逃（失联）企业涉嫌虚开增值税专用发票检查，税务机关可以按照总局内部文件要求进行收集相关资料，查询征管信息、增值税专用发票、资金流、生产经营真实性等相关情况及证据，进行交易真实性的判定，之后根据集体审理意见对案件进行定性，政策依据是《发票管理办法》第二十二条，切勿将内部文件直接作为定性依据写在决定性文书中，这是税务机关应高度关注的问题。

第四，如何援引加收滞纳金法律依据。在撰写《税务处理决定书》时，应注意对加收滞纳金法律依据的援引。在税收执法实践中，绝大多数税务工作人员在撰写《税务处理决定书》时，关于加收滞纳金法律依据的援引，仅仅援引《税收征管法》第三十二条的规定。但我们认为，仅仅援引《税收征管法》第三十二条的规定加收滞纳金，援引法律依据不够充分。根据该法第三十二条规定，纳税人未按照规定期限缴纳税款的，扣缴义务人未按照规定期限解缴税款的，税务机关除责令限期缴纳外，从滞纳税款之日起，按日加收滞纳税款万分之五的滞纳金。但并不是所有未按照规定期限缴纳、解缴税款的情形都需要加收滞纳金。例如，由于税务机关的责任，致使纳税人、扣缴义务人未缴或者少缴税款的情形，税务机关在三年内可以要求纳税人、扣缴义务人补缴税款，但是不得加收滞纳金。另外，纳税人善意取得虚开的增值税专用发票被依法追缴已抵扣税款的，也不适用加收滞纳金的规定。所以，仅仅依据《税收征管法》第三十二条的规定，不能确定是否需要对未缴、少缴的税款加收滞纳金。加收滞纳金的法律依据应当适用相关法律责任条款。例如，对于偷税行为，对其应当加收滞纳金，其法律依据就是《税收征管法》第六十三条的规定。根据该条款规定，对于偷税行为的处理，税务机关不但可以追缴其不缴或者少缴的税款，还应当加收滞纳金。当然，加收滞纳金的标准应当是《税收征管法》第三十二条的规定，从滞纳税款之日起，按日加收滞纳税款万分之五的滞纳金。而且，在计算滞纳金时，仅仅依据《税收征管法》第三十二条的规定无法计算，必须明示每笔不缴、少缴税款的属期以确定“滞纳之日”，同时依据《税收征管法实施细则》第七十五条规定，从滞纳税款之日起至实际缴纳或者解缴税款之日止，按日加收滞纳税款万分之五的滞纳金。所以，援引加收滞纳金的法律依据，必须援引三个法律条款：《税收征管法》相关法律责任条款、《税收征管法》第三十二条以及《税收征管法实施细则》第七十五条。因此，在上述范例中，关于加收滞纳金法律依据的援引，如【案例 7－1】范例中就是这样表述的“根据《中华人民共和国税收征收管理法》第六十三条第（一）款、第三十二条‘纳税人未按照规定期限缴纳税款的，扣缴义务人未按照规定期限解缴税款的，税务机关除责令限期缴纳外，从滞纳税款之日起至实际缴纳税款之日止，按日加收万分之五的滞纳金’，以及《中华人民共和国税收征收管理法实施细则》第七十五条‘税收征管法第三十二条规定的加收滞纳金的起止时间，为法律、行政法规规定或者税务机关依照法律、行政法规的规定确定的税款缴纳期限届满次日起至纳税人、扣缴义务人实际缴纳或者解缴税款之日止’的规定，对你单位少缴纳的增值税、城市维护建设税、企业所得税，从滞纳税款之日起，至实际缴纳或者解缴税款之日止，按日加收滞纳税款万分之五的滞纳金”。对于偷税行为加收滞纳金，首先依据《税收征管法》第六十三条的规定，其次依据《税收征管法》第三十二条及《税收征管法实施细则》第七十五条的规定。如果违法行为未定性为偷税，那么建议加收滞纳金的时候援引《税收征管法》第五十二条第（二）款、第三十二条及《税收征管法实施细则》第七十五条的规定。

第五，如何告知有关税款强制执行法律规定。在撰写《税务处理决定书》时，应注意有关税款强制执行法律规定的告知。国家税务总局制定的该文书的式样，有关税款强制执行法律规定的告知是这样表述的“逾期未缴清的，将依照《中华人民共和国税收征收管理法》第四十条规定强制执行”。应注意的是，对税务机关而言，《税收征管法》只是授权对从事生产经营的纳税人、扣缴义务人具有强制执行权，而对非从事生产经营的纳税人、扣缴义务人并没有强制执行的权力。因此，《税务处理决定书》在告知当事人“逾期未缴清的，将依照《中华人民共和国税收征收管理法》第四十条规定强制执行”，这只是针对从事生产经营的纳税人、扣缴义务人，而对非从事生产经营的纳税人，税务机关就无权这样告知。如果《税务处理决定书》是针对非从事生产经营的纳税人、扣缴义务人，关于税款强制执行的告知可以修改为：“逾期未缴清的，将依法申请人民法院强制执行。”对于何为“从事生产、经营的纳税人”，《税收征管法》第十五条是这样叙述的，“企业，企业在外地设立的分支机构和从事生产、经营的场所，个体工商户和从事生产、经营的事业单位（以下统称从事生产、经营的纳税人）”。

第六，如何申请税务行政复议。关于《税务处理决定书》中涉及纳税争议时申请税务行政复议的有关事项，在《税务处理决定书》结尾部分会告知当事人：“你（单位）若同我局（所）在纳税上有争议，必须先依照本决定的期限缴纳税款及滞纳金或者提供相应的担保，然后可自上述款项缴清或者提供相应担保被税务机关确认之日起六十日内依法向上一级申请行政复议。”《税务行政复议规则》第三十三条第（一）款、第（二）款规定：“申请人对本规则第十四条第（一）项规定的行为不服的，应当先向行政复议机关申请行政复议；对行政复议决定不服的，可以向人民法院提起行政诉讼。申请人按照前款规定申请行政复议的，必须依照税务机关根据法律、法规确定的税额、期限，先行缴纳或者解缴税款和滞纳金，或者提供相应的担保，才可以在缴清税款和滞纳金以后或者所提供的担保得到作出具体行政行为的税务机关确认之日起60日内提出行政复议申请。”对于纳税争议，当事人缴纳或者解缴税款和滞纳金，或者提供相应的担保后是否享有申请税务行政复议的权利，目前主要有两种观点：一种观点认为，法定的60日复议申请期限不能被变相缩短，申请条件与申请期限不能混同，只要按照纳税决定缴纳或者解缴税款和滞纳金，或者提供相应的担保就符合税务行政复议的申请条件；另一种观点则认为，申请条件不仅要求按照纳税决定缴纳或者解缴税款和滞纳金，或者提供相应的担保，而且必须是在规定的时限内（如本案例为《税务处理决定书》确定的十五天），逾期缴清税款或者提供相应担保，即使纳税决定违法也不允许通过申请行政复议进行纠正。按照立法原意，申请条件与申请期限是两个不同的法律规范，按照《税收征管法》第八十八条第（一）款的表述，申请行政复议条件就是：“必须先依照税务机关的纳税决定缴纳或者解缴税款及滞纳金或者提供相应的担保。”而如何理解“依照税务机关的纳税决定”，《税务行政复议规则》第三十三条第（二）款规定：“必须依照税务机关根据法律、法规确定的税额、期限。”此条明确规定要按照税务机关确定的期限缴纳或提供担保。而且，在符合条件之后，又给了60天申请复议的期限，二者不重合。另外，对于是否应当在《税务处理决定书》中表述移送公安机关决定，各地税务机关做法不一，最高人民法院2017年有一起行政裁定，再审法院认为，“×××局作出《涉嫌犯罪案件移送书》并将相关当事人涉嫌犯罪的材料移送公安机关查处，均系履行《中华人民共和国行政处罚法》《行政执法机关移送涉嫌犯罪案件的规定》规定的职责。而且，×××局移送的仅仅是犯罪线索，被移送的当事人是否符合犯罪案件立案标准，需由公安机关进行审查，被移送的当事人是否构成刑事犯罪，也需由司法机关进行认定。换言之，虽然×××局作出《涉嫌犯罪案件移送书》并移送包括检测报告、调查报告在内的相关线索材料，但在是否追究刑事责任的认定上，公安机关和司法机关仍独立进行审查。可见，×××局作出《涉嫌犯罪案件移送书》并未对×××依据行政实体法所享有的权利和义务产生实质影响，不属于《中华人民共和国行政复议法》第六条规定的可以提起行政复议申请的范围”。既然×××申请复议的事项不属于可以提起行政复议的范围，那么移送公安机关属税务机关内部工作要求，不是对当事人的税务处理事项，当事人不可以对税务机关将案件移送公安机关的决定申请行政复议或提起行政诉讼，因此本书没有在《税务处理决定书》中表述移送公安机关事项。

第七，如何适用重大税务案件审理办理。案件如果达到东方省税务机关规定的重大税务案件审理标准，应注意以下三点。一是税务文书应加盖稽查局印章后送达当事人。根据《国家税务总局关于修改〈重大税务案件审理办法〉的决定》（国家税务总局令第51号）第三十五条第（一）款规定，稽查局应当按照重大税务案件审理意见书制作税务处理处罚决定等相关文书，加盖稽查局印章后送达执行。二是由稽查局组织听证。根据《国家税务总局关于修改〈重大税务案件审理办法〉的决定》第十四条第（二）款规定，当事人按照法律、法规、规章有关规定要求听证的，由稽查局组织听证。三是审理委员会所在税务机关为被申请人。根据《税务行政复议规则》第二十九条第（二）款规定，申请人对经重大税务案件审理程序作出的决定不服的，审理委员会所在税务机关为被申请人。当国家税务总局文理市税务局稽查局根据经国家税务总局文理市税务局重大税务案件审理程序作出的决定对当事人下达决定性文书，告知当事人法律救济权时，应告知当事人有权依法向国家税务总局东方省税务局申请行政复议，被申请人应是国家税务总局文理市税务局，否则会导致程序违法。

第八，关于《税务处理决定书》式样。《国家税务总局关于修订部分税务执法文书的公告》（国家税务总局公告 2021 年第 23 号）将《税务行政处罚决定书》中“一、违法事实”修改为“一、违法事实及证据”，但《税务处理决定书》的第一部分内容并没有发生变化，仍是“一、违法事实”，所以有观点认为《税务处理决定书》不需要列举证据，这显然不符合说理式税收执法文书的制作要求。

第二节　税务行政处罚事项告知书

税务机关在作出税务行政处罚决定之前，应当告知当事人拟作出的行政处罚内容及事实、理由、依据，并告知当事人依法享有的陈述、申辩、要求听证等权利。税务行政处罚告知是普通税务行政处罚必经的前置程序，未按规定向当事人告知的，不得作出行政处罚决定。《税务行政处罚事项告知书》是税务管理环节和税务稽查环节常见的执法文书之一，主要告知当事人已经查明的违法事实、证据、行政处罚的法律依据和拟给予的行政处罚，并告知其有要求举行听证的权利。其主要目的是有利于当事人进行陈述和申辩。尽管该文书并不确定当事人实质性的权利和义务，但是保护当事人陈述、申辩的权利，保护税收合法权益的重要程序，可能对其实质性权益产生不利影响，有必要依据说理式执法文书的制作规范和要求制作该执法文书。

一、《税务行政处罚事项告知书》的式样

国家税务总局________税务局（稽查局）

税务行政处罚事项告知书

____税罚告〔　　〕________号

__________：（纳税人识别号：______）

对你（单位）（地址：________）的税收违法行为拟于______年____月____日之前作出行政处罚决定，根据《中华人民共和国税收征收管理法》第八条、《中华人民共和国行政处罚法》第四十四条、第六十三条、第六十四条规定，现将有关事项告知如下：

一、税务行政处罚的事实、理由、依据及拟作出的处罚决定：________

二、你（单位）有陈述、申辩的权利。请在我局（所）作出税务行政处罚决定之前，到我局（所）进行陈述、申辩或自行提供陈述、申辩材料；逾期不进行陈述、申辩的，视同放弃权利。

三、若拟对你罚款2 000元（含2 000元）以上，拟对你单位罚款10 000元（含10 000元）以上，或符合《中华人民共和国行政处罚法》第六十三条规定的其他情形的，你（单位）有要求听证的权利。可自收到本告知书之日起五个工作日内向我局书面提出听证申请；逾期不提出，视为放弃听证权利。

税务机关（印章）

年　月　日

二、《税务行政处罚事项告知书》的制作

【案例7-4】

背景材料：

星海电缆有限责任公司设立于2009年8月，为增值税一般纳税人，企业所得税查账征收。2022年8月，国家税务总局文理市税务局稽查局收到外省稽查局以一户一函的形式出具的《税收违法案件协查函》《已证实虚开通知单》及相关证据资料，表明该单位2021年9月接受的3份由阳光铜业有限公司开具的增值税专用发票为虚开发票。2022年8月26日，稽查局依法对星海电缆有限责任公司立案之后，当天派李江、王虹对该单位2021年度所涉税费情况进行检查，此前该单位没有接受过税务机关检查。

通过检查发现，该单位2021年9月接受了由阳光铜业有限公司开具的3份增值税专用发票，发票号码分别为00082685、00082686、00082687，货物名称为铜线，涉及的增值税税额分别为13 000.00元、39 000.00元、26 000.00元，合计78 000.00元，发票价税合计为678 000.00元，据该单位法定代表人和会计陈述，星海电缆有限责任公司2021年9月从个体工商户吴某处低价购买铜线，未取得发票，之后以支付开票费的方式从阳光铜业有限公司取得上述虚开的增值税专用发票，并于2021年9月抵扣了上述虚开发票的进项税额。该行为导致星海电缆有限责任公司少缴纳增值税78 000.00元，城市维护建设税5 460.00元，教育费附加2 340.00元，地方教育附加1 560.00元。检查人员责令其限期换开发票，该单位表示已经无法换开发票，并提供了个体工商户吴某为非正常户的记录，星海电缆有限责任公司与该个体工商户签订的购货合同，以及星海电缆有限责任公司转账支付给吴某货款的银行转账记录。该批钢材的成本在企业所得税税前已经扣除，上述条件满足《国家税务总局关于发布〈企业所得税税前扣除凭

证管理办法〉的公告》（国家税务总局公告2018年第28号）第十四条的要求，企业所得税无须进行纳税调增。

证明以上违法事实的证据有：(1) 外省稽查局出具的《税收违法案件协查函》《已证实虚开通知单》和相关证据资料；(2) 阳光铜业有限公司开具给星海电缆有限责任公司的3份增值税专用发票的复印件；(3) 星海电缆有限责任公司在2021年9月的《增值税及附加税费申报表（一般纳税人适用）》及缴税银行回单；(4) 星海电缆有限责任公司法定代表人的询问笔录；(5) 星海电缆有限责任公司会计的询问笔录；(6) 支付开票费的银行转账记录；(7) 个体工商户吴某的非正常户记录；(8) 星海电缆有限责任公司与该个体工商户签订的购货合同；(9) 星海电缆有限责任公司转账支付给吴某货款的银行转账记录；(10) 2021年9月铜线的入库单。

另外，检查组还发现星海电缆有限责任公司2021年10月隐匿销售废料收取款项1 130 000.00元，换算为不含税收入1 000 000.00元，未计入收入账簿，少缴纳增值税130 000.00元，城市维护建设税9 100.00元，教育费附加3 900.00元，地方教育附加2 600.00元。

上述两项涉税违法行为共导致少缴企业所得税243 760.00元。

证明以上违法事实的证据有：(1) 车间工人李凯、王峰的询问笔录，有关废料的照片3张；(2) 废料保管部门的台账；(3) 销售废料的出库单；(4) 收入明细账（没有废料销售收入记录）；(5) 星海电缆有限责任公司法定代表人询问笔录；(6) 星海电缆有限责任公司会计人员询问笔录；(7) 星海电缆有限责任公司2021年10月《增值税及附加税费申报表（一般纳税人适用）》、2021年度《企业所得税年度纳税申报表》(A类)。

根据《中华人民共和国发票管理办法》第二十二条规定，该单位存在虚开增值税专用发票行为。根据《中华人民共和国税收征收管理法》第六十三条第（一）款规定，该单位在增值税、城市维护建设税、企业所得税方面存在偷税行为，共涉及税款466 320.00元。该单位全年缴纳各项税款 5 000 000.00 元，全年偷税额占各税种应纳税总额比例未达到 10%。税务机关拟对其虚开发票违法行为罚款 200 000.00元，对其未缴少缴税款处 1 倍罚款。

根据上述背景材料，国家税务总局文理市税务局稽查局需要制作《税务行政处罚事项告知书》并送给当事人。依据说理式税收执法文书的制作要求，该文书制作如下。

国家税务总局文理市税务局稽查局
税务行政处罚事项告知书

文税稽罚告〔2012〕36 号

星海电缆有限责任公司：（纳税人识别号：982829703217036）

我局于 2022 年 8 月 26 日至 2022 年 9 月 25 日对你单位（地址：文理市南山区文理大街 36 号）2021 年 1 月 1 日至 2021 年 12 月 31 日的所涉税费情况进行了检查，现已检查结束。对你单位的税收违法行为拟作出行政处罚决定，根据《中华人民共和国税收征收管理法》第八条及《中华人民共和国行政处罚法》第四十四条、第六十三条、第六十四条规定，现将有关事项告知如下：

一、税务行政处罚的事实、证据、依据及拟作出的处罚决定

（一）违法事实及证据

1. 你单位让他人为自己虚开增值税专用发票价税合计 678 000.00 元，导致少缴增值税及相关税费

你单位 2021 年 9 月取得阳光铜业有限公司开具的三份增值税专用发票，发票代码为 4300171230，发票号码分别为 00082685、00082686、00082687，货物名称为铜线，发票金额为 600 000.00 元，发票税额为 78 000.00 元，发票价税合计为 678 000.00 元，并于 2021 年 9 月抵扣了上述虚开发票的进项税额。经调查，你单位与阳光铜业有限公司并不存在真实的货物交易，据你单

位法定代表人和会计陈述，你单位2021年9月从个体工商户吴某处低价购买铜线，未取得发票，之后以支付开票费的方式从阳光铜业有限公司取得上述虚开的增值税专用发票。

上述违法事实，主要有以下证据证明：

（1）三份由阳光铜业有限公司开具的增值税专用发票的复印件，证明你单位接受了三份由阳光铜业有限公司开具的增值税专用发票，涉及增值税共计78 000.00元。

（2）外省稽查局出具的《税收违法案件协查函》《已证实虚开通知单》和相关证据资料，你单位法定代表人的询问笔录，会计的询问笔录，支付开票费的银行转账记录，上述证据证明你单位接受3张发票的行为属于让他人为自己虚开发票的违法行为。

（3）你单位与个体工商户吴某签订的购货合同，你单位支付给吴某货款的银行转账记录，2022年9月铜线的入库单，上述证据证明你单位与个体工商户吴某存在购进铜线交易。

（4）上述购进的铜线的出库单和销售单证明该批铜线已经全部出库且对外销售。

（5）你单位在2021年10月10日填报的《增值税及附加税费申报表（一般纳税人适用）》证明你单位2021年9月利用上述虚开的发票抵扣增值税78 000.00元，未依法申报缴纳增值税、城市维护建设税、教育费附加、地方教育附加。

根据《中华人民共和国发票管理办法》第二十二条第（二）款第2项规定，你单位2021年9月取得阳光铜业有限公司开具的三张增值税专用发票，发票金额600 000.00元，发票税额78 000.00元，价税合计678 000.00元，属于让他人为自己开具与实际经营业务情况不符的发票，为虚开发票行为。

2. 你单位采取在账簿上不列、少列收入的方式隐匿销售铜废料收入1 000 000.00元，导致少缴相关税费

2021年10月，你单位对外销售铜废料收取款项1 130 000.00元，换算为不

含税收入 1 000 000.00 元，未计入收入科目。隐匿铜废料收入 1 000 000.00 元。

上述违法事实，主要有以下证据证明：

（1）你单位车间工人李凯、王峰的询问笔录，有关废料的照片三张，证明你单位生产产品的过程中产生了铜废料。

（2）你单位废料收集和仓储保管部门的台账证明你单位 2021 年度产生铜废料共计 18.6 吨。

（3）销售铜废料的出库单、你单位法定代表人询问笔录、会计人员询问笔录证明你单位有销售铜废料的行为，取得现金销售款项 1 130 000.00 元。

（4）你单位收入明细账簿证明收入明细账中没有记录销售铜废料的收入。

（5）你单位 2021 年度《增值税及附加税费申报表（一般纳税人适用）》、2021 年度《企业所得税年度纳税申报表》（A 类）证明你单位 2021 年度隐匿铜废料收入业务未依法申报缴纳增值税、城市维护建设税、教育费附加、地方教育附加、企业所得税。

（二）应补缴税费情况

1. 增值税方面

根据《中华人民共和国增值税暂行条例》第一条规定，在中华人民共和国境内销售货物或者加工、修理修配劳务（以下简称劳务），销售服务、无形资产、不动产以及进口货物的单位和个人，为增值税的纳税人，应当缴纳增值税。因此，你单位属于增值税纳税人。

对于上述第 1 项违法事实，根据《中华人民共和国增值税暂行条例》第九条规定，纳税人购进货物或者应税劳务，取得的增值税扣税凭证不符合法律、行政法规或者国务院税务主管部门有关规定的，其进项税额不得从销项税额中抵扣。《国家税务总局关于纳税人虚开增值税专用发票征补税款问题的公告》（国家税务总局公告 2012 年第 33 号）规定，纳税人取得虚开的增值税专用发票，不得作为增值税合法有效的扣税凭证抵扣其进项税额。因此，你单位在 2021 年 10 月 10 日申报 2021 年 9 月的增值税时，利用上述虚开的增值税专用发票抵扣进项税 78 000.00 元，应作进项税额转出。根据《中华人民共和国增值税暂行条例》第四条规定，除本条例第十一条规定外，纳税人销售货物、劳务、服务、无形资产、不动产，应纳税额为当期销项税额抵扣当期进项税额后的余额。应纳税额计算公式：应纳税额=当期销项税额-当期进项税额，当期销项税额小于当期进项税额不足抵扣时，其不足部分可以结转下期继续抵扣。因此，你单位不允许抵扣的进项税额应首先抵扣当期期末留抵税额，由于你单位2021年9月没有期末留抵税额，进项税额转出后，你单位2021年9月应调增值税应纳税额78 000.00元。

对于上述第2项违法事实，根据《中华人民共和国增值税暂行条例》第二条第（一）款第2项、《财政部　税务总局关于调整增值税税率的通知》（财税〔2018〕32号）第一条、《财政部　税务总局　海关总署关于深化增值税改革有关政策的公告》（财政部　税务总局　海关总署公告2019年第39号）第一条规定，纳税人销售货物税率为13%。因此，你单位未计收入的铜废料收入适用13%税率。根据《中华人民共和国增值税暂行条例》第五条规定，纳税人发生应税销售行为，按照销售额和本条例第二条规定的税率计算收取的增值税额，为销项税额。销项税额计算公式：销项税额=销售额×税率。该条例第六条第（一）款规定，销售额为纳税人发生应税销售行为收取的全部价款和价外费用，但是不包括收取的销项税额。因此，你单位在账簿上不列、少列收入，应按不含税销售额乘以适用税率计算应调增的销项税额。该条例第四条规定，除本条例第十一条规定外，纳税人销售货物、劳务、服务、无形资产、不动产，应纳税额为当期销项税额抵扣当期进项税额后的余额。应纳税额计算公式：应纳税额=当期销项税额-当期进项税额，当期销项税额小于当期进项税额不足抵扣时，其不足部分可以结转下期继续抵扣。因此，你单位调增的销项税额应首先抵扣当期期末留抵税额，由于你单位2021年10月没有期末留抵税额，调增的销项税额应全额调增当期增值税应纳税额。该条例第二十三条第（二）款规定，纳税人以1个月或者1个季度为1个纳税期的，自期满之日起15日内申报纳税。你单位属于以1个月为纳税期的纳税人，应自期满之日起15日内申报纳税。该条例第十九条第（一）款第1项规定，发生应税销售行为，增值税纳税义务发生时间为收讫销售款项或者取得索取销售款项凭据的当天；先开具发票的，为开具发票的当天。因此，你单位增值税纳税义务发生时间应在提供铜废料销售行为并收讫销售款项或者取得索取销售款项凭据的当天。你单位应调增2021年度10月增值税应纳税额130 000.00（1 000 000.00×13%）元。

2. 城市维护建设税方面

根据《中华人民共和国城市维护建设税法》第一条规定，在中华人民共和国境内缴纳增值税、消费税的单位和个人，为城市维护建设税的纳税人，应当依照本法规定缴纳城市维护建设税。该法第二条规定，城市维护建设税以纳税人依法实际缴纳的增值税、消费税税额为计税依据。《关于城市维护建设税计税依据确定办法等事项的公告》（财政部　税务总局公告2021年第28号）第一条第（一）款规定，城市维护建设税以纳税人依法实际缴纳的增值税、消费税税额（以下简称“两税税额”）为计税依据。第（二）款规定，依法实际缴纳的两税税额，是指纳税人依照增值税、消费税相关法律法规和税收政策规定计算的应当缴纳的两税税额（不含因进口货物或境外单位和个人向境内销售劳务、服务、无形资产缴纳的两税税额），加上增值税免抵税额，扣除直接减免的两税税额和期末留抵退税退还的增值税税额后的金额。因此，你单位属于城市维护建设税纳税人，应补缴增值税应按规定缴纳城市维护建设税。

根据《中华人民共和国城市维护建设税法》第四条规定，纳税人所在地在市区的，城市维护建设税税率为百分之七。该法第五条规定，城市维护建设税的应纳税额按照计税依据乘以具体适用税率计算。该法第七条规定，城市维护建设税的纳税义务发生时间与增值税、消费税的纳税义务发生时间一致，分别与增值税、消费税同时缴纳。你单位位于市区，适用百分之七的城市维护建设税税率。你单位少缴纳城市维护建设税的纳税义务发生时间与少缴纳增值税的纳税义务发生时间一致。你单位少缴的城市维护建设税，按本次检查应补缴增值税作为计税依据乘以百分之七的税率计算，应补缴城市维护建设税 14 560.00（78 000.00 × 7% + 130 000.00 × 7%）元。

3. 教育费附加方面

根据《征收教育费附加的暂行规定》第二条规定，凡消费税、增值税、营业税的单位和个人，除按照《国务院关于筹措农村学校办学经费的通知》（国发〔1984〕174 号）的规定，缴纳农村教育事业费附加的单位外，都应当依照本规定缴纳教育费附加。该规定第三条第（一）款规定，教育费附加，以各单位和个人实际缴纳的增值税、营业税、消费税的税额为计征依据，教育费附加率为 3%，分别与增值税、营业税、消费税同时缴纳。该规定第五条第（一）款规定，教育费附加由税务机关负责征收；该规定第六条规定，教育费附加的征收管理，按照消费税、增值税、营业税的有关规定办理。同时，根据《关于城市维护建设税计税依据确定办法等事项的公告》（财政部　税务总局公告 2021 年第 28 号）第二条规定，教育费附加、地方教育附加计征依据与城市维护建设税计税依据一致，按本公告第一条规定执行。因此，你单位属教育费附加缴费人。你单位少缴的教育费附加，按本次检查应补缴增值税作为计税依据适用 3% 费率计算，与增值税同时缴纳。你单位应补缴教育费附加 6 240.00（78 000.00 × 3% + 130 000.00 × 3%）元。

4. 地方教育附加方面

根据《财政部关于统一地方教育附加政策有关问题的通知》（财综〔2010〕98 号）第二条规定，统一地方教育附加征收标准。地方教育附加征收标准统一为单位和个人（包括外商投资企业、外国企业及外籍个人）实际缴纳的增值税、营业税和消费税税额的 2%。根据《东方省人民政府办公厅关于印发〈东方省地方教育附加征收使用管理暂行办法〉的通知》（文府办〔2011〕19 号）第二条规定，东方省行政区域内缴纳增值税、消费税、营业税（以下简称“三税”）的单位和个人（包括外商投资企业、外国企业及外籍个人），按照其实际缴纳三税税额的 2% 征收地方教育附加。具体的征收管理比照教育费附加的有关规定执行。同时，根据《关于城市维护建设税计税依据确定办法等事项的公告》（财政部　税务总局公告2021年第28号）第二条规定，教育费附加、地方教育附加计征依据与城市维护建设税计税依据一致，按本公告第一条规定执行。你单位属地方教育附加缴费人。你单位少缴的地方教育附加，按本次检查应补缴增值税作为计税依据适用2%费率计算，与增值税同时缴纳。你单位应补缴地方教育费附加4 160.00（78 000.00×2%＋130 000.00×2%）元。

5. 企业所得税方面

根据《中华人民共和国企业所得税法》第一条第（一）款规定，在中华人民共和国境内，企业和其他取得收入的组织（以下统称企业）为企业所得税的纳税人，依照本法的规定缴纳企业所得税。因此，你单位属于企业所得税纳税人。

对于上述第1项违法事实，你单位从阳光铜业取得的虚开的增值税专用发票，根据《国家税务总局关于发布〈企业所得税税前扣除凭证管理办法〉的公告》（国家税务总局公告2018年第28号）第十二条规定，企业取得私自印制、伪造、变造、作废、开票方非法取得、虚开、填写不规范等不符合规定的发票，以及取得不符合国家法律、法规等相关规定的其他外部凭证，不得作为税前扣除凭证。经查实，你单位并非从阳光铜业有限公司购入的货物，实际上是从个体工商户吴某处购入铜线，应向吴某索取发票，你单位表示已无法联系吴某，无法补开发票，并提供了个体工商户吴某的非正常户记录，你单位与该个体工商户吴某签订的购货合同，以及你单位转账支付给吴某货款的银行转账记录。上述条件满足《国家税务总局关于发布〈企业所得税税前扣除凭证管理办法〉的公告》（国家税务总局公告2018年第28号）第十四条规定，企业在补开、换开发票、其他外部凭证过程中，因对方注销、撤销、依法被吊销营业执照、被税务机关认定为非正常户等特殊原因无法补开、换开发票、其他外部凭证的，可凭以下资料证实支出真实性后，其支出允许税前扣除：（一）无法补开、换开发票、其他外部凭证原因的证明资料（包括工商注销、机构撤销、列入非正常经营户、破产公告等证明资料）；（二）相关业务活动的合同或者协议；（三）采用非现金方式支付的付款凭证；（四）货物运输的证明资料；（五）货物入库、出库内部凭证；（六）企业会计核算记录以及其他资料。前款第（一）项至第（三）项为必备资料。因此，你单位该批铜线的成本允许在企业所得税税前扣除。

对于上述第2项违法事实，根据《中华人民共和国企业所得税法》第六条规定，企业以货币形式和非货币形式从各种来源取得的收入，为收入总额。因此，你单位2021年10月采取在账簿上不列、少列收入的方式隐匿销售铜废料收入1 000 000.00元应当属于你单位2021年度的应纳税收入，应调增2021年应纳税所得额1 000 000.00元。根据该法第五条规定，企业每一纳税年度的收入总额，减除不征税收入、免税收入、各项扣除以及允许弥补的以前年度亏损后的余额，为应纳税所得额。由于你单位上述铜废料成本已在企业所得税税前扣除，所以你单位上述隐匿的销售铜废料收入1 000 000.00元应当全额调增2021年应纳税所得额。另外，根据该法第八条规定，企业实际发生的与取得收入有关的、合理的支出，包括成本、费用、税金、损失和其他支出，准予在计算应纳税所得额时扣除。《中华人民共和国企业所得税法实施条例》第三十一条规定，企业所得税法第八条所称税金，是指企业发生的除企业所得税和允许抵扣的增值税以外的各项税金及其附加。你单位补缴的城市维护建设税、教育费附加、地方教育附加可以在企业所得税税前扣除，应调减2021年应纳税所得额24 960.00（14 560.00 + 6 240.00 + 4 160.00）元。你单位已申报2021年应纳税所得额3 000 000.00元，已实际缴纳企业所得税750 000.00元，根据《中华人民共和国企业所得税法》第四条规定，企业所得税的税率为25%。该法第二十二条规定，企业的应纳税所得额乘以适用税率，减除依照本法关于税收优惠的规定减免和抵免的税额后的余额，为应纳税额。所以，你单位2021年应补缴企业所得税243 760.00［（1 000 000.00 − 24 960.00 + 3 000 000.00）×25% − 750 000.00）］元。

上述两项涉税违法行为导致少缴纳增值税208 000.00元、城市维护建设税14 560.00元、教育费附加6 240.00元、地方教育附加4 160.00元、企业所得税243 760.00元，各项税费共计为476 720.00元。

6. 上述不缴、少缴税款的定性

综上所述，根据《中华人民共和国税收征收管理法》第六十三条第（一）款规定，纳税人伪造、变造、隐匿、擅自销毁账簿、记账凭证，或者在账簿上多列支出或者不列、少列收入，或者经税务机关通知申报而拒不申报或者进行虚假的纳税申报，不缴或者少缴应纳税款的，是偷税。对纳税人偷税的，由税务机关追缴其不缴或者少缴的税款、滞纳金，并处不缴或者少缴的税款百分之五十以上五倍以下的罚款；构成犯罪的，依法追究刑事责任。你单位使用上述虚假发票抵扣增值税，进行虚假纳税申报，以及隐匿收入导致少缴纳税款466 320.00元的行为属偷税行为。

（三）拟作出的处罚决定

1. 根据《中华人民共和国发票管理办法》第三十七条第（一）款规定，违反本办法第二十二条第二款的规定虚开发票的，由税务机关没收违法所得；虚开金额在1万元以下的，可以并处5万元以下的罚款；虚开金额超过1万元的，并处5万元以上50万元以下的罚款；构成犯罪的，依法追究刑事责任。拟对你单位第1项虚开发票违法行为处200 000.00元的罚款。

2. 根据《中华人民共和国税收征收管理法》第六十三条第（一）款规定，纳税人伪造、变造、隐匿、擅自销毁账簿、记账凭证，或者在账簿上多列支出或者不列、少列收入，或者经税务机关通知申报而拒不申报或者进行虚假的纳税申报，不缴或者少缴应纳税款的，是偷税。对纳税人偷税的，由税务机关追缴其不缴或者少缴的税款、滞纳金，并处不缴或者少缴的税款百分之五十以上五倍以下的罚款；构成犯罪的，依法追究刑事责任。拟对你单位第1项、第2项存在的偷税行为，处少缴税款一倍的罚款，即罚款466 320.00元。

二、你单位有陈述、申辩的权利。请在我局作出税务行政处罚决定之前，到我局进行陈述、申辩或自行提供陈述、申辩材料；逾期不进行陈述、申辩的，我局将依法作出行政处罚决定。

三、由于拟对你单位罚款10 000.00元以上，符合《中华人民共和国行政处罚法》第六十三条第（一）款第1项以及《税务行政处罚听证程序实施办法（试行）》第三条的要求，你单位有要求听证的权利。可自收到本告知书之日起五个工作日内向我局提出听证申请；逾期视为放弃听证权利。

联系人员：李江、王虹

联系电话：87806638

税务机关地址：扬子江北路515号

国家税务总局文理市税务局稽查局（印章）

2022年10月21日

三、《税务行政处罚事项告知书》范例注释

上述《税务行政处罚事项告知书》范例是告知当事人税务机关对其进行检查之后发现其存在的税收违法，并告知当事人拟作出行政处罚及其事实依据、法律依据以及当事人申请听证的权利。上述范例按照说理式税收执法文书的制作要求，其说理性主要体现在以下三个方面。

第一，清楚地告知了当事人存在的违法事实及其证据，同时运用三段论的逻辑推理，说明了税务机关认定违法事实的法律依据和理由。一是存在虚开发票行为。二是使用虚开的增值税专用发票抵扣增值税，进行虚假纳税申报，导致少缴增值税及相关税费；隐匿销售收入，进行虚假纳税申报，导致少缴增值税及相关税费、企业所得税。两项违法行为导致少缴税款466 320.00元，属于偷税行为。三是对当事人存在的两项违法事实分别进行告知，条理清楚，同时分别告知了认定上述事实的证据，有理有据。还说明了税务机关认定上述违法事实的相关法律依据和理由，并援引了相关条款的所有内容，而且运用逻辑三段论推理，说理充分，使得当事人能够有针对性地进行陈述和申辩。

对于认定当事人存在虚开发票行为的三段论推理，推理过程如下。

凡是让他人为自己开具与实际经营业务情况不符的发票的，都是虚开发票行为。（大前提——法律规定）

星海电缆有限责任公司存在让他人为自己开具与实际经营业务情况不符的发票的情形。（小前提——当事人存在的违法行为）

所以，星海电缆有限责任公司存在虚开发票的行为。（结论）

对于认定当事人存在偷税行为的三段论推理，推理过程如下。

凡是进行虚假纳税申报，导致不缴、少缴税款的行为，都是偷税行为。（大前提——法律规定）

星海电缆有限责任公司存在进行虚假纳税申报，导致不缴、少缴税款的行为。（小前提——当事人存在的违法行为）

所以，星海电缆有限责任公司存在偷税行为。（结论）

通过上述三段论逻辑推理的方式，比较充分、清楚地阐述了税务机关认定当事人存在违法行为的理由。

第二，清楚地告知了税务机关拟作出的处罚决定。对于当事人存在的两项违法事实，依据其违法性质分为两类分别进行处罚：一是对虚开发票行为拟处 200 000.00 元的罚款；二是对偷税行为拟处少缴税款 1 倍的罚款，即罚款 466 320.00 元，同时告知了作出处罚的相关法律依据。对于处罚的裁量，也是运用逻辑三段论推理得出处罚的结论。

对于虚开发票行为的处罚，三段论推理过程如下。

凡是虚开发票金额超过 1 万元的，处 5 万元以上 50 万元以下的罚款。（大前提——法律规定）

星海电缆有限责任公司虚开发票金额超过 1 万元。（小前提——当事人存在的违法情形）

所以，对星海电缆有限责任公司处200 000.00元的罚款。（结论）

对于当事人存在偷税行为的处罚，三段论推理过程如下。

凡是存在偷税行为的，处不缴或者少缴的税款百分之五十以上五倍以下的罚款。（大前提——法律规定）

星海电缆有限责任公司存在偷税行为。（小前提——当事人存在的违法情形）

所以，对星海电缆有限责任公司处少缴税款1倍的罚款，即罚款466 320.00元。（结论）

通过上述三段论逻辑推理的方式，比较充分、清楚地阐述了税务机关对当事人处罚的裁量理由。

第三，清楚地告知了与当事人相关的内容。一是当事人具有的陈述、申辩权；二是当事人具有的听证权及其申请听证的时限以及逾期不提出的后果；三是告知了税务机关的联系人、联系电话、税务机关的地址。

因此，上述《税务行政处罚事项告知书》范例也是比较符合说理式税收执法文书的制作要求和规范的。

四、《税务行政处罚事项告知书》使用说明

《税务行政处罚事项告知书》是税务行政处罚过程中必须使用而且十分重要的执法文书。《行政处罚法》第四十四条规定，行政机关在作出行政处罚决定之前，应当告知当事人拟作出的行政处罚内容及事实、理由、依据，并告知当事人依法享有的陈述、申辩、要求听证等权利。该法第四十五条规定，当事人有权进行陈述和申辩。行政机关必须充分听取当事人的意见，对当事人提出的事实、理由和证据，应当进行复核；当事人提出的事实、理由或者证据成立的，行政机关应当采纳。而该法第六十二条规定，行政机关及其执法人员在作出行政处罚决定之前，未依照本法第四十

四条、第四十五条的规定向当事人告知拟作出的行政处罚内容及事实、理由、依据，或者拒绝听取当事人的陈述、申辩，不得作出行政处罚决定；当事人明确放弃陈述或者申辩权利的除外。根据上述法律规定，就行政处罚的一般程序而言，在税务行政处罚过程中只要没有对当事人送达《税务行政处罚事项告知书》，税务行政处罚决定就不成立。因此，税务机关在实施税务行政处罚时，应高度重视这一执法文书。在使用《税务行政处罚事项告知书》时，我们应注意以下七个问题。

第一，在使用《税务行政处罚事项告知书》时注意违法事实的告知。对于当事人存在的违法事实的告知，一是注意叙述的条理性和逻辑性。一般需要按照一定的分类标准，对每一类违法行为分别进行叙述。违法行为的分类标准，既可以依据违法的性质，也可以依据税种的不同，还可以是二者的结合，尽量做到叙述清楚、层次分明。二是注意对每类违法行为的阐述，都要列举相应的，能证明该违法行为存在的证据，做到阐述时有理有据。三是对违法行为的阐述应当援引相应的法律依据。阐述违法行为，不仅是描述一个客观行为，还应援引法律依据对客观行为进行法律评价，说明这一客观行为是一个违反税法规定的税收违法行为。

第二，使用《税务行政处罚事项告知书》时应重视说理的问题。税务机关在作出处罚决定之前使用《税务行政处罚事项告知书》，就是因为通过检查发现当事人存在税收违法行为，即将对当事人进行税务处罚，需要告知被查对象税收违法事实和依据及其陈述、申辩权。但税务机关认定的事实是否清楚、是否合法、是否有理，税务机关必须在该文书中按照说理式执法文书的要求阐述清楚，否则当事人就无法进行辨别，无法进行陈述、申辩，这将间接影响当事人的实质性利益。因此，税务机关在使用该执法文书时应注意按照说理式执法文书的要求制作。

第三，使用《税务行政处罚事项告知书》时应注意陈述、申辩权的告知。在国家税务总局制定的式样中，要求当事人在税务机关作出税务行政处罚决定之前到税务机关进行陈述、申辩或自行提供陈述、申辩材料，逾期不进行陈述、申辩的，视同放弃权利。但是当事人的陈述、申辩权并没有时限规定，即使在作出处罚决定之后，当事人也有陈述、申辩权，《行政处罚法》也没有作出这样的限制性规定。税务机关不能在没有法律依据的情况下，通过《税务行政处罚事项告知书》任意地限制当事人行使陈述、申辩权的期限。否则，这样的告知会存在违反《行政处罚法》的嫌疑，但同时也应该让当事人对税务机关作出行政处罚决定的时间有合理预期。因此，在上述范例中，告知“你单位有陈述、申辩的权利。请在我局作出税务行政处罚决定之前，到我局进行陈述、申辩或自行提供陈述、申辩材料；逾期不进行陈述、申辩的，我局将依法作出行政处罚决定”。

第四，使用《税务行政处罚事项告知书》时应注意对拟作出处罚决定时间的限定。《税务行政处罚事项告知书》式样中，列有“对你（单位）（地址：______）的税收违法行为拟于______年____月____日之前作出行政处罚决定”的内容。对税务违法行为“拟于______年____月____日之前作出行政处罚决定”，是税务机关在制作《税务行政处罚事项告知书》时作出的自我约束，也是让当事人对税务机关作出处罚决定的时间有个预期。对于这一时间规定，很多情形下，税务机关都是简单地根据当事人拥有申请听证权利的期限计算填写，但这类填写操作至少存在两个方面的问题。一是《税务行政处罚事项告知书》送达的时间不确定，很难保证在文书制作的当天就能送达当事人。二是即便当日将文书送达当事人，当事人在收到文书的 5 个工作日内提出陈述、申辩的，税务机关也需要充分听取当事人的意见，复核当事人提出的事实、理由和证据，履行这些程序都需要时间；即使当事人没有提出陈述、申辩，税务机关也很难在听证期限届满的当天作出处罚决定。如果这个期限设置过长，而税务机关又提前作出了行政处罚决定，就很可能让当事人感觉税务机关不诚信，质疑为何税务机关没有按处罚告知的时间作出决定，是否存在程序不正当行为。因此，《税务行政处罚事项告知书》标准式样中表述“拟于______年____月____日之前作出行政处罚决定”并不科学，本书对总局文书式样略作修改，取消了此固定表述，将文书式样中的固定表述改为本书中的“对你（单位）（地址：__________）的税收违法行为拟作出行政处罚决定”。

第五，使用《税务行政处罚事项告知书》时应注意对当事人听证权的告知。在税务总局制定的文书式样中，关于当事人的听证权告知如下："若拟对你罚款2 000元（含2 000元）以上，拟对你单位罚款10 000元（含10 000元）以上，或符合《中华人民共和国行政处罚法》第六十三条规定的其他情形的，你（单位）有要求听证的权利。可自收到本告知书之日起五个工作日内向我局书面提出听证申请；逾期不提出，视为放弃听证权利。"

关于当事人听证权的告知，在税务总局制定的式样中存在一些不妥之处。这主要涉及两个方面的：一是采取假设的语气告知听证权，使告知不是很确切；二是要求当事人必须书面申请听证并没有法律依据。

首先，当事人采取假设的语气告知其听证权是否确切的问题。在税务总局的式样中，用"若……若……"等假设语气的方式告知当事人的听证权，必然要求当事人对其是否具有这一权利进行判断。但对很多缺乏法律常识的人而言，尤其在对单位的内涵无法进行界定的情况下，是无能力对上述告知内容进行判断的，不知道自己是否具有听证的权利，这就有可能出现听证权丧失的情形。因此，这种告知方式是不恰当的，而且关于放弃听证权的告知也容易产生歧义。"逾期不提出，视为放弃听证权利"这一表述并不严谨。"逾期不提出，视为放弃听证权利"，而如果"逾期提出"是否有听证权呢？根据法律规定，答案是否定的。但根据上述告知，无法必然得出这一结论。

其次，当事人申请听证是否必须采用书面形式的问题。虽然在国家税务总局发布的《税务行政处罚听证程序实施办法（试行）》（1996年10月1日起施行）中有书面提出听证的要求，但在我国目前的法律规定中，并没有明确规定当事人申请听证必须采用书面形式。因此，税务机关也不能在没有法律依据的情况下，通过《税务行政处罚事项告知书》任意地限定当事人申请听证的方式。因此，本书可以对式样中关于听证权告知的内容略作修改。在税收执法实践中，有的税务局也主动地进行了修改。如果处罚对象为个人，那么关于其听证权的告知，可以表述为："由于拟对你罚款 2 000 元（含 2 000 元）以上，符合法律规定的听证条件，你有要求听证的权利。可自收到本告知书之日起五个工作日内向我局提出听证申请；逾期视为放弃听证权利。”

如果被处罚对象为单位，那么关于其听证权的告知，可以表述为：“由于拟对你单位罚款 10 000 元（含 10 000 元）以上，符合法律规定的听证条件，你单位有要求听证的权利。可自收到本告知书之日起五个工作日内向我局提出听证申请；逾期视为放弃听证权利。”

在上述范例中，我们也是这样告知当事人听证权的：“由于拟对你单位罚款 10 000 元以上，符合《中华人民共和国行政处罚法》第六十三条第（一）款第 1 项以及《税务行政处罚听证程序实施办法（试行）》第三条的要求，你单位有要求听证的权利。可自收到本告知书之日起五个工作日内向我局提出听证申请；逾期视为放弃听证权利。”

第六，在使用《税务行政处罚告知书》时注意告知当事人作出行政处罚决定的证据。在税收执法的过程中，许多税务机关在《税务行政处罚事项告知书》和《税务行政处罚决定书》中，只是采用叙述的方式告知当事人存在的违法事实，而没有告知当事人相关证据。而在国家税务总局制定的该执法文书式样中，第一项要求告知的内容是“税务行政处罚的事实、理由、依据及拟作出的处罚决定”。笔者认为，“税务行政处罚的事实、理由、依据”就包括证据。这样理解的依据是《行政处罚法》第五十九条规定：“行政机关依照本法第五十七条的规定给予行政处罚，应当制作行政处罚决定书。行政处罚决定书应当载明下列事项：（一）当事人的姓名或者名称、地址；（二）违反法律、法规、规章的事实和证据；（三）行政处罚的种类和依据；（四）行政处罚的履行方式和期限；（五）申请行政复议、提起行政诉讼的途径和期限；（六）作出行政处罚决定的行政机关名称和作出决定的日期。”该条明确规定行政处罚决定书应当载明的第二项内容就应当包括当事人违反法律、法规或者规章的事实和证据，即在行政处罚决定书中不但应当用叙述的方式告知当事人存在的违法事实，还应当告知当事人证明该事实成立的证据。国家税务总局发布的《税务行政处罚听证程序实施办法（试行）》（1996 年 10 月 1 日起施行）第三条规定，税务机关对公民作出 2 000 元以上（含本数）罚款或者对法人或者其他组织作出 1 万元以上（含本数）罚款的行政处罚之前，应当向当事人送达《税务行政处罚事项告知书》，告知当事人已经查明的违法事实、证据、行政处罚的法律依据和拟将给予的行政处罚，并告知其有要求举行听证的权利。这一办法也明确规定，应当告知证明当事人存在违法事实的证据。从法理分析而言，之所以需要在《税务行政处罚事项告知书》和《税务行政处罚决定书》中告知证据，一是使当事人明白自己违法的事实以及证明该事实的证据，对其违法行为是否存在有一个更准确的判断，做到有理有据。二是使当事人明白在作出税务行政处罚之前，税务机关收集了多少证据、哪些证据。因为在作出税务行政处罚之后，税务机关就不能再补证了。为了防范税务机关在作出处罚之后补证，就必然要求税务机关在《税务行政处罚事项告知书》和《税务行政处罚决定书》中告知当事人证据。已经告知的证据，可以认定为在作出行政处罚决定之前收集的，而没有告知的，就可以推定为在作出行政处罚决定之后补证的。因此，根据相关法律以及法理的要求，在上述两个执法文书中必须告知当事人违法的证据。

第七，《税务行政处罚事项告知书》的内容可能不同于最终《税务行政处罚决定书》的内容。纳税人提出陈述、申辩，或者申请听证后，税务机关要充分听取当事人的意见，对当事人提出的事实、理由和证据进行复核后，可能改变告知书中拟作出的行政处罚决定。本案例当事人申请了听证，税务机关最终部分采纳了当事人的意见，改变了告知书中拟作出的行政处罚决定。

关于如何制作说理式税收执法文书，本书的研究以及制作的范例也只是一种探索，不能理解为就是一种标准的范本。在税收执法实践中，对于说理式税收执法文书的使用，有的税务机关也已经或者正在进行探讨。

以下是某市税务局稽查局制作的一份《税务行政处罚事项告知书》，我们以该实际案例进行探讨，文书中的单位和发票信息均做了技术处理。

【案例7-5】

国家税务总局×××市税务局第一稽查局税务行政处罚事项告知书

×税一稽罚告〔2022〕×号

×××市×××建材有限公司：(纳税人识别号：×××408×××HOD)

对你（单位）（地址：×××经济技术开发区东×××小区4栋第×××单元×××房）的税收违法行为拟于2022年5月12日之前作出行政处罚决定，根据《中华人民共和国税收征收管理法》第八条及《中华人民共和国行政处罚法》第四十四条、第六十三条、第六十四条规定，现将有关事项告知如下：

一、税务行政处罚的事实依据、法律依据及拟作出的处罚决定

（一）违法事实

1. 你单位在税务检查期间不履行税收义务并脱离税务机关监管，经实地调查、电话联系、公告送达相关税务文书联系企业，法定代表人均不到场，并经实地调查证实企业确已不存在，致使税务检查工作无法继续开展。

2. 你单位在2018年1月1日到2019年12月31日期间涉嫌在没有真实货物交易的情况下，让他人为自己开具与实际经营业务情况不符的增值税专用发票申报抵扣税款，列支成本并在企业所得税税前扣除，没有进行纳税调整，少缴应纳税款。

（1）你单位2018年12月31日记017号凭证记载购买套筒等建筑材料，取得×××市×××盛建材有限公司2018年12月25日开具的11份增值税专用发票（发票代码：×××104130，发票号码：×××10415～×××10425，金额合计105 813.78元，税额合计16 930.22元，价税合计122 744.00元）申报抵扣税款，后经主管税务机关通知于当年税款所属期10月作增值税进项税额转出。

（2）你单位2018年12月31日记019号凭证记载购买套筒等建筑材料，取得×××市×××平贸易有限公司2018年12月25日开具的3份增值税专用发票（发票代码：×××5104130，发票号码：×××10473～×××10475，金额合计28 237.93元，税额合计4 518.07元，价税合计32 756.00元）申报抵扣税款，后经主管税务机关通知于当年税款所属期11月纳税申报表作增值税进项税额转出。

你单位上述取得×××市×××盛建材有限公司和×××市×××平贸易有限公司开具14份增值税专用发票，金额合计134 051.71元，已列入2018年度主营业务成本并作税前扣除凭据。

（3）你单位2019年1月31日记007号凭证记载购买电缆等建筑材料，取得×××市格疾商贸有限公司2019年1月16日开具的4份增值税专用发票（发票代码：×××5104130，发票号码：×××10462～×××10465，金额合计355 108.11元，税额合计56 817.29元，价税合计411 925.40元）申报抵扣税款，后经主管税务机关通知于当年税款所属期2月作增值税进项税额转出。

你单位取得×××市格疾商贸有限公司开具的4份增值税专用发票，金额合计355 108.11元，已列入2019年度主营业务成本并作税前扣除凭据。

（4）你单位2019年1月31日记0008号凭证记载购买铁钉等建筑材料，取得×××市亭岸商贸有限公司2019年1月19日开具的2份增值税专用发票（发票代码：×××5104130，发票号码：×××10464～×××10465，金额合计179 310.33元，税额合计28 689.67元，价税合计208 000.00元）申报抵扣税款，后经主管税务机关通知于当年税款所属期2月作增值税进项税额转出。

你单位取得×××市亭岸商贸有限公司开具的2份增值税专用发票，金额合计179 310.33元，由于你单位已走逃（失联），无法确定是否已列入成本。

根据国家税务总局×××市税务局第一稽查局、国家税务总局×××

市税务局第二稽查局、国家税务总局×××市税务局第三稽查局、国家税务总局×××税务局第二稽查局分别出具的《已证实虚开通知单》，证实你单位接受的上述20份增值税专用发票属于虚开。已向你单位发出《税务事项通知书》，要求你单位限期补开、换开符合规定的发票。如果无法补开、换开发票的，限期按照《企业所得税税前扣除凭证管理办法》第十四条规定提供可以证实其支出真实性的相关资料。对其中的18份发票，你单位出具情况说明称无法补开、换开发票，也无法提供《企业所得税税前扣除凭证管理办法》第十四条规定所要求的资料。

（5）你单位上述取得的虚开增值税专用发票涉及应补企业所得税13 405.17元及应追缴增值税、城市维护建设税滞纳金4 369.64元，具体追缴情况如下。

①应追缴增值税滞纳金4 083.77元。其中，2018年12月所属税款增值税16 930.22元，2019年11月实缴应追缴滞纳金2 539.53（16 930.22×300×0.05%）元；2018年12月所属税款增值税4 518.07元，2019年12月实缴应追缴滞纳金731.93（4 518.07×324×0.05%）元；2019年1月所属税款增值税56 817.29元，2019年3月实缴应追缴滞纳金539.76（56 817.29×19×0.05%）元；2019年1月所属税款增值税28 689.67元，2019年3月实缴，应追缴滞纳金272.55（28 689.67×19×0.05%）元。

②应追缴城市维护建设税滞纳金285.87元。其中，2018年12月所属税款城市维护建设税1 185.12元，2019年11月实缴应追缴滞纳金177.77（1 185.12×300×0.05%）元；2018年12月所属税款城市维护建设税316.26元，2019年12月实缴应追缴滞纳金51.23（316.26×324×0.05%）元；2019年1月所属税款城市维护建设税3 977.21元，2019年3月实缴应追缴滞纳金37.78（3 977.21×19×0.05%）元；2019年1月所属税款城市维护建设税2 008.28元，2019年3月实缴应追缴滞纳金19.08（2 008.28×19×0.05%）元。

③企业所得税。2018年度你单位申报应纳税所得额82 053.12元，经检查应纳税调整增加134 051.71元，经计算你单位2018年度应纳税所得额为

216 104.83 元，根据小型微利企业所得税优惠政策，应补缴企业所得税 13 405.17（216 104.83×50%×20%－已缴纳 8 205.31）元。2019 年度你单位申报应纳税所得额－1 554 218.25 元，经检查应纳税调整增加355 108.11 元，经计算，你单位2019 年度应纳税所得额为－1 199 110.14 元。

上述两项合计应补增值税及附加税费滞纳金，企业所得税共计 17 774.81元。

（二）相关证据及所证事实

（1）基本证据

①国家税务总局×××经济技术开发区税务局×××分局出具的非正常户认定资料，证实你单位已不履行税收义务并脱离税务机关的监管。

②检查人员实地到你单位注册登记地址×××小区4 栋第×××单元×××房进行核查并制作现场检查笔录，取得房屋出租方情况说明，证实你单位于2021 年4 月20 日已搬走，房屋早已另租他人。

③检查人员根据你单位法定代表人胡某在“金税三期”税收管理系统预留的联系电话联系其本人，在执法记录仪记录下显示电话空号或者无人应答。

④检查人员到你单位原受托代理记账公司——广东×××企业管理有限公司了解公司经营和账务处理情况，取得该代理记账公司现场笔录和说明，证实你单位从2021 年3 月后实际就已联系不上公司法定代表人胡某，一直到同年9 月前出于朋友关系帮助你单位按月进行零申报。

⑤ 2021 年8 月27 日检查组人员到你单位注册地址现场送达《税务事项通知书》（×税一稽税通〔2021〕65 号）和《询问通知书》（×税一稽询〔2021〕75 号），要求你单位提供上述涉增值税专用发票和账务疑点等问题有关证据材料，以及通知你单位法定代表人胡某到场接受税务询问，由于你单位已搬走，无法现场送达税务文书，随后检查人员通过邮政特快专递（EMS）送达上述两份文书，但两份文书于2021 年9 月3 日被邮政以“无法联系”原因退回，以上方式均无法送达后，检查人员通过我局外网公告送达上述两份文书，截至2021 年10 月1 日公告期已经届满。

⑥以上事实有如下证据证明。

A. 国家税务总局×××税务局东海分局出具的非正常纳税户证明。

B. 房屋出租方情况说明和房屋租赁协议。

C. 代理记账公司——广东×××企业管理有限公司现场笔录及附列资料。

D. 执法记录仪记录你单位注册登记地址现场核查和法定代表人电话联系语音记录的光盘。

E.《税务事项通知书》(×税一稽税通〔2021〕××号)和《询问通知书》(×税一稽询〔2021〕××号)邮政特快专递(EMS)退回信封和×××市税务局外网信息公告截图。

(2)征管信息相关情况及证据。主管税务机关提供的征管资料(发票抵扣明细、开具发票明细、发票领用信息查询),证实你单位纳税申报、经营状况、纳税义务履行等现实情况。

(3)增值税专用发票相关情况及证据。

①×××市税务局第一稽查局的《已证实虚开通知单》(协查编号:×××6440381032009213××××),×××市税务局第二稽查局的《已证实虚开通知单》(协查编号:×××0381032007141×××),×××市税务局第三稽查局的《已证实虚开通知单》(协查编号:×××0100012007154××××),国家税务总局×××市税务局第二稽查局的《已证实虚开通知单》(协查编号:6450100032107072××××)所证事实为你单位取得上述20份增值税专用发票为虚开。

②国家税务总局×××经济技术开发区税务局×××分局出具《税务事项通知书》(×开东通〔2019〕1002),所证事实是责令你单位将已申报抵扣上述20份增值税专用发票作增值税进项税额转出处理。

③取得你单位2018/2019年度涉及记账凭证(2018年12月017、019号,2019年1月007、008号)、账簿(库存商品账、“其他应付款——胡某”、“应交税费——增值税”、“应交税费——企业所得税”、主营业务收入、主营业务成本)等复印件,所证事实是反映你单位购进货物已登记入

账，并在成本中列支489 159.82元。

④取得你单位2018—2019年度相关纳税报表、财务报表、国家税务总局×××经济技术开发区税务局×××分局提供发票领购记录和抵扣发票明细，所证事实是反映你单位纳税申报、上述发票抵扣、发票领购等情况。

（4）资金流相关情况及证据。经向相关银行查询你单位银行存款（×××银行：3100×××1194）和法定代表人胡某储蓄存款（×××银行：6231×××7295；×××银行：6236×××7492）的流水信息，所证事实是反映你单位并未从上述账户中支付交易货款。

（5）交易真实性的判定

①分别从金税三期税收管理系统和异地协作平台调查有关上游企业稽查信息，所证事实是×××市×××盛建材有限公司属于开票后直接走逃（失联）不纳税申报，所开发票为虚开发票；×××市×××平贸易有限公司属于走逃（失联）企业，所开发票为虚开发票；×××市格疾商贸有限公司属于走逃（失联）企业，所开发票为虚开发票；×××市亭岸商贸有限公司属于开票后直接走逃（失联）企业，不纳税申报，所开发票为虚开发票。

②你单位经通知后未提供对上述交易的真实性证据，并且你单位上述购进货物，没有签订购销合同，货款也一直未付，也不符合日常经营常规，为此检查人员根据所掌握的优势证据，判定你单位虚构上述交易。

③以上事实有如下证据证明。

A. 从金税三期税收管理系统和异地协作平台调查有关上游企业稽查信息。

B.《税务事项通知书》（×税一稽税通〔2021〕××号）。

C. 你单位在检查初期提供的情况说明。

（三）法律依据及拟作出的处罚决定。

1. 根据《国家税务总局关于走逃（失联）企业开具增值税专用发票认定处理有关问题的公告》（国家税务总局公告2016年第76号）第一条规定，你单位在税务检查期间不履行税收义务并脱离税务机关监管，经实地调查、电话联系、公告送达相关税务文书后仍对企业和企业相关人员查无下落，认定你单位为走逃（失联）企业。

2. 根据《中华人民共和国税收征收管理法》第六十三条第（一）款、《中华人民共和国发票管理办法》（国务院令〔2010〕587号）第二十二条第（二）款第2项、《国家税务总局关于纳税人取得虚开的增值税专用发票处理问题的通知》（国税发〔1997〕134号）第一条规定，对于你单位在2018年1月1日到2019年12月31日期间在没有真实货物交易的情况下，让他人为自己开具与实际经营业务情况不符的增值税专用发票申报抵扣税款，列支成本并在企业所得税税前扣除，没有进行纳税调整，少缴应纳税款的违法行为，定性为偷税。

3. 根据《中华人民共和国税收征收管理法》第二十五条第（一）款、第六十三条第（一）款，及《国家税务总局×××省税务局关于修订〈×××省税务系统规范税务行政处罚裁量权实施办法〉的公告》（国家税务总局×××省税务局公告2021年第2号）及其附件《×××省税务系行政处罚裁量基准》第四十五条规定，对你单位上述行为偷税额127 847.29元（其中，增值税106 955.25元、城市维护建设税7 486.87元、企业所得税13 405.17元），处以50%的罚款63 923.65（127.847.29×50%）元。

二、你单位有陈述、申辩的权利。请在我局（所）作出税务行政处罚决定之前，到我局（所）进行陈述、申辩或自行提供陈述、申辩材料；逾期不进行陈述、申辩的，视同放弃权利。

三、若拟对你单位罚款10 000元（含10 000元）以上，或符合《中华人民共和国行政处罚法》第六十三条规定的其他情形的，你单位有要求听证的权利。可自收到本告知书之日起五个工作日内向我局（所）书面提出听证申请；逾期不提出，视为放弃听证权利。

（税务机关印章）

2022年3月28日

本告知书引用的相关税收规定

一、《中华人民共和国税收征收管理法》

第八条　纳税人、扣缴义务人有权向税务机关了解国家税收法律、行政法规的规定以及与纳税程序有关的情况。

纳税人、扣缴义务人有权要求税务机关为纳税人，扣缴义务人的情况保密。税务机关应当依法为纳税人、扣缴义务人的情况保密。

纳税人依法享有申请减税、免税、退税的权利。

纳税人、扣缴义务人对税务机关所作出的决定，享有陈述权、申辩权；依法享有申请行政复议、提起行政诉讼、请求国家赔偿等权利。

纳税人、扣缴义务人有权控告和检举税务机关、税务人员的违法违纪行为。

第十九条　纳税人、扣缴义务人按照有关法律、行政法规和国务院财政、税务主管部门的规定设置账簿，根据合法、有效凭证记账，进行核算。

第三十二条　纳税人未按照规定期限缴纳税款的，扣缴义务人未按照规定期限解缴税款的，税务机关除责令限期缴纳外，从滞纳税款之日起，按日加收滞纳税款万分之五的滞纳金。

第六十三条第（一）款　纳税人伪造、变造、隐匿、擅自销毁账簿、记账凭证，或者在账簿上多列支出或者不列、少列收入，或者经税务机关通知申报而拒不申报或者进行虚假的纳税申报，不缴或者少缴应纳税款的，是偷税。对纳税人偷税的，由税务机关追缴其不缴或者少缴的税款、滞纳金，并处不缴或者少缴的税款百分之五十以上五倍以下的罚款；构成犯罪的，依法追究刑事责任。

二、《中华人民共和国税收征收管理法实施细则》

第七十五条　税收征管法第三十二条规定的加收滞纳金的起止时间，为法律、行政法规规定或者税务机关依照法律、行政法规的规定确定的税款缴纳期限届满次日起至纳税人、扣缴义务人实际缴纳或者解缴税款之日止。

三、《中华人民共和国企业所得税法》

第一条　在中华人民共和国境内，企业和其他取得收入的组织（以下统称企业）为企业所得税的纳税人，依照本法的规定缴纳企业所得税。

个人独资企业、合伙企业不适用本法。

第二条　企业分为居民企业和非居民企业。

本法所称居民企业，是指依法在中国境内成立，或者依照外国（地区）法律成立但实际管理机构在中国境内的企业。

本法所称非居民企业，是指依照外国（地区）法律成立且实际管理机构不在中国境内，但在中国境内设立机构、场所的，或者在中国境内未设立机构、场所，但有来源于中国境内所得的企业

第三条　居民企业应当就其来源于中国境内、境外的所得缴纳企业所得税。

非居民企业在中国境内设立机构、场所的，应当就其所设机构、场所取得的来源于中国境内的所得，以及发生在中国境外但与其所设机构、场所有实际联系的所得，缴纳企业所得税。

非居民企业在中国境内未设立机构、场所的，或者虽设立机构、场所但取得的所得与其所设机构、场所没有实际联系的，应当就其来源于中国境内的所得缴纳企业所得税。

第四条　企业所得税的税率为25%。

非居民企业取得本法第三条第三款规定的所得，适用税率为20%。

四、《中华人民共和国发票管理办法》（国务院令〔2010〕587号，根据2010年12月20日《国务院关于修改〈中华人民共和国发票管理办法〉的决定》修订）

第二十一条　不符合规定的发票，不得作为财务报销凭证，任何单位和个人有权拒收。

第二十二条第（二）款　任何单位和个人不得有下列虚开发票行为：（二）让他人为自己开具与实际经营业务情况不符的发票。

第三十七条第（一）款　违反本办法第二十二条第二款的规定虚开发

票的，由税务机关没收违法所得；虚开金额在1万元以下的，可以并处5万元以下罚款；虚开金额超过1万元的，并处5万元以上50万元以下的罚款；构成犯罪的，依法追究刑事责任。

五、《中华人民共和国增值税暂行条例》（2008年11月10日中华人民共和国国务院令第538号）

第一条　在中华人民共和国境内销售货物或者提供加工、修理修配劳务以及进口货物的单位和个人，为增值税的纳税人，应当依照本条例缴纳增值税。

第四条　除本条例第十一条规定外，纳税人销售货物或者提供应税劳务（以下简称销售货物或者应税劳务），应纳税额为当期销项税额抵扣当期进项税额后的余额。应纳税额计算公式：

应纳税额＝当期销项税额－当期进项税额

当期销项税额小于当期进项税额不足抵扣时，其不足部分可以结转下期继续抵扣。

第九条　纳税人购进货物、劳务、服务、无形资产、不动产，取得的增值税扣税凭证不符合法律、行政法规或者国务院税务主管部门有关规定，其进项税额不得从销项税额中抵扣。

六、《国家税务总局关于走逃（失联）企业开具增值税专用发票认定处理有关问题的公告》（国家税务总局公告2016年第76号）

第一条　走逃（失联）企业，是指不履行税收义务并脱离税务机关监管的企业。

根据税务登记管理有关规定，税务机关通过实地调查、电话查询、涉税事项办理核查以及其他征管手段，仍对企业和企业相关人员查无下落的，或虽然可以联系到企业代理记账、报税人员等，但其并不知情也不能联系到企业实际控制人的，可以判定该企业为走逃（失联）企业。

七、《国家税务总局关于发布〈企业所得税税前扣除凭证管理办法〉的公告》（国家税务总局公告2018年第28号）

第十二条　企业取得私自印制、伪造、变造、作废、开票方非法取得、虚开，填写不规范等不符合规定的发票（以下简称“不合规发票”），以及取得不符合国家法律、法规等相关规定的其他外部凭证（以下简称“不合规其他外部凭证”），不得作为税前扣除凭证。

八、《国家税务总局关于纳税人取得虚开的增值税专用发票处理问题的通知》（国税发〔1997〕134号）

第一条 受票方利用他人虚开的专用发票，向税务机关申报抵扣税款进行偷税的，应当依照《中华人民共和国税收征收管理法》及有关规定追缴税款，处以偷税数额五倍以下的罚款；进项税金大于销项税金的，还应当调减其留抵的进项税额。利用虚开的专用发票进行骗取出口退税的，应当依法追缴税款，处以骗税数额五倍以下的罚款。

九、《国家税务总局关于纳税人虚开增值税专用发票征补税款问题的公告》（国家税务总局公告2012年第33号）

纳税人虚开增值税专用发票，未就其虚开金额申报并缴纳增值税的，应按照其虚开金额补缴增值税；已就其虚开金额申报并缴纳增值税的，不再按照其虚开金额补缴增值税。税务机关对纳税人虚开增值税专用发票的行为，应按《中华人民共和国税收征收管理法》及《中华人民共和国发票管理办法》的有关规定给予处罚。纳税人取得虚开的增值税专用发票，不得作为增值税合法有效的扣税凭证抵扣其进项税额。

十、《财政部税务总局关于进一步扩大小型微利企业所得税优惠政策范围的通知》（财税〔2018〕77号）

第一条 自2018年1月1日至2020年12月31日，将小型微利企业的年应纳税所得额上限由50万元提高至100万元，对年应纳税所得额低于100万元（含100万元）的小型微利企业，其所得减按50%计入应纳税所得额，按20%的税率缴纳企业所得税。

前款所称小型微利企业，是指从事国家非限制和禁止行业，并符合下列条件的企业：

（一）工业企业，年度应纳税所得额不超过100万元，从业人数不超过100人，资产总额不超过3 000万元。

（二）其他企业，年度应纳税所得额不超过 100 万元，从业人数不超过 80 人，资产总额不超过 1 000 万元。

第二条 本通知第一条所称从业人数，包括与企业建立劳动关系的职工人数和企业接受的劳务派遣用工人数。

所称从业人数和资产总额指标，应按企业全年的季度平均值确定。具体计算公式如下：

季度平均值 =（季初值 + 季末值）÷2

全年季度平均值 = 全年各季度平均值之和 ÷4

年度中间开业或者终止经营活动的，以其实际经营期作为一个纳税年度确定上述相关指标。

第三条 《财政部 税务总局关于扩大小型微利企业所得税优惠政策范围的通知》（财税〔2017〕43 号）自 2018 年 1 月 1 日起废止。

第四条 各级财政、税务部门要严格按照本通知的规定，积极做好小型微利企业所得税优惠政策的宣传辅导工作，确保优惠政策落实到位。

十一、《〈×××省税务系统规范税务行政处罚裁量权实施办法〉的公告》（国家税务总局×××省税务局公告 2021 年第 2 号）

纳税人伪造、变造、隐匿、擅自销毁账簿、记账凭证，或者在账簿上多列支出或者不列、少列收入，或者经税务机关通知申报而拒不申报，或者进行虚假的纳税申报，不缴或者少缴应纳税款的，由税务机关追缴其不缴或者少缴的税款、滞纳金，并处不缴或者少缴的税款百分之五十以上五倍以下的罚款；构成犯罪的，依法追究刑事责任。

较轻：纳税人在税务机关对其违法行为作出税务处理前主动补缴税款和滞纳金的；或积极配合税务机关检查，违法行为较轻，且不缴或者少缴税款占应纳税款 10% 以下的，处不缴或者少缴税款 0.5 倍罚款。

一般：纳税人配合税务机关检查，但不缴或者少缴税款占应纳税款 10% 以上（不含本数）的，处不缴或者少缴的税款 0.5 倍以上 1 倍以下罚款。

严重：纳税人阻碍税务机关正常纳税检查的，违法行为严重的，违法行为造成严重社会影响的，或五年内被税务机关发现实施两次以上偷税行为的，处不缴或者少缴税款1倍以上5倍以下罚款。

十二、《行政执法机关移送涉嫌犯罪案件的规定》（2001年7月9日中华人民共和国国务院令第310号公布，根据2020年8月7日《国务院〈关于修改行政执法机关移送涉嫌犯罪案件的规定〉的决定》修订）

第三条　行政执法机关在依法查处违法行为过程中，发现违法事实涉及的金额、违法事实的情节、违法事实造成的后果等，根据刑法关于破坏社会主义市场经济秩序罪、妨害社会管理秩序罪等罪的规定和最高人民法院、最高人民检察院关于破坏社会主义市场经济秩序罪、妨害社会管理秩序罪等罪的司法解释以及最高人民检察院、公安部关于经济犯罪案件的追诉标准等规定，涉嫌构成犯罪，依法需要追究刑事责任的，必须依照本规定向公安机关移送。

十三、《最高人民检察院、公安部关于印发〈最高人民检察院、公安部关于公安机关管辖的刑事案件立案追诉标准的规定（二）〉的通知》（公通字〔2010〕23号）①

第六十一条②［虚开增值税专用发票、用于骗取出口退税、抵扣税款发票案（刑法第二百零五条）］虚开增值税专用发票或者虚开用于骗取出口退税、抵扣税款的其他发票，虚开税款数额在一万元以上或者致使国家税款被骗数额在五千元以上的，应予立案追诉。

十四、《中华人民共和国行政处罚法》（2021修订）

第四十四条　行政机关在作出行政处罚决定之前，应当告知当事人拟作出的行政处罚内容及事实、理由、依据，并告知当事人依法享有的陈述、申辩、要求听证等权利。

第六十三条　行政机关拟作出下列行政处罚决定，应当告知当事人有

---

① 本篇法规已被《关于印发〈最高人民检察院　公安部关于公安机关管辖的刑事案件立案追诉标准的规定(二)〉的通知(2022)》(2022年4月6日发布;2022年5月15日实施)废止。

② 该条款现行引用《关于印发〈最高人民检察院　公安部关于公安机关管辖的刑事案件立案追诉标准的规定(二)》的通知(2022)〉(2022年4月6日发布;2022年5月15日实施)第五十六条。

要求听证的权利，当事人要求听证的，行政机关应当组织听证：

（一）较大数额罚款；

（二）没收较大数额违法所得，没收较大价值非法财物；

（三）降低资质等级，吊销许可证件；

（四）责令停产停业、责令关闭、限制从业；

（五）其他较重的行政处罚；

（六）法律、法规、规章规定的其他情形。

当事人不承担行政机关组织听证的费用。

第六十四条　听证应当依照以下程序组织：

（一）当事人要求听证的，应当在行政机关告知后五日内提出。

（二）行政机关应当在举行听证的七日前，通知当事人及有关人员听证的时间、地点。

（三）除涉及国家秘密、商业秘密或者个人隐私依法予以保密外，听证公开举行。

（四）听证由行政机关指定的非本案调查人员主持；当事人认为主持人与本案有直接利害关系的，有权申请回避。

（五）当事人可以亲自参加听证，也可以委托一至二人代理。

（六）当事人及其代理人无正当理由拒不出席听证或者未经许可中途退出听证的，视为放弃听证权利，行政机关终止听证。

（七）举行听证时，调查人员提出当事人违法的事实、证据和行政处罚建议，当事人进行申辩和质证。

（八）听证应当制作笔录。笔录应当交当事人或者其代理人核对无误后签字或者盖章。当事人或者其代理人拒绝签字或者盖章的，由听证主持人在笔录中注明。

上述国家税务总局×××市税务局第一稽查局制作的《税务行政处罚事项告知书》可圈可点，既有值得学习的亮点，也有需要提升改进的地方。

第一，对违法事实的阐述清楚而有条理，告知了认定违法事实的证据。该文书最大的亮点就是对违法事实的阐述以及相关证据做了非常清晰、详细的阐述，通过该文书能充分感受到税务机关办案事实清楚、程序适当、取证规范。

第二，相关法律依据以附件形式列明。可以看出，该告知书中需要援引的税收法律条文篇幅已经超过了正文长度，如果在正文中直接引用，则可能导致当事人抓不住重点内容，而以附件形式列示，作为以备查阅的内容，既方便纳税人了解告知书的重点内容，又方便纳税人了解相关的政策依据，这是一种较好的保持文书正文简洁干练的方式。当然，如果文书中所依据的法律条文较少，内容相对简短，在正文中直接引用，更能有针对性地“说理”。税务机关在制作税务文书时可以根据具体案情采用不同的书写方式。

第三，正文和附件没有建立起有效的关联。文书正文中对违法行为的定性没有列出相关的税收法律和规范性文件文号及条款，没有和后面附件中的具体内容建立起明确的关联。对每个税收违法事实进行描述后，都应该列明相应的法律依据，运用三段论逻辑推理，说明该行为为什么违法，其性质是什么。因为违法事实（行为）不等于客观事实，之所以称为违法事实，是因为经过了税务机关的法律评价。既然是税务机关的法律评价，就必须援引评价的法律依据，说明评价的理由。因为文书忽视了正文和附件的有效关联问题，导致虽然附件中有一些法律依据，但当事人可能不清楚具体在哪个违法事实上运用了哪些法律依据。

第四，在“拟作出的处罚决定”部分，引用了本省行政裁量权的文件，可以看出，实际上处罚适用的是从轻或一般档次，但告知书中未明确表述具体适用的是哪个处罚档次，以及原因是什么，故还有进一步说理的空间。

第五，对于陈述权利、申辩权利和听证权利的告知，本案例采用的是固定的文书格式，对该格式存在的有待改进的地方，前文已经有明确说明，此处不再赘述。

第三节 税务行政处罚决定书

《税务行政处罚决定书》与《税务处理决定书》一样，也是税务稽查环节中最常见、最重要的执法文书之一。如果经税务机关查明税务行政管理相对人存在税收违法行为，而且应该对当事人进行处罚，此时税务机关使用的执法文书就是《税务行政处罚决定书》。该文书载明税务机关已经查明当事人存在的违法事实及其证据，对当事人的行政处罚决定及其法律依据，并告知当事人相关救济权利。因此，该文书也确定了当事人的实质性义务，也应当依据说理式执法文书的制作规范和要求制作。为了熟练掌握该文书的说理，本书列举了两个不同类型的案例，每个案例特点不同，在每个案例后面分别就具有本案例特点的范例注释进行了阐述，而对于属于《税务行政处罚决定书》共有的应说理的内容则在最后一个案例中进行系统表述。

一、《税务行政处罚决定书》的式样

国家税务总局________税务局（稽查局）

税务行政处罚决定书

____税罚〔　　〕________号

__________：（纳税人识别号：______）

经我局（所）______，你（单位）存在违法事实及处罚决定如下：

一、违法事实及证据

（一）

1.

2.

（二）

……

上述违法事实，主要有以下证据证明：

1.

2.

3.

……

二、处罚决定

（一）

1.

2.

（二）

……

以上应缴款项共计______元。限你（单位）自本决定书送达之日起______日内到______缴纳入库（账号：______）。到期不缴纳罚款，我局（所）可依照《中华人民共和国行政处罚法》第七十二条第一款第（一）项规定，每日按罚款数额的百分之三加处罚款。

如对本决定不服，可以自收到本决定书之日起六十日内依法向申请行政复议，或者自收到本决定书之日起六个月内依法向________人民法院起诉。如对处罚决定逾期不申请复议也不向人民法院起诉，又不履行的，我局（所）有权采取《中华人民共和国税收征收管理法》第四十条规定的强制执行措施，或者申请人民法院强制执行。

税务机关（印章）

年　月　日

二、《税务行政处罚决定书》的制作及注释

（一）接受虚开增值税发票的范例

1.《税务行政处罚决定书》制作

【案例7-6】

背景材料：

星海电缆有限责任公司设立于2009年8月，为增值税一般纳税人，企业所得税查账征收。2022年8月，国家税务总局文理市税务局稽查局收到外省稽查局以一户一函的形式出具的《税收违法案件协查函》《已证实虚开通知单》及相关证据资料，表明该单位2021年9月接受的3份由阳光铜业有限公司开具的增值税专用发票为虚开发票。2022年8月26日，国家税务局文理市税务局稽查局依法对星海电缆有限责任公司立案之后，当天派李江、王虹对该单位2021年度的所涉税费情况进行检查，此前该单位没有接受过税务机关检查。

通过检查发现，该单位2021年9月接受了由阳光铜业有限公司开具的3份增值税专用发票，发票号码分别为00082685、00082686、00082687，货物名称为铜线，涉及的增值税税额分别为13 000.00元、39 000.00元、26 000.00元，合计78 000.00元，发票价税合计为678 000.00元。据该单位法定代表人和会计陈述，星海电缆有限责任公司2021年9月从个体工商户吴某处低价购买铜线，未取得发票，之后以支付开票费的方式从阳光铜业有限公司取得上述虚开的增值税专用发票，并于2021年9月抵扣了上述虚开发票的进项税额。该行为导致星海电缆有限责任公司少缴纳增值税78 000.00元、城市维护建设税5 460.00元、教育费附加2 340.00元、地方教育附加1 560.00元。检查人员责令其限期换开发票，该单位表示已经无法换开发票，并提供了个体工商户吴某为非正常户的记录，星海电缆有限责任公司与该

个体工商户签订的购货合同，以及星海电缆有限责任公司转账支付给吴某货款的银行转账记录。该批钢材的成本在企业所得税税前已经扣除，上述条件满足《国家税务总局关于发布〈企业所得税税前扣除凭证管理办法〉的公告》（国家税务总局公告2018年第28号）第十四条的要求，企业所得税无须进行纳税调增。

证明以上违法事实的证据有：(1) 外省稽查局出具的《税收违法案件协查函》《已证实虚开通知单》和相关证据资料；(2) 阳光铜业有限公司开具给星海电缆有限责任公司的3份增值税专用发票的复印件；(3) 星海电缆有限责任公司在2021年9月的《增值税及附加税费申报表（一般纳税人适用)》及缴税银行回单；(4) 星海电缆有限责任公司法定代表人的询问笔录；(5) 星海电缆有限责任公司会计的询问笔录；(6) 支付开票费的银行转账记录；(7) 个体工商户吴某的非正常户记录；(8) 星海电缆有限责任公司与该个体工商户签订的购货合同；(9) 星海电缆有限责任公司转账支付给吴某货款的银行转账记录；(10) 2021年9月铜线的入库单。

另外，检查组还发现星海电缆有限责任公司2021年10月隐匿销售废料收取款项1 130 000. 00元，换算为不含税收入1 000 000. 00元，未计入收入账簿，少缴纳增值税130 000. 00元、城市维护建设税9 100. 00元、教育费附加3 900. 00元、地方教育附加2 600. 00元。上述两项涉税违法行为共导致少缴企业所得税243 760. 00元。

证明以上违法事实的证据有：(1) 车间工人李凯、王峰的询问笔录，有关废料的照片3张；(2) 废料保管部门的台账；(3) 销售废料的出库单；(4) 收入明细账（没有废料销售收入记录）；(5) 星海电缆有限责任公司法定代表人询问笔录；(6) 星海电缆有限责任公司会计人员询问笔录；(7) 星海电缆有限责任公司2021年10月《增值税及附加税费申报表（一般纳税人适用)》、2021年度《企业所得税年度纳税申报表》(A类)。

根据《中华人民共和国发票管理办法》第二十二条规定，该单位存在虚开增值税专用发票行为。根据《中华人民共和国税收征收管理法》第六十三条第（一）款规定，该单位在增值税、城市维护建设税、企业所得税方面存在偷税行为，共涉及税额466 320.00元。该单位全年缴纳各项税款5 000 000.00元，全年偷税额占各税种应纳税总额比例未达到10%。

2022年10月21日，国家税务总局文理市税务局稽查局向当事人送达了《税务行政处罚事项告知书》，告知了当事人已经查明的违法事实、证据、行政处罚的法律依据和拟将给予的行政处罚，并告知当事人有陈述、申辩以及要求举行听证的权利。2022年10月25日，星海电缆有限公司向国家税务总局文理市税务局稽查局申请听证，该稽查局在2022年11月6日举办了听证会。在听证会上，星海电缆有限责任公司的代理人提出，国家税务总局文理市税务局稽查局对本案的认定事实不清，适用法律错误。一是星海电缆有限责任公司不存在接受虚开发票的行为，其发票是合法有效的凭证，应予抵扣增值税，因此不存在增值税偷税行为。理由是星海电缆有限责任公司确实有购买铜线的事实，虽然不是向阳光铜业有限公司购买的，而是向个体工商户吴某购买的，但是星海电缆有限责任公司有购买货物铜线并进行付款的事实，且阳光铜业有限公司开具的3份增值税发票涉及的货物名称、价款、税额与真实交易是一致的，发票票面并没有与实际购进有差异，不存在多开多抵行为，没有给国家税款造成损失，不应认定为虚开增值税发票行为和偷税行为。星海电缆有限责任公司提供了买卖合同、银行转账凭证、提货单、入库单以及仓库保管员的证言等证据材料。二是稽查局对当事人提出的处罚意见，违反了"一事不二罚"的原则。即使认为星海电缆有限责任公司接受虚假的发票抵扣增值税导致少缴税款，也只能认为星海电缆有限责任公司存在偷税行为，只能认定为一个违法行为，不能同时认为星海电缆有限责任公司存在虚开发票行为而分别进行行政处罚，明显违反了"一事不二罚"的原则。

国家税务总局文理市税务局稽查局在听证之后，对案件进行了集体审理，一致认为对当事人偷税事实认定清楚，证据确实充分，处理正确并无不当。但对于该单位2021年9月接受3份由阳光铜业有限公司开具的增值税专用发票为虚开发票抵扣增值税的违法行为，参会人员经过讨论，最后一致认为，当事人陈述申辩的理由成立，此前送达的《税务行政处罚事项告知书》提出的拟处罚意见不妥。当事人接受虚开的增值税专用发票，并用于抵扣增值税导致少缴税款的行为，虽然需要从违法行为的手段和结果两方面对该行为分别进行法律评价，即当事人采用虚开发票的手段，达到偷税的目的（或者结果），但在处罚的时候，因为这属于一个行为中不可分割的两个环节，应当视同一个违法行为。既然应当认定为同一行为，就不应当对其依照发票管理的规定和税收征管法的相关规定分别进行处罚。否则，就违反了行政处罚法的“一事不二罚”原则，属于行政违法。决定按照《中华人民共和国行政处罚法》第二十九条规定，对同一个违法行为违反多个法律规范应当给予罚款处罚的，按照罚款数额高的规定处罚原则对星海电缆有限责任公司进行税务行政处罚，最终对该单位让他人为自己虚开增值税专用发票的行为处以罚款200 000.00元，对该单位采取在账簿上不列、少列收入的方式隐匿销售铜废料收入导致少缴税款的偷税行为，处所偷税款1倍的罚款，罚款金额382 860.00元。两项罚款共计582 860.00元。

现需要制作并向当事人送达《税务行政处罚决定书》告知上述税务机关的决定。

根据上述背景材料，国家税务总局文理市税务局稽查局需要制作《税务行政处罚决定书》并送达当事人。依据说理式税收执法文书的制作要求，该文书制作如下。

国家税务总局文理市税务局稽查局
税务行政处罚决定书

文税稽罚〔2022〕36号

星海电缆有限责任公司：(纳税人识别号：982829703217036)

我局于2022年8月26日至2022年9月25日对你单位（地址：文理市南山区文理大街36号）2021年1月1日至2021年12月31日所涉税费情况进行了检查，违法事实及处罚决定如下：

一、违法事实及证据

（一）你单位让他人为自己虚开增值税专用发票，价税合计678 000.00元，导致少缴增值税及相关税费

你单位2021年9月取得阳光铜业有限公司开具的三份增值税专用发票，发票代码为4300171230，发票号码分别为00082685、00082686、00082687，货物名称为铜线，发票金额为600 000.00元，发票税额为78 000.00元，发票价税合计为678 000.00元，并于2021年9月抵扣了上述虚开发票的进项税额。经查实，你单位与阳光铜业有限公司并不存在真实的货物交易，据你单位法定代表人和会计陈述，你单位2021年9月从个体工商户吴某处低价购买铜线，未取得发票，之后以支付开票费的方式从阳光铜业有限公司取得上述虚开的增值税专用发票。

上述违法事实主要有以下证据证明：

1. 三份由阳光铜业有限公司开具的增值税专用发票的复印件，证明你单位接受了三份由阳光铜业有限公司开具的增值税专用发票，涉及增值税共计78 000.00元。

2. 外省稽查局出具的《税收违法案件协查函》《已证实虚开通知单》和相关证据资料，你单位法定代表人的询问笔录，会计的询问笔录，支付开票费的银行转账记录，上述证据证明你单位接受三张发票行为属于让他人为自己虚开发票的违法行为。

3. 你单位与个体工商户吴某签订的购货合同，你单位支付给吴某货款的银行转账记录，2021 年 9 月铜线的入库单，上述证据证明你单位与个体工商户吴某存在购进铜线交易。

4. 上述购进的铜线的出库单和销售单证明该批铜线已经全部出库且对外销售。

5. 你单位在 2021 年 10 月 10 日填报的《增值税及附加税费申报表（一般纳税人适用）》及缴税银行回单，可以证明你单位 2021 年 9 月利用上述虚开的发票抵扣增值税 78 000. 00 元，未依法申报缴纳增值税、城市维护建设税、教育费附加、地方教育附加。

根据《中华人民共和国发票管理办法》第二十二条第（二）款第 2 项的规定，你单位 2021 年 9 月取得阳光铜业有限公司开具的三张增值税专用发票，发票金额 600 000. 00 元，发票税额 78 000. 00 元，价税合计 678 000. 00元，属于让他人为自己开具与实际经营业务情况不符的发票，为虚开发票行为。

（二）你单位采取在账簿上不列、少列收入的方式隐匿销售铜废料收入 1 000 000. 00 元，导致少缴相关税费

2021 年 10 月，你单位对外销售铜废料收取款项 1 130 000. 00 元，换算为不含税收入 1 000 000. 00 元，未计入收入科目。隐匿铜废料收入 1 000 000. 00 元。

上述违法事实主要有以下证据证明：

1. 你单位车间工人李凯、王峰的询问笔录，有关废料的照片三张，证明你单位在生产产品的过程中产生了铜废料。

2. 你单位废料收集和仓储保管部门的台账证明你单位 2021 年度产生铜废料共计 18. 60 吨。

3. 销售铜废料的出库单，你单位法定代表人的询问笔录，会计人员的询问笔录，证明你单位有销售铜废料的行为，取得现金销售款项 1 130 000. 00 元。

4. 你单位收入明细账簿中没有记录销售铜废料的收入，证明你单位销售铜废料款项未记入收入账簿。

5. 你单位 2021 年度《增值税及附加税费申报表（一般纳税人适

用）》、2021 年度《企业所得税年度纳税申报表》（A 类），证明你单位 2021 年度隐匿铜废料收入业务未申报缴纳各项税费。

（三）应补缴税费情况

1. 增值税方面

根据《中华人民共和国增值税暂行条例》第一条规定，在中华人民共和国境内销售货物或者加工、修理修配劳务（以下简称劳务），销售服务、无形资产、不动产以及进口货物的单位和个人，为增值税的纳税人，应当缴纳增值税。因此，你单位属于增值税纳税人。

对于上述第（一）项违法事实，根据《中华人民共和国增值税暂行条例》第九条规定，纳税人购进货物或者应税劳务，取得的增值税扣税凭证不符合法律、行政法规或者国务院税务主管部门有关规定的，其进项税额不得从销项税额中抵扣。《国家税务总局关于纳税人虚开增值税专用发票征补税款问题的公告》（国家税务总局公告 2012 年第 33 号）规定，纳税人取得虚开的增值税专用发票，不得作为增值税合法有效的扣税凭证抵扣其进项税额。因此，你单位 2021 年 10 月 10 日申报 2021 年 9 月的增值税时，利用上述虚开的增值税专用发票抵扣进项税 78 000.00 元，应作进项税额转出。根据《中华人民共和国增值税暂行条例》第四条规定，除本条例第十一条规定外，纳税人销售货物、劳务、服务、无形资产、不动产，应纳税额为当期销项税额抵扣当期进项税额后的余额。应纳税额计算公式：应纳税额 = 当期销项税额 − 当期进项税额，当期销项税额小于当期进项税额不足抵扣时，其不足部分可以结转下期继续抵扣。因此，你单位不允许抵扣的进项税额应首先抵扣当期期末留抵税额，由于你单位 2021 年 9 月没有期末留抵税额，在进项税额转出后，你单位 2021 年 10 月应调增值税应纳税额 78 000.00 元。

对于上述第（二）项违法事实，根据《中华人民共和国增值税暂行条例》第二条第（一）款第 2 项、《财政部　税务总局关于调整增值税税率的通知》（财税〔2018〕32 号）第一条、《财政部　税务总局　海关总署关于深化增值税改革有关政策的公告》（财政部　税务总局　海关总署公告2019年第39号）第一条规定，纳税人销售货物税率为13%。因此，你单位未计收入的铜废料收入适用13%税率。根据《中华人民共和国增值税暂行条例》第五条规定，纳税人发生应税销售行为，按照销售额和本条例第二条规定的税率计算收取的增值税额，为销项税额。销项税额计算公式：销项税额=销售额×税率。该条例第六条第（一）款规定，销售额为纳税人发生应税销售行为收取的全部价款和价外费用，但是不包括收取的销项税额。因此，你单位在账簿上不列、少列收入，应按照不含税销售额乘以适用税率计算应调增的销项税额。该条例第四条规定，除本条例第十一条规定外，纳税人销售货物、劳务、服务、无形资产、不动产，应纳税额为当期销项税额抵扣当期进项税额后的余额。应纳税额计算公式：应纳税额=当期销项税额-当期进项税额，当期销项税额小于当期进项税额不足抵扣时，其不足部分可以结转下期继续抵扣。因此，你单位调增的销项税额应首先抵扣当期期末留抵税额，由于你单位2021年10月没有期末留抵税额，调增的销项税额应全额调增当期增值税应纳税额。该条例第二十三条第（二）款规定，纳税人以1个月或者1个季度为1个纳税期的，自期满之日起15日内申报纳税。你单位属于以1个月为纳税期的纳税人，应自期满之日起15日内申报纳税。该条例第十九条第（一）款第1项规定，发生应税销售行为，增值税纳税义务发生时间为收讫销售款项或者取得索取销售款项凭据的当天；先开具发票的，为开具发票的当天。因此，你单位增值税纳税义务发生时间应在提供铜废料销售行为并收讫销售款项或者取得索取销售款项凭据的当天。你单位应调增2021年度10月增值税应纳税额130 000.00（1 000 000.00×13%）元。

2. 城市维护建设税方面

根据《中华人民共和国城市维护建设税法》第一条规定，在中华人民共和国境内缴纳增值税、消费税的单位和个人，为城市维护建设税的纳税人，应当依照本法规定缴纳城市维护建设税。该法第二条规定，城市维护建设税以纳税人依法实际缴纳的增值税、消费税税额为计税依据。《关于城市维护建设税计税依据确定办法等事项的公告》（财政部　税务总局公告2021年第28号）第一条第（一）款规定，城市维护建设税以纳税人依法实际缴纳的增值税、消费税税额（以下简称两税税额）为计税依据。第（二）款规定，依法实际缴纳的两税税额，是指纳税人依照增值税、消费税相关法律法规和税收政策规定计算的应当缴纳的两税税额（不含因进口货物或境外单位和个人向境内销售劳务、服务、无形资产缴纳的两税税额），加上增值税免抵税额，扣除直接减免的两税税额和期末留抵退税退还的增值税税额后的金额。因此，你单位属于城市维护建设税纳税人，由于本次检查应补缴增值税应按规定缴纳城市维护建设税。

根据《中华人民共和国城市维护建设税法》第四条第（一）款规定，纳税人所在地在市区的，城市维护建设税税率为百分之七。该法第五条规定，城市维护建设税的应纳税额按照计税依据乘以具体适用税率计算。该法第七条规定，城市维护建设税的纳税义务发生时间与增值税、消费税的纳税义务发生时间一致，分别与增值税、消费税同时缴纳。你单位位于市区，适用百分之七城市维护建设税税率。你单位少缴纳城市维护建设税的纳税义务发生时间与少缴纳增值税的纳税义务发生时间一致。你单位少缴的城市维护建设税，按本次检查应补缴增值税作为计税依据乘以百分之七的税率计算，应补缴城市维护建设税14 560.00（78 000.00×7%＋130 000.00×7%）元。

3. 教育费附加方面

根据《征收教育费附加的暂行规定》第二条规定，凡消费税、增值税、营业税的单位和个人，除按照《国务院关于筹措农村学校办学经费的通知》（国发〔1984〕174号）的规定，缴纳农村教育事业费附加的单位外，都应当依照本规定缴纳教育费附加。该规定第三条第（一）款规定，教育费附加，以各单位和个人实际缴纳的增值税、营业税、消费税的税额为计征依据，教育费附加率为3%，分别与增值税、营业税、消费税同时缴纳；该规定第五条第（一）款规定，教育费附加由税务机关负责征收；该规定第六条规定，教育费附加的征收管理，按照消费税、增值税、营业税的有关规定办理。同时，根据《关于城市维护建设税计税依据确定办法等事项的公告》（财政部　税务总局公告2021年第28号）第二条规定，教育费附加、地方教育附加计征依据与城市维护建设税计税依据一致，按本公告第一条规定执行。因此，你单位属教育费附加缴费人。你单位少缴的教育费附加，按本次检查应补缴增值税作为计税依据适用3%费率计算，与增值税同时缴纳。你单位应补缴教育费附加6 240.00（78 000.00×3%＋130 000.00×3%）元。

4. 地方教育附加方面

根据《财政部关于统一地方教育附加政策有关问题的通知》（财综〔2010〕98号）第二条规定，统一地方教育附加征收标准。地方教育附加征收标准统一为单位和个人（包括外商投资企业、外国企业及外籍个人）实际缴纳的增值税、营业税和消费税税额的2%。根据《东方省人民政府办公厅关于印发〈东方省地方教育附加征收使用管理暂行办法〉的通知》（文府办〔2011〕19号）第二条规定，东方省行政区域内缴纳增值税、消费税、营业税（以下简称“三税”）的单位和个人（包括外商投资企业、外国企业及外籍个人），按照其实际缴纳三税税额的2%征收地方教育附加。具体的征收管理比照教育费附加的有关规定执行。同时，根据《关于城市维护建设税计税依据确定办法等事项的公告》（财政部　税务总局公告2021年第28号）第二条规定，教育费附加、地方教育附加计征依据与城市维护建设税计税依据一致，按本公告第一条规定执行。因此，你单位属地方教育附加缴费人。你单位少缴的地方教育附加，按本次检查应补缴增值税作为计税依据适用2%费率计算，与增值税同时缴纳。你单位应补缴地方教育费附加4 160.00（78 000.00×2%＋130 000.00×2%）元。

5. 企业所得税方面

根据《中华人民共和国企业所得税法》第一条第（一）款规定，在中华人民共和国境内，企业和其他取得收入的组织（以下统称企业）为企业所得税的纳税人，依照本法的规定缴纳企业所得税。因此，你单位属于企业所得税纳税人。

对于上述第（一）项违法事实，你单位从阳光铜业有限公司取得虚开的增值税专用发票，根据《国家税务总局关于发布〈企业所得税税前扣除凭证管理办法〉的公告》（国家税务总局公告2018年第28号）第十二条规定，企业取得私自印制、伪造、变造、作废、开票方非法取得、虚开、填写不规范等不符合规定的发票，以及取得不符合国家法律、法规等相关规定的其他外部凭证，不得作为税前扣除凭证。经查实，你单位并非从阳光铜业有限公司购入的货物，实际上是从个体工商户吴某处购入铜线，应向吴某索取发票，你单位表示已无法联系吴某，无法补开发票，并提供了个体工商户吴某的非正常户记录，你单位与该个体工商户吴某签订的购货合同，以及你单位转账支付给吴某货款的银行转账记录。上述条件满足《国家税务总局关于发布〈企业所得税税前扣除凭证管理办法〉的公告》（国家税务总局公告2018年第28号）第十四条规定，“企业在补开、换开发票、其他外部凭证过程中，因对方注销、撤销、依法被吊销营业执照、被税务机关认定为非正常户等特殊原因无法补开、换开发票、其他外部凭证的，可凭以下资料证实支出真实性后，其支出允许税前扣除：（一）无法补开、换开发票、其他外部凭证原因的证明资料（包括工商注销、机构撤销、列入非正常经营户、破产公告等证明资料）；（二）相关业务活动的合同或者协议；（三）采用非现金方式支付的付款凭证；（四）货物运输的证明资料；（五）货物入库、出库内部凭证；（六）企业会计核算记录以及其他资料。前款第一项至第三项为必备资料”。因此，你单位该批铜线的成本允许在企业所得税税前扣除。

对于上述第（二）项违法事实，根据《中华人民共和国企业所得税法》第六条规定，企业以货币形式和非货币形式从各种来源取得的收入，为收入总额。因此，你单位2021年10月采取在账簿上不列、少列收入的方式隐匿销售铜废料收入1 000 000.00元应当属于你单位2021年度的应纳税收入，应调增2021年应纳税所得额1 000 000.00元。根据该法第五条规定，企业每一纳税年度的收入总额，减除不征税收入、免税收入、各项扣除以及允许弥补的以前年度亏损后的余额，为应纳税所得额。由于你单位上述铜废料成本已在企业所得税税前扣除，所以你单位上述隐匿的销售铜废料收入1 000 000.00元应当全额调增2021年应纳税所得额。另外，根据该法第八条规定，企业实际发生的与取得收入有关的、合理的支出，包括成本、费用、税金、损失和其他支出，准予在计算应纳税所得额时扣除。《中华人民共和国企业所得税法实施条例》第三十一条规定，企业所得税法第八条所称税金，是指企业发生的除企业所得税和允许抵扣的增值税以外的各项税金及其附加。你单位补缴的城市维护建设税、教育费附加、地方教育附加可以在企业所得税税前扣除，应调减2021年应纳税所得额24 960.00（14 560.00＋6 240.00＋4 160.00）元。你单位已申报2021年应纳所得税3 000 000.00元，已实际缴纳企业所得税750 000.00元。根据《中华人民共和国企业所得税法》第四条规定，企业所得税的税率为25%。该法第二十二条规定，企业的应纳税所得额乘以适用税率，减除依照本法关于税收优惠的规定减免和抵免的税额后的余额，为应纳税额。所以，你单位2021年应补缴企业所得税243 760.00［（1 000 000.00－24 960.00＋3 000 000.00）×25%－750 000.00）］元。

上述两项涉税违法行为导致少缴纳增值税208 000.00元、城市维护建设税14 560.00元、教育费附加6 240.00元、地方教育附加4 160.00元、企业所得税243 760.00元，各项税费共计476 720.00元。

6. 上述不缴、少缴税款的定性

综上所述，根据《中华人民共和国税收征收管理法》第六十三条第（一）款规定，纳税人伪造、变造、隐匿、擅自销毁账簿、记账凭证，或者在账簿上多列支出或者不列、少列收入，或者经税务机关通知申报而拒不申报或者进行虚假的纳税申报，不缴或者少缴应纳税款的，是偷税。对纳税人偷税的，由税务机关追缴其不缴或者少缴的税款、滞纳金，并处不缴或者少缴的税款百分之五十以上五倍以下的罚款；构成犯罪的，依法追究刑事责任。你单位使用上述虚假发票抵扣增值税，进行虚假纳税申报，以及隐匿收入导致少缴纳税款466 320.00元的行为属偷税行为。

2022年10月21日，我局向你单位送达了《税务行政处罚事项告知书》（文税稽罚告〔2022〕36号），告知了你单位已经查证的违法事实、证据、行政处罚的法律依据和拟将给予的行政处罚，并告知你单位有要求举行听证的权利。

你单位于2022年10月25日提出听证申请，我局于2022年11月6日组织听证。

你单位在听证会上提出：

1. 星海电缆有限责任公司不存在接受虚开发票的行为，其发票是合法有效的凭证，应予抵扣增值税，因此不存在增值税偷税行为。理由是星海电缆有限责任公司确实有购买铜线的事实，虽然不是向阳光铜业有限公司购买的，而是向个体工商户吴某购买的，但是星海电缆有限责任公司有购买货物铜线并进行付款的事实，且阳光铜业有限公司所开具的三份增值税发票涉及的货物名称、价款、税额与真实交易是一致的，发票票面并没有与实际购进有差异，不存在多开多抵行为，没有给国家税款造成损失，并提供了买卖合同、银行转账凭证、提货单、入库单以及仓库保管员的证言等证据材料。

2. 稽查局违反了“一事不二罚”的原则。即使星海电缆有限责任公司接受虚假的发票抵扣增值税导致少缴税款，也不能认定星海电缆有限责任公司构成偷税，只能认定为一个违法行为，不能同时认为星海电缆有限责任公司既存在虚开发票行为又存在偷税行为而分别进行行政处罚，明显违反了“一事不二罚”的原则。

我局对你单位听证申辩事项的复核情况：

1. 你单位没有向阳光铜业有限公司购买任何货物，却取得阳光铜业有限公司开具的三份增值税专用发票，依据《中华人民共和国发票管理办法》第十九条和第二十条规定，你单位与个体工商户吴某发生经营业务往来，应行使权利从吴某处取得增值税发票，而不应以支付开票费的形式要求阳光铜业有限公司在和你单位没有发生经营业务往来的情形下开具发票。依据《中华人民共和国发票管理办法》第二十二条、《中华人民共和国税收征收管理法》第六十三条规定，你单位让他人为自己虚开增值税专用发票抵扣进项税额的行为，既属于虚开发票行为，也属于偷税行为。虽然你单位有购买铜线、付款的事实，且阳光铜业有限公司所开具的三份增值税发票涉及的货物名称、价款、税额与你单位和个体工商户吴某的真实交易是一致的，但是你单位取得开票人与销货人不一致的发票，属于让他人为自己开具与实际经营业务情况不符的发票，因此你公司取得的上述发票就属于虚开发票。你单位的上述申辩意见我局不予采纳。

对于你单位提交的买卖合同、银行转账凭证、提货单、入库单以及仓库保管员的证言等证据材料，也只能证明你单位与个体工商户吴某存在铜线的买卖关系，不能证明你单位与阳光铜业有限公司存在铜线的买卖关系。因此不能证明你单位取得阳光铜业有限公司开具的增值税专用发票是合法有效的凭证，你单位提交上述证据材料不具有证据的关联性，我局不予采信。

2. 你单位接受虚开的增值税专用发票，并用于抵扣增值税导致少缴税款的行为，虽然需要从违法行为的手段和结果两个方面对该行为分别进行法律评价，即当事人采用虚开发票的手段，达到偷税的目的（或者结果），但在处罚的时候，因为这属于一个行为中不可分割的两个环节，所以应当视同一个违法行为。既然应当认定为同一行为，就不应当依照《中华人民共和国发票管理办法》和《中华人民共和国税收征收管理法》的相关规定分别进行处罚，否则就违反了行政处罚法的“一事不二罚”原则，属于行政违法。应按照《中华人民共和国行政处罚法》第二十九条规定，对同一个违法行为违反多个法律规范应当给予罚款处罚的，按照罚款数额高的规定处罚原则对你单位进行税务行政处罚。

对于你单位提出的既对虚开发票行为进行处罚又对偷税行为进行处罚违反了“一事不二罚”原则的陈述、申辩意见，我局予以采信，依法按照罚款数额高的规定处罚原则进行处罚。

二、处罚决定

（一）对你单位上述违法事实中第（一）项违法行为的处罚

根据《中华人民共和国发票管理办法》第三十七条第（一）款规定，违反本办法第二十二条第（二）款的规定虚开发票的，由税务机关没收违法所得；虚开金额在1万元以下的，可以并处5万元以下的罚款；虚开金额超过1万元的，并处5万元以上50万元以下的罚款；构成犯罪的，依法追究刑事责任。你单位虚开金额在1万元以上，如果按虚开发票对你单位进行处罚，最高罚款额为50万元。根据《中华人民共和国税收征收管理法》第六十三条第（一）款规定，纳税人伪造、变造、隐匿、擅自销毁账簿、记账凭证，或者在账簿上多列支出或者不列、少列收入，或者经税务机关通知申报而拒不申报或者进行虚假的纳税申报，不缴或者少缴应纳税款的，是偷税。对纳税人偷税的，由税务机关追缴其不缴或者少缴的税款、滞纳金，并处不缴或者少缴的税款百分之五十以上五倍以下的罚款；构成犯罪的，依法追究刑事责任。你单位第（一）项违法行为导致2021年度少缴增值税78 000.00元，少缴城市维护建设税5 460.00元，税额合计为83 460.00元。如果按偷税对你单位进行处罚，最高罚款额为417 300.00（83 460.00×5）元。根据《中华人民共和国行政处罚示》第二十九条规定，对当事人的同一个违法行为，不得给予两次以上罚款的行政处罚。同一个违法行为违反多个法律规范应当给予罚款处罚的，按照罚款数额高的规定处罚。如果按照虚开发票行为对你单位进行罚款，罚款最高额为500 000.00元；如果按照偷税行为对你单位进行罚款，罚款最高额为偷税税额的5倍，即罚款417 300.00元。因此，对你单位第（一）项税收违法行为按虚开发票进行处罚，罚款200 000.00元。

（二）对你单位上述违法事实第（二）项违法行为的处罚

对你单位上述违法事实第（二）项违法行为认定存在主观故意，定性为偷税，处以所偷税款1倍的罚款，罚款金额382 860.00元（增值税130 000.00元，城市维护建设税9 100.00元，企业所得税243 760.00元）。

以上应缴款项共计582 860.00元。限你（单位）自本决定书送达之日起十五日内到国家税务总局文理市南山区税务局（扬子江路519号）缴纳入库。到期不缴纳罚款，我局可依照《中华人民共和国行政处罚法》第七十二条第（一）款第1项规定，每日按罚款数额的百分之三加处罚款。

如对本决定不服，可以自收到本决定书之日起六十日内依法向国家税务总局文理市税务局申请行政复议，或者自收到本决定书之日起六个月内依法向文理市南山区人民法院起诉。对处罚决定逾期不申请复议也不向人民法院起诉，又不履行的，我局有权采取《中华人民共和国税收征收管理法》第四十条规定的强制执行措施，或者申请人民法院强制执行。

联系人员：李江、王虹
联系电话：87806638
税务机关地址：扬子江北路515号

国家税务总局文理市税务局稽查局（印章）
2022年10月31日

2.《税务行政处罚决定书》范例注释

上述《税务行政处罚决定书》范例按照说理式税收执法文书的要求制作，其“说理”性主要体现在以下五个方面。

第一，清楚地阐述了当事人存在的违法事实。一是让他人为自己虚开增值税发票，致使该单位多抵扣增值税进项税额，造成少缴纳增值税及相关附加税费的后果。二是隐匿销售收入，进行虚假纳税申报，导致该单位未计收入，造成少缴增值税及相关附加税费和企业所得税的后果。在《税务行政处罚决定书》中，对当事人违法事实的阐述，与税务处理决定书的阐述基本一致。一般包括以下三个方面的内容：一是叙述案件的客观事实；二是对上述客观事实援引税收实体法进行税收评价，说明对国家税收造成的不利影响；三是在上述税收实体法评价的基础上依据《税收征管法》《发票管理办法》等法律、行政法规，对当事人的违法行为予以定性。

第二，充分地阐述了当事人存在违法事实的证据。在上述税务行政处罚决定书中，关于证据的阐述与《税务处理决定书》一样，不是简单罗列证据，而是对证据进行分类，并说明每一类证据能证明什么方面，从而依据这些证据证明当事人存在违法行为。

第三，对当事人在听证会上提出的陈述、申辩意见以及提交的证据材料是否采信充分地说明理由。对于当事人提出的陈述、申辩意见以及提交的证据材料是否采信，上述范例在说明理由时是依照三步骤的模式。例如，对当事人第（一）项听证申辩事项，首先，转引当事人提出的证据材料“对于你单位提交的买卖合同、银行转账凭证、提货单、入库单以及仓库保管员的证言等证据材料”。其次，分析其意见的错误所在（这些证据材料）“也只能证明你单位与个体工商户吴某存在铜线的买卖关系，不能证明你单位与阳光铜业有限公司存在铜线的买卖关系。因此，不能证明你单位取得阳光铜业有限公司开具的增值税专用发票是合法有效的凭证，你单位提交上述证据材料不具有证据的关联性”。最后，提出“我局”对当事人提出的证据材料不予采信的观点（结论）——（这些证据材料）“我局不予采信”。

第四，清楚地告知了税务机关作出的处罚决定，并告知了作出处罚决定的相关法律依据。对于当事人按虚开发票进行处罚，罚款金额 200 000.00 元。处罚的依据是《发票管理办法》第三十七条第（一）款、《税收征管法》第六十三条第（一）款、《行政处罚法》第二十九条的规定。对于这样的处罚决定，也是运用逻辑三段论推理得出的结论。三段论推理过程如下。

对同一个违法行为违反多个法律规范应当给予罚款处罚的，按照罚款数额高的处罚原则进行税务行政处罚。（大前提——法律规定，如《行政处罚法》第二十九条）

星海电缆有限责任公司同一个违法行为既违反《发票管理办法》规定构成虚开发票，又违反《税收征管法》规定构成偷税。如果按虚开发票进行处罚，则最高罚款额为 500 000.00 元；如果按偷税进行处罚，则最高罚款额为 417 300.00 元。（小前提——当事人存在的违法情形）

所以，对星海电缆有限责任公司按虚开发票从高处罚，罚款金额为 200 000.00 元。（结论）

通过上述三段论逻辑推理的方式，比较充分、清楚地阐述了税务机关对当事人处200 000.00元罚款的理由。

税收执法实践中对于是否适用孰高原则进行处罚，以及如何适用孰高原则存在很大争议。首先分析是否适用孰高原则进行处罚。一种观点认为，案例中的情形应按偷税进行处罚，因为《税收征管法》第六十三条第（一）款规定，对纳税人偷税的，处不缴或者少缴的税款百分之五十以上五倍以下的罚款。《发票管理办法》第三十七条第（一）款规定，虚开发票的，由税务机关没收违法所得；虚开金额在1万元以下的，可以并处5万元以下的罚款；虚开金额超过1万元的，并处5万元以上50万元以下的罚款。虽然《行政处罚法》第二十九条规定，对同一个违法行为违反多个法律规范应当给予罚款处罚的，按照罚款数额高的规定处罚原则对你单位进行税务行政处罚。但是《税收征管法》属于法律，《发票管理办法》属于行政法规，当同一个违法行为既违反《税收征管法》，又违反《发票管理办法》时，应适用位阶较高的法律进行处罚。另一种观点认为，应按《行政处罚法》第二十九条孰高原则进行处罚。本书采用第二种观点，但第一种观点也有道理，各地税务机关在实际工作中，可按当地税务机关要求进行处罚。

其次，分析如何适用孰高原则。一种观点认为，先按各法条确定罚款金额，再选择罚款金额较高的法律条文进行处罚。这时会涉及根据违法情节行使自由裁量权问题，即先根据自由裁量权规定确定罚款额，再比较税务机关根据自由裁量结果确定的偷税罚款和虚开发票罚款孰高确定最终应给予当事人的罚款额。另一种观点认为，孰高原则是指同一违法行为比较法条的法定最高处罚金额，选择适用法定最高处罚金额的条文进行处罚，以确定应给予当事人的罚款额。本书采用第二种观点，即按法律法规规定的最高罚款额确定孰高原则。在实际工作中，在对当事人进行行政处罚时，还需要结合本省税务行政处罚裁量基准确定行政处罚的幅度。对税务行政处罚裁量基准的运用请参见【案例7-7】的阐述。

第五，清楚地告知了当事人相关的内容。一是告知了当事人税务行政处罚相关程序执行情况；二是告知了当事人缴纳罚款的时限、地点以及逾期不缴的法律后果；三是告知了当事人如果对上述处罚决定不服，其相关的救济权利以及行使权利的时限和方式以及不履行法定义务的后果。

因此，上述《税务行政处罚决定书》范例较为符合说理式税收执法文书的制作要求和规范。

（二）不列、少列收入偷税范例

因为《税务行政处罚决定书》属于重要的说理式文书，下面再通过一个案例了解和熟悉该文书的运用。

1.《税务行政处罚决定书》制作

【案例7-7】

背景材料：

文理市平安交通运输服务公司设立于2021年9月10日，为增值税一般纳税人，企业所得税查账征收。2022年6月1日，根据国家税务总局文理市税务局风险管理部门推送稽查局的风险信息，国家税务总局文理市税务局稽查局对案源信息进行识别判断后，对文理市平安交通运输服务公司立案检查，决定在当天派李江、王虹对该单位2021年9月10日至2021年12月31日所涉税费情况进行检查。此前，该单位未经历过税务机关检查 。该单位12月期末留抵税额8 938.92元，其余各月期末留抵税额为0.00元。企业所得税税率25%（2021年应纳税所得额8 000 000.00元，已申报缴纳企业所得税2 000 000.00元），印花税采用按月汇总申报缴纳方式。当地税务机关规定，纳税人应当自纳税期满之日起十五日内申报缴纳按期汇总缴纳的印花税。当年各税种应纳税总额合计2 500 000.00元。2021年企业所得税汇算清缴结束时间为2022年5月31日。

经国家税务总局文理市税务局稽查局查实，该单位2021年度承包文理市振兴钢材经销有限责任公司钢材运输业务，按月签订运输合同（按含税金额签订合同）、结算运费，因文理市振兴钢材经销有限责任公司不索要发票，该单位让文理市振兴钢材经销有限责任公司将含税金额为684 953.43元（10月为275 921.57元，11月为196 729.37元，12月为212 302.49元）的运费汇入其法定代表人李平安个人建行卡中。此部分运费未计入收入，运输成本已计入当期损益，未申报缴纳各项税费。根据《中华人民共和国税收征收管理法》第六十三条第（一）款规定，国家税务总局文理市税务局稽查局将该单位采取在账簿上不列、少列收入的方式隐匿收入628 397.64元，少缴纳税额合计为206 877.81元（增值税47 616.87元，城市维护建设税3 333.18元，印花税342.47元，企业所得税155 585.29元）的行为，认定为偷税。另外，少缴增值税导致少缴纳教育费附加、地方教育附加合计2 380.84元（教育费附加1 428.51元，地方教育附加952.33元）。

证明以上违法事实的主要证据有：

1. 该单位与文理市振兴钢材经销有限责任公司签订的2021年10月、11月、12月的货物运输合同3份，司机周某询问笔录；

2. 文理市振兴钢材经销有限责任公司的仓库保管员询问笔录、会计询问笔录，销售部经理曹阳情况说明；

3. 该单位法定代表人李平安建行卡（账号：6217111199030754108）银行资金流水证明；

4. 该单位建行账户（账号：38573982001956332751）银行资金流水证明；

5. 该单位2021年主营业务收入账簿复印件，2021年主营业务成本账簿复印件，2021年《增值税及附加税费申报表（一般纳税人适用）》《企业所得税年度纳税申报表》（A类）、《财产和行为税纳税申报表》。在检查结束前，即2022年6月6日，国家税务总局文理市税务局稽查局向该单位送达了《税务事项通知书》，将发现的税收违法事实和依据告知了该单位，并要求其对违法事实和依据有异议的，应当在限期内提供说明及证据材料，该单位在限期内未提交说明及证据材料，也未提出陈述申辩意见。

2022年6月13日，国家税务总局文理市税务局稽查局向该单位送达了《税务行政处罚事项告知书》，告知了当事人已经查证的违法事实、证据、行政处罚的法律依据和拟将给予所偷税款206 877.81元50%的罚款，即罚款金额103 438.91元，并告知该单位有要求举行听证的权利。该单位在规定时间内未提出听证申请。

检查中确认，该单位2021年度各税种应纳税总额合计2 500 000.00万元，经计算偷税额占各税种应纳税总额不足10%，未达到逃税罪立案追诉标准的依据。根据《中华人民共和国税收征收管理法》第六十三条第（一）款、《国家税务总局东方省税务行政处罚裁量基准》（国家税务总局东方省税务局公告2019年第26号）规定，国家税务总局文理市税务局稽查局决定对文理市平安交通运输服务公司的偷税行为进行税务处罚，给予所偷税款206 877.81元50%的罚款，即罚款金额103 438.91元。现需要制作并向当事人送达《税务行政处罚决定书》告知上述税务机关的决定。假设此案件未达到东方省税务机关规定的重大税务案件审理标准。文理市行政诉讼案件由文理市南山区人民法院管辖。

根据上述背景材料，国家税务总局文理市税务局稽查局需要制作《税务行政处罚决定书》并送达当事人。依据说理式税收执法文书的制作要求，该文书制作如下。

国家税务总局文理市税务局稽查局
税务行政处罚决定书

文税稽罚〔2022〕86号

文理市平安交通运输服务公司：（纳税人识别号：982829703211352186）

我局于2022年6月1日至2022年6月9日对你单位（地址：文理市南山区文理大街186号）2021年9月10日至2021年12月31日所涉税费情况进行了检查，业已终结。确认你单位有以下违法事实，并作出如下处罚决定：

一、违法事实及证据

经查实，你单位2021年度承包文理市振兴钢材经销有限责任公司钢材运输业务，按月签订运输合同（按含税金额签订合同）、结算运费。因文理市振兴钢材经销有限责任公司不索要发票，你单位让文理市振兴钢材经销有限责任公司将含税金额684 953.43元（10月为275 921.57元，11月为196 729.37元，12月为212 302.49元）的运费款汇入你单位法定代表人李平安个人建行卡中，此部分运费未计入收入，你单位采取这种在账簿上不列、少列收入的方式隐匿收入628 397.64元（已按增值税率9%换算为不含税销售额），其中，2021年10月253 139.06元，11月180 485.66元，12月194 772.92元，经检查确认，上述少计运输收入的成本支出已计入当期损益。

上述违法事实，主要有以下证据证明：

1. 你单位与文理市振兴钢材经销有限责任公司签订的2021年10月、11月、12月的货物运输合同三份，司机周某询问笔录；

2. 文理市振兴钢材经销有限责任公司的仓库保管员询问笔录、会计询问笔录，销售部经理曹阳情况说明；

3. 你单位法定代表人李平安建行卡（账号：6217111199030754108）银行资金流水证明；

4. 你单位建行账户（账号：38573982001956332751）银行资金流水证明；

5. 你单位2021年主营业务收入账簿复印件，2021年主营业务成本账簿复印件，2021年《增值税及附加税费申报表（一般纳税人适用）》《企业所得税年度纳税申报表》（A类）、《财产和行为税纳税申报表》。

以上第1~4项证据证明你单位从文理市振兴钢材经销有限责任公司取得运输服务收入。以上第5项证据证明你单位从文理市振兴钢材经销有限责任公司取得的运输服务收入未计收入，成本已结转，且未依法申报缴纳增值税、城市维护建设税、印花税、企业所得税、教育费附加、地方教育附加。

（一）你单位2021年度采取在账簿上不列、少列收入的方式隐匿收入，导致少缴纳税款合计206 877.81元。

1. 增值税方面

根据《中华人民共和国增值税暂行条例》第一条规定，在中华人民共和国境内销售货物或者加工、修理修配劳务（以下简称“劳务”），销售服务、无形资产、不动产以及进口货物的单位和个人，为增值税的纳税人，应当缴纳增值税。该条例第二条第（一）款第2项、《财政部　税务总局关于调整增值税税率的通知》（财税〔2018〕32号）第一条、《财政部　税务总局　海关总署关于深化增值税改革有关政策的公告》（财政部　税务总局　海关总署公告2019年第39号）第一条规定，纳税人销售交通运输服务，税率为9%。因此，你单位属于增值税纳税人，未列、少列收入的交通运输服务收入适用9%税率。

根据《中华人民共和国增值税暂行条例》第五条规定，纳税人发生应税销售行为，按照销售额和本条例第二条规定的税率计算收取的增值税额，为销项税额。销项税额计算公式：销项税额＝销售额×税率。该条例第六条第（一）款规定，销售额为纳税人发生应税销售行为收取的全部价款和价外费用，但是不包括收取的销项税额；该条例第四条规定，除本条例第十一条规定外，纳税人销售货物、劳务、服务、无形资产、不动产，应纳税额为当期销项税额抵扣当期进项税额后的余额。应纳税额计算公式：应纳税额＝当期销项税额－当期进项税额，当期销项税额小于当期进项税额不足抵扣时，其不足部分可以结转下期继续抵扣。因此，你单位在账簿上不列、少列收入，应按不含税销售额乘以适用税率计算应调增的销项税额，调增的销项税额应首先抵扣当期期末留抵税额。你单位2021年10月、11月没有期末留抵税额，调增的销项税额全额调增当期增值税应纳税额，12月你单位有期末留抵税额8 938.92元，12月应调增的增值税销项税额应首先抵减当期期末留抵税额，之后就余额调增增值税应纳税额。

根据《中华人民共和国增值税暂行条例》第二十三条第（二）款规定，纳税人以1个月或者1个季度为1个纳税期的，自期满之日起15日内申报纳税。该条例第十九条第（一）款第1项规定，发生应税销售行为，增值税纳税义务发生时间为收讫销售款项或者取得索取销售款项凭据的当天；先开具发票的，为开具发票的当天。你单位属于以1个月为纳税期的纳税人，应自期满之日起15日内申报纳税。你单位隐匿收入的增值税纳税义务发生时间应在提供交通运输服务，签订合同并按合同约定时间收讫销售款项的当天。

综上，你单位2021年采取在账簿上不列、少列收入的方式隐匿收入，导致你单位少缴纳增值税47 616.87元，其中，10月22 782.52（253 139.06×9%）元；11月16 243.71（180 485.66×9%）元；12月8 590.64（194 772.92×9%－12月期末留抵税额8 938.92）元，检查调整后你单位2021年12月期末留抵进项税额为0元。

2. 城市维护建设税方面

根据《中华人民共和国城市维护建设税法》第一条规定，在中华人民共和国境内缴纳增值税、消费税的单位和个人，为城市维护建设税的纳税人，应当依照本法规定缴纳城市维护建设税。该法第二条规定，城市维护建设税以纳税人依法实际缴纳的增值税、消费税税额为计税依据。根据《关于城市维护建设税计税依据确定办法等事项的公告》（财政部 税务总局公告2021年第28号）第一条第（一）款规定，城市维护建设税以纳税人依法实际缴纳的增值税、消费税税额（以下简称两税税额）为计税依据。第（二）款规定，依法实际缴纳的两税税额，是指纳税人依照增值税、消费税相关法律法规和税收政策规定计算的应当缴纳的两税税额（不含因进口货物或境外单位和个人向境内销售劳务、服务、无形资产缴纳的两税税额），加上增值税免抵税额，扣除直接减免的两税税额和期末留抵退税退还的增值税税额后的金额。因此，你单位属于城市维护建设税纳税人，本次检查应补缴的增值税应按规定缴纳城市维护建设税。

根据《中华人民共和国城市维护建设税法》第四条规定，纳税人所在地在市区的，城市维护建设税税率为百分之七。该法第五条规定，城市维护建设税的应纳税额按照计税依据乘以具体适用税率计算。你单位位于市区，适用百分之七城市维护建设税税率。你单位少缴的城市维护建设税，按本次检查应补缴增值税作为计税依据乘以百分之七税率计算。

根据《中华人民共和国城市维护建设税法》第七条规定，城市维护建设税的纳税义务发生时间与增值税、消费税的纳税义务发生时间一致，分别与增值税、消费税同时缴纳。因此，你单位少缴纳城市维护建设税的纳税义务发生时间与少缴纳增值税的纳税义务发生时间一致。

综上，你单位采取2021年在账簿上不列、少列收入的方式隐匿收入，因少缴增值税而导致少缴纳城市维护建设税3 333.18元，其中，10月1 594.78（22 782.52×7%）元，11月1 137.06（16 243.71×7%）元，12月601.34（8 590.64×7%）元。

3. 印花税方面

根据《中华人民共和国印花税暂行条例》（国务院令第11号）第一条规定，在中华人民共和国境内书立、领受本条例所列举凭证的单位和个人，都是印花税的纳税义务人，应当按照本条例规定缴纳印花税。该条例第二条第（一）款第1项规定，购销、加工承揽、建设工程承包、财产租赁、货物运输、仓储保管、借款、财产保险、技术合同或者具有合同性质的凭证为应纳税凭证。因此，你单位属于印花税纳税人。你单位与文理市振兴钢材经销有限责任公司签订的货物运输合同属应纳税凭证，应当缴纳印花税。

根据《中华人民共和国印花税暂行条例》第三条第（一）款规定，纳税人根据应纳税凭证的性质，分别按比例税率或者按件定额计算应纳税额。具体税率、税额的确定，依照本条例所附《印花税税目税率表》执行。该条例附件：《印花税税目税率表》中货物运输合同按运输费用万分之五贴花。因此，你单位货物运输合同应按运输费用万分之五贴花。

根据《中华人民共和国印花税暂行条例》第五条规定，印花税实行由纳税人根据规定自行计算应纳税额，购买并一次贴足印花税票（以下简称贴花）的缴纳办法。为简化贴花手续，应纳税额较大或者贴花次数频繁的，纳税人可向税务机关提出申请，采取以缴款书代替贴花或者按期汇总缴纳的办法。应纳税凭证应当于书立或者领受时贴花。根据《中华人民共和国印花税暂行条例施行细则》（财税字〔1988〕255号）第十四条第（一）款规定，条例第七条所说的书立或者领受时贴花，是指在合同的签订时、书据的立据时、账簿的启用时和证照的领受时贴花。根据《国家税务总局东方省税务局关于调整印花税纳税期限的公告》（国家税务总局东方省税务局公告2020年第1号）第二条规定，印花税按期汇总缴纳的，汇总申报缴纳的期限为一个月。纳税人应当自纳税期满之日起十五日内申报缴纳按期汇总缴纳的印花税。你单位与文理市振兴钢材经销有限责任公司签订的货物运输合同应于书立时贴花。因你单位按月汇总缴纳印花税，应当自纳税期满之日起十五日内申报缴纳按期汇总缴纳的印花税。

综上，你单位2021年度与文理市振兴钢材经销有限责任公司签订以上多笔货物运输合同，未按规定按月汇总申报缴纳印花税，导致少缴纳印花税342.47元，其中10月137.96（275 921.57×0.5‰）元，11月98.36（196 729.37×0.5‰）元，12月106.15（212 302.49×0.5‰）元。

4. 企业所得税方面

根据《中华人民共和国企业所得税法》第一条第（一）款规定，在中华人民共和国境内，企业和其他取得收入的组织（以下统称“企业”）为企业所得税的纳税人，依照本法的规定缴纳企业所得税。该法第四条第（一）款规定，企业所得税的税率为25%。因此，你单位属于企业所得税纳税人。你单位适用25%企业所得税税率。

根据《中华人民共和国企业所得税法》第六条第（一）款规定，企业以货币形式和非货币形式从各种来源取得的收入，为收入总额。该法第五条规定，企业每一纳税年度的收入总额，减除不征税收入、免税收入、各项扣除以及允许弥补的以前年度亏损后的余额，为应纳税所得额。该法第二十二条规定，企业的应纳税所得额乘以适用税率，减除依照本法关于税收优惠的规定减免和抵免的税额后的余额，为应纳税额。因此，你单位取得的未计收入的交通运输服务收入应属于2021年度收入总额范围，应并入应纳税所得额。你单位少计算的应纳税所得额应适用25%的税率计算应补缴的企业所得税。

根据《中华人民共和国企业所得税法》第五十三条规定，企业所得税按纳税年度计算。纳税年度自公历1月1日起至12月31日止。该法第五十四条第（三）款规定，企业应当自年度终了之日起五个月内，向税务机关报送年度企业所得税纳税申报表，并汇算清缴，结清应缴应退税款。因此，你单位2021年度少缴纳的企业所得税应当自年度终了之日起五个月内结清应缴税款。

综上所述，你单位2021年采取在账簿上不列、少列收入的方式隐匿收入，根据《中华人民共和国企业所得税法》第八条规定，企业实际发生的与取得收入有关的、合理的支出，包括成本、费用、税金、损失和其他支出，准予在计算应纳税所得额时扣除。由于本次检查应补缴增值税导致少缴纳教育费附加、地方教育附加合计2 380.84元（教育费附加1 428.51元，地方教育附加952.33元），因此扣除本次查补的城市维护建设税、教育费附加、地方教育附加、印花税后，应调增你单位2021年应纳税所得额622 341.15（628 397.64－3 333.18－1 428.51－952.33－342.47）元，导致你单位少缴纳企业所得税155 585.29［622 341.15＋已申报应纳税所得额8 000 000.00）×25%－已申报企业所得税2 000 000.00］元。

5. 上述不缴少缴税款的定性

根据《中华人民共和国税收征收管理法》第六十三条第（一）款规定，纳税人伪造、变造、隐匿、擅自销毁账簿、记账凭证，或者在账簿上多列支出或者不列、少列收入，或者经税务机关通知申报而拒不申报或者进行虚假的纳税申报，不缴或者少缴应纳税款的，是偷税。你单位采取在账簿上不列、少列收入的方式隐匿收入，导致少缴纳税款206 877.81元的行为属偷税行为。

（二）我局对你单位税务检查相关程序执行情况的说明

在检查结束前，即2022年6月6日，我局向你单位送达了《税务事项通知书》，将发现的税收违法事实和依据告知了你单位，并要求你单位对违法事实和依据有异议的，应当在限期内提供说明及证据材料，你单位在限期内未提交说明及证据材料，也未提出陈述申辩意见。

2022年6月13日，我局向你单位送达了《税务行政处罚事项告知书》，告知了你单位已经查证的违法事实、证据、行政处罚的法律依据和拟将给予的行政处罚，并告知你单位有要求举行听证的权利，你单位未提出听证申请。

二、处罚决定

根据《中华人民共和国税收征收管理法》第六十三条第（一）款规

定，纳税人伪造、变造、隐匿、擅自销毁账簿、记账凭证，或者在账簿上多列支出或者不列、少列收入，或者经税务机关通知申报而拒不申报或者进行虚假的纳税申报，不缴或者少缴应纳税款的，是偷税。对纳税人偷税的，由税务机关追缴其不缴或者少缴的税款、滞纳金，并处不缴或者少缴的税款百分之五十以上五倍以下的罚款。同时，根据《国家税务总局东方省税务局关于发布〈东方省税务行政处罚裁量基准〉的公告》（国家税务总局东方省税务局公告2019年第26号）规定，对偷税行为，不缴或者少缴税款占应纳税款10%以下的，处不缴或少缴税款50%的罚款。你单位2021年偷税税额为206 877.81元，2021年申报各税种应纳税总额合计2 500 000.00元，经过检查调整，各税种应纳税总额为2 706 877.81（2 500 000+206 877.81）元，2021年偷税税额占各税种应纳税税总额的比例为7.64%（206 877.81/2 706 877.81×100%），7.64%低于10%，因此对你单位采取在账簿上不列、少列收入的方式少缴税款206 877.81元的偷税行为，处少缴税款50%的罚款，即罚款金额103 438.91元。

以上应缴款项103 438.91元，限你单位自本决定书送达之日起十五日内到国家税务总局文理市南山区税务局（扬子江路519号）将上述款项缴纳入库。到期不缴纳罚款，我局可依照《中华人民共和国行政处罚法》第七十二条第（一）款第1项规定，每日按罚款数额的百分之三加处罚款。

如对本决定不服，可以自收到本决定书之日起六十日内依法向国家税务总局文理市税务局申请行政复议，或者自收到本决定书之日起六个月内依法向文理市南山区人民法院起诉。如对处罚决定逾期不申请复议也不向人民法院起诉，又不履行的，我局有权采取《中华人民共和国税收征收管理法》第四十条规定的强制执行措施，或者申请人民法院强制执行。

国家税务总局文理市税务局稽查局（印章）

2022年6月23日

2.《税务行政处罚决定书》范例注释

上述《税务行政处罚决定书》范例按照说理式税收执法文书的制作要求，其“说理”性主要体现在以下六个方面（前面已表述的内容不再赘述）。

第一，清楚地阐述了当事人存在的违法事实。在处罚决定书中，对当事人违法事实的阐述，与税务处理决定书的阐述基本一致。一般包括以下三个方面的内容：一是叙述案件的客观事实；二是对上述客观事实援引税收实体法进行税收评价，说明对国家税收造成的不利影响；三是在上述税收实体法评价的基础上依据《税收征管法》《发票管理办法》等法律、行政法规，对当事人的违法行为予以定性。在范例中是这样阐述当事人违法事实的：“你单位采取在账簿上不列、少列收入的方式隐匿收入，导致少缴纳税款 206 877.81 元的行为属偷税行为。”在对客观事实援引税收实体法进行税收评价过程中，《税务行政处罚决定书》第一部分违法事实及证据中表述企业所得税方面问题时，指出“由于本次检查应补缴增值税导致少缴纳教育费附加、地方教育附加合计 2 380.84 元（教育费附加 1 428.51 元，地方教育附加 952.33 元）”，处罚决定书中并没有对两附加罚款，之所以在该决定中简述两附加的查补金额，是因为查补的两附加准予在计算企业所得税应纳税所得额时扣除。另外，《中华人民共和国印花税法》（以下简称《印花税法》）自 2022 年 7 月 1 日起施行，1988 年 8 月 6 日国务院发布的《中华人民共和国印花税暂行条例》（以下简称《印花税暂行条例》）同时废止，所以文书中引用《印花税暂行条例》时标注了文号——国务院令第 11 号，而书中对现行有效的法律、法规并未标注文号。之所以采用这样的处理方式，主要是因为有的法律、法规经过了若干次修订，如果都在文书中标注文号会使文书显得拖沓，而且我们在文书中详细引用了所依据法律法规的原文内容，不会引起当事人产生歧义。

第二，充分地阐述了当事人存在违法事实的证据。《国家税务总局关于修订部分税务执法文书的公告》（国家税务总局公告 2021 年第 23 号）对文书式样进行了调整，并与《行政处罚法》衔接，将《税务行政处罚决定书》中“一、违法事实”修改为“一、违法事实及证据”，与《行政处罚法》有关规定衔接，强化了证据填写要求，以保证《税务行政处罚决定书》事实清楚、证据充分，进一步优化税务执法方式、规范税务执法。在上述两个范例的处罚决定书中，关于证据的阐述，与《税务处理决定书》一样，不是简单罗列证据，而是对证据进行分类，并同时说明每一类证据能证明什么，依据这些证据能够证明当事人存在违法行为。

第三，对当事人在听证会上提出的陈述、申辩意见以及提交的证据材料是否采信，充分地说明理由。上述案例中，当事人逾期未提出陈述申辩意见，也未提出听证申请。需要注意的是，如果当事人在检查结束前或者在听证会上提出了陈述、申辩意见，提交了证据材料，税务机关就要对当事人提出的陈述、申辩意见以及提交的证据材料是否采信充分地说明理由，使当事人释疑服罚。

第四，清楚地告知了税务机关作出的处罚决定，并告知了作出处罚决定的相关法律依据。在案例中，对于当事人存在的偷税行为，处少缴税款50%的罚款，即罚款103 438.91元。处罚的依据就是《税收征管法》第六十三条第（一）款规定以及《国家税务总局东方省税务局关于发布〈东方省税务行政处罚裁量基准〉的公告》（国家税务总局东方省税务局公告2019年第26号）规定。对于这样的处罚决定，也是运用逻辑三段论推理得出的。三段论推理过程如下。

第一步推理过程：

对纳税人偷税的，由税务机关处不缴或者少缴的税款百分之五十以上五倍以下的罚款。(大前提——法律规定)

文理市平安交通运输服务公司存在偷税行为。(小前提——当事人存在的违法情形)

所以，对文理市平安交通运输服务公司处以百分之五十以上五倍以下的罚款。(结论)

第二步推理过程：

对纳税人偷税税款占应纳税款 10% 以下的，处不缴或少缴税款 50% 的罚款。（大前提——规范性文件规定）

文理市平安交通运输服务公司偷税税款占应纳税款 10% 以下。（小前提——当事人存在的违法情形）

所以，对文理市平安交通运输服务公司处少缴税款 50% 的罚款。（结论）

通过上述三段论逻辑推理的方式，比较充分、清楚地阐述了税务机关行使行政处罚裁量权对当事人处少缴税款 50% 罚款的理由。

此案例背景材料给出，本次稽查前该单位未经历过税务机关检查，本次检查认定当事人偷税额为 206 877. 81 元，该单位当年申报各税种应纳税总额合计 2 500 000. 00 元。经过检查调整后偷税数额在 100 000. 00 元以上，但偷税额占各税种应纳税总额比例为 7. 64%，不足 10%，没有达到逃税罪立案追诉的标准，不需要移送公安机关。

第五，关于对印花税的税务行政处罚问题。对于印花税的税务行政处罚，《印花税暂行条例》第十三条规定，“纳税人有下列行为之一的，由税务机关根据情节轻重，予以处罚：1. 在应纳税凭证上未贴或者少贴印花税票的，税务机关除责令其补贴印花税票外，可处以应补贴印花税票金额 20 倍以下的罚款；2. 违反本条例第六条第一款规定的，税务机关可处以未注销或者画销印花税票金额 10 倍以下的罚款；3. 违反本条例第六条第二款规定的，税务机关可处以重用印花税票金额 30 倍以下的罚款。伪造印花税票的，由税务机关提请司法机关依法追究刑事责任。”该条例第十四条规定，印花税的征收管理，除本条例规定者外，依照《税收征管法》的有关规定执行。税收执法实践中对印花税究竟应该如何处罚存在争议，一种观点支持轻税重罚，即按《印花税暂行条例》第十三条规定进行处罚；另一种观点支持适用位阶高的《税收征管法》进行处罚。本书中采取第二种观点，即按《税收征管法》进行处罚。《印花税法》自 2022 年 7 月 1 日起施行后，此问题便不复存在。该法第十八条规定，印花税由税务机关依照本法和《税收征管法》的规定征收管理。

第六，清楚地告知了与当事人相关的内容。一是告知了当事人税务行政处罚相关程序执行情况；二是告知了当事人缴纳罚款的时限、地点以及逾期不缴的法律后果；三是告知了当事人如果对上述处罚决定不服，其相关的救济权利、行使权利的时限和方式以及不履行法定义务的后果。

因此，上述《税务行政处罚决定书》范例较为符合说理式税收执法文书的制作要求和规范。

三、《税务行政处罚决定书》使用说明

关于《税务行政处罚决定书》的撰写，与《税务处理决定书》的撰写要求有许多相同之处。例如，对违法事实的阐述、对证据的说明、充分说明理由等方面，其撰写要求都是一样的，在此不再赘述。依据说理式税收执法文书的制作要求，在撰写《税务行政处罚决定书》时，应注意以下八个方面的问题。

第一，应当注意对当事人陈述、申辩意见的回应。其重要意义体现在以下几个方面。

一是税务机关履行法定程序性义务的具体表现。在对当事人作出税务行政处罚决定之前，税务机关都会依法向当事人送达《税务行政处罚事项告知书》，告知当事人具有陈述、申辩甚至听证的权利。如果当事人认为税务机关拟作出的处罚决定违法或者不当，将提出陈述、申辩意见，而听取当事人陈述、申辩意见是行政处罚程序的一个重要环节。《行政处罚法》第四十四条规定，行政机关在作出行政处罚决定之前，应当告知当事人拟作出的行政处罚内容及事实、理由、依据，并告知当事人依法享有的陈述、申辩、要求听证等权利。该法第四十五条规定，当事人有权进行陈述和申辩。行政机关必须充分听取当事人的意见，对当事人提出的事实、理由和证据，应当进行复核；当事人提出的事实、理由或者证据成立的，行政机关应当采纳。行政机关不得因当事人陈述、申辩而给予更重的处罚。

该法第六十二条规定，行政机关及其执法人员在作出行政处罚决定之前，未依照本法第四十四条、第四十五条的规定向当事人告知拟作出的行政处罚内容及事实、理由、依据，或者拒绝听取当事人的陈述、申辩，不得作出行政处罚决定；当事人明确放弃陈述或者申辩权利的除外。而是否听取当事人的陈述、申辩，不仅应当在听证会笔录、陈述、申辩笔录、《陈述申辩意见复核报告》中体现，更应当在《税务行政处罚决定书》中有所体现。在该执法文书中对当事人陈述、申辩意见的回应，较好地体现了税务机关履行了《行政处罚法》规定的法定程序性义务。实施集中审理的税务局稽查局，应当以拟制发决定性文书的稽查局的名义听取陈述、申辩意见。程序是执法的生命，程序不合法即一切不合法。

二是体现行政处罚程序的公正性，有利于行政处罚决定的执行。在《税务行政处罚决定书》中回应当事人陈述、申辩意见，让当事人确信税务机关听取了其陈述、申辩。尤其当事人的部分或者全部陈述、申辩意见被采信时，当事人更能直观感受到税务机关处罚程序的公正性，最终信赖税务机关作出的处罚决定。而且，对当事人提出的陈述、申辩意见给予积极回应、充分说理，也使当事人理解税务机关作出处罚决定的真实理由，信服税务机关的处罚决定。这也是对当事人进行税法教育和宣传的有效途径之一。如果在《税务行政处罚决定书》中对当事人的陈述、申辩意见没有任何回应，当事人就会怀疑税务机关是否听取了其陈述、申辩，甚至会怀疑税务机关的处罚事项告知以及听证会仅仅流于形式。这将使当事人对税务机关的处罚决定不予信赖并产生抵触的情绪，不利于处罚决定的执行，甚至引发行政复议或者行政诉讼。

三是有利于强化税务机关执法公正、严谨的形象。在《税务行政处罚决定书》中回应当事人陈述、申辩意见，体现了有诉求就有反馈，有意见就有回应这样一种严谨执法的态度。同时，对当事人的陈述、申辩意见积极回应，充分说明采信与否的理由，把执法者作出行政处罚决定时内藏于心中的想法向当事人表达出来，体现了执法者的无私与公正。这也是对当事人的人格尊重，将有利于强化税务机关执法公正、严谨的形象。如果税务机关一方面告知当事人具有陈述、申辩的权利，而另一方面在其提出陈述、申辩的意见时没有任何回应，当事人就很容易怀疑执法人员的诚信，这将严重损害税务机关的公信力。

第二，体现程序合法。原《行政处罚法》（2017）第三条第（二）款规定，没有法定依据或者不遵守法定程序的，行政处罚无效。新《行政处罚法》（2021）第三十八条第（二）款规定，违反法定程序构成重大且明显违法的，行政处罚无效。《最高人民法院关于适用〈中华人民共和国行政诉讼法〉的解释》（法释〔2018〕1号）第九十六条规定，“有下列情形之一，且对原告依法享有的听证、陈述、申辩等重要程序性权利不产生实质损害的，属于行政诉讼法第七十四条第一款第二项规定的‘程序轻微违法’：（一）处理期限轻微违法；（二）通知、送达等程序轻微违法；（三）其他程序轻微违法的情形”。《行政诉讼法》第七十四条第（一）款规定，“行政行为有下列情形之一的，人民法院判决确认违法，但不撤销行政行为：（一）行政行为依法应当撤销，但撤销会给国家利益、社会公共利益造成重大损害的；（二）行政行为程序轻微违法，但对原告权利不产生实际影响的”。在税收执法实践中，税务机关仍要严格遵循法定程序依法实施行政行为，避免程序违法。税务机关对当事人进行税务行政处罚时，如果当事人出现应当从轻或减轻的情形，则必须用好自由裁量权，根据不同的情形给予不同的处罚决定，而不能千篇一律。我国《行政处罚法》第三十二条规定，“当事人有下列情形之一，应当从轻或者减轻行政处罚：（一）主动消除或者减轻违法行为危害后果的；（二）受他人胁迫或者诱骗实施违法行为的；（三）主动供述行政机关尚未掌握的违法行为的；（四）配合行政机关查处违法行为有立功表现的；（五）法律、法规、规章规定其他应当从轻或者减轻行政处罚的”。各级税务机关如已经制定向社会公布的行政处罚裁量基准，则应参照各地裁量基准进行从轻或减轻处罚。在行政处罚做出决定之前，需要履行相应的审核程序；否则，决定不能成立。

第三，偷税的主观故意是否属于认定偷税的构成要件。对此，长期以来一直存在争议，但近两年逐渐变得明朗起来。《行政处罚法》第三十三条第（二）款规定，当事人有证据足以证明没有主观过错的，不予行政处罚。法律、行政法规另有规定的，从其规定。当然，主观过错与主观故意的含义并不相同。从国家税务总局对个案的几个答复来看，均认为存在偷税的主观故意系认定偷税的构成要件之一，虽然个案批复不具有普遍适用的效力，但对案件定性具有一定的指导意义。

一是《国家税务总局办公厅关于呼和浩特市昌隆食品有限公司有关涉税行为定性问题的复函》（国税办函〔2007〕513 号）指出，《税收征管法》未具体规定纳税人自我纠正少缴税行为的性质问题，在处理此类情况时，仍应按《税收征管法》关于偷税应当具备主观故意、客观手段和行为后果的规定进行是否偷税的定性。税务机关在实施检查前，纳税人自我纠正属补报补缴少缴的税款不能证明纳税人存在偷税的主观故意，不应被定性为偷税。

二是《国家税务总局关于税务检查期间补正申报补缴税款是否影响偷税行为定性有关问题的批复》（税总函〔2013〕196 号）指出，税务机关认定纳税人不缴或者少缴税款的行为是否属于偷税，应当严格遵循《税收征管法》第六十三条的有关规定。纳税人未在法定的期限内缴纳税款，且其行为符合《税收征管法》第六十三条规定的构成要件的，即构成偷税，逾期后补缴税款不影响对其行为的定性。纳税人在稽查局进行税务检查前主动申报补缴税款，并且税务机关没有证据证明纳税人具有偷税主观故意的，不按偷税处理。

三是《国家税务总局关于北京聚菱燕塑料有限公司偷税案件复核意见的批复》（税总函〔2016〕274 号）指出，根据《企业所得税法实施条例》第三十六条，该企业为部分管理人员购买的商业保险支出不得在企业所得税税前扣除。但是，该企业税前扣除的上述支出，是企业真实发生的支出。“根据你局提供的材料：（1）除本案所涉及稽查外，未对该企业进行过其他稽查立案处理；（2）除本案所涉违规列支行为外，未发现该企业成立以来存在其他违规列支行为；（3）本案所涉该企业为部分管理人员购买的商业保险已在当期代扣代缴了个人所得税。据此，从证据角度不能认定该企业存在偷税的主观故意。综上所述，我局同意你局的第二种复核意见，即不认定为偷税。”

另外，法院也普遍认为，当事人的主观方面系认定偷税行为的必要构成要件。行政机关以构成偷税行为为由对当事人作出行政处罚，应当对当事人不缴或者少缴应纳税款的主观方面进行调查认定，并在当事人提起行政诉讼后就此承担举证责任。

第四，关于教育费附加、地方教育附加是否应该进行税务行政处罚问题，目前在税收执法实践中存在争议。此问题在《税务处理决定书》部分已作了详细阐述，本书采取有利于纳税人的比较保守的法律方法，即对教育费附加与地方教育附加滞纳金、不处以罚款。在不处罚的情况下，税务行政处罚决定书中是否需要表述企业应缴纳的教育费附加和地方教育附加，目前尚无定论。实践中两种方式都有，本书中的两个示例分别按两种方式表述，各地可根据各自情况制作文书。

第五，关注重大执法决定法制审核的事项。《国务院办公厅关于全面推行行政执法公示制度执法全过程记录制度重大执法决定法制审核制度的指导意见》（国办发〔2018〕118 号）规定，重大执法决定法制审核是确保行政执法机关作出的重大执法决定合法有效的关键环节。行政执法机关在作出重大执法决定前，要严格进行法制审核，未经法制审核或者审核未通过的，不得作出决定。《国家税务总局办公厅关于印发〈行政执法公示实施办法（试行）〉等“三项制度”配套文件的通知》（税总办发〔2019〕61 号）附件 3《重大执法决定法制审核事项清单（试行）》列明，国家税务总局规定罚款数额较大或经过听证程序的税务行政处罚决定属于重大执法决定法制审核事项范围，省以下税务机关结合工作实际，细化明确本清单中“数额较大”的具体标准和金额。如果案件达到了重大执法决定法制审核标准，就应严格按照规定的程序执行。

第六，关于案件移送中行刑衔接问题。《行政处罚法》第二十七条规定，违法行为涉嫌犯罪的，行政机关应当及时将案件移送司法机关，依法追究刑事责任。对依法不需要追究刑事责任或者免予刑事处罚，但应当给予行政处罚的，司法机关应当及时将案件移送有关行政机关。行政处罚实施机关与司法机关之间应当加强协调配合，建立健全案件移送制度，加强证据材料移交、接收衔接，完善案件处理信息通报机制。同时，《行政处罚法》第三十五条规定，违法行为构成犯罪，人民法院判处罚金时，行政机关已经给予当事人罚款的，应当折抵相应罚金；行政机关尚未给予当事人罚款的，不再给予罚款。《〈关于加强行政执法与刑事司法衔接工作的意见〉的通知》（中办发〔2011〕8号）第一条第（三）款规定，行政执法机关向公安机关移送涉嫌犯罪案件，应当移交案件的全部材料，同时将案件移送书及有关材料目录抄送人民检察院。行政执法机关在移送案件时已经作出行政处罚决定的，应当将行政处罚决定书一并抄送公安机关、人民检察院；未作出行政处罚决定的，原则上应当在公安机关决定不予立案或者撤销案件、人民检察院作出不起诉决定、人民法院作出无罪判决或者免予刑事处罚后，再决定是否给予行政处罚。行刑衔接应注意以下两个方面的问题。

一是涉嫌逃税罪税务机关先行处理案件。《中华人民共和国刑法》（以下简称《刑法》）第二百零一条第（一）款规定，【逃税罪】纳税人采取欺骗、隐瞒手段进行虚假纳税申报或者不申报，逃避缴纳税款数额较大并且占应纳税额百分之十以上的，处三年以下有期徒刑或者拘役，并处罚金；数额巨大并且占应纳税额百分之三十以上的，处三年以上七年以下有期徒刑，并处罚金。该法第二百零一条第（四）款规定，有第一款行为，经税务机关依法下达追缴通知后，补缴应纳税款，缴纳滞纳金，已受行政处罚的，不予追究刑事责任；但是，五年内因逃避缴纳税款受过刑事处罚或者被税务机关给予二次以上行政处罚的除外。因此，如果在稽查过程中发现偷税案件达到了《刑法》逃税罪立案追诉标准，涉嫌刑事犯罪，且五年内没有因逃避缴纳税款受过刑事处罚或者被税务机关给予二次以上行政处罚的，则必须先由税务机关追征税款、滞纳金，进行行政处罚，不可以直接移送公安机关处理。2022年4月6日，最高人民检察院、公安部联合发布修订后的《关于公安机关管辖的刑事案件立案追诉标准的规定（二）》，自2022年5月15日施行。该规定第五十二条规定，“［逃税案

（刑法第二百零一条）〕逃避缴纳税款，涉嫌下列情形之一的，应予立案追诉：（一）纳税人采取欺骗、隐瞒手段进行虚假纳税申报或者不申报，逃避缴纳税款，数额在十万元以上并且占各税种应纳税总额百分之十以上，经税务机关依法下达追缴通知后，不补缴应纳税款、不缴纳滞纳金或者不接受行政处罚的；（二）纳税人五年内因逃避缴纳税款受过刑事处罚或者被税务机关给予二次以上行政处罚，又逃避缴纳税款，数额在十万元以上并且占各税种应纳税总额百分之十以上的；（三）扣缴义务人采取欺骗、隐瞒手段，不缴或者少缴已扣、已收税款，数额在十万元以上的。纳税人在公安机关立案后再补缴应纳税款、缴纳滞纳金或者接受行政处罚的，不影响刑事责任的追究”。要关注逃税罪立案追诉标准已由原来的五万元提高至十万元。

二是除涉嫌逃税罪税务机关先行处理案件以外的其他涉嫌犯罪案件。对于此类涉嫌犯罪的案件，税务机关应当及时将案件移送司法机关，依法追究刑事责任，不得以行政处罚代替移送。在税收执法实践中，曾有多起涉嫌犯罪案件是税务机关先进行了行政处罚，然后移送公安机关，在行政诉讼中败诉的案例。

第七，关于文书式样中的账号。《国家税务总局关于修订部分税务执法文书的公告》（国家税务总局公告 2021 年第 23 号）中《税务行政处罚决定书》式样中有账号表述：“限你（单位）自本决定书送达之日起____日内到____缴纳入库（账号：　　　　）。”通常情况下，税务机关下达执法文书后，当事人将款项直接缴入国库，所以本书在《行政处罚决定书》中没有标注账号。

第八，关于行政处罚决定公开问题。《行政处罚法》第四十八条规定，具有一定社会影响的行政处罚决定应当依法公开。公开的行政处罚决定被依法变更、撤销、确认违法或者确认无效的，行政机关应当在三日内撤回行政处罚决定信息并公开说明理由。《国务院办公厅关于全面推行行政执法公示制度执法全过程记录制度重大执法决定法制审核制度的指导意见》（国办发〔2018〕118 号）第二条第（六）款加强事后公开规定，行政处罚的执法决定信息要在执法决定作出之日起7个工作日内公开，但法律、行政法规另有规定的除外。已公开的行政执法决定被依法撤销、确认违法或者要求重新作出的，应当及时从信息公示平台撤下原行政执法决定信息。《国家税务总局关于印发〈优化税务执法方式全面推行“三项制度”实施方案〉的通知》（税总发〔2019〕31号）第二条第（一）款第3项加强事后公示规定，税务机关按规定时限、内容和有关要求，公示行政处罚决定信息，已公开的税务执法决定被依法撤销、确认违法或者要求重新作出的，要及时从信息公示平台撤下原执法决定信息。《税务稽查案件办理程序规定》第四十四条第（二）款规定，税务行政处罚决定应当依法公开。公开的行政处罚决定被依法变更、撤销、确认违法或者确认无效的，应当在3个工作日内撤回原行政处罚决定信息并公开说明理由。总之，上述文件关于行政处罚决定信息公开和撤回的表述有所不同。关于公开范围：《行政处罚法》规定具有一定社会影响的行政处罚决定应当依法公开。国务院“三项制度”规定行政处罚的执法决定信息要在执法决定作出之日起7个工作日内公开，但法律、行政法规另有规定的除外；税总发〔2019〕31号文件规定，税务机关按规定时限、内容和有关要求，公示税务行政处罚决定信息。《税务稽查案件办理程序规定》规定税务行政处罚决定应当依法公开。关于公开后撤回：《行政处罚法》和《税务稽查案件办理程序规定》规定公开的行政处罚决定需要撤回的，行政机关应当在3日内撤回行政处罚决定信息并公开说明理由；国务院“三项制度”和税总发〔2019〕31号文件规定公开的行政处罚决定需要撤回的应及时撤回，但在税务执法实操中也必须严格遵循3个工作日内撤回原行政处罚决定信息并公开说明理由的规定。《国家税务总局办公厅关于印发〈行政执法公示实施办法（试行）〉等“三项制度”配套文件的通知》（税总发〔2019〕31号）规定，附件1《行政执法公示事项清单（试行）》中要求税务行政一般程序处罚结果要自处罚决定书作出之日起7个工作日内予以公开，所以在税收执法实践中，税务机关一般不公开税务行政简易程序处罚结果。

第四节　不予税务行政处罚决定书

《不予税务行政处罚决定书》主要适用于税务机关对违法行为轻微，依法可以不予行政处罚的案件；或者行政相对人违反税收法律、行政法规应当给予行政处罚的行为，税务机关在违法行为发现之日五年后才做出处理的案件。不予税务行政处罚决定，从结果上看并没有剥夺行政相对人权益，似乎无须对该项决定进行说理，但事实上，不予处罚并不等于当事人不存在税收违法行为。当事人有什么样的税收违法行为，该行为是否需要给予行政处罚，基于什么样的法律依据不予行政处罚，是该决定书需要表述清楚的，因此有必要依据说理式执法文书的制作规范和要求制作该执法文书。

一、《不予税务行政处罚决定书》的式样

国家税务总局________税务局（稽查局）

不予税务行政处罚决定书

________税不罚〔　　〕________号

__________：（纳税人识别号：________）

经我局（所）________，你（单位）存在以下违法事实：______

上述违法事实，主要有以下证据证明：____________________。上述行为违反________规定，鉴于上述税收违法行为_________，依照________规定，现决定不予行政处罚。

如对本决定不服，可以自收到本决定书之日起六十日内依法向________申请行政复议，或者自收到本决定书之日起六个月内依法直接向________人民法院起诉。

税务机关（印章）

______年____月____日

二、《不予税务行政处罚决定书》的制作

【案例7-8】

背景材料：

文理市正兴商贸有限责任公司成立于2014年5月1日，为增值税一般纳税人，因涉嫌隐匿收入被人举报。国家税务总局文理市税务局稽查局于2021年11月19日对文理市正兴商贸有限责任公司立案检查，检查所属期间为2014年5月1日至2020年12月31日。2021年11月20日至2022年1月10日，国家税务总局文理市税务局稽查局依法对该单位进行检查。经查实，该单位在2015年10月25日有一笔1 000 000.00元的销售钢材款项未计入收入，而是虚挂在往来账“其他应付款——张三”贷方余额上，成本已结转，导致少缴纳增值税、城市维护建设税、企业所得税，合计税款364 786.33元。根据《中华人民共和国税收征收管理法》第六十三条第（一）款规定，上述隐匿收入导致少缴税款364 786.33元的行为属于偷税，但因该单位违法行为在五年内未被发现，依法决定不予行政处罚。

证明以上违法事实的证据有：（1）文理市正兴商贸有限责任公司的“其他应付款——张三”往来账和记账凭证、主营业务收入明细账、主营业务成本明细账；（2）文理市正兴商贸有限责任公司法定代表人询问笔录；（3）文理市正兴商贸有限责任公司业务员张三的询问笔录；（4）文理市正兴商贸有限责任公司会计询问笔录；（5）文理市正兴商贸有限责任公司银行对账单；（6）文理市正兴商贸有限责任公司2015年度《增值税纳税申报表（一般纳税人适用）》《城市维护建设税 教育费附加 地方教育附加申报表》《企业所得税年度纳税申报表》（A类）；（7）文理市正兴商贸有限责任公司2015年度增值税、城市维护建设税、企业所得税完税凭证。

根据上述背景材料，国家税务总局文理市税务局稽查局需要制作执法

文书，告知当事人文理市正兴商贸有限责任公司税务机关对其不予进行税务行政处罚的决定。依据说理式税收执法文书的制作要求，文书制作如下。

国家税务总局文理市税务局稽查局
不予税务行政处罚决定书

文税稽不罚〔2022〕15号

文理市正兴商贸有限责任公司：（纳税人识别号：982829703211357035）

我局于2021年11月20日至2022年1月10日对你单位（地址：文理市文理大街208号）2014年5月1日至2020年12月31日所涉税费情况进行检查，你单位存在的违法事实及对你单位的不予处罚决定如下：

一、违法事实及证据

（一）你单位在2015年10月25日销售钢材收取款项1 000 000.00元，未计入收入，而是虚挂在往来账户“其他应付款——张三”中，隐匿收入导致少缴增值税及附加税费、企业所得税。

上述违法事实，主要有以下证据证明：(1) 文理市正兴商贸有限责任公司的往来账、会计账簿和记账凭证；(2) 文理市正兴商贸有限责任公司法定代表人询问笔录；(3) 文理市正兴商贸有限责任公司业务员张三的询问笔录；(4) 文理市正兴商贸有限责任公司会计询问笔录；(5) 文理市正兴商贸有限责任公司银行对账单；(6) 文理市正兴商贸有限责任公司2015年度《增值税纳税申报表（一般纳税人适用)》《城市维护建设税 教育费附加地方教育附加 申报表》《企业所得税年度纳税申报表》(A类) 及相关完税凭证。

（二）上述违法行为导致少缴税费如下：

1. 增值税方面

根据《中华人民共和国增值税暂行条例》第一条、第二条第（一）款第2项、第四条、第五条、第十九条第（一）款第1项、第二十三条第（二）款规定，2015年10月没有期末留抵税额，应补缴2015年10月增值税 145 299. 15（1 000 000. 00 ÷1. 17 ×17%）元。

2. 城市维护建设税方面

根据《中华人民共和国城市维护建设税暂行条例》第二条、第三条、第四条规定，应补缴 2015 年 10 月城市维护建设税 10 170. 94（145 299. 15 ×7%）元。

3. 教育费附加方面

根据《征收教育费附加的暂行规定》第二条、第三条第（一）款、第五条第（一）款、第六条规定，应补缴教育费附加 4 358. 97（145 299. 15 × 3%）元。

4. 地方教育附加方面

根据《财政部关于统一地方教育附加政策有关问题的通知》（财综〔2010〕98 号）第二条、《东方省人民政府办公厅关于印发〈东方省地方教育附加征收使用管理暂行办法〉的通知》（文府办〔2011〕19 号）第二条规定，应补缴地方教育附加 2 905. 98（145 299. 15 ×2%）元。

5. 企业所得税方面

根据《中华人民共和国企业所得税法》第一条第（一）款、第四条第（一）款、第五条、第六条第（一）款、第二十二条、第五十三条规定，该行为应调增 2015 年度应纳税所得额 854 700. 85（1 000 000. 00 ÷1. 17）元；根据《中华人民共和国企业所得税法》第八条、《中华人民共和国企业所得税法实施条例》第三十一条规定，该单位补缴的城市维护建设税及教育费附加、地方教育附加可以调减应纳税所得额 17 435. 89（10 170. 94 +4 358. 97 + 2 905. 98）元，上述调整后共计调增应纳税所得额 837 264. 96（854 700. 85 − 17 435. 89）元，你单位 2015 年度自行申报应纳税所得额 2 000 000. 00 元，已缴纳企业所得税 500 000. 00 元，本次应补缴 2015 年度的企业所得税 209 316. 24 [（837 264. 96 +2 000 000. 00）×25% −500 000. 00] 元。

二、不予处罚决定

根据《中华人民共和国税收征收管理法》第六十三条第（一）款规定，纳税人伪造、变造、隐匿、擅自销毁账簿、记账凭证，或者在账簿上多列支出或者不列、少列收入，或者经税务机关通知申报而拒不申报或者进行虚假的纳税申报，不缴或者少缴应纳税款的，是偷税。对纳税人偷税的，由税务机关追缴其不缴或者少缴的税款、滞纳金，并处不缴或者少缴的税款百分之五十以上五倍以下的罚款；构成犯罪的，依法追究刑事责任。你单位在账簿上少列收入导致少缴2015年10月的增值税145 299.15元、城市维护建设税10 170.94元，2015年度企业所得税209 316.24元的行为，属于偷税。

对你单位的偷税行为，我局除追缴上述少缴的税款及滞纳金外，还对你单位处以不缴少缴的增值税、城市维护建设税、企业所得税共364 786.33元50%的罚款，罚款金额为182 393.17元，因对你单位的立案检查日期为2021年11月19日，依照《中华人民共和国税收征收管理法》第八十六条"违反税收法律、行政法规应当给予行政处罚的行为，在五年内未被发现的，不再给予行政处罚"的规定，鉴于你单位上述税款中增值税、城市维护建设税的纳税申报期限截止日为2015年11月15日，企业所得税的纳税申报期限截止日为2016年5月31日，应从纳税申报期限截止日次日开始计算的税收违法行为发生日，距离立案之日均已超过五年，现决定对你单位不予进行税务行政处罚。

同时，《中华人民共和国宪法》第五十六条规定"中华人民共和国公民有依照法律纳税的义务"，依法纳税是每个公民和企业应尽的义务，希望你单位以此案件为教训，加强税法知识学习，避免再犯类似错误。

如对本决定不服，可以自收到本决定书之日起六十日内依法向国家税务总局文理市税务局申请行政复议，或者自收到本决定书之日起六个月内依法直接向文理市南山区人民法院起诉。

税务机关（印章）

2022年1月18日

附：本文书引用的相关税收规定

（略）

三、《不予税务行政处罚决定书》范例注释

上述《不予税务行政处罚决定书》范例是告知当事人税务机关对其进行检查之后发现其存在的税收违法行为，并告知当事人拟作出不予处罚决定的原因。上述范例按照说理式税收执法文书的要求制作，其说理性主要体现在以下四个方面。

第一，清楚地告知了当事人存在的违法事实及其证据。运用三段论逻辑推理，说明了税务机关认定企业偷税的法律依据和理由。该项说明推理过程如下。

凡是进行不列、少列收入，导致不缴、少缴税款的行为，都是偷税行为。(大前提——法律规定)

文理市正兴商贸有限责任公司存在不列、少列收入，导致不缴、少缴税款的行为。(小前提——当事人存在的违法行为)

所以，文理市正兴商贸有限责任公司存在偷税行为。(结论)

通过上述三段论逻辑推理的方式，比较充分、清楚地阐述了税务机关认定当事人存在违法行为的理由。

第二，清楚地告知了拟对当事人进行的行政处罚。对于当事人存在的偷税违法事实，拟处以不缴少缴税款的50%的罚款182 393.17元。对于该处罚的裁量，也是运用逻辑三段论推理得出的处罚结论。

对于当事人存在偷税行为的处罚，三段论推理过程如下。

凡是存在偷税行为的，处不缴或者少缴税款的百分之五十以上五倍以下的罚款。(大前提——法律规定)

文理市正兴商贸有限责任公司存在偷税行为。(小前提——当事人存在的违法情形)

所以，应对文理市正兴商贸有限责任公司处少缴税款50%的罚款，即

罚款 182 393. 17 元。(结论)

通过上述三段论逻辑推理的方式，比较充分、清楚地阐述了税务机关拟对当事人处罚的裁量理由。

第三，清楚地告知了对当事人不予行政处罚决定的理由。当事人存在的偷税违法事实是清晰的，按规定应进行行政处罚，但该单位违法行为超过了追溯期，所以最终不予处罚，这也是运用三段论逻辑推理得出的处罚结论。

凡是应给予处罚的行为，在五年内未被发现的，不再给予处罚。(大前提——法律规定)

文理市正兴商贸有限责任公司应给予处罚的行为，在五年内未被发现。(小前提——当事人存在的情形)

所以，对文理市正兴商贸有限责任公司不予处罚。(结论)

对于“五年内未被发现”应当如何理解呢？关键问题是确定“发现之日”。目前，实践中对于违法行为“发现之日”，参照的是《全国人大常委会法制工作委员会关于提请明确对行政处罚追诉时效“二年未被发现”认定问题的函的研究意见》(法工委复字〔2004〕27 号) 的规定：“发现违法违纪行为的主体是处罚机关或有权处罚的机关，公安、检察、法院、纪检监察机关和司法行政机关都是行使社会公权力的机关，对律师违法违纪行为的发现都应该具有《行政处罚法》规定的法律效力。因此，上述任何一个机关对律师违法违纪行为只要启动调查、取证和立案程序，均可视为‘发现’；群众举报后被认定属实的，发现时效以举报时间为准。”本案例中，是以立案日期作为违法行为的“发现之日”。对于实践中大量存在的发票协查案件，依据上述文件精神经查证属实的，以上游单位的稽查局发出协查函的日期作为“发现之日”较为恰当。

第四，清楚地告知了当事人法律救济的途径和期限。如果对决定不服，则有两条救济途径，一是六十日内依法向国家税务总局文理市税务局申请行政复议，二是六个月内依法直接向文理市南山区人民法院起诉。

因此，上述《不予税务行政处罚决定书》范例是比较符合说理式税收执法文书的制作要求和规范的。

四、《不予税务行政处罚决定书》使用说明

税务机关在使用该文书时，应注意以下五个方面的问题。

第一，注意文书的适用范围。该文书适用三类案件：一是税务机关对违法行为轻微，依法可以不予行政处罚的案件；二是违反税收法律、行政法规应当给予行政处罚的行为，五年后发现的案件作出决定时使用；三是符合其他依法不予处罚情形的案件。

第二，注意表述当事人存在的违法行为。一是不予处罚并不意味着当事人没有违法行为，只是由于各种法律规定豁免了对其的处罚。所以，在该决定书中，同样需要对违法事实进行表述。对于违法行为的分类标准，可以依据违法的性质，也可以依据不同的税种，还可以是二者的结合，尽量做到叙述清楚，层次分明。二是对每一个违法行为的阐述，都要列举证明该违法行为存在的证据，做到阐述时有理有据。三是对违法行为的阐述应当援引相应的法律依据。阐述违法行为，不仅是描述一个客观行为，还应对援引法律依据对客观行为进行法律评价，说明这一客观行为是一个违反税法规定的税收违法行为。

第三，注意表述不予处罚的原因。当事人虽然存在违法行为，但依据某项法律规定最终可以对其不予处罚。文书中要重点表述清楚法律的具体规定，以及企业实际情形，从逻辑上论证清楚税务机关作出的不予处罚决定是合法合规的。

第四，体现了处罚与教育相结合的原则。《行政处罚法》第六条规定，实施行政处罚，纠正违法行为，应当坚持处罚与教育相结合，教育公民、法人或者其他组织自觉守法。根据上述规定，在文书的最后增加了一段体现教育的内容“《中华人民共和国宪法》第五十六条规定‘中华人民共和

国公民有依照法律纳税的义务’，依法纳税是每个公民和企业应尽的义务，希望你单位以此案件为教训，加强税法知识学习，避免再犯类似错误”。

第五，注意行政救济权的告知。只要是税务机关作出某项行政决定，都应该告知当事人相应的行政救济权利。虽然一般情况下很少有当事人对不予处罚决定不服，但是不能排除这种可能性，对于企业因偷税超过追溯期而不予处罚的，不予处罚的决定并不影响对其偷税违法性质的认定，如果企业对偷税定性有异议，依然可以申请行政复议或提起行政诉讼，所以告知其应享有的行政救济权是非常有必要的。

第八章　税务行政强制执行中的“说理”

在税收执法活动中，税务机关依据《税收征管法》第三十七条、第三十八条、第四十条等规定，有时需要对具有税收违法行为的行政相对人作出责成提供纳税担保、采取税收保全和强制执行措施等具体行政行为。这些具体行政行为会对行政相对人的实质性权益产生不利影响，同样应当充分“说理”，其事实、程序、依据、决定以及救济渠道等事项也需要在制作和送达的说理式税收执法文书中予以阐述。对于纳税担保和税收保全，本书在税收征管和税务稽查的相关章节已有阐述，本章主要讨论税务行政强制执行中的“说理”，涉及《催告书》《税收强制执行决定书》以及拍卖/变卖抵税财物过程中应当使用的说理式税收执法文书。

第一节　催告书

催告是行政机关作出强制执行决定的前置程序。根据《行政强制法》第三十五条规定，行政机关作出强制执行决定前，应当事先催告当事人履行义务。该法第三十七条规定，经催告，当事人逾期仍不履行行政决定，且无正当理由的，行政机关可以作出强制执行决定。在催告期间，对有证据证明有转移或者隐匿财物迹象的，行政机关可以作出立即强制执行决定。该法第五十四条规定，行政机关申请人民法院强制执行前，应当催告当事人履行义务。催告书送达十日后当事人仍未履行义务的，行政机关可以向所在地有管辖权的人民法院申请强制执行；执行对象是不动产的，向不动产所在地有管辖权的人民法院申请强制执行。在税收征管、稽查过程中，如果纳税人、扣缴义务人或者纳税担保人在法定期限内不履行税务机关作出的行政决定，税务机关在依法强制执行或申请人民法院强制执行前，也应事先催告当事人履行义务。为此，《国家税务总局关于修订部分税务执法文书的公告》（国家税务总局公告2021年第23号）与《行政强制法》衔接，新增了《催告书（行政强制执行适用）》《催告书（申请人民法院强制执行适用）》。

一、不同税收强制执行方式下前置《催告书》的差异

在税收执法实践中，税款及滞纳金、教育费附加及地方教育附加、罚款三者同时出现时，如何进行催告及强制执行是个难点问题，有必要先作以下阐述。

首先，分析教育费附加、地方教育附加的强制执行问题。《行政强制法》第十三条规定，行政强制执行由法律设定。法律没有规定行政机关强制执行的，作出行政决定的行政机关应当申请人民法院强制执行。该法第三十四条规定，行政机关依法作出行政决定后，当事人在行政机关决定的期限内不履行义务的，具有行政强制执行权的行政机关依照本章规定强制执行。税务机关对教育费附加、地方教育附加采取强制执行措施，没有明确的法律支持，根据该法第五十三条规定，当事人在法定期限内不申请行政复议或者提起行政诉讼，又不履行行政决定的，没有行政强制执行权的行政机关可以自期限届满之日起三个月内，依照本章规定申请人民法院强制执行。因此，税务机关不宜对教育费附加、地方教育附加自行采取强制执行措施，但在当事人对税务机关作出的征收教育费附加、地方教育附加决定逾期不申请行政复议也不向人民法院起诉，又不履行的，作出行政决定的税务机关可以申请人民法院强制执行。

其次，分析罚款的强制执行问题。根据《税收征管法》第八十八条第（三）款规定，当事人对税务机关的处罚决定逾期不申请行政复议也不向人民法院起诉，又不履行的，作出处罚决定的税务机关可以采取本法第四十条规定的强制执行措施，或者申请人民法院强制执行。

最后，分析税款及滞纳金、教育费附加及地方教育附加、罚款一同出现时，如何进行催告及强制执行的问题。虽然税款及滞纳金的追缴与教育费附加及地方教育附加的追缴都体现在《税务处理决定书》中，而罚款的追缴则体现在《税务行政处罚决定书》中，但由于税款及滞纳金、教育费附加及地方教育附加、罚款关于强制执行权的规定不一样——“税款、滞纳金：自行采取强制执行措施；教育费附加及地方教育附加：申请人民法院强制执行；罚款：自行采取强制执行措施或者申请人民法院强制执行。”强制执行的时间也不一样——“税款、滞纳金：决定性文书规定的限缴期限内未缴纳，且经催告后仍未缴纳；教育费附加及地方教育附加：逾期不申请行政复议也不向人民法院起诉，又不履行的，且经催告后仍未缴纳；罚款：逾期不申请行政复议也不向人民法院起诉，又不履行的，且经催告后仍未缴纳”（见表8－1）。

表8－1　不同税收强制执行方式下前置《催告书》的差异

项目	税款、滞纳金	教育费附加及地方教育附加	罚款
强制执行方式	自行采取强制执行措施	申请人民法院强制执行	自行采取强制执行措施或者申请人民法院强制执行
强制执行时间	决定性文书规定的限缴期限内未缴纳，且经催告后仍未缴纳	逾期不申请行政复议也不向人民法院起诉，又不履行的，且经催告后仍未缴纳	逾期不申请行政复议也不向人民法院起诉，又不履行的，且经催告后仍未缴纳
法律依据	《税收征管法》《行政强制法》	《行政强制法》	《税收征管法》《行政强制法》
催告书类型	《催告书（行政强制执行适用）》	《催告书（申请人民法院强制执行适用）》	《催告书（行政强制执行适用）》或《催告书（申请人民法院强制执行适用）》

本书采取了针对税款及滞纳金、教育费附加及地方教育附加、罚款下达三个《催告书》的方法，在税收执法实践中也可以根据实际情况下达《催告书》，如可以教育费附加及地方教育附加、罚款一起下达《催告书（申请人民法院强制执行适用）》，告知当事人“逾期仍未履行义务的，本机关将依法申请人民法院强制执行”。

虽然《催告书》不直接确定当事人的实质性义务，但会间接影响当事人的权益。因此，应按照说理式税收执法文书的要求制作该执法文书。下面将逐一阐述。

二、《催告书（行政强制执行适用）》

（一）《催告书（行政强制执行适用）》式样

国家税务总局________税务局（稽查局）

催 告 书

（行政强制执行适用）

___税强催〔 〕________号

__________：（纳税人识别号：__________）

本机关于____年__月__日向你（单位）送达______，你（单位）在法定期限内不履行本机关作出的行政决定。根据《中华人民共和国行政强制法》第三十四条、第三十五条（第四十五条、第四十六条）规定，现依法向你（单位）催 告，请你（单位）自收到本催告书之日起______日内履行下列义务：

1. ____

2. ____

逾期仍未履行义务的，本机关将依法强制执行。

你（单位）在收到催告书后有权进行陈述和申辩。请你（单位）在收到本催告书之日起三日内提出陈述和申辩，逾期不陈述、申辩的视为放弃陈述和申辩的权利。

联系人：

联系电话：

地址：

执法人员（检查证号）：

税务机关（印章）

年 月 日

（二）《催告书（行政强制执行适用）》制作

【案例8-1】

背景材料：

文理市平安交通运输服务公司设立于2021年9月10日，为增值税一般纳税人，企业所得税查账征收。2022年6月1日，根据国家税务总局文理市税务局风险管理部门推送稽查局的风险信息，国家税务总局文理市税务局稽查局对案源信息进行识别判断后，对文理市平安交通运输服务公司立案检查，决定自2022年6月1日起派李江、王虹对该单位2021年9月10日至2021年12月31日所涉税费情况进行检查。

经国家税务总局文理市税务局稽查局查实，该单位2021年度承包文理市振兴钢材经销有限责任公司钢材运输业务，按月签订运输合同（按含税金额签订合同）、结算运费。因文理市振兴钢材经销有限责任公司不索要发票，该单位让文理市振兴钢材经销有限责任公司将运费汇入其法定代表人李平安个人建行卡中，此部分运费未计入收入，运输成本已计入当期损益，未申报缴纳各项税费。该单位2021年度采取在账簿上不列、少列收入的方式隐匿收入628 397.64元。根据《中华人民共和国税收征收管理法》第六十三条第（一）款规定，该单位在增值税、城市维护建设税、印花税、企业所得税方面存在偷税行为，导致少缴纳税额合计为206 877.81元（增值税47 616.87元，城市维护建设税3 333.18元，印花税342.47元，企业所得税155 585.29元）。另外，由于，少缴增值税导致少缴纳教育费附加、地方教育附加合计2 380.84元（教育费附加1 428.51元，地方教育附加952.33元）。

国家税务总局文理市税务局稽查局在2022年6月23日依法对该单位作出《税务处理决定书》（文税稽处〔2022〕186号）和《税务行政处罚决定书》（文税稽罚〔2022〕86号），决定追缴该单位由于偷税行为导致少缴的税款206 877.81元，并依法对其加收滞纳金，并处少缴税款50%的罚款，即罚款金额103 438.91元。另外，追缴由于本次检查应补缴增值税导致少缴纳教育费附加、地方教育附加合计2 380.84元，并在同日送达相关法律文书，责令该单位在收到《税务处理决定书》以及《税务行政处罚决定书》之日起十五日内到税务机关将上述税费、滞纳金、罚款清缴入库。但该单位并未依法缴纳。

2022年7月9日，稽查局向该单位送达《催告书（行政强制执行适用）》，催告该单位在收到法律文书之日起十日内将上述税款、滞纳金清缴入库。

根据上述背景材料，国家税务总局文理市税务局稽查局对当事人在《税务处理决定书》规定的限期内不履行缴纳税款、滞纳金义务，在采取税收强制执行措施之前，需要制作《催告书（行政强制执行适用）》予以催告。依据说理式税收执法文书的制作要求，该文书制作如下。

国家税务总局文理市税务局稽查局
催 告 书

（行政强制执行适用）

文税稽强催〔2022〕21号

文理市平安交通运输服务公司：（纳税人识别号：982829703211352186）

我局于2022年6月23日向你单位送达《税务处理决定书》（文税稽处〔2022〕186号），你单位2021年度采取在账簿上不列、少列收入的方式隐匿收入628 397.64元，根据《中华人民共和国税收征收管理法》第六十三条第（一）款规定，追缴你单位2021年度因偷税而少缴纳税款合计206 877.81元（增值税47 616.87元，城市维护建设税3 333.18元，印花税342.47元，企业所得税155 585.29元）。根据《中华人民共和国税收征收管理法》第三十二条“纳税人未按照规定期限缴纳税款的，扣缴义务人未按照规定期限解缴税款的，税务机关除责令限期缴纳外，滞纳税款之日起，按日加收滞纳税款万分之五的滞纳金”，《中华人民共和国税收征收管理法实施细则》第七十五条“税收征管法第三十二条规定的加收滞纳金的起止时间，为法律、行政法规规定或者税务机关依照法律、行政法规的规定确定的税款缴纳期限届满次日起至纳税人、扣缴义务人实际缴纳或者解缴税款之日止”的规定，对你单位少缴纳的增值税、城市维护建设税、印花税、企业所得税，自滞纳税款之日起，至实际缴纳或者解缴税款之日止，按日加收滞纳税款万分之五的滞纳金。你单位应在决定书规定的限期内，即2022年7月8日之前到国家税务总局文理市南山区税务局（扬子江路519号）将上述税款及相应滞纳金缴纳入库，但你单位未按规定履行缴纳义务，累计欠缴2021年度稽查查补税款合计206 877.81元。

根据《中华人民共和国税收征收管理法》第四十条第（一）款、第（二）款规定，从事生产、经营的纳税人、扣缴义务人未按照规定的期限缴纳或者解缴税款，纳税担保人未按照规定的期限缴纳所担保的税款，由税务机关责令限期缴纳，逾期仍未缴纳的，经县以上税务局（分局）局长批准税务机关可以采取强制执行措施。税务机关采取强制执行措施时，对前款所列纳税人、扣缴义务人、纳税担保人未缴纳的滞纳金同时强制执行。该法第六十八条规定，纳税人、扣缴义务人在规定期限内不缴或者少缴应纳或者应解缴的税款，经税务机关责令限期缴纳，逾期仍未缴纳的，税务机关除依照本法第四十条的规定采取强制执行措施追缴其不缴或者少缴的税款外，可以处不缴或者少缴的税款百分之五十以上五倍以下的罚款。根据《中华人民共和国行政强制法》第三十四条规定，行政机关依法作出行政决定后，当事人在行政机关决定的期限内不履行义务的，具有行政强制执行权的行政机关依照本章规定强制执行。该法第三十五条规定，行政机关作出强制执行决定前，应当事先催告当事人履行义务。催告应当以书面形式作出，并载明下列事项：（一）履行义务的期限；（二）履行义务的方式；（三）涉及金钱给付的，应当有明确的金额和给付方式；（四）当事人依法享有的陈述权和申辩权。

现对你单位未在规定期限内缴纳税款、滞纳金的税收违法行为，依法向你单位催告，请你单位自收到本催告书之日起十日内履行下列义务：

到国家税务总局文理市南山区税务局（扬子江路519号）缴清上述税款及滞纳金。

逾期仍未履行义务的，我局将根据《中华人民共和国税收征收管理法》第四十条、第六十八条之规定对你单位逾期未缴纳税款、滞纳金强制执行，并可以对你单位处不缴或者少缴的税款百分之五十以上五倍以下的罚款。

你单位在收到催告书后有权进行陈述和申辩。请你单位在收到本催告书之日起三日内提出陈述和申辩，逾期不陈述、申辩的我局将依法作出强制执行决定。

联系人：张朝、李阳

联系电话：1890×××3423，1692×××2879

地址：扬子江北路515号

执法人员（检查证号）：张朝、李阳（文税稽3403194055，文税稽3403194018）

国家税务总局文理市税务局稽查局（印章）

2022年7月9日

（三）《催告书（行政强制执行适用）》范例注释

《催告书（行政强制执行适用）》是税务机关对当事人在法定期限内不履行行政决定，在依法强制执行前，事先催告当事人履行义务而制作的执法文书。所以，《催告书》应按照说理式税收执法文书的制作要求写作。这一范例的说理性主要体现在以下四个方面。

第一，较为清楚、准确地阐述了当事人存在的违法事实。上述范例中，“我局于2022年6月23日向你单位送达《税务处理决定书》（文税稽处〔2022〕186号），你单位2021年度采取在账簿上不列、少列收入的方式隐匿收入628 397.64元，根据《中华人民共和国税收征收管理法》第六十三条第（一）款规定，追缴你单位2021年度因偷税而少缴纳税款合计206 877.81元（增值税47 616.87元，城市维护建设税3 333.18元，印花税342.47元，企业所得税155 585.29元）。根据《中华人民共和国税收征收管理法》第三十二条‘纳税人未按照规定期限缴纳税款的，扣缴义务人未按照规定期限解缴税款的，税务机关除责令限期缴纳外，从滞纳税款之日起，按日加收滞纳税款万分之五的滞纳金’《中华人民共和国税收征收管理法实施细则》第七十五条‘税收征管法第三十二条规定的加收滞纳金的起止时间，为法律、行政法规规定或者税务机关依照法律、行政法规的规定确定的税款缴纳期限届满次日起至纳税人、扣缴义务人实际缴纳或者解缴税款之日止’的规定，对你单位少缴纳的增值税、城市维护建设税、印花税、企业所得税，从滞纳税款之日起，至实际缴纳或者解缴税款之日止，按日加收滞纳税款万分之五的滞纳金。你单位应在决定书规定的限期内，即2022年7月8日之前到国家税务总局文理市南山区税务局（扬子江路519号）将上述税款及相应滞纳金缴纳入库，但你单位未按规定履行缴纳义务，累计欠缴2021年度稽查查补税款合计206 877.81元”就是对当事人违法事实的阐述。一是陈述了对当事人查补税款这一客观事实。“我局于2022年6月23日向你单位送达《税务处理决定书》（文税稽处〔2022〕186号），你单位2021年度采取在账簿上不列、少列收入的方式隐匿收入628 397.64元，根据《中华人民共和国税收征收管理法》第六十三条第（一）款规定，追缴你单位2021年度因偷税而少缴纳税款合计206 877.81元（增值税47 616.87元，城市维护建设税3 333.18元，印花税342.47元，企业所得税155 585.29元）”二是阐述了当事人认定的法律依据及存在违法事实，包括认定的法律依据《税收征管法》第三十二条，《税收征管法实施细则》第七十五条；当事人的违法事实“你单位应在决定书规定的限期内，即2022年7月8日之前到国家税务总局文理市南山区税务局（扬子江路519号）将上述税款及相应滞纳金缴纳入库，但你单位未按规定履行缴纳义务，累计欠缴2021年度稽查查补税款合计206 877.81元。”对当事人违法事实的阐述，不但叙述了当事人存在的客观行为，而且结合法律依据，运用了三段论逻辑推理，认定当事人存在违法行为，基本符合说理式执法文书的写作要求。

第二，充分说明了税务机关责令当事人缴纳稽查查补税款的理由。上述范例中说理的方式主要体现在两个方面。首先，阐述并认定当事人存在未按期缴纳稽查查补税款的税收违法行为（如上所述）。其次，在上述认定的基础上，既依据了《税收征管法》第四十条第（一）款、第（二）款，《行政强制法》第三十四条、第三十五条规定，也运用了三段论逻辑推理，进一步阐述了税务机关催告当事人限期缴纳欠税的理由。

第三，具体、准确、规范地援引了法律依据。上述范例中，关于法律依据的援引，一是援引《税收征管法》第六十三条第（一）款规定，说明当事人具有按税务机关依照法律、行政法规规定确定的期限履行行政决定的义务，从而论证当事人存在未依法履行行政决定的违法行为。二是援引《税收征管法》第三十二条及《税收征管法实施细则》第七十五条规定，说明未依法缴纳税款所承担滞纳金的义务。三是援引《税收征管法》第四十条第（一）款、第（二）款，《行政强制法》第三十四条、第三十五条规定，进一步论证税务机关催告当事人限期缴纳欠税的理由。四是援引《税收征管法》第四十条以及第六十八条规定，告知当事人在税务机关责令限期缴纳欠税之后仍不缴纳所应承担的法律责任。上述范例不但具体、准确、规范地援引了法律依据，还体现了一步步递进的逻辑效果，增强了说理的充分性。

第四，具体、清楚地告知了相关内容。上述范例中不但告知了当事人缴纳欠税的时限、税款数额、缴纳税款的地点，而且告知了不缴纳欠税的法律后果及其法律依据以及当事人的救济权利，体现了法律的严肃与威严。

因此，这样制作的《催告书》比较符合说理式税收执法文书的要求和规范。

(四)《催告书(行政强制执行适用)》使用说明

在使用《催告书》时，我们应注意以下六个方面的问题。

第一，关于在税收执法实践中，税务机关把《催告书》作为程序性执法文书还是实体性税收执法文书使用的问题。如上所述，《催告书》虽然会对行政相对人产生不利影响，但该文书本身并没有依据法律规定直接确定当事人的实质性义务，而是确认了当事人存在欠税的事实，可以理解为一个事实行为。因此，本书更倾向认为它是一种程序性执法文书。当然，在该执法文书中确定了当事人的一项实质性义务，就是责令当事人同时缴纳滞纳金。但滞纳金是欠税的自然产物，是欠税的附属品或者孳息，不具有独立性。有时在税务机关检查前或检查过程中，会出现当事人未按税款所属期自行补缴税款，而需要单独查补滞纳金的情形，此时税务机关会出具《税务处理决定书》。所以，不能因该文书催告当事人缴纳滞纳金而认为该文书就属于实体性执法文书。同时，在上述范例中，原文书式样中的“本机关”被修改为“我局”，更彰显税收执法既有力度又有温度，做到宽严相济、法理相融。

第二，关于滞纳金的催告问题。应该进一步强调的是，在使用《催告书》时一定要注意，在催告纳税人限期缴纳税款的同时，还要责令当事人缴纳滞纳金。根据《税收征管法》第三十二条规定，纳税人形成欠税，必然要承担缴纳滞纳金的义务。如果纳税人不缴纳税款，就认为应当承担缴纳滞纳金的义务。这里包括两种情形。

一是因纳税人自身已经申报或税务机关查处而没有缴纳。在这种情形下，应当从法律、行政法规规定缴纳税款期限届满次日开始加收滞纳金。

二是因特别纳税调整而补缴税款，或者由税务机关的责任导致纳税人少缴税款，或者由于善意取得虚开的增值税专用发票导致补缴增值税等原因，税务机关已经认定纳税人应当在规定的期限内缴纳税款。但由于纳税人未在规定的缴纳期限内缴纳税款的，应当自税务机关依照法律、行政法规的规定确定的税款缴纳期限届满次日起加收滞纳金。在这种情形下，当税务机关对上述事实认定以后，不仅要依法要求当事人缴纳税款，而且在相关执法文书中规定了缴纳税款的期限。当事人逾期仍不缴纳的，税务机关在作出《催告书》时，应该依法对当事人加收滞纳金，加收的起始时间不是法律、行政法规规定缴纳税款期限届满次日，而是从税务机关依照法律、行政法规规定确定的税款缴纳期限届满次日。此时，需要在《催告书》催告履行的义务部分，增加“根据《中华人民共和国税收征收管理法》第三十二条‘纳税人未按照规定期限缴纳税款的，扣缴义务人未按照规定期限解缴税款的，税务机关除责令限期缴纳外，从滞纳税款之日起，按日加收滞纳税款万分之五的滞纳金’，《中华人民共和国税收征收管理法实施细则》第七十五条‘税收征管法第三十二条规定的加收滞纳金的起止时间，为法律、行政法规规定或者税务机关依照法律、行政法规的规定确定的税款缴纳期限届满次日起至纳税人、扣缴义务人实际缴纳或者解缴税款之日止’的规定，对你单位应缴而未缴纳的税款从滞纳税款之日起至实际缴纳税款之日止，按日加收万分之五的滞纳金”等表述，在现行《税收征管法》中，滞纳金既有利息性质，也有执行罚的意味。2015 年 1 月 5 日，国务院法制办公室发布的《中华人民共和国税收征收管理法修订草案(征求意见稿)》中既有税收利息又有滞纳金的概念，由于税务机关责任等不加收的是税收利息，而作出决定之后还不履行的，就开始加收滞纳金，两者标准相差很大。

另外，对破产企业的税款滞纳金规定比较特殊，大家应该予以关注。破产企业在破产案件受理前因欠缴税款产生的滞纳金属于普通破产债权。对于破产案件受理后因欠缴税款产生的滞纳金，以人民法院裁定受理破产申请之日为截止日计算确定。《最高人民法院关于税务机关就破产企业欠缴税款产生的滞纳金提起的债权确认之诉应否受理问题的批复》（法释〔2012〕9 号）规定，税务机关就破产企业欠缴税款产生的滞纳金提起的债权确认之诉，人民法院应依法受理。依照《企业破产法》《税收征管法》的有关规定，破产企业在破产案件受理前因欠缴税款产生的滞纳金属于普通破产债权。对于破产案件受理后因欠缴税款产生的滞纳金，人民法院应当依照《最高人民法院关于审理企业破产案件若干问题的规定》（法释〔2002〕23号）第六十一条规定处理。法释〔2002〕23号第六十一条第（一）款第2项规定，“人民法院受理破产案件后债务人未支付应付款项的滞纳金，包括债务人未执行生效法律文书应当加倍支付的迟延利息和劳动保险金的滞纳金，不属于破产债权”。同时《国家税务总局关于税收征管若干事项的公告》（国家税务总局公告2019年第48号）第一条第（一）款规定，对纳税人、扣缴义务人、纳税担保人应缴纳的欠税及滞纳金不再要求同时缴纳，可以先行缴纳欠税，再依法缴纳滞纳金。该公告第四条第（一）款规定，税务机关在人民法院公告的债权申报期限内，向管理人申报企业所欠税款（含教育费附加、地方教育附加，下同）、滞纳金及罚款。因特别纳税调整产生的利息，也应一并申报。企业所欠税款、滞纳金、罚款，以及因特别纳税调整产生的利息，以人民法院裁定受理破产申请之日为截止日计算确定。

第三，关于该执法文书的使用范围问题。根据《税收征管法》和《行政强制法》规定，税务机关主要在以下三种情形下对行政相对人作出催告行政行为。

一是根据《税收征管法》第三十八条第（一）款规定，税务机关有根据认为从事生产、经营的纳税人有逃避纳税义务行为的，可以在规定的纳税期之前，责令限期缴纳应纳税款；在限期内发现纳税人有明显的转移、隐匿其应纳税的商品、货物以及其他财产或者应纳税的收入的迹象的，税务机关可以责成纳税人提供纳税担保。如果纳税人不能提供纳税担保，经县以上税务局（分局）局长批准，税务机关可以采取税收保全措施。限期期满仍未缴纳税款的，经县以上税务局（分局）局长批准，税务机关可以采取强制执行措施。在税收征管实践中，这种情形几乎不会出现。多年的税收执法实践也证明了这一点，所以一般我们不讨论在此情形之下使用《催告书》。

二是根据《税收征管法》第四十条第（一）款规定，税务机关需要采取强制执行之前，必须责令当事人限期缴纳税款。这是税收强制执行的前置条件。如果不责令当事人限期缴纳税款而直接对其强制执行，就会构成程序违法。对此，我国《行政强制法》也作了明确规定。该法第三十五条规定，行政机关作出强制执行决定前，应当事先催告当事人履行义务；该法第三十七条第（一）款规定，经催告，当事人逾期仍不履行行政决定，且无正当理由的，行政机关可以作出强制执行决定。当然，如上所述，纳税人欠税的原因，一是由于纳税人自身已经申报而没有缴纳；二是由于税务机关已经作出行政决定，认定纳税人应当缴纳而未依照税务机关的决定缴纳税款而形成欠税。

三是根据《税收征管法》第六十八条规定，因纳税人、扣缴义务人在规定期限内不缴或者少缴应纳或者应解缴的税款，税务机关应当责令当事人限期缴纳税款，经税务机关责令限期缴纳，逾期仍未缴纳的，税务机关除依照本法第四十条的规定采取强制措施追缴其不缴或者少缴的税款外，可以处不缴或者少缴的税款百分之五十以上五倍以下的罚款。

第四，关于保障当事人陈述、申辩权利问题。在对当事人作出税收强制执行决定之前，税务机关应当依法向当事人送达《催告书》，告知当事人具有陈述、申辩的权利。如果当事人认为税务机关拟作出的税收强制执行决定违法或者不当，就会提出陈述、申辩意见。而听取当事人陈述、申辩意见是税收强制执行决定程序的一个重要环节。《行政强制法》第八条第（一）款规定，公民、法人或者其他组织对行政机关实施行政强制，享有陈述权、申辩权；有权依法申请行政复议或者提起行政诉讼；因行政机关违法实施行政强制受到损害的，有权依法要求赔偿。本书的观点是，税务机关不能在没有法律依据的情况下，通过《催告书》任意地限制当事人行使陈述权、申辩权的期限，否则存在违反《行政强制法》的嫌疑[①]。《催告书》文书式样中固定表述为“你（单位）在收到催告书后有权进行陈述和申辩。请你（单位）在收到本催告书之日起三日内提出陈述和申辩，逾期不陈述、申辩的视为放弃陈述和申辩的权利”。在上述范例中，我们改

① 本书在《行政处罚事项告知书》使用说明中已作详细阐述。

变了标准文书式样中的固定表述，而是告知“你单位在收到催告书后有权进行陈述和申辩。请你单位在收到本催告书之日起三日内提出陈述和申辩，逾期不陈述、申辩的我局将依法作出强制执行决定”。

第五，关于《催告书》和《税收强制执行决定书》公告送达期限问题。一般来说，税务文书公告送达，是自公告之日起满 30 日，即视为送达，政策依据来源于《税收征管法实施细则》，但《催告书》和《税收强制执行决定书》这两个文书比较特殊。《行政强制法》规定，催告书、行政强制执行决定书应当依照《民事诉讼法》的有关规定送达。《税收征管法实施细则》第一百零六条规定，“有下列情形之一的，税务机关可以公告送达税务文书，自公告之日起满 30 日，即视为送达：（一）同一送达事项的受送达人众多；（二）采用本章规定的其他送达方式无法送达”。《行政强制法》第三十八条规定，催告书、行政强制执行决定书应当直接送达当事人。当事人拒绝接收或者无法直接送达当事人的，应当依照《中华人民共和国民事诉讼法》的有关规定送达。《行政强制法》的法律位阶高于《税收征管法实施细则》，所以《催告书》《行政强制执行决定书》应该按照《民事诉讼法》（2017）的有关规定送达。原《民事诉讼法》第九十二条第（一）款规定，受送达人下落不明，或者用本节规定的其他方式无法送达的，公告送达。自发出公告之日起，经过六十日，即视为送达。但新《民事诉讼法》自 2022 年 1 月 1 日起施行，其第九十五条第（一）款规定，受送达人下落不明，或者用本节规定的其他方式无法送达的，公告送达。自发出公告之日起，经过三十日，即视为送达。也就是说，自 2022 年 1 月 1 日起，《催告书》《行政强制执行决定书》的公告送达期限，也是自公告之日起满三十日，即视为送达。但现在各地税务机关公告送达的《催告书》和《税收强制执行决定书》，多数仍以自公告之日起满六十日视为送达，需要及时调整。

第六，除了对纳税人、扣缴义务人可以使用《催告书》之外，还可以对纳税担保人使用该执法文书。根据《税收征管法》第四十条规定，纳税担保人未按照规定的期限缴纳所担保的税款，由税务机关责令纳税担保人限期缴纳。在以下三种情况下可能出现纳税担保的情形：一是税务机关有根据认为从事生产、经营的纳税人有逃避纳税义务行为，在规定的纳税期之前经责令其限期缴纳应纳税款，在限期内发现纳税人有明显的转移、隐匿其应纳税的商品、货物以及其他财产或者应纳税收入的迹象，责成纳税人提供纳税担保的；二是欠缴税款、滞纳金的纳税人或者其法定代表人需要出境的；三是纳税人同税务机关在纳税上发生争议而未缴清税款，需要申请行政复议的。

对于第一种情形，如上所述，在税收执法实践中几乎不会出现，本书不进行讨论。

对于第三种情形，稽查局可能因此使用《催告书》责令纳税担保人限期缴纳所担保的税款。

对于第二种情形，欠缴税款、滞纳金的纳税人或者其法定代表人需要出境的，根据《税收征管法》第四十四条规定，应当在出境前向税务机关结清应纳税款、滞纳金或者提供担保。如果欠缴税款、滞纳金的纳税人或者其法定代表人需要出境而又没有结清应纳税款、滞纳金，也可能出现纳税担保的情形。如果纳税担保人是以纳税保证的方式提供纳税担保的，保证期间为纳税人应缴纳税款期限届满之日起60 日，即税务机关自纳税人应缴纳税款的期限届满之日起60 日内有权要求纳税保证人承担保证责任，缴纳所担保的税款、滞纳金。而履行保证责任的期限为15 日，即纳税保证人应当自收到税务机关的纳税通知书之日起15 日内履行保证责任，缴纳所担保的税款及滞纳金。如果纳税保证人未按照规定的履行保证责任期限缴纳税款及滞纳金，则由税务机关发出《催告书》，责令纳税保证人在限期15 日内缴纳；逾期仍未缴纳的，经县以上税务局（分局）局长批准，对纳税保证人采取强制执行措施。如果纳税担保人是以抵押或者质押的方式提供纳税担保的，纳税人在规定的期限届满未缴清税款、滞纳金，税务机关应当在期限届满之日起15 日内书面通知纳税担保人自收到纳税通知书之日起15 日内缴纳担保的税款、滞纳金。纳税担保人未按照前款规定的期限缴纳所担保的税款、滞纳金的，由税务机关责令限期在15 日内缴纳；逾期仍未缴纳的，经县以上税务局（分局）局长批准，税务机关依法拍卖、变卖抵押物（质押物），抵缴税款、滞纳金。

对此，本书还可以再拟制一份背景材料，并对纳税担保人制作一份《催告书（行政强制执行适用）》，强化这一说理式税收执法文书的使用。

【案例8-2】

背景材料：

蓝海贸易有限责任公司设立于2019年8月，为增值税一般纳税人。国家税务总局文理市税务局稽查局从2021年6月10日至2021年7月23日对蓝海贸易有限责任公司2020年1月1日至2020年12月31日所涉税费情况进行了检查，并于2021年7月30日制作并送达了《税务处理决定书》（文税稽处〔2021〕136号），追缴该单位2020年度少缴的企业所得税税款230 000.00元，责令该单位自收到决定书之日起十五日内缴纳税款及相应滞纳金。但该单位因资金困难一直未缴纳，税务机关也多次催缴。

2021年9月15日，稽查局得知该单位法定代表人张力将于9月30日到英国洽谈项目，为了保障该单位欠缴的稽查查补税款能够尽快缴纳，国家税务总局文理市税务局稽查局于2021年9月16日再次书面通知蓝海贸易有限责任公司应在2021年9月26日前向税务机关结清应纳税款、滞纳金或者提供担保。未结清税款、滞纳金，又不提供担保的，税务机关可以通知出境管理机关阻止其出境。因蓝海贸易有限责任公司暂时无法结清应纳税款、滞纳金，于是请蓝天机电设备经销有限责任公司为其提供纳税担保。2021年9月20日，蓝天机电设备经销有限责任公司填写纳税担保书，担保方式为纳税保证，担保蓝海贸易有限责任公司在2021年10月20日前缴纳欠缴的税款230 000.00元及滞纳金，逾期未缴纳，蓝天机电设备经销有限责任公司将承担担保责任。

直到2021年10月20日，蓝海贸易有限责任公司也未在税务机关规定的期限内缴纳税款及滞纳金。在2021年10月28日，国家税务总局文理市税务局稽查局送达《税务事项通知书》（文税稽通〔2021〕103号）通知蓝天机电设备经销有限责任公司承担保证责任，自收到本通知书之日起十五日内缴纳所担保的税款、滞纳金。蓝天机电设备经销有限责任公司也未按期在11月12日前缴纳所担保的税款、滞纳金。在2021年11月15日国家税务总局文理市税务局稽查局向蓝天机电设备经销有限责任公司送达《催告书》，责令其限期缴纳所担保的税款、滞纳金。

根据上述背景材料，依据说理式税收执法文书的制作要求，该《催告书》制作如下。

国家税务总局文理市税务局稽查局
催 告 书

（行政强制执行适用）

文税稽强催〔2021〕22号

蓝天机电设备经销有限责任公司：（纳税人识别号：982829703211357626）

我局于2021年7月30日向蓝海贸易有限责任公司送达了《税务处理决定书》（文税稽处〔2021〕136号），决定追缴该单位2020年度少缴的企业所得税税款230 000.00元，责令该单位自收到决定书之日起十五日内缴纳税款及相应滞纳金。但该单位因资金困难一直未缴纳，税务机关也多次催缴。因其法定代表人张力需要在2021年9月30日出境，我局于2021年9月16日再次书面通知蓝海贸易有限责任公司应在2021年9月26日前向税务机关结清应纳税款、滞纳金或者提供担保。

你单位于2021年9月20日填写了纳税担保书，为蓝海贸易有限责任公司提供纳税担保，担保方式为纳税保证。担保蓝海贸易有限责任公司在

2021年10月20日前缴纳欠缴的税款230 000.00元及滞纳金，逾期未缴纳将由你单位承担担保责任。

直到2021年10月20日，蓝海贸易有限责任公司也未在税务机关规定的期限内缴纳税款及滞纳金。我局已于2021年10月28日向你单位送达《税务事项通知书》（文税稽通〔2021〕103号），通知你单位承担保证责任，自收到本通知书之日起十五日内缴纳所担保的税款、滞纳金。但你单位并未按期缴纳所担保的税款、滞纳金。

根据《中华人民共和国税收征收管理法》第四十条第（一）款规定，从事生产、经营的纳税人、扣缴义务人未按照规定的期限缴纳或者解缴税款，纳税担保人未按照规定的期限缴纳所担保的税款，由税务机关责令限期缴纳，逾期仍未缴纳的，税务机关可以采取强制执行措施。根据《中华人民共和国行政强制法》第三十四条规定，行政机关依法作出行政决定后，当事人在行政机关决定的期限内不履行义务的，具有行政强制执行权的行政机关依照本章规定强制执行。同时，根据该法第三十五条规定，行政机关在作出强制执行决定前，应当事先催告当事人履行义务。催告应当以书面形式作出，并载明下列事项：（一）履行义务的期限；（二）履行义务的方式；（三）涉及金钱给付的，应当有明确的金额和给付方式；（四）当事人依法享有的陈述权和申辩权。现依法向你单位催告，请你单位自收到本催告书之日起十日内到国家税务总局文理市南山区税务局（扬子江路519号）将所担保的税款230 000.00元及依法加收的滞纳金（自税款滞纳之日起到实际缴纳税款之日止，按日加收万分之五的滞纳金）缴纳入库。如果逾期仍未履行义务的，本机关将依法强制执行。

你单位在收到催告书后有权进行陈述和申辩。请你单位在收到本催告书之日起三日内提出陈述和申辩，逾期不陈述、申辩的本机关将依法强制执行。

联系人：张朝、李阳

联系电话：1890××3423，1692××2879

地址：扬子江北路515号

执法人员（检查证号）：张朝、李阳（文税稽 3403194055，文税稽 3403194018）

国家税务总局文理市税务局稽查局（印章）

2021 年 11 月 15 日

三、《催告书（申请人民法院强制执行适用）》

《催告书》有两种式样，一种适用于行政强制执行（如上述范例），另一种适用于申请人民法院强制执行，二者略有区别。前文阐述了本书采取针对税款及滞纳金、教育费附加及地方教育附加、罚款下达三个催告书的方法及理由；对当事人未缴、少缴的教育费附加和地方教育附加，税务机关依据《行政强制法》的规定，申请人民法院强制执行。我们还可以再拟制一份背景材料，并制作一份《催告书（申请人民法院强制执行适用）》，责令当事人在法定期限内缴纳欠缴的稽查查补教育费附加和地方教育附加，强化对这一说理式税收执法文书的使用。

（一）《催告书（申请人民法院强制执行适用）》文书式样

国家税务总局________税务局（稽查局）

催 告 书

（申请人民法院强制执行适用）

____税强催〔　〕________号

__________：（纳税人识别号：______）

本机关于____年__月__日向你（单位）送达____，你（单位）____。根据《中华人民共和国行政强制法》第五十四条规定，现依法向你（单位）催告，请你（单位）自收到本催告书之日起十日内履行下列义务：

1. ____

2. ____

逾期仍未履行义务的，本机关将依法申请人民法院强制执行。

你（单位）在收到催告书后有权进行陈述和申辩。请你（单位）在收到本催告书之日起三日内提出陈述和申辩，逾期不陈述、申辩的视为放弃陈述和申辩的权利。

联系人：

联系电话：

地址：

执法人员（检查证号）：

税务机关（印章）

年　月　日

(二)《催告书(申请人民法院强制执行适用)》的制作

【案例8-3】

背景材料:

文理市平安交通运输服务公司设立于2021年9月10日,为增值税一般纳税人,企业所得税查账征收。2022年6月1日,根据国家税务总局文理市税务局风险管理部门推送稽查局的风险信息,国家税务总局文理市税务局稽查局对案源信息进行识别判断后,对文理市平安交通运输服务公司立案检查,决定自2022年6月1日起派李江、王虹对该单位2021年9月10日至2021年12月31日所涉税费情况进行检查。

经国家税务总局文理市税务局稽查局查实,该单位2021年度承包文理市振兴钢材经销有限责任公司钢材运输业务,按月签订运输合同(按含税金额签订合同)、结算运费。因文理市振兴钢材经销有限责任公司不索要发票,该单位让文理市振兴钢材经销有限责任公司将运费汇入其法定代表人李平安个人建行卡中,此部分运费未计入收入,运输成本已计入当期损益,未申报缴纳各项税费。该单位2021年度采取在账簿上不列、少列收入的方式隐匿收入628 397.64元,根据《中华人民共和国税收征收管理法》第六十三条第(一)款规定,该单位在增值税、城市维护建设税、印花税、企业所得税方面存在偷税行为,导致少缴纳税额合计为206 877.81元(增值税47 616.87元,城市维护建设税3 333.18元,印花税342.47元,企业所得税155 585.29元)。另外,由于少缴增值税导致少缴纳教育费附加、地方教育附加合计2 380.84元(教育费附加1 428.51元,地方教育附加952.33元)。

国家税务总局文理市税务局稽查局在2022年6月23日依法对该单位作出《税务处理决定书》(文税稽处〔2022〕186号)和《税务行政处罚决定书》(文税稽罚〔2022〕86号),决定追缴该单位由于偷税行为导致少缴的税款206 877.81元，并依法对其加收滞纳金，并处少缴税款50%的罚款，即罚款金额103 438.91元。另外，追缴由于本次检查应补缴增值税导致少缴纳教育费附加、地方教育附加合计2 380.84元，并在同日送达相关法律文书，责令该单位自收到《税务处理决定书》以及《税务行政处罚决定书》之日起十五日内到税务机关将上述税费、滞纳金、罚款清缴入库。2022年6月25日，该单位缴纳了税款、滞纳金、罚款，但对税务机关责令缴纳教育费附加、地方教育附加的决定，逾期不申请行政复议也不向人民法院起诉，又不履行。2022年12月24日，稽查局向该单位送达《催告书（申请人民法院强制执行适用）》责令该单位在收到法律文书之日起十个工作日内将欠缴的教育费附加、地方教育附加清缴入库。

根据上述背景材料，国家税务总局文理市税务局稽查局对当事人在《税务处理决定书》规定的限期内不履行缴纳教育费附加和地方教育附加义务的行为，在决定行政强制前，需要制作《催告书（申请人民法院强制执行适用）》予以催告。依据说理式税收执法文书的制作要求，该文书制作如下。

国家税务总局文理市税务局稽查局
催 告 书

（申请人民法院强制执行适用）

文税稽强催〔2022〕2号

文理市平安交通运输服务公司：（纳税人识别号：982829703211352186）

我局于2022年6月23日向你单位送达《税务处理决定书》（文税稽处〔2022〕186号），你单位2021年度采取在账簿上不列、少列收入的方式隐匿收入628 397.64元，根据《征收教育费附加的暂行规定》第二条、第三条第（一）款、第五条第（一）款、第六条，《关于城市维护建设税计税依据确定办法等事项的公告》（财政部　税务总局公告2021年第28号）第二条，《财政部关于统一地方教育附加政策有关问题的通知》（财综〔2010〕98号）第二条，《东方省人民政府办公厅关于印发〈东方省地方教育附加征收使用管理暂行办法〉的通知》（东府办〔2011〕19号）第二条规定，追缴你单位2021年度少缴纳教育费附加、地方教育附加合计2 380.84元，其中教育费附加1 428.51元，地方教育附加952.33元。你单位应在决定书规定的限期内，即2022年7月8日之前到国家税务总局文理市南山区税务局（扬子江路519号）将上述款项缴纳入库，但你单位只在规定期限内缴纳了税款、滞纳金、罚款，对税务机关责令缴纳教育费附加、地方教育附加的决定，逾期不申请行政复议也不向人民法院起诉，又不履行，累计欠缴稽查查补教育费附加、地方教育附加2 380.84元（教育费附加1 428.51元，地方教育附加952.33元）。

根据《中华人民共和国行政强制法》第五十三条规定，当事人在法定期限内不申请行政复议或者提起行政诉讼，又不履行行政决定的，没有行政强制执行权的行政机关可以自期限届满之日起三个月内，依照本章规定申请人民法院强制执行。该法第五十四条规定，行政机关申请人民法院强制执行前，应当催告当事人履行义务。催告书送达十日后当事人仍未履行义务的，行政机关可以向所在地有管辖权的人民法院申请强制执行。现对你单位未在规定期限内缴纳教育费附加和地方教育附加的违法行为，依法向你单位催告，请你单位自收到本催告书之日起十个工作日内到国家税务总局文理市南山区税务局（扬子江路519号）将上述教育费附加和地方教育附加缴纳入库。

逾期仍未履行义务的，我局将依法申请人民法院强制执行。

你单位在收到催告书后有权进行陈述和申辩。请你单位在收到本催告书之日起三日内提出陈述和申辩，逾期不陈述、申辩的我局将依法申请人民法院强制执行。

联系人：张朝、李阳

联系电话：1890×××3423，1692×××2879

地址：扬子江北路 515 号

执法人员（检查证号）：张朝、李阳（文税稽 3403194055，文税稽 3403194018）

国家税务总局文理市税务局稽查局（印章）

2022 年 12 月 24 日

根据前述可知，税务机关对当事人行政罚款的强制执行，既可以自行采取强制执行措施，也可以申请人民法院强制执行。本书可以再拟制一份背景材料，并制作一份《催告书（申请人民法院强制执行适用）》，责令当事人在法定期限内缴纳欠缴的稽查查补罚款，强化对这一说理式税收执法文书的使用。

【案例8-4】

背景材料：

文理市平安交通运输服务公司设立于 2021 年 9 月 10 日，为增值税一般纳税人，企业所得税查账征收。2022 年 6 月 1 日，根据国家税务总局文理市税务局风险管理部门推送稽查局的风险信息，国家税务总局文理市税务局稽查局对案源信息进行识别判断后，对文理市平安交通运输服务公司立案检查，决定自 2022 年 6 月 1 日起派李江、王虹对该单位 2021 年 9 月 10 日至 2021 年 12 月 31 日所涉税费情况进行检查。

经国家税务总局文理市税务局稽查局查实，该单位 2021 年度承包文理市振兴钢材经销有限责任公司钢材运输业务，按月签订运输合同（按含税金额签订合同）、结算运费。因文理市振兴钢材经销有限责任公司不索要发票，该单位让文理市振兴钢材经销有限责任公司将运费汇入其法定代表人李平安个人建行卡中，此部分运费未计入收入，运输成本已计入当期损益，未申报缴纳各项税费。该单位2021年度采取在账簿上不列、少列收入的方式隐匿收入628 397.64元。根据《中华人民共和国税收征收管理法》第六十三条第（一）款规定，该单位在增值税、城市维护建设税、印花税、企业所得税方面存在偷税行为，导致少缴纳税额合计为206 877.81元（增值税47 616.87元，城市维护建设税3 333.18元，印花税342.47元，企业所得税155 585.29元）。另外，由于少缴增值税导致少缴纳教育费附加、地方教育附加合计2 380.84元（教育费附加1 428.51元，地方教育附加952.33元）。

国家税务总局文理市税务局稽查局在2022年6月23日依法对该单位作出《税务处理决定书》（文税稽处〔2022〕186号）和《税务行政处罚决定书》（文税稽罚〔2022〕86号），决定追缴该单位由于偷税行为导致少缴的税款206 877.81元，依法对其加收滞纳金，并处少缴税款50%的罚款，即罚款金额103 438.91元。另外，追缴由于本次检查应补缴增值税导致少缴纳教育费附加、地方教育附加合计2 380.84元，并在同日送达相关法律文书，责令该单位自收到《税务处理决定书》以及《税务行政处罚决定书》之日起十五日内到税务机关将上述税费、滞纳金、罚款清缴入库。2022年6月25日，该单位缴纳了全部税费及滞纳金，但对税务机关责令缴纳罚款的决定，逾期不申请行政复议也不向人民法院起诉，又不履行。2022年12月24日，稽查局向该单位送达《催告书（申请人民法院强制执行适用）》，责令该单位在收到法律文书之日起十个工作日内将欠缴的罚款清缴入库。

根据上述背景材料，国家税务总局文理市税务局稽查局需要制作《催告书（申请人民法院强制执行适用）》，责令当事人在法定期限内履行税务机关作出的行政决定，并依据说理式税收执法文书的要求制作《催告书》送达当事人。

国家税务总局文理市税务局稽查局
催告书

（申请人民法院强制执行适用）

文税稽强催〔2022〕10 号

文理市平安交通运输服务公司：（纳税人识别号：982829703211352186）

我局于2022 年 6 月 23 日向你单位送达了《税务行政处罚决定书》（文税稽罚〔2022〕86 号），根据《中华人民共和国税收征收管理法》第六十三条第（一）款和《国家税务总局东方省税务局关于发布〈东方省税务行政处罚裁量基准〉的公告》（国家税务总局东方省税务局公告2019 年第26 号）规定，对你单位采取在账簿上不列、少列收入的方式少缴税款206 877.81元的偷税行为，处少缴税款 50% 的罚款，即罚款金额103 438.91元。你单位应在决定书规定的限期内，即2022 年7 月 8 日之前履行我局作出的行政处罚决定，但你单位未按规定履行缴纳义务，累计欠缴2021 年偷税罚款103 438.91 元。

根据《中华人民共和国税收征收管理法》第八十八条第（三）款规定，当事人对税务机关的处罚决定逾期不申请行政复议也不向人民法院起诉，又不履行的，作出处罚决定的税务机关可以采取本法第四十条规定的强制执行措施，或者申请人民法院强制执行。因此，你单位对税务机关的处罚决定逾期不申请行政复议也不向人民法院起诉，又不履行，我局可以申请人民法院强制执行。《中华人民共和国行政强制法》第五十四条规定，行政机关申请人民法院强制执行前，应当催告当事人履行义务。催告书送达十日后当事人仍未履行义务的，行政机关可以向所在地有管辖权的人民法院申请强制执行。你单位在法定期限内不履行我局作出的处罚决定，现依法向你单位催告，请你单位自收到本催告书之日起十个工作日内到国家税务总局文理市南山区税务局（扬子江路519 号）将上述稽查查补罚款103 438.91元缴纳入库。

逾期仍未履行义务的，我局将依法申请人民法院强制执行。

你单位在收到催告书后有权进行陈述和申辩。请你单位在收到本催告书之日起三日内提出陈述和申辩，逾期不陈述、申辩的我局将依法申请人民法院强制执行。

联系人：张朝、李阳

联系电话：1890×××3423，1692×××2879

地址：扬子江北路515号

执法人员（检查证号）：张朝、李阳（文税稽3403194055，文税稽3403194018）

国家税务总局文理市税务局稽查局（印章）

2022年12月24日

（三）《催告书（申请人民法院强制执行适用）》的范例注释

在此背景材料下使用《催告书》时，应注意以下三个方面的问题。

第一，关于《催告书》中两个限缴期限问题。一是《国家税务总局关于修订部分税务执法文书的公告》（国家税务总局公告2021年第23号）中《催告书（行政强制执行适用）》表述的是“请你（单位）自收到本催告书之日起__日内履行下列义务”。《税收征管法实施细则》第七十三条规定，“从事生产、经营的纳税人、扣缴义务人未按照规定的期限缴纳或者解缴税款的，纳税担保人未按照规定的期限缴纳所担保的税款的，由税务机关发出限期缴纳税款通知书，责令缴纳或者解缴税款的最长期限不得超过15日”。二是国家税务总局公告2021年第23号文件中《催告书（申请人民法院强制执行适用）》表述的是“请你（单位）自收到本催告书之日起十日内履行下列义务”。《行政强制法》第五十四条规定，行政机关申请人民法院强制执行前，应当催告当事人履行义务。催告书送达十日后当事人仍未履行义务的，行政机关可以向所在地有管辖权的人民法院申请强制执行。该法第六十九条规定，本法中十日以内期限的规定是指工作日，不含法定节假日，而该法中只有第五十四条有十日的规定，此条款是针对行政机关申请人民法院强制执行适用的。因此，税务机关在申请人民法院强制执行前下达《催告书（申请人民法院强制执行适用)》时，建议直接在文书中标注十个工作日，而税务机关自行采取强制执行措施时，没有规定催告履行义务的具体期限。但在税收执法实践中，税务机关在对当事人采取强制执行措施之前下达的催告书中，通常也责令当事人自收到本催告书之日起十日内履行行政决定。

第二，关于申请人民法院强制执行催告书下达时间问题。《最高人民法院关于行政机关申请人民法院强制执行前催告当事人履行义务的时间问题的答复》(〔2019〕最高法行他48号）规定，“北京市高级人民法院：你院《关于行政机关申请人民法院强制执行前催告当事人履行义务的时间问题的请示》（京高法〔2019〕137号）收悉。经研究，同意你院第一种意见，即当事人在行政决定所确定的履行期限届满后仍未履行义务的，行政机关即可催告当事人履行义务。行政机关既可以在行政复议和行政诉讼期限届满后实施催告，也可以在行政复议和行政诉讼期限届满之前实施催告”。虽然税务机关必须在当事人行政复议和行政诉讼期限届满后才能申请人民法院强制执行，但是催告不一定需要等到行政复议和行政诉讼期限届满，只要在行政决定所确定的履行期限届满后就可以下达《催告书》。

第三，关于行政强制执行与申请人民法院强制执行问题。《税收征管法》第八十八条第（三）款规定，当事人对税务机关的处罚决定逾期不申请行政复议也不向人民法院起诉，又不履行的，作出处罚决定的税务机关可以采取本法第四十条规定的强制执行措施，或者申请人民法院强制执行。此时，税务机关使用的文书既可能是《催告书（行政强制执行适用)》，也可能是《催告书（申请人民法院强制执行适用)》。《行政强制法》第五十三条规定，当事人在法定期限内不申请行政复议或者提起行政诉讼，又不履行行政决定的，没有行政强制执行权的行政机关可以自期限届满之日起三个月内，依照本章规定申请人民法院强制执行。税务机关对非从事生产经营的纳税人、扣缴义务人没有强制执行权，因此从事生产、经营的纳税人、扣缴义务人对税务机关的行政决定逾期不申请行政复议也不向人民法院起诉，又不履行的，作出行政决定的稽查局可以自期限届满之日起三个月内，申请人民法院强制执行。另外，对于税务机关对当事人作出的查补教育费附加与地方教育附加的行政决定，税务机关也不具有行政强制执行权，处理方式同上，催告时也使用《催告书（申请人民法院强制执行适用）》。

在税收执法实践中，税务机关申请人民法院强制执行税款和滞纳金，多数情况下法院会裁定驳回，法院认为对于税款和滞纳金的强制执行应由税务机关行使，主要依据是《税收征管法》第四十一条规定，该法第三十七条、第三十八条、第四十条规定的采取税收保全措施、强制执行措施的权力，不得由法定的税务机关以外的单位和个人行使。

第二节　税收强制执行决定书

根据《税收征管法》第四十条规定，从事生产、经营的纳税人、扣缴义务人未按照规定的期限缴纳或者解缴税款，纳税担保人未按照规定的期限缴纳所担保的税款，税务机关可以依照法定程序采取强制执行措施。《税收征管法》第八十八条第（三）款规定，当事人对税务机关的处罚决定逾期不申请行政复议也不向人民法院起诉，又不履行的，作出处罚决定的税务机关可以采取本法第四十条规定的强制执行措施，或者申请人民法院强制执行。税务机关强制执行就需要使用《税收强制执行决定书》。《国家税务总局关于修订部分税务执法文书的公告》（国家税务总局公告 2021 年第 23 号）规定，税务机关使用该文书告知当事人税务机关对其采取强制执行措施的相关情况。在此种情形下使用《税收强制执行决定书》必将对当事人产生不利影响，因此应当按照说理式执法文书的要求制作该文书。

一、《税收强制执行决定书（扣缴税收款项适用）》

我们先拟制一份背景材料，并制作一份《税收强制执行决定书（扣缴税收款项适用）》，熟悉对这一说理式税收执法文书的使用。

（一）《税收强制执行决定书（扣缴税收款项适用）》式样

国家税务总局________税务局（稽查局）

税收强制执行决定书

（扣缴税收款项适用）

____税强扣〔　　〕________号

__________：（纳税人识别号：____________________）

鉴于你（单位）（地址：________________），根据《中华人民共和国税收征收管理法》________规定，经______税务局（分局）局长批准，决定从____年__月__日起从你（单位）在______的存款账户（账号：________）中扣缴以下款项，缴入国库：

税　　款（大写）：______________（¥______）

滞 纳 金（大写）：______________（¥______）

罚　　款（大写）：______________（¥______）

没收违法所得（大写）：______________（¥______）

合　　计（大写）：______________（¥______）

如对本决定不服，可自收到本决定之日起六十日内依法向________申请行政复议，或者自收到本决定书之日起六个月内依法向________人民法院起诉。

税务机关（印章）

年　月　日

（二）《税收强制执行决定书（扣缴税收款项适用）》的制作

【案例8-5】

背景材料：

文理市平安交通运输服务公司设立于2021年9月10日，为增值税一般纳税人，企业所得税查账征收。2022年6月1日，根据国家税务总局文理市税务局风险管理部门推送稽查局的风险信息，国家税务总局文理市税务局稽查局对案源信息进行识别判断后，对文理市平安交通运输服务公司立案检查，决定自2022年6月1日起派李江、王虹对该单位2021年9月10日至2021年12月31日所涉税费情况进行检查。

经国家税务总局文理市税务局稽查局查实，该单位2021年度承包文理市振兴钢材经销有限责任公司钢材运输业务，按月签订运输合同（按含税金额签订合同）、结算运费，因文理市振兴钢材经销有限责任公司不索要发票，该单位让文理市振兴钢材经销有限责任公司将运费汇入其法定代表人李平安个人建行卡中，此部分运费未计入收入，运输成本已计入当期损益，未申报缴纳各项税费。该单位2021年度采取在账簿上不列、少列收入的方式隐匿收入628 397.64元，根据《中华人民共和国税收征收管理法》第六十三条第（一）款规定，该单位在增值税、城市维护建设税、印花税、企业所得税方面存在偷税行为，导致少缴纳税额合计为206 877.81元（增值税47 616.87元，城市维护建设税3 333.18元，印花税342.47元，企业所得税155 585.29元）。另外，由于少缴增值税导致少缴纳教育费附加、地方教育附加合计2 380.84元（教育费附加1 428.51元，地方教育附加952.33元）。

国家税务总局文理市税务局稽查局在2022年6月23日依法对该单位作出《税务处理决定书》（文税稽处〔2022〕186号）和《税务行政处罚决定书》（文税稽罚〔2022〕86号），决定追缴该单位由于偷税行为导致少缴的税款206 877.81元，并依法对其加收滞纳金，并处少缴税款50%的罚款，即罚款金额103 438.91元。另外，追缴由于本次检查应补缴增值税导致少缴纳教育费附加、地方教育附加合计2 380.84元，并在同日送达相关法律文书，责令该单位在收到《税务处理决定书》以及《税务行政处罚决定书》之日起十五日内到税务机关将上述税费、滞纳金、罚款清缴入库。但该单位并未依法缴纳。

2022年7月9日，国家税务总局文理市税务局稽查局向该单位送达《催告书（行政强制执行适用）》，催告该单位自收到法律文书之日起十日内将上述税款、滞纳金清缴入库，但该单位在期限届满时仍未缴纳上述税款、滞纳金。2022年7月24日，稽查局决定依法对该单位采取强制执行措施，从该单位的银行账户中扣划存款抵缴上述税款、滞纳金，并向其送达《税收强制执行决定书》告知上述事项。

根据上述背景材料，国家税务总局文理市税务局稽查局需要制作执法文书，告知当事人文理市平安交通运输服务公司税务机关对其采取税收强制执行措施的相关情况，并制作《税收强制执行决定书（扣缴税收款项适用)》送达当事人。依据说理式税收执法文书的制作要求，该文书制作如下。

国家税务总局文理市税务局稽查局
税收强制执行决定书（扣缴税收款项适用）

文税稽强扣〔2022〕20号

文理市平安交通运输服务公司：(纳税人识别号：982829703211352186)

我局在对你单位2021年9月10日至2021年12月31日所涉税费情况进行检查时发现，你单位2021年度采取在账簿上不列、少列收入的方式隐匿收入628 397.64元，导致少缴纳税额合计为206 877.81元（增值税47 616.87元，城市维护建设税3 333.18元，印花税342.47元，企业所得税155 585.29

元）。我局于2022年6月23日依法对你单位作出《税务处理决定书》（文税稽处〔2022〕186号），根据《中华人民共和国税收征收管理法》第六十三条第（一）款、第三十二条及《中华人民共和国税收征收管理法实施细则》第七十五条规定，决定向你单位追缴由于偷税行为导致少缴的税款206 877.81元及相应滞纳金，并在同日送达《税务处理决定书》，责令你单位在收到法律文书之日起十五日内到国家税务总局文理市南山区税务局（扬子江路519号）将上述税款、滞纳金清缴入库，但你单位并未依法缴纳。2022年7月9日，我局向你单位送达《催告书（行政强制执行适用）》（文税稽强催〔2022〕21号），催告你单位在收到法律文书之日起十日内将上述税款、滞纳金清缴入库。你单位在期限届满时仍未缴纳上述税款、滞纳金。

根据《中华人民共和国税收征收管理法》第四十条第（一）款规定，从事生产、经营的纳税人、扣缴义务人未按照规定的期限缴纳或者解缴税款，纳税担保人未按照规定的期限缴纳所担保的税款，由税务机关责令限期缴纳，逾期仍未缴纳的，经县以上税务局（分局）局长批准，税务机关可以采取下列强制执行措施：（一）书面通知其开户银行或者其他金融机构从其存款中扣缴税款；（二）扣押、查封、依法拍卖或者变卖其价值相当于应纳税款的商品、货物或者其他财产，以拍卖或者变卖所得抵缴税款。该法第四十条第（二）款规定，税务机关采取强制执行措施时，对前款所列纳税人、扣缴义务人、纳税担保人未缴纳的滞纳金同时强制执行。根据《中华人民共和国行政强制法》第三十七条第（一）款规定，经催告，当事人逾期仍不履行行政决定，且无正当理由的，行政机关可以作出强制执行决定。

鉴于你单位（地址：文理市南山区文理大街36号）未按照《税务处理决定书》规定缴纳税款、滞纳金，经依法下达《催告书（行政强制执行适用）》后逾期仍未缴纳的行为，根据《中华人民共和国税收征收管理法》第四十条第（一）款、第（二）款以及《中华人民共和国行政强制法》第三十七条第（一）款规定，经国家税务总局文理市税务局局长批准，我局决定自2022年7月24日起从你单位在中国建设银行股份有限公司文理市文理大街支行的存款账户（账号：3857398200195633275l）中扣缴以下款项，缴入国库：

税款（大写）：贰拾万零陆仟捌佰柒拾柒元捌角壹分（￥206 877.81）元。

滞纳金（大写）：壹万零柒拾捌元贰角玖分（￥10 078.29）元。

合计（大写）：贰拾壹万陆仟玖佰伍拾陆元壹角（￥216 956.10）元。

如对本决定不服，可自收到本决定之日起六十日内依法向国家税务总局文理市税务局申请行政复议，或者自收到本决定书之日起六个月内依法向文理市南山区人民法院起诉。

国家税务总局文理市税务局稽查局（印章）

2022 年 7 月 24 日

（三）《税收强制执行决定书（扣缴税收款项适用）》范例注释

上述《税收强制执行决定书（扣缴税收款项适用）》范例告知当事人税务机关对其采取税收强制执行措施的相关情况。按照说理式税收执法文书的制作要求，其说理性主要体现在以下三个方面。

第一，充分地说明了税务机关对文理市平安交通运输服务公司采取税收强制执行措施的理由。该文书对这一理由的阐述，首先，是说明该单位未依法履行税收处理决定书所规定的义务“我局在对你单位 2021 年 9 月 10 日至 2021 年 12 月 31 日所涉税费情况进行检查时发现，你单位 2021 年度采取在账簿上不列、少列收入的方式隐匿收入 628 397.64 元，导致少缴纳税额合计为 206 877.81 元（增值税 47 616.87 元，城市维护建设税 3 333.18元，印花税 342.47 元，企业所得税 155 585.29 元）。我局于 2022 年 6 月 23 日依法对你单位作出《税务处理决定书》（文税稽处〔2022〕186 号），根据《中华人民共和国税收征收管理法》第六十三条第（一）款、第三十二条及《中华人民共和国税收征收管理法实施细则》第七十五条规定，决定向你单位追缴由于偷税行为导致少缴的税款 206 877.81 元及相应滞纳金，并在同日送达《税务处理决定书》，责令你单位在收到法律文书之日起十五日内到国家税务总局文理市南山区税务局（扬子江路519号）将上述税款、滞纳金清缴入库，但你单位并未依法缴纳”。这是税务机关采取税收强制执行措施的事实基础之一。其次，说明该单位被催告之后仍不履行法定义务“2022年7月9日我局向你单位送达《催告书（行政强制执行适用）》（文税稽强催〔2022〕21号），催告你单位在收到法律文书之日起十日内将上述税款、滞纳金清缴入库。你单位在期限届满时仍未缴纳上述税款、滞纳金”。这是税务机关采取税收强制执行措施的事实基础之二。对这两个事实的阐述，说明当事人文理市平安交通运输服务公司的行为具备适用《税收征管法》第四十条规定的条件。只有当事人同时具有上述两种情形时，税务机关才可以依据相关法律规定采取税收强制执行措施。尤其是催告程序，不但在《税收征管法》第四十条有明确规定，而且在我国《行政强制法》第三十五条也有明确规定，行政机关在作出强制执行决定前，应当事先催告当事人履行义务。也就是说，如果行政机关未对当事人履行催告义务，就不得对其采取强制执行措施。最后，援引法律依据，即《税收征管法》第四十条的规定，并同时运用三段论逻辑推理，充分阐述税务机关在当事人银行存款账户中扣划款项抵缴税款、滞纳金的理由。这一推理过程如下。

凡是未按照规定的期限缴纳税款、滞纳金，由税务机关责令限期缴纳，逾期仍未缴纳的，税务机关可以对其采取强制执行措施。（大前提——法律规定，如《税收征管法》第四十条）

文理市平安交通运输服务公司未按照规定的期限缴纳税款、滞纳金，税务机关责令限期缴纳后逾期仍未缴纳。（小前提——当事人存在的违法行为）

所以，税务机关可以对文理市平安交通运输服务公司采取税收强制执行措施。（结论）

通过上述三段论逻辑推理的分析，当事人能够较好地理解税务机关对其采取税收强制执行措施的理由。

第二，说明了税务机关对当事人采取税收强制执行措施的法律依据"《中华人民共和国税收征收管理法》第四十条第（一）款、第（二）款，《中华人民共和国行政强制法》第三十七条第（一）款的规定"，并援引了条款的所有内容，充分地说理了税务机关作出该行政行为时有法可依。

第三，清楚地告知了税务机关对当事人采取税收强制执行措施的相关内容，包括开始扣缴的时间、扣缴存款的银行账户、扣缴的具体款项以及当事人相关救济权利等内容。

因此，上述《税收强制执行决定书》范例基本符合说理式税收执法文书的制作要求和规范。

（四）《税收强制执行决定书（扣缴税收款项适用）》使用说明

《国家税务总局关于修订部分税务执法文书的公告》（国家税务总局公告2021年第23号）对文书式样进行了调整，并与《行政强制法》衔接。根据《行政强制法》第二十四条、第三十一条、第三十七条规定，在《税收保全措施决定书》《税收强制执行决定书》中增加了税务机关说明理由的内容。

税务机关在使用《税收强制执行决定书》时应注意以下七个方面的问题。

第一，重视说明税务机关采取税收强制执行措施的理由。行政机关对当事人作出不利行政行为时都应说明理由，在国家税务总局公告2021年第23号文件制定的该文书的式样中，"鉴于你（单位）（地址：______）______"第二横线处填写强制执行理由，这是新文书的一个亮点，在我国的《行政强制法》中，对此也有明确规定。

第二，注意说理的方式。首先，要说明当事人未依法履行《税务处理决定书》规定的义务这一事实。其次，要说明当事人被催告之后仍不履行法定义务这一事实。上述两方面的事实是税务机关采取税收强制执行措施的两个前提条件。文书在阐述理由时，一定要说清楚税务机关采取税收强制执行措施具备的法定情形。最后，要依据上述两个方面的事实，援引相应的法律依据，运用三段论逻辑推理，阐述税务机关采取税收强制执行措施的理由。

第三，税务强制执行措施的对象范围。《税收征管法》第四十条关于税务机关采取强制执行措施的规定，只能适用于从事生产、经营的纳税人、扣缴义务人、纳税担保人，不适用于非生产、经营纳税人（从事生产、经营的纳税人以外的纳税人），即税务机关无权对非生产、经营纳税人采取强制执行措施。根据《行政强制法》第十三条规定，行政强制执行由法律设定。法律没有设定行政机关强制执行的，作出行政决定的行政机关应当申请人民法院强制执行。《行政强制法》第五十三条规定，当事人在法定期限内不申请行政复议或者提起行政诉讼，又不履行行政决定的，没有行政强制执行权的行政机关可以自期限届满之日起三个月内，依照本章规定申请人民法院强制执行。因此，如果非生产、经营纳税人在法定期限内不申请行政复议或者提起行政诉讼，又不履行行政决定的，税务机关可以申请人民法院强制执行。关于何为“从事生产、经营的纳税人”，《税收征管法》第十五条第（一）款这样表述：“企业，企业在外地设立的分支机构和从事生产、经营的场所，个体工商户和从事生产、经营的事业单位（以下统称从事生产、经营的纳税人）自领取营业执照之日起三十日内，持有关证件，向税务机关申报办理税务登记。税务机关应当于收到申报的当日办理登记并发给税务登记证件。”

第四，保障当事人法律救济权。对税务机关采取税收强制执行措施时，应向哪一级税务机关申请行政复议，在税收执法实践中存在争议。争议的焦点在于，税务机关采取税收强制执行措施均需经县以上税务局（分局）局长批准，这究竟算不算经上级税务机关批准，《税务行政复议规则》第二十九条第（一）款规定，税务机关依照法律、法规和规章规定，经上级税务机关批准作出具体行政行为的，批准机关为被申请人。本书的观点是，《税收征管法》中上级税务局局长批准，并不等同于上级税务机关批准，否则按照立法的习惯就会写“经上级税务机关批准”。这属于一个特殊的批准程序，所以本书中对国家税务总局文理市税务局稽查局经过国家税务总局文理市税务局局长批准采取税收强制执行措施时，告知当事人可依法向国家税务总局文理市税务局申请行政复议。在税收执法实践中，各地区税务机关根据本地区要求自定。

第五，国务院“三项制度”相关规定。《国务院办公厅关于全面推行行政执法公示制度执法全过程记录制度重大执法决定法制审核制度的指导意见》（国办发〔2018〕118 号）规定，对查封扣押财产、强制拆除等直接涉及人身自由、生命健康、重大财产权益的现场执法活动和执法办案场所，要推行全程音像记录。同时规定，行政执法机关在作出重大执法决定前，要严格进行法制审核，未经法制审核或者审核未通过的，不得作出决定。国家税务总局也下发了国务院“三项制度”配套文件，在《国家税务总局办公厅关于印发〈行政执法公示实施办法（试行）〉等“三项制度”配套文件的通知》（税总办发〔2019〕61 号）中规定，对查封扣押财产等直接涉及重大财产权益的现场执法活动，要推行全程音像记录。同时规定，税收保全措施和税收强制执行属于国家税务总局规定的重大执法决定法制审核事项内容。这些程序在行政强制执行过程中是必须严格遵守的。

第六，注意标明强制执行和课征滞纳金的法律依据。在某稽查局与某集团公司强制执行二审行政诉讼案件中，某稽查局败诉。这个案件颇具代表性，税务机关应引以为戒。现简述如下，某稽查局对某集团公司依法检查后补征税款，该集团公司缴纳了全部税款及部分滞纳金，某稽查局采取强制执行措施将欠缴的剩余滞纳金扣缴入库。一审法院意见要点：“一是某稽查局作出的税收强制执行决定书未载明强制执行的理由，不具备法定形式。二是税收强制执行决定书中载明根据《中华人民共和国税收征收管理法》规定，未写明强制执行的具体法律依据，属适用法律错误。三是某稽查局作出税收强制执行决定书未明确滞纳金的具体起算时间、计算方式，也未举证证明其向某集团公司送达或告知滞纳金的起算时间和计算公式，其作出税收强制执行决定书没有依据。”因此，一审法院认为，税务机关的税收强制执行决定书违反法定程序，依据不足，适用法律错误，依法应予撤销，某稽查局应返还从某集团公司银行账户划扣的滞纳金。某稽查局不服一审判决上诉，二审法院最终维持了原判。

第七，关于税收保全措施与强制执行措施的区别。税务机关对当事人作出的行政处理和处罚决定已经发生法律效力，对于当事人在规定期间内未缴纳税款、滞纳金的行为，此时已经不符合税收保全措施适用条件，而应该根据《税收征管法》第四十条规定，直接采取强制执行措施。具体采取税收强制执行措施时首先要对商品、货物或者其他财产进行扣押、查封，然后依法拍卖或者变卖，以拍卖或者变卖所得抵缴税款。但在税收执法实践中，有些税务机关在强制执行前的扣押、查封环节错误下达了《税收保全措施决定书》，从而导致了行政诉讼败诉的案件发生。

二、《税收强制执行决定书（拍卖/变卖适用）》

前面说过，税收强制执行的执法文书有两种式样，一种是扣缴税收款项适用（如上述范例），另一种是拍卖/变卖适用，二者略有区别。

（一）《税收强制执行决定书（拍卖/变卖适用）》式样

国家税务总局______税务局（稽查局）

税收强制执行决定书

（拍卖/变卖适用）

____税强扣〔　〕______号

__________：（纳税人识别号：______）

鉴于你（单位）（地址：____________），根据《中华人民共和国税收征收管理法》________规定，经________税务局（分局）局长批准，决定：____
____________依法予以拍卖或者变卖，以拍卖或者变卖所得抵缴__
______。

如对本决定不服，可自收到本决定书之日起六十日内依法向__
______申请行政复议，或者自收到本决定书之日起六个月内依法向____________人民法院起诉。

税务机关（印章）

年　月　日

（二）《税收强制执行决定书（拍卖/变卖适用）》的制作

我们还可以再拟制一份背景材料，并制作一份《税收强制执行决定书（拍卖/变卖适用）》，强化对这一说理式税收执法文书的使用。

【案例8-6】

背景材料：

蓝海贸易有限责任公司设立于2019年8月，为增值税一般纳税人。国家税务总局文理市税务局稽查局于2021年6月10日至2021年7月23日对该单位2020年1月1日至2020年12月31日所涉税费情况进行检查时发现，该单位2020年度存在将未取得合法、有效凭据的会议费920 000.00元计入“管理费用”，并在当年度企业所得税税前扣除，未作纳税调整行为。根据《中华人民共和国税收征收管理法》第五十二条第（二）款规定，因纳税人、扣缴义务人计算错误等失误，未缴或者少缴税款的，税务机关在三年内可以追征税款、滞纳金；有特殊情况的，追征期可以延长到五年。同时，根据《中华人民共和国税收征收管理法实施细则》第八十二条规定，《税收征管法》第五十二条所称特殊情况，是指纳税人或者扣缴义务人因计算错误等失误，未缴或者少缴、未扣或者少扣、未收或者少收税款，累计数额在10万元以上的。稽查局于2021年7月30日依法对该单位作出处理决定，决定向该单位追缴企业所得税230 000.00元及相应滞纳金，并在同日送达《税务处理决定书》（文税稽处〔2021〕136号），责令该单位自收到《税务处理决定书》之日起十五日内到国家税务总局文理市南山区税务局（扬子江路519号）将上述税款、滞纳金清缴入库，但该单位并未依法缴纳。

2021年8月16日，国家税务总局文理市税务局稽查局向该单位送达《催告书（行政强制执行适用）》，催告该单位自收到法律文书之日起十日内将上述税款、滞纳金清缴入库，但该单位在期限届满时仍未缴纳上述税款、滞纳金。

2021年8月31日，国家税务总局文理市税务局稽查局对其采取税收强制执行措施，制作《税收强制执行决定书（拍卖/变卖适用）》并于当日送达当事人，对该单位相当于应纳税款、滞纳金的50吨φ16mm螺纹钢予以扣押，并将依法予以拍卖或者变卖，以拍卖或者变卖所得抵缴税款、滞纳金、拍卖或者变卖所发生的费用。

根据上述背景材料，依据说理式税收执法文书的制作要求，该文书制作如下。

国家税务总局文理市税务局稽查局
税收强制执行决定书

（拍卖/变卖适用）

文税稽强拍〔2021〕13号

蓝海贸易有限责任公司：（纳税人识别号：982829703213517345）

我局于2021年6月10日至2021年7月23日对你单位2020年1月1日至2020年12月31日所涉税费情况进行检查时发现，你单位2020年度存在将未取得合法、有效凭据的会议费920 000.00元计入“管理费用”，并在当年度企业所得税税前扣除，未作纳税调整行为，根据《中华人民共和国税收征收管理法》第五十二条第（二）款、第三十二条及《中华人民共和国税收征收管理法实施细则》第七十五条、第八十二条之规定，我局于2021年7月30日依法对你单位作出处理决定，决定向你单位追缴2020年度企业所得税230 000.00元及相应滞纳金，并在同日送达《税务处理决定书》（文税稽处〔2021〕136号），责令你单位在收到《税务处理决定书》之日起十五日内到国家税务总局文理市南山区税务局（扬子江路519号）将上述税款、滞纳金清缴入库，但你单位并未依法缴纳。2021年8月16日，我局向你单位送达《催告书（行政强制执行适用）》（文税稽强催〔2022〕22号），催告你单位在收到法律文书之日起十日内将上述税款、滞纳金清缴入库，但你单位在期限届满时仍未缴纳上述税款、滞纳金。

根据《中华人民共和国税收征收管理法》第四十条第（一）款规定，从事生产、经营的纳税人、扣缴义务人未按照规定的期限缴纳或者解缴税款，纳税担保人未按照规定的期限缴纳所担保的税款，由税务机关责令限期缴纳，逾期仍未缴纳的，经县以上税务局（分局）局长批准，税务机关可以采取下列强制执行措施：（一）书面通知其开户银行或者其他金融机构从其存款中扣缴税款；（二）扣押、查封、依法拍卖或者变卖其价值相当于应纳税款的商品、货物或者其他财产，以拍卖或者变卖所得抵缴税款。该法第四十条第（二）款规定，税务机关采取强制执行措施时，对前款所列纳税人、扣缴义务人、纳税担保人未缴纳的滞纳金同时强制执行。《中华人民共和国税收征收管理法实施细则》第六十四条规定，税务机关执行税收征管法第三十七条、第三十八条、第四十条的规定，扣押、查封价值相当于应纳税款的商品、货物或者其他财产时，参照同类商品的市场价、出厂价或者评估价估算。税务机关按照前款方法确定应扣押、查封的商品、货物或者其他财产的价值时，还应当包括滞纳金和拍卖、变卖所发生的费用。

鉴于你单位（地址：文理市南山区文理大街36号）未按照《税务处理决定书》规定的期限缴纳税款和滞纳金，下达《催告书（行政强制执行适用）》后，逾期仍未依法缴纳，根据《中华人民共和国税收征收管理法》第四十条第（一）款、第（二）款以及《中华人民共和国税收征收管理法实施细则》第六十四条规定，经国家税务总局文理市税务局局长批准，决定：自2021年8月31日起对你单位相当于应纳税款、滞纳金的贰拾陆万伍仟元的50吨ϕ16mm螺纹钢予以扣押，依法予以拍卖或者变卖，以拍卖或者变卖所得抵缴税款、滞纳金和拍卖或者变卖所发生的费用。

如对本决定不服，可自收到本决定书之日起六十日内依法向国家税务总局文理市税务局申请行政复议，或者自收到本决定书之日起六个月内依法向文理市南山区人民法院起诉。

国家税务总局文理市税务局稽查局（印章）

2021年8月31日

（三）《税收强制执行决定书（拍卖/变卖适用）》使用说明

税务机关在使用《税收强制执行决定书（拍卖/变卖适用）》时，应注意以下四个方面的问题。

第一，扣押必须开付收据，查封必须开付清单。《税收征管法》第四十七条规定，税务机关扣押商品、货物或者其他财产时，必须开付收据；查封商品、货物或者其他财产时，必须开付清单。《行政强制法》第二十四条第（二）款第 3 项规定，查封、扣押决定书应当载明查封、扣押场所、设施或者财物的名称、数量等，税务机关应注意细节，将信息填写齐全。

第二，关于《税收强制执行决定书（拍卖/变卖适用）》与《拍卖/变卖抵税财物决定书》的关系。采取拍卖或者变卖商品、货物或者其他财产的，若实施税收强制执行前未对相关商品、货物或者其他财产实施查封（扣押），应当先行制作《税收强制执行决定书（拍卖/变卖适用）》予以查封（扣押），然后制作《拍卖/变卖抵税财物决定书》予以拍卖（变卖）；若实施税收强制执行前已对相关商品、货物或者其他财产实施查封（扣押），或者当事人（或者纳税担保人）已提供商品、货物或者其他财产用于纳税担保的，仅制作《税收强制执行决定书（拍卖/变卖适用）》予以拍卖（变卖）。可以看出，《税收强制执行决定书（拍卖/变卖适用）》在前一种情形下，承担了类似税收保全的功能。

第三，关于行政强制措施和行政强制执行的区别。《行政强制法》所说的行政强制，包括行政强制措施和行政强制执行。查封财物、扣押财物、冻结存款，这些《税收征管法》中的税收保全措施属于《行政强制法》中的行政强制措施。划拨存款、拍卖或者依法处理查封、扣押的财物，这些《税收征管法》中的税收强制执行措施属于《行政强制法》中的行政强制执行。在工作中，要注意不同法律中概念的区别和联系。

第四，关于强制执行前需要查封、扣押、冻结措施的程序性规定。根据《行政强制法》第四十六条第（二）款规定，行政机关实施强制执行前，需要采取查封、扣押、冻结措施的，依照本法第三章规定办理。本法

第三章行政强制措施实施程序第十八条规定，“行政机关实施行政强制措施应当遵守下列规定：（一）实施前须向行政机关负责人报告并经批准；（二）由两名以上行政执法人员实施；（三）出示执法身份证件；（四）通知当事人到场；（五）当场告知当事人采取行政强制措施的理由、依据以及当事人依法享有的权利、救济途径；（六）听取当事人的陈述和申辩；（七）制作现场笔录；（八）现场笔录由当事人和行政执法人员签名或者盖章，当事人拒绝的，在笔录中予以注明；（九）当事人不到场的，邀请见证人到场，由见证人和行政执法人员在现场笔录上签名或者盖章；（十）法律、法规规定的其他程序”。

第三节　拍卖/变卖抵税财物决定书

根据《税收征管法》第四十条规定，从事生产、经营的纳税人、扣缴义务人未按照规定的期限缴纳或者解缴税款，纳税担保人未按照规定的期限缴纳所担保的税款，税务机关可以采取强制执行措施，扣押、查封、依法拍卖或者变卖其价值相当于应纳税款的商品、货物或者其他财产，以拍卖或者变卖所得抵缴税款。《税收征管法》第八十八条第（三）款规定，当事人对税务机关的处罚决定逾期不申请行政复议也不向人民法院起诉，又不履行的，作出处罚决定的税务机关可以采取本法第四十条规定的强制执行措施，或者申请人民法院强制执行。《税收征管法实施细则》第六十九条规定，税务机关将扣押、查封的商品、货物或者其他财产变价抵缴税款时，应当交由依法成立的拍卖机构拍卖；无法委托拍卖或者不适于拍卖的，可以交由当地商业企业代为销售，也可以责令纳税人限期处理；无法委托商业企业销售，纳税人也无法处理的，可以由税务机关变价处理，具体办法由国家税务总局规定。国家禁止自由买卖的商品，应当交由有关单位按照国家规定的价格收购。拍卖或者变卖所得抵缴税款、滞纳金、罚款以及拍卖、变卖等费用后，剩余部分应当在三日内退还被执行人。

上述规定的强制执行措施，在不同的情形下适用的文书不尽相同，具体如下。

一是当税务机关决定采取强制执行措施，扣押、查封、依法拍卖或者变卖其价值相当于应纳税款的商品、货物或者其他财产，以拍卖或者变卖所得抵缴税款时，使用《税收强制执行决定书（拍卖/变卖适用）》，告知当事人税务机关对其采取强制执行措施的相关情况。不过需要注意的是，查封是在查封对象上贴上封条，以示禁止流转，查封的对象一般是不能移动或者不便移动的资产，如房产；而扣押是将商品、货物或其他财产搬运到税务机关负责保管的场所，一般是方便移动且不移动容易丢失的物品，如商品。

二是当税务机关决定将《税收强制执行决定书》中采取税收强制执行的财产依法予以拍卖（变卖），以拍卖（变卖）所得抵缴税收款项时，使用《拍卖/变卖抵税财物决定书》，告知当事人税务机关作出抵税财物拍卖（变卖）决定的相关情况。

三是当税务机关按照《税收强制执行决定书（拍卖/变卖适用）》已将《查封/扣押商品、货物或者其他财产清单/专用收据》所列的查封（扣押）商品、货物或者其他财产予以拍卖（变卖）时，使用《拍卖/变卖结果通知书》告知当事人税务机关对抵税财物进行拍卖（变卖）的结果。

四是当税务机关向当事人返还被税务机关扣押、查封的商品、货物、其他财产时，使用《返还商品、货物或者其他财产通知书》告知当事人税务机关返还商品、货物或者其他财产的相关情况。接下来，本书将按照说理式执法文书的要求逐一制作这一系列文书。

税务机关拍卖（变卖）被执行人商品、货物或者其他财产，以拍卖（变卖）所得抵缴税款、滞纳金、罚款的，在拍卖（变卖）前应当依法进行查封或者扣押。税务机关拍卖（变卖）被执行人商品、货物或者其他财产前，应当制作《拍卖/变卖抵税财物决定书》，经县以上税务局局长批准后送达被执行人，予以拍卖或者变卖。在此种情景下必将给当事人带来不利影响，同样应当按照说理式执法文书的要求制作该文书。

一、《拍卖/变卖抵税财物决定书》式样

国家税务总局______税务局（稽查局）

拍卖/变卖抵税财物决定书

____税拍（变）〔　　〕______号

__________：（纳税人识别号：__________）

根据《中华人民共和国税收征收管理法》________规定，经________税务局（分局）局长批准，决定书将《税收强制执行决定书》（______税强〔　　　〕______号）所采取税收强制执行的财产依法予以拍卖（变卖），以拍卖（变卖）所得抵缴________。

如对本决定不服，可自本决定书送达之日起六十日内依法向________申请行政复议，或者自本决定书送达之日起六个月内依法向____________人民法院起诉。

税务机关（印章）

年　月　日

二、《拍卖/变卖抵税财物决定书》制作

【案例8-7】

背景材料：

蓝海贸易有限责任公司设立于2019年8月，为增值税一般纳税人。国家税务总局文理市税务局稽查局于2021年6月10日至2021年7月23日对该单位2020年1月1日至2020年12月31日所涉税费情况进行检查时发现，该单位2020年度存在将未取得合法、有效凭据的会议费920 000.00元计入“管理费用”，并在当年度企业所得税税前扣除，未作纳税调整行为，根据《中华人民共和国税收征收管理法》

第五十二条第（二）款规定，因纳税人、扣缴义务人计算错误等失误，未缴或者少缴税款的，税务机关在三年内可以追征税款、滞纳金；有特殊情况的，追征期可以延长到五年。同时，根据《中华人民共和国税收征收管理法实施细则》第八十二条规定，税收征管法第五十二条所称特殊情况，是指纳税人或者扣缴义务人因计算错误等失误，未缴或者少缴、未扣或者少扣、未收或者少收税款，累计数额在10万元以上的。稽查局于2021年7月30日依法对该单位作出处理决定，决定向该单位追缴2020年度企业所得税230 000.00元及相应滞纳金，并在同日送达《税务处理决定书》（文税稽处〔2021〕136号），责令该单位自收到《税务处理决定书》之日起十五日内到国家税务总局文理市南山区税务局（扬子江路519号）将上述税款、滞纳金清缴入库，但该单位并未依法缴纳。2021年8月16日，国家税务总局文理市税务局稽查局向该单位送达《催告书（行政强制执行适用）》（文税稽强催〔2021〕25号），催告该单位自收到法律文书之日起十日内将上述税款、滞纳金清缴入库，但该单位在期限届满时仍未缴纳上述税款、滞纳金。

2021年8月31日，该单位仍未履行缴纳义务，国家税务总局文理市税务局稽查局决定对该单位采取税收强制执行措施，制作《税收强制执行决定书》（文税稽强拍〔2021〕13号），并于2021年8月31日送达该单位，扣押该单位价值相当于应纳税款、滞纳金的50吨ϕ16mm螺纹钢。经国家税务总局文理市税务局局长批准，2021年9月6日国家税务总局文理市税务局稽查局制作《拍卖/变卖抵税财物决定书》，并于当日送达给当事人，决定将《税收强制执行决定书》采取税收强制执行措施的50吨ϕ16mm螺纹钢依法委托文理市公正拍卖行予以拍卖，以拍卖所得抵缴税款、滞纳金、拍卖所发生的费用。

根据上述背景材料，国家税务总局文理市税务局稽查局需要制作《拍卖/变卖抵税财物决定书》告知当事人相关决定。依据说理式税收执法文书的制作要求，该文书制作如下。

国家税务总局文理市税务局稽查局
拍卖/变卖抵税财物决定书

文税稽拍（变）〔2021〕3号

蓝海贸易有限责任公司：（纳税人识别号：982829703213517345）

我局于2021年6月10日至2021年7月23日对你单位2020年1月1日至2020年12月31日所涉税费情况进行检查时发现，你单位2020年度存在将未取得合法、有效凭据的会议费920 000.00元计入“管理费用”，并在当年度企业所得税税前扣除，未作纳税调整行为，根据《中华人民共和国税收征收管理法》第五十二条第（二）款、《中华人民共和国税收征收管理法实施细则》第八十二条之规定，我局于2021年7月30日依法对你单位作出处理决定，决定向你单位追缴2020年度企业所得税230 000.00元及相应滞纳金，并在同日送达《税务处理决定书》（文税稽处〔2021〕136号），责令你单位在收到《税务处理决定书》之日起十五日内到国家税务总局文理市南山区税务局（扬子江路519号）将上述税款、滞纳金清缴入库，但你单位并未依法缴纳。2021年8月16日，我局向你单位送达《催告书（行政强制执行适用）》（文税稽强催〔2021〕25号），催告你单位在收到法律文书之日起十日内将上述税款、滞纳金清缴入库，但你单位在期限届满时仍未缴纳上述税款、滞纳金。

2021年8月31日，你单位仍未履行缴纳义务，我局决定对你单位采取税收强制执行措施，制作《税收强制执行决定书》（文税稽强拍〔2021〕13号），并于2021年8月31日送达你单位，扣押你单位价值相当于应纳税款、滞纳金的50吨ϕ16mm螺纹钢。

根据《中华人民共和国税收征收管理法》第四十条第（一）款规定，从事生产、经营的纳税人、扣缴义务人未按照规定的期限缴纳或者解缴税款，纳税担保人未按照规定的期限缴纳所担保的税款，由税务机关责令限期缴纳，逾期仍未缴纳的，经县以上税务局（分局）局长批准，税务机关可以采取下列强制执行措施：（一）书面通知其开户银行或者其他金融机构从其存款中扣缴税款；（二）扣押、查封、依法拍卖或者变卖其价值相当于应纳税款的商品、货物或者其他财产，以拍卖或者变卖所得抵缴税款。该法第四十条第（二）款规定，税务机关采取强制执行措施时，对前款所列纳税人、扣缴义务人、纳税担保人未缴纳的滞纳金同时强制执行。你单位至今未履行缴纳义务，我局有权对你单位货物采取依法拍卖/变卖的强制执行措施。经国家税务总局文理市税务局局长批准，我局决定将《税收强制执行决定书》（文税稽强拍〔2021〕13号）扣押的50吨ф16mm螺纹钢依法委托文理市公正拍卖行予以拍卖/变卖，以拍卖/变卖所得抵缴税款、滞纳金、拍卖、变卖所发生的费用。

如对本决定不服，可自本决定送达之日起六十日内依法向国家税务总局文理市税务局申请行政复议，或者自本决定送达之日起六个月内依法向文理市南山区人民法院起诉。

国家税务总局文理市税务局稽查局（印章）

2021年9月6日

三、《拍卖/变卖抵税财物决定书》范例注释

上述《拍卖/变卖抵税财物决定书》范例告知当事人税务机关决定将《税收强制执行决定书》采取税收强制执行的财产依法予以拍卖/变卖，以拍卖/变卖所得抵缴拍卖、变卖费用、税款、滞纳金的相关情况。按照说理式税收执法文书的制作要求，其说理性主要体现在以下三个方面。

第一，充分地说明了税务机关对蓝海贸易有限责任公司采取拍卖（变卖）抵税财物决定的理由。该文书对这一理由的阐述，首先，说明该单位未依法履行《税务处理决定书》所规定的义务“我局于2021年6月10日至2021年7月23日对你单位2020年1月1日至2020年12月31日所涉税费情况进行检查时发现，你单位2020年度存在将未取得合法、有效凭据的

会议费 920 000.00 元计入'管理费用'，并在当年度企业所得税税前扣除，未作纳税调整行为，根据《中华人民共和国税收征收管理法》第五十二条第（二）款、《中华人民共和国税收征收管理法实施细则》第八十二条之规定，我局于 2021 年 7 月 30 日依法对你单位作出处理决定，决定向你单位追缴 2020 年度企业所得税 230 000.00 元及相应滞纳金，并在同日送达《税务处理决定书》（文税稽处〔2021〕136 号），责令你单位在收到《税务处理决定书》之日起十五日内到国家税务总局文理市南山区税务局（扬子江路 519 号）将上述税款、滞纳金清缴入库，但你单位并未依法缴纳"。这是税务机关采取拍卖/变卖抵税财物决定的事实基础之一。其次，说明该单位被催告之后仍不履行法定义务"2021 年 8 月 16 日，我局向你单位送达《催告书（行政强制执行适用）》（文税稽强催〔2021〕25 号），催告你单位在收到法律文书之日起十日内将上述税款、滞纳金清缴入库，但你单位在期限届满时仍未缴纳上述税款、滞纳金"。这是税务机关采取拍卖/变卖抵税财物决定的事实基础之二。再次，说明该单位被下达《税收强制执行决定书（拍卖/变卖适用）》后仍不履行缴纳义务"2021 年 8 月 31 日，你单位仍未履行缴纳义务，我局决定对你单位采取税收强制执行措施，制作《税收强制执行决定书》（文税稽强拍〔2021〕13 号），并于 2021 年 8 月 31 日送达你单位，扣押你单位价值相当于应纳税款、滞纳金的 50 吨 ϕ16mm 螺纹钢"。这是税务机关采取拍卖/变卖抵税财物决定的事实基础之三。对这三个事实的阐述，说明当事人蓝海贸易有限责任公司的行为具备适用《税收征管法》第四十条规定的条件。只有当事人同时具有上述情形时，税务机关才可以依据相关法律规定采取税收强制执行措施，作出拍卖/变卖抵税财物决定。如果行政机关未对当事人下达《税收强制执行决定书》，就不得对其采取拍卖/变卖抵税财物决定。最后，援引法律依据，即《税收征管法》第四十条第（一）款、第（二）款规定，并同时运用三段论逻辑推理，充分阐述税务机关对当事人作出拍卖/变卖抵税财物决定并以拍卖/变卖所得抵缴税款、滞纳金的理由。这一推理过程如下。

凡是未按照规定的期限缴纳税款、滞纳金，由税务机关责令限期缴纳，逾期仍未缴纳的，税务机关都可以对其采取强制执行措施，扣押、查封、依法拍卖或者变卖其价值相当于应纳税款的商品、货物或者其他财产，以拍卖或者变卖所得抵缴税款。（大前提——法律规定，如《税收征管法》第四十条）

蓝海贸易有限责任公司未按照规定的期限缴纳税款、滞纳金，税务机关催告后逾期也未缴纳，税务机关下达《税收强制执行决定书》后，仍未缴纳。（小前提——当事人存在的违法行为）

所以，税务机关可以对蓝海贸易有限责任公司作出拍卖/变卖抵税财物决定，依法拍卖或者变卖其价值相当于应纳税款的商品、货物或者其他财产，以拍卖或者变卖所得抵缴税款。（结论）

通过上述三段论逻辑推理的分析，当事人能够较好地理解税务机关对其采取税收强制执行措施作出拍卖/变卖决定的理由。

第二，说明了税务机关对当事人采取拍卖或者变卖决定的法律依据——“《中华人民共和国税收征收管理法》第四十条第（一）款、第（二）款规定”，并援引了条款的所有内容，充分地说明了税务机关作出该行政行为时有法可依。

第三，清楚地告知了税务机关对当事人采取拍卖/变卖抵税财物决定的内容，以及当事人相关救济权利等内容。

因此，上述《拍卖/变卖抵税财物决定书》范例基本符合说理式税收执法文书的制作要求和规范。

四、《拍卖/变卖抵税财物决定书》使用说明

《国家税务总局关于修订部分税务执法文书的公告》（国家税务总局公告2021年第23号）没有对该文书式样进行修订，《拍卖/变卖抵税财物决定书》文书式样还是出现在2005年《抵税财物拍卖、变卖试行办法》中，文书结尾的提起行政诉讼的期间，应该由“自本决定送达之日起三个月内

依法向人民法院起诉”改为“自本决定送达之日起六个月内依法向人民法院起诉”，此文书也亟须修订。

目前，税务机关拍卖/变卖抵税财物主要依据《中华人民共和国拍卖法》（以下简称《拍卖法》）和《抵税财物拍卖、变卖试行办法》。税务机关在使用《拍卖/变卖抵税财物决定书》时，应注意以下三个方面的问题。

第一，重视说明税务机关采取拍卖/变卖抵税财物决定的理由。在税务总局制定的该文书式样中，并没有说明理由的内容，但行政机关对当事人作出不利行政行为时都应说明理由，在我国的行政强制法中，对此也有明确规定。

第二，注意说理的方式。首先，要说明当事人未依法履行《税务处理决定书》所规定的义务这一事实。其次，要说明当事人被催告之后仍不履行法定义务这一事实。再次，要说明该单位被下达《税收强制执行决定书（拍卖/变卖适用）》后仍不履行缴纳义务的事实。上述三个方面的事实是税务机关采取拍卖/变卖抵税财物决定的三个前提条件。文书在阐述理由时，一定要说清楚税务机关采取拍卖/变卖抵税财物所具备的法定情形。最后，依据上述三个方面的事实，援引相应的法律依据，运用三段论逻辑推理，阐述税务机关采取税收强制执行措施，作出拍卖/变卖抵税财物决定的理由。

第三，注意拍卖/变卖抵税财物程序。稽查局作出《拍卖/变卖抵税财物决定书》后，应委托拍卖/变卖，填写《拍卖（变卖）财产清单》，与拍卖机构签订委托拍卖合同，与受委托的商业企业签订委托变卖合同，对被执行人下达《税务事项通知书》告知上述事项，并按规定结算价款。由于篇幅有限，本书省略了下达《税务事项通知书》相关内容。税务机关在拍卖/变卖抵税财物时要严格遵守法律、行政法规、规章的规定，如《抵税财物拍卖、变卖试行办法》第八条规定，拍卖、变卖抵税财物进行时，应当通知被执行人到场；被执行人未到场的，不影响执行。该办法第十五条规定，税务机关应当在作出拍卖决定后10日内委托拍卖。《行政强制法》第四十八条规定，依法拍卖财物，由行政机关委托拍卖机构依照《拍卖法》的规定办理。《拍卖法》第四十五条规定，拍卖人应当于拍卖日七日前发布拍卖公告。

第四节 拍卖/变卖结果通知书

当税务机关按《税收强制执行决定书（拍卖/变卖适用)》已将《查封/扣押商品、货物或者其他财产清单/专用收据》所列的查封（扣押）商品、货物或者其他财产予以拍卖/变卖时，在拍卖/变卖实现后，税务机关应当在结算并收取价款后3个工作日内，办理税款、滞纳金、罚款的入库手续，并制作《拍卖/变卖结果通知书》附《拍卖/变卖查封、扣押的商品、货物或者其他财产清单》，送达被执行人。在此种情景下必将对当事人产生不利影响，同样应当按照说理式执法文书的要求制作该文书。

一、《拍卖/变卖结果通知书》式样

国家税务总局________税务局（稽查局）

拍卖/变卖结果通知书

______税拍通〔　　〕______号

__________：（纳税人识别号：______________）

根据《中华人民共和国税收征收管理法》__________规定，我局按《税收强制执行决定书（拍卖/变卖适用)》(__________税强拍〔　　〕______号）已将《查封/扣押商品、货物或者其他财产清单/专用收据》所列的查封（扣押）商品、货物或者其他财产予以拍卖（变卖），拍卖（变卖）款项处理情况如下：

相关费用：____________________元

抵缴税款：____________________元

抵缴滞纳金：____________________元

抵缴罚款：____________________元

抵缴没收违法所得：____________________元

以上合计：____________________元

经上述处理，你（单位）仍欠税款、滞纳金、罚款、没收违法所得（应退拍卖款）共计__________元。请你（单位）携带本通知书前来我局领取已完税凭证。

限你（单位）于____年____月____日前补缴欠缴的税款、滞纳金、罚款；逾期不缴，将依照《中华人民共和国税收征收管理法》第四十条规定强制执行。

【请你（单位）前来办理应退拍卖款事宜。】

附件：1. 拍卖（变卖）、收购合同

2. 拍卖（变卖）商品、货物或者其他财产清单

3. 相关费用凭证复印件

税务机关（印章）

年　月　日

二、《拍卖/变卖结果通知书》制作

【案例8-8】

背景材料：

蓝海贸易有限责任公司设立于2019年8月，为增值税一般纳税人。国家税务总局文理市税务局稽查局于2021年6月10日至2021年7月23日对该单位2020年1月1日至2020年12月31日所涉税费情况进行检查时发现，该单位2020年度存在将未取得合法、有效凭据的会议费920 000.00元计入“管理费用”，并在当年度企业所得税税前扣除，未作纳税调整行为，根据《中华人民共和国税收征收管理法》第五十二条第（二）款、《中华人民共和国税收征收管理法实施细则》

第八十二条规定，国家税务总局文理市税务局稽查局于2021年7月30日依法对该单位作出处理决定，决定向该单位追缴2020年度企业所得税税款230 000.00元及相应滞纳金，并在同日送达《税务处理决定书》（文税稽处〔2021〕136号），责令该单位自收到《税务处理决定书》之日起十五日内到国家税务总局文理市南山区税务局（扬子江路519号）将上述税款、滞纳金清缴入库，但该单位并未依法缴纳。

2021年8月16日，稽查局向该单位送达《催告书（行政强制执行适用）》（文税稽强催〔2021〕25号），催告该单位自收到法律文书之日起十日内将上述税款、滞纳金清缴入库，但该单位在期限届满时仍未缴纳上述税款、滞纳金。2021年8月31日，该单位仍未履行缴纳义务，国家税务总局文理市税务局稽查局决定对该单位采取税收强制执行措施，制作《税收强制执行决定书》（文税稽强拍〔2021〕13号），并于2021年8月31日送达该单位，对该单位价值相当于应纳税款、滞纳金的50吨ф16mm螺纹钢予以扣押。经国家税务总局文理市税务局局长批准，2021年9月6日稽查局制作《拍卖/变卖抵税财物决定书》，并于当日送达当事人，决定将《税收强制执行决定书》（文税稽强拍〔2021〕13号）采取税收强制执行措施的50吨ф16mm螺纹钢依法予以拍卖。根据《中华人民共和国税收征收管理法实施细则》第六十九条规定，税务机关将扣押、查封的商品、货物或者其他财产变价抵缴税款时，应当交由依法成立的拍卖机构拍卖；无法委托拍卖或者不适于拍卖的，可以交由当地商业企业代为销售，也可以责令纳税人限期处理；无法委托商业企业销售，纳税人也无法处理的，可以由税务机关变价处理，具体办法由国家税务总局规定。国家禁止自由买卖的商品，应当交由有关单位按照国家规定的价格收购。拍卖或者变卖所得抵缴税款、滞纳金、罚款以及拍卖、变卖等费用后，剩余部分应当在三日内退还被执行人。国家税务总局文理市税务局稽查局于同日即2021年9月6日对该单位下达《税务事项通知书》（文税稽通〔2021〕110号），通知该单位，稽查局已与文理市公正拍卖行签订委托拍卖合同，填制《拍卖（变卖）财产清单》，拍卖抵税财物将于2021年9月13日上午9：00在文理市文理大街100号文理市公正拍卖行进行，拍卖抵税财物的保留价，由稽查局与该单位协商的265 000.00元确定。2021年9月13日，国家税务总局文理市税务局稽查局按《税收强制执行决定书（拍卖/变卖适用）》（文税稽强拍〔2021〕13号），已将《查封/扣押商品、货物或者其他财产清单/专用收据》所列的扣押50吨ф16mm螺纹钢予以拍卖，拍卖所得款项270 000.00元。抵缴拍卖、变卖费用8 000.00元，欠缴的税款230 000.00元、滞纳金11 500.00元后，剩余款项20 500.00元。国家税务总局文理市税务局稽查局已于当日办理入库手续，并于当日通知该单位于2021年9月13日起到稽查局领取已完税凭证，并办理应退拍卖款事宜。现需要制作并向当事人送达《拍卖/变卖结果通知书》告知上述税务机关的拍卖/变卖结果。

根据上述背景材料，国家税务总局文理市税务局稽查局需要制作执法文书，告知当事人税务机关对其采取税收强制执行措施拍卖抵税财物的结果，并制作《拍卖/变卖结果通知书》送达给当事人。依据说理式税收执法文书的制作要求，该文书制作如下。

国家税务总局文理市税务局稽查局
拍卖/变卖结果通知书

文税稽拍通〔2021〕3号

蓝海贸易有限责任公司：（纳税人识别号：982829703213517345）

我局于2021年6月10日至2021年7月23日对你单位2020年1月1日至2020年12月31日所涉税费情况进行检查时发现，你单位2020年度存在将未取得合法、有效凭据的会议费920 000.00元计入“管理费用”，并在当年度企业所得税税前扣除，未作纳税调整行为，根据《中华人民共和国税收征收管理法》第五十二条第（二）款、《中华人民共和国税收征收管理法实施细则》第八十二条规定，我局于2021年7月30日依法对你单位作出处理决定，决定向你单位追缴2020年度企业所得税230 000.00元及相应滞纳金，并在同日送达《税务处理决定书》（文税稽处〔2021〕136号），责令你单位在收到《税务处理决定书》之日起十五日内到国家税务总局文理市南山区税务局（扬子江路519号）将上述税款、滞纳金清缴入库，但你单位并未依法缴纳。2021年8月16日，我局向你单位送达《催告书（行政强制执行适用）》（文税稽强催〔2021〕25号），催告你单位在收到法律文书之日起十日内将上述税款、滞纳金清缴入库，但你单位在期限届满时仍未缴纳上述税款、滞纳金。

2021年8月31日，你单位仍未履行缴纳义务，我局决定采取税收强制执行措施，制作《税收强制执行决定书》（文税稽强拍〔2021〕13号），并于2021年8月31日送达你单位，对你单位价值相当于应纳税款、滞纳金的50吨ϕ16mm螺纹钢，予以扣押。经国家税务总局文理市税务局局长批准，2021年9月6日，我局制作《拍卖/变卖抵税财物决定书》[文税稽拍（变）〔2021〕3号]，并于当日送达你单位，决定将《税收强制执行决定书》（文税稽强拍〔2021〕13号）采取税收强制执行的50吨ϕ16mm螺纹钢依法予以拍卖（变卖）。根据《中华人民共和国税收征收管理法实施细则》第六十九条规定，税务机关将扣押、查封的商品、货物或者其他财产变价抵缴税款时，应当交由依法成立的拍卖机构拍卖；无法委托拍卖或者不适于拍卖的，可以交由当地商业企业代为销售，也可以责令纳税人限期处理；无法委托商业企业销售，纳税人也无法处理的，可以由税务机关变价处理，具体办法由国家税务总局规定。国家禁止自由买卖的商品，应当交由有关单位按照国家规定的价格收购。拍卖或者变卖所得抵缴税款、滞纳金、罚款以及拍卖、变卖等费用后，剩余部分应当在3日内退还被执行人。我局已于2021年9月6日对你单位下达《税务事项通知书》（文税稽通〔2021〕110号），通知你单位，我局与文理市公正拍卖行签订委托拍卖合同，填制了《拍卖（变卖）财产清单》，拍卖抵税财物将于2021年9月13日上午9：00在文理市文理大街100号文理市公正拍卖行进行，拍卖抵税财物的保留价，由我局与你单位协商的265 000.00元确定。我局于2021年9月13日按《税收强制执行决定书

（拍卖/变卖适用）》（文税稽强拍〔2021〕13 号），已将《查封/扣押商品、货物或者其他财产清单/专用收据》所列的扣押 50 吨 ф16mm 螺纹钢予以拍卖，拍卖款项 270 000.00 元处理情况如下：

相关费用：捌仟元整（￥8 000.00）元

抵缴税款：贰拾叁万元整（￥230 000.00）元

抵缴滞纳金：壹万壹仟伍佰元整（￥11 500.00）元

以上合计：贰拾肆万玖仟伍佰元整（￥249 500.00）元

请你单位将拍卖/变卖全部收入计入当期销售收入额并按期申报缴纳各项应纳税费。经上述处理，你单位已全部缴清稽查查补欠缴款项，应退拍卖款共计贰万零伍佰元整（￥20 500.00）。请你单位于 2021 年 9 月 13 日缴纳税款之日起，前来我局领取已完税凭证，并办理应退拍卖款事宜。

附件：1. 拍卖（变卖）、收购合同

2. 拍卖（变卖）商品、货物或者其他财产清单

3. 相关费用凭证复印件

国家税务总局文理市税务局稽查局（印章）

2021 年 9 月 13 日

三、《拍卖/变卖结果通知书》范例注释

上述《拍卖/变卖结果通知书》范例在税务机关已拍卖/变卖查封、扣押的纳税人的商品、货物或者其他财产，将结果通知纳税人时使用。虽然该文书是一份程序性执法文书，但是该文书可能会对当事人产生不利影响，所以《拍卖/变卖结果通知书》应按照说理式税收执法文书的要求进行制作。由于此文书的说理与《拍卖/变卖抵税财物决定书》的内容有许多相同之处，如对违法事实的阐述等方面，因此在此不再赘述。此文书按照说理式税收执法文书的制作要求，清楚地告知了税务机关对当事人采取税收强制执行措施拍卖/变卖抵税财物的过程和结果，包括受托拍卖的单

位、开始拍卖的时间、拍卖（变卖）款项处理情况，通知当事人将拍卖/变卖全部收入计入当期销售收入额并按期申报缴纳各项应纳税费，剩余款项的退还事宜以及当事人相关救济权利等内容。

因此，上述《拍卖/变卖结果通知书》范例基本符合说理式税收执法文书的制作要求和规范。

四、《拍卖/变卖结果通知书》使用说明

第一，《国家税务总局关于修订部分税务执法文书的公告》（国家税务总局公告2021年第23号）没有对文书式样进行调整，但在文书中应该增加税务机关说明理由的内容。《拍卖/变卖结果通知书》的附件《拍卖（变卖）商品、货物或者其他财产清单》是指拍卖/变卖单位出具的拍卖/变卖商品、货物或者其他财产清单。要区别于税务机关在查封扣押商品、货物或者其他财产查封时填制的《查封商品、货物或者其他财产清单》《扣押商品、货物或者其他财产收据》。

第二，拍卖/变卖所得抵缴罚款问题。《税收征管法》第八十八条第（三）款规定，当事人对税务机关的处罚决定逾期不申请行政复议也不向人民法院起诉，又不履行的，作出处罚决定的税务机关可以采取本法第四十条规定的强制执行措施，或者申请人民法院强制执行。《抵税财物拍卖、变卖试行办法》第二十六条规定，“以拍卖、变卖收入抵缴未缴的税款、滞纳金和支付相关费用时按照下列顺序进行（文件关于保管费用内容与上位法抵触，下文有具体阐述）：（一）拍卖、变卖费用。由被执行人承担拍卖变卖所发生的费用，包括扣押、查封活动中和拍卖或者变卖活动中发生的依法应由被执行人承担的费用，具体为：保管费、仓储费、运杂费、评估费、鉴定费、拍卖公告费、支付给变卖企业的手续费以及其他依法应由被执行人承担的费用。拍卖物品的买受人未按照约定领受拍卖物品的，由买受人支付自应领受拍卖财物之日起的保管费用。（二）未缴的税款、滞纳金。（三）罚款。下列情况可以用拍卖、变卖收入抵缴罚款：1. 被执行人主动用拍卖、变卖收入抵缴罚款的；2. 对价值超过应纳税额且不可分割的商品、货物或者其他财产进行整体扣押、查封、拍卖，以拍卖收入抵缴

未缴的税款、滞纳金时，连同罚款一并抵缴；3. 从事生产经营的被执行人对税务机关的处罚决定逾期不申请行政复议也不向人民法院起诉，又不履行的，作出处罚决定的税务机关可以强制执行，抵缴罚款”。案例中，国家税务总局文理市税务局稽查局对蓝海贸易有限责任公司的行政处罚尚未满足强制执行的时间要件，因此暂时不能强制执行。

第三，查封、扣押发生的保管费用承担问题。《行政强制法》第二十六条第（三）款规定，因查封、扣押发生的保管费用由行政机关承担。《税收征管法实施细则》第六十四条第（二）款由修订前的“税务机关按照前款方法确定应扣押、查封的商品、货物或者其他财产的价值时，还应当包括滞纳金和扣押、查封、保管、拍卖、变卖所发生的费用”变为修订后的“税务机关按照前款方法确定应扣押、查封的商品、货物或者其他财产的价值时，还应当包括滞纳金和拍卖、变卖所发生的费用”。此次修订虽然删除了原条款中的“扣押、查封、保管”所发生费用的内容，但是《抵税财物拍卖、变卖试行办法》未作相应修订，即《抵税财物拍卖、变卖试行办法》第二十六条规定，“以拍卖、变卖收入抵缴未缴的税款、滞纳金和支付相关费用时按照下列顺序进行：（一）拍卖、变卖费用。由被执行人承担拍卖变卖所发生的费用，包括扣押、查封活动中和拍卖或者变卖活动中发生的依法应由被执行人承担的费用，具体为：保管费、仓储费、运杂费、评估费、鉴定费、拍卖公告费、支付给变卖企业的手续费以及其他依法应由被执行人承担的费用”。在税收执法实践中，我们一定要遵循《行政强制法》和《税收征管法实施细则》规定，因查封、扣押发生的保管费用由行政机关承担，保护纳税人合法权益。

第四，剩余款项的退还时间问题。《税收征管法实施细则》第六十九条第（二）款规定，税务机关将拍卖或者变卖所得抵缴税款、滞纳金、罚款以及拍卖、变卖等费用后，剩余部分应当在三日内退还被执行人。原文书式样中也列明：“请你（单位）前来办理应退拍卖款事宜。”一般情况下，三日内退还剩余钱款没有问题，但难免出现意外情况，导致纳税人不能按时前来办理退款手续。为此，本书将此处改为：“请你单位自______年

____月____日缴纳税款之日起，前来我局领取已完税凭证，办理应退拍卖款事宜。”纳税人既可以在三日内办理退款，也可以超期办理，体现执法温度。

第五节　返还商品、货物或者其他财产通知书

当税务机关按《税收强制执行决定书（拍卖/变卖适用）》已将《查封/扣押商品、货物或者其他财产清单/专用收据》所列的查封（扣押）商品、货物或者其他财产予以拍卖/变卖时，使用《拍卖/变卖结果通知书》，告知当事人税务机关对抵税财物进行拍卖/变卖的结果；当税务机关以拍卖或者变卖所得抵缴拍卖、变卖费用、税款、滞纳金、罚款后，尚有剩余的财产或者无法进行拍卖、变卖的财产的，应当制作返还商品、货物或者其他财产通知书附《返还商品、货物或者其他财产清单》，送达被执行人，并自办理税款、滞纳金、罚款入库手续之日起3个工作日内退还被执行人，在此种情景下可能给当事人带来不利影响，应当按照说理式执法文书的要求制作该文书。

一、《返还商品、货物或者其他财产通知书》式样

国家税务总局________税务局（稽查局）

返还商品、货物或者其他财产通知书

____税返字〔　　〕______号

__________：（纳税人识别号：________）

鉴于__________现决定返还你单位被扣押、查封的商品、货物、其他财产，请于______年____月____日前，携下列有关材料，到__________税务局（稽查局）办理返还手续。

附应携带的材料：

税务机关（印章）

年　月　日

二、《返还商品、货物或者其他财产通知书》的制作

【案例8-9】

背景材料：

蓝海贸易有限责任公司设立于2019年8月，为增值税一般纳税人。国家税务总局文理市税务局稽查局于2021年6月10日至2021年7月23日对该单位2020年1月1日至2020年12月31日所涉税费情况进行检查时发现，该单位2020年度存在将未取得合法、有效凭据的会议费920 000.00元计入“管理费用”，并在当年度企业所得税税前扣除，未作纳税调整行为，根据《中华人民共和国税收征收管理法》第五十二条第（二）款、《中华人民共和国税收征收管理法实施细则》第八十二条规定，我局于2021年7月30日依法对该单位作出处理决定，决定向你单位追缴2020年度企业所得税230 000.00元及相应滞纳金，并在同日送达《税务处理决定书》（文税稽处〔2021〕136号），责令该单位自收到《税务处理决定书》之日起十五日内到国家税务总局文理市南山区税务局（扬子江路519号）将上述税款、滞纳金清缴入库，但该单位并未依法缴纳。

2021年8月16日，稽查局向该单位送达《催告书（行政强制执行适用）》（文税稽强催〔2021〕25号），催告该单位自收到法律文书之日起十日内将上述税款、滞纳金清缴入库，但该单位在期限届满时仍未缴纳上述税款、滞纳金。2021年8月31日，该单位仍未履行缴纳义务，稽查局决定对该单位采取税收强制执行措施，制作《税收强制执行决定书》（文税稽强拍〔2021〕13号），并于2021年8月31日送达该单位，对该单位价值相当于应纳税款、滞纳金的50吨ф16mm螺纹钢予以扣押。经国家税务总局文理市税务局局长批准，2021年9月6日国家税务总局文理市税务局稽查局制作《拍卖/变卖抵税财物决定书》，并于当日送达给当事人，决定将《税收强制执行决定书》

（文税稽强拍〔2021〕13号）采取税收强制执行措施的50吨 ϕ16mm 螺纹钢依法予以拍卖/变卖。国家税务总局文理市税务局稽查局于同日即2021年9月6日对该单位下达《税务事项通知书》（文税稽通〔2021〕110号），通知该单位，国家税务总局文理市税务局稽查局已与文理市公正拍卖行签订委托拍卖合同，填制《拍卖（变卖）财产清单》，拍卖抵税财物将于2021年9月13日上午9：00在文理市文理大街100号文理市公正拍卖行进行，拍卖抵税财物的保留价，由稽查局与该单位协商的265 000.00元确定。

2021年9月13日，国家税务总局文理市税务局稽查局按《税收强制执行决定书（拍卖/变卖适用）》（文税稽强拍〔2021〕13号）已将《查封/扣押商品、货物或者其他财产清单/专用收据》所列的扣押的50吨 ϕ16mm 螺纹钢中的45吨 ϕ16mm 螺纹钢予以拍卖，拍卖款项249 500.00元，抵缴拍卖/变卖费用8 000.00元、抵缴欠缴税款230 000.00元、抵缴滞纳金11 500.00元，剩余5吨 ϕ16mm 螺纹钢，国家税务总局文理市税务局稽查局于当日制作并送达《拍卖/变卖结果通知书》（文税稽拍通〔2021〕3号），告知该单位拍卖结果，根据《中华人民共和国税收征收管理法实施细则》第六十九条第（二）款规定，拍卖或者变卖所得抵缴税款、滞纳金、罚款以及拍卖、变卖等费用后，剩余部分应当在3日内退还被执行人。国家税务总局文理市税务局稽查局于当日制作并送达《返还商品、货物或者其他财产通知书》，并通知该单位携带通知书自2022年9月13日缴纳税款之日起，到稽查局办理返还5吨 ϕ16mm 螺纹钢手续。

根据上述背景材料，国家税务总局文理市税务局稽查局需要制作执法文书告知当事人税务机关在拍卖/变卖结束后返还商品、货物或者其他财产的相关情况，并制作《返还商品、货物或者其他财产通知书》附《返还商品、货物或者其他财产清单》，送达当事人。依据说理式税收执法文书的制作要求，该文书制作如下。

国家税务总局文理市税务局稽查局
返还商品、货物或者其他财产通知书

文税稽返字〔2022〕1号

蓝海贸易有限责任公司：（纳税人识别号：982829703213517345）

我局于2021年6月10日至2021年7月23日对你单位2020年1月1日至2020年12月31日所涉税费情况进行检查时发现，你单位2020年度存在将未取得合法、有效凭据的会议费920 000.00元计入“管理费用”，并在当年度企业所得税税前扣除，未作纳税调整行为，根据《中华人民共和国税收征收管理法》第五十二条第（二）款、《中华人民共和国税收征收管理法实施细则》第八十二条规定，我局于2021年7月30日依法对你单位作出处理决定，决定向你单位追缴2020年度企业所得税230 000.00元及相应滞纳金，并在同日送达《税务处理决定书》（文税稽处〔2021〕136号），责令你单位自收到《税务处理决定书》之日起十五日内到国家税务总局文理市南山区税务局（扬子江路519号）将上述税款、滞纳金清缴入库，但你单位并未依法缴纳。2021年8月16日，我局向你单位送达《催告书（行政强制执行适用）》（文税稽强催〔2021〕25号），催告你单位自收到法律文书之日起十日内将上述税款、滞纳金清缴入库，但你单位在期限届满时仍未缴纳上述税款、滞纳金。

2021年8月31日你单位仍未履行缴纳义务，我局决定对你单位采取税收强制执行措施，制作《税收强制执行决定书》（文税稽强拍〔2021〕13号），并于2021年8月31日送达你单位，对你单位价值相当于应纳税款、滞纳金的50吨ф16mm螺纹钢，予以扣押。经国家税务总局文理市税务局局长批准，2021年9月6日，我局制作《拍卖/变卖抵税财物决定书》[文税稽拍（变）〔2021〕3号]，并于当日送达你单位，决定将《税收强制执行决定书》（文税稽强拍〔2021〕13号）采取税收强制执行的50吨ф16mm螺纹钢依法予以拍卖。我局于2021年9月6日对你单位下达《税务事项通知书》（文税稽通〔2021〕110 号），通知你单位，我局已与文理市公正拍卖行签订委托拍卖合同，填制《拍卖（变卖）财产清单》，拍卖抵税财物将于2021 年9 月13 日上午9：00 在文理市文理大街100 号文理市公正拍卖行进行，拍卖抵税财物的保留价，由我局与你单位协商的265 000. 00元确定。2021 年 9 月 13 日，我局按《税收强制执行决定书（拍卖/变卖适用）》（文税稽强拍〔2021〕13 号），已将《查封/扣押商品、货物或者其他财产清单/专用收据》所列的扣押50 吨 ϕ16mm 螺纹钢中的45 吨 ϕ16mm 螺纹钢予以拍卖，拍卖款项249 500. 00 元，抵缴拍卖、变卖费用8 000. 00 元、稽查查补税款230 000. 00 元、滞纳金11 500. 00 元后，剩余5 吨 ϕ16mm 螺纹钢，我局于当日制作并送达《拍卖/变卖结果通知书》（文税稽拍通〔2021〕3 号），告知你单位拍卖结果，根据《中华人民共和国税收征收管理法实施细则》第六十九条第（二）款规定，拍卖或者变卖所得抵缴税款、滞纳金、罚款以及拍卖、变卖等费用后，剩余部分应当在3 日内退还被执行人。

鉴于在拍卖结束后，有剩余5 吨 ϕ16mm 螺纹钢，依法需要返还。请你单位自2021 年9 月13 日缴纳税款之日起，携下列材料，到国家税务总局文理市税务局稽查局办理5 吨 ϕ16mm 螺纹钢返还手续。

附应携带的材料：1. 营业执照

2.《返还商品、货物或者其他财产通知书》

3. 单位公章

4. 办理人员身份证明

联系人：张朝、李阳

联系电话：1890 × × ×3423，1692 × × ×2879

地址：扬子江北路515 号

国家税务总局文理市税务局稽查局（印章）

2021 年9 月13 日

三、《返还商品、货物或者其他财产通知书》使用说明

《国家税务总局关于修订部分税务执法文书的公告》（国家税务总局公告2021年第23号）没有对文书式样进行调整，但在文书中也有税务机关说明理由的内容。

文书中，“鉴于__________”栏应按照以下情况分别填写。

（1）在税收保全措施期间，已经依法缴纳了税款、滞纳金。

（2）在拍卖、变卖被扣押、查封的商品、货物、其他财产前，已经依法缴纳了税款、滞纳金。

（3）用于提供纳税担保的财产所担保的税款、滞纳金已经依法缴纳。

（4）在拍卖变卖结束后，有剩余的财产或无法进行拍卖变卖的财产，依法返还。

《返还商品、货物或者其他财产通知书》时需要填制《返还商品、货物或者其他财产清单》。

另外，税务机关通知当事人前来办理解除扣押手续时，本书没有采取文书样式中“请于______年____月____日前，携下列有关材料，到__________税务局（稽查局）办理返还手续”的固定表述，考虑到来税务局（稽查局）办理返还手续是当事人的一项权利，并且文书制作出来后送达需要时间，此时间不宜固定，因此文书范例表述为“请你单位自2021年9月13日缴纳税款之日起，携下列材料，到国家税务总局文理市税务局稽查局办理5吨ϕ16mm螺纹钢返还手续”。

第九章　税务稽查事项通知的"说理"

除法定的专用事项通知书外，税务机关在通知纳税人缴纳税款、滞纳金，要求当事人提供有关资料，办理留抵退税，异常增值税扣税凭证处理，变更检查人员、变更检查所属期，办理有关涉税事项时，均可使用《税务事项通知书》。在税务稽查环节，此文书除作为程序性税收执法文书使用之外，也经常作为实体性税收执法文书使用。税务机关经常使用该文书通知行政相对人承担实质性税收义务，缴纳税款以及滞纳金，被通知的对象并不完全限定于纳税人，通常还会有扣缴义务人、纳税担保人等。因此，在不同情形下使用《税务事项通知书》也应当按照说理式执法文书的要求制作该文书。

第一节　《税务事项通知书》的式样

1993 年颁布施行的《税收征管法实施细则》第一百零七条规定的九项税务文书中便包括《税务事项通知书》。2005 年 11 月，为进一步规范税收征纳行为，促进税收执法文书合法、准确、规范地使用，推进依法治税，国家税务总局印发《全国统一税收执法文书式样》（国税发〔2005〕179 号），根据《税收征管法》及其实施细则的有关规定，进一步制定规范了《税务事项通知书》的式样。2021 年，国家税务总局《关于修订部分税务执法文书的公告》（国家税务总局公告 2021 年第 23 号）再次修订了《税务事项通知书》的式样。现行《税务事项通知书》的式样如下。

国家税务总局________税务局（稽查局）

税务事项通知书

____税通〔　　〕______号

__________：（纳税人识别号：__________________）

事由：

依据：

通知内容：

税务机关（印章）

年　月　日

《税务事项通知书》的应用范围很广，除本书前面涉及的应用事项外，在税务稽查环节，税务机关经常使用该文书通知行政相对人承担实质性税收义务。常见的《税务事项通知书》有通知承担纳税连带责任、履行担保责任、重大税收违法失信主体告知适用、陈述申辩复核结果通知适用、重大税收违法失信主体确定适用等。

第二节　通知承担纳税连带责任的《税务事项通知书》

纳税连带责任的内涵，即具有连带关系的两个以上主体共同负担同一纳税义务，税务机关可以要求纳税人与纳税连带责任人之任何一人、部分人、全体人缴纳部分或全部税款，当任何一人缴纳全部或部分税款时，其他人的纳税义务也在该范围内消灭；同时，纳税连带责任人有权向纳税人求偿其缴纳的税款。

连带责任本是一项重要的民事责任制度，是指两个或两个以上的债务人连带分担以同一给付为标的的债务。我国税法为了防止偷逃税款、转移财产，保障国家税收，借鉴了民法中的连带责任制度，也规定了第三人的纳税连带责任。《税收征管法》第四十八条规定，纳税人有合并、分立情形的，应当向税务机关报告，并依法缴清税款。纳税人合并时未缴清税款的，应当由合并后的纳税人继续履行未履行的纳税义务；纳税人分立时未缴清税款的，分立后的纳税人对未履行的纳税义务应当承担连带责任。《税收征管法实施细则》第四十九条第（二）款规定，发包人或者出租人应当自发包或者出租之日起30日内将承包人或者承租人的有关情况向主管税务机关报告。发包人或者出租人不报告的，发包人或者出租人与承包人或者承租人承担纳税连带责任。《纳税担保试行办法》（国家税务总局令第11号）第七条第（二）款规定，本办法所称纳税保证为连带责任保证，纳税人和纳税保证人对所担保的税款及滞纳金承担连带责任。当纳税人在税收法律、行政法规或税务机关确定的期限届满未缴清税款及滞纳金的，税务机关即可要求纳税保证人在其担保范围内承担保证责任，缴纳担保的税款及滞纳金。

税务机关通知当事人要求履行纳税连带责任的执法行为，没有专门的税务文书，在税收执法实践中需要制作《税务事项通知书》送达当事人。

一、《税务事项通知书》制作

【案例9-1】

背景材料：

2021年7月8日，蓝海贸易有限责任公司将该单位的门市房出租给张丰从事摩托车修理等经营活动，但并未依法将承租人的有关情况向主管税务机关报告。张丰未依法办理税务登记，也未申报纳税。

2021 年 10 月 25 日，有人将此事举报到国家税务总局文理市税务局稽查局。国家税务总局文理市税务局稽查局依法查处后，履行了处罚告知义务，于 2021 年 11 月 15 日依法制作并送达了《税务处理决定书》《税务行政处罚决定书》，要求张丰自收到上述决定书之日起十五日内补缴 2021 年第三季度（小规模纳税人按季度申报纳税）税款 3 211.00元，并依法加收滞纳金，对其未缴税款依法处以 1 倍罚款，罚款金额 3 211.00 元。之后，张丰失联。根据《中华人民共和国税收征收管理法》第三十二条、《中华人民共和国税收征收管理法实施细则》第四十九条第（二）款及第七十五条规定，国家税务总局文理市税务局稽查局告知出租人蓝海贸易有限责任公司，对承租人张丰欠缴的税款、滞纳金承担纳税连带责任，并告知其自税款缴纳期限届满次日（2021 年 10 月 23 日）起至实际缴纳税款之日止按日加收万分之五的滞纳金。

根据上述背景材料，国家税务总局文理市税务局稽查局需要制作执法文书，告知当事人蓝海贸易有限责任公司对承租人张丰欠缴的税款以及由此产生的滞纳金承担纳税连带责任，并制作《税务事项通知书》送达当事人。依据说理式税收执法文书的制作要求，该文书制作如下。

国家税务总局文理市税务局稽查局
税务事项通知书

文税稽通〔2021〕37 号

蓝海贸易有限责任公司：（纳税人识别号：982829703213517345）

事由：经查实，2021 年 7 月 10 日，张丰开始从事摩托车修理等经营活动，但未依法办理税务登记，也未申报纳税。我局于 2021 年 11 月 15 日依法制作并送达了《税务处理决定书》《税务行政处罚决定书》（副本见附件），要求张丰自收到上述决定书之日起十五日内补缴 2021 年第三季度

(小规模纳税人按季度申报纳税)税款3 211.00元,并依法加收滞纳金,对其未缴税款依法处以1倍罚款,罚款金额3 211.00元。之后,张丰失联。

同时,经查实,2021年7月8日,你单位将位于扬子江北路516号的门市房出租给张丰从事摩托车修理等经营活动,未依法在30日内将承租人的有关情况向主管税务机关报告。

根据《中华人民共和国税收征收管理法实施细则》第四十九条第(二)款规定,发包人或者出租人应当自发包或者出租之日起30日内将承包人或者承租人的有关情况向主管税务机关报告。发包人或者出租人不报告的,发包人或者出租人与承包人或者承租人承担纳税连带责任。由于你单位将房屋出租给张丰从事摩托车修理等经营活动,未依法将承租人的有关情况向主管税务机关报告,因此应对张丰从事摩托车修理等经营活动所产生的税款及滞纳金承担纳税连带责任。根据《中华人民共和国税收征收管理法》第三十二条规定,纳税人未按照规定期限缴纳税款的,扣缴义务人未按照规定期限解缴税款的,税务机关除责令限期缴纳外,从滞纳税款之日起,按日加收滞纳税款万分之五的滞纳金。《中华人民共和国税收征收管理法实施细则》第七十五条规定,税收征管法第三十二条规定的加收滞纳金的起止时间,为法律、行政法规规定或者税务机关依照法律、行政法规的规定确定的税款缴纳期限届满次日起至纳税人、扣缴义务人实际缴纳或者解缴税款之日止。对张丰2021年第三季度应缴未缴税款3 211.00元,自税款缴纳期限届满次日起至实际缴纳税款之日止按日加收万分之五的滞纳金,你单位应对张丰上述未缴的税款、滞纳金承担连带责任。

依据:《中华人民共和国税收征收管理法》第三十二条、《中华人民共和国税收征收管理法实施细则》第四十九条第(二)款及第七十五条之规定。

通知内容:限你单位自收到本通知之日起十五日内到国家税务总局文理市南山区税务局(扬子江路519号)将上述张丰欠缴税款3 211.00元缴纳入库,并自税款缴纳期限届满次日(2021年10月23日)起至实际缴纳税款之日止按日加收万分之五的滞纳金。逾期未缴清的，我局将依法申请人民法院强制执行。

你单位如对本通知不服，可自收到本通知之日起六十日内依法向国家税务总局文理市税务局申请行政复议，或者自收到本通知之日起六个月内依法向文理市南山区人民法院起诉。

附件：1.《税务处理决定书》（文税稽处〔2021〕155号）（副本）
2.《税务行政处罚决定书》（文税稽罚〔2021〕145号）（副本）

国家税务总局文理市税务局稽查局（印章）
2021年12月11日

二、《税务事项通知书》范例注释

上述《税务事项通知书》范例是告知纳税人之外的第三人蓝海贸易有限责任公司对承租人张丰欠缴的税款，以及由此产生的滞纳金承担纳税连带责任。上述范例按照说理式税收执法文书的制作要求，其说理性主要体现在以下三个方面。

第一，充分地说明了当事人蓝海贸易有限责任公司对承租人张丰欠缴的税款，以及由此产生的滞纳金承担纳税连带责任的理由。该文书对这一理由的阐述，首先，说明张丰存在的税收违法行为及下落不明的事实“经查实，2021年7月10日，张丰开始从事摩托车修理等经营活动，但未依法办理税务登记，也未申报纳税。我局于2021年11月15日依法制作并送达了《税务处理决定书》《税务行政处罚决定书》（副本见附件），要求张丰自收到上述决定书之日起十五日内补缴2021年第三季度（小规模纳税人按季度申报纳税）税款3 211.00元，并依法加收滞纳金，对其未缴税款依法处以1倍罚款，罚款金额3 211.00元。之后，张丰失联”。这是该文书充分说理的事实基础之一。其次，说明当事人蓝海贸易有限责任公司承担税收连带责任的事实——“同时，经查实，2021 年 7 月 8 日，你单位将位于扬子江北路 516 号的门市房出租给张丰从事摩托车修理等经营活动，未依法在 30 日内将承租人的有关情况向主管税务机关报告。”这是该文书充分说理的事实基础之二。对这两个事实的阐述，说明当事人蓝海贸易有限责任公司具备适用《税收征管法实施细则》第四十九条第（二）款规定的条件。最后，援引法律依据，并同时运用三段论逻辑推理，充分阐述当事人承担税收连带责任的理由。这一推理过程如下。

凡是发包人或者出租人自发包或者出租之日起 30 日内未将承包人或者承租人的有关情况向主管税务机关报告的，发包人或者出租人与承包人或者承租人承担纳税连带责任。（大前提——法律规定）

蓝海贸易有限责任公司将房屋出租给张丰从事摩托车修理等经营活动，但未依法将承租人的有关情况向主管税务机关报告。（小前提——当事人存在的违法行为）

所以，蓝海贸易有限责任公司应对张丰从事摩托车修理等经营活动所产生的税款及其滞纳金承担纳税连带责任。（结论）

通过上述三段论逻辑推理的分析，当事人能够较好地理解税务机关责令其承担税收连带责任的理由，即该单位具有缴纳上述税款、滞纳金的连带责任义务的理由。

第二，说明了税务机关对当事人送达《税务事项通知书》的法律依据——《税收征管法实施细则》第四十九条第（二）款之规定，并援引了该条款的所有内容，充分地说明了税务机关作出该行政行为时有法可依。

第三，清楚地告知了当事人相关的内容。一是承担承租人未缴税款、滞纳金的连带责任义务“根据《中华人民共和国税收征收管理法实施细则》第四十九条第（二）款规定，发包人或者出租人应当自发包或者出租之日起 30 日内将承包人或者承租人的有关情况向主管税务机关报告。发包人或者出租人不报告的，发包人或者出租人与承包人或者承租人承担纳税连带责任。由于你单位将房屋出租给张丰从事摩托车修理等经营活动，未依法将承租人的有关情况向主管税务机关报告，因此，应对张丰从事摩托车修理等经营活动所产生的税款及滞纳金承担纳税连带责任。根据《中华人民共和国税收征收管理法》第三十二条规定，纳税人未按照规定期限缴纳税款的，扣缴义务人未按照规定期限解缴税款的，税务机关除责令限期缴纳外，从滞纳税款之日起，按日加收滞纳税款万分之五的滞纳金。《中华人民共和国税收征收管理法实施细则》第七十五条规定，税收征管法第三十二条规定的加收滞纳金的起止时间，为法律、行政法规规定或者税务机关依照法律、行政法规的规定确定的税款缴纳期限届满次日起至纳税人、扣缴义务人实际缴纳或者解缴税款之日止。对张丰 2021 年第三季度应缴未缴税款 3 211.00 元，自税款缴纳期限届满次日起到实际缴纳税款之日止按日加收万分之五的滞纳金，你单位应对张丰上述未缴的税款、滞纳金承担连带责任”；二是缴纳税款、滞纳金的时限“在收到本通知之日起十五日内”；三是缴纳税款、滞纳金的地点“国家税务总局文理市南山区税务局（扬子江路 519 号）”；四是不缴纳的法律后果“逾期未缴清的，我局将依法申请人民法院强制执行”；五是当事人救济权利。

因此，上述《税务事项通知书》范例较为符合说理式税收执法文书的制作要求和规范。

三、《税务事项通知书》使用说明

在此背景下使用《税务事项通知书》时，我们应注意以下五个方面的问题。

第一，注意说理的方式。首先，要说明纳税人存在的税收违法行为以及下落不明等事实；其次，说明被通知的当事人存在的税收违法行为；最后，依据上述两个方面的事实，援引相应的法律依据，运用三段论逻辑推理，阐述税务机关责令当事人承担连带责任的理由。

第二，注意责令当事人承担连带责任的范围。由于连带责任的范围只能是债务，而不能是罚款、罚金等处罚责任，因此责令当事人承担连带责任的范围只能是税款以及滞纳金，不能包括罚款。

第三，注意对当事人不履行法定义务的后果这一事项的告知。根据《税收征管法》第四十条第（一）款规定：从事生产、经营的纳税人、扣缴义务人未按照规定的期限缴纳或者解缴税款，纳税担保人未按照规定的期限缴纳所担保的税款，税务机关可以依法采取强制执行措施。即税务机关有权对从事生产、经营的纳税人、扣缴义务人以及纳税担保人采取强制执行措施。税收连带责任对于责任人，如果不履行其税收责任，法律并没有规定可以对其采取强制执行措施。对税务机关而言，法律没有规定即禁止。所以，对税收连带责任人不履行法定税收责任的，税务机关并没有强制执行权，只能申请人民法院强制执行。因此，在上述范例中，我们表述为“逾期未缴清的，我局将依法申请人民法院强制执行”。

第四，注意对当事人救济权的告知。一是应当告知当事人救济权。因为该通知书要求当事人承担法定义务，税务机关对其作出了不利行政行为，当事人一定具有救济的权利，税务机关必须告知当事人这一权利。二是救济权内容的告知与纳税人、扣缴义务人、担保人有所不同。根据《税收征管法》第八十八条第（一）款规定：纳税人、扣缴义务人、纳税担保人同税务机关在纳税上发生争议时，必须先依照税务机关的纳税决定缴纳或者解缴税款及滞纳金或者提供相应的担保，然后可以依法申请行政复议；对行政复议决定不服的，可以依法向人民法院起诉。也就是说，纳税人、扣缴义务人、纳税担保人同税务机关在纳税上发生争议需要行使救济权时，必须先依照税务机关的纳税决定缴纳或者解缴税款及滞纳金，或者提供相应的担保。但这一制度的规定仅限于纳税人、扣缴义务人、纳税担保人。而对于除此以外的当事人，与税务机关在纳税上发生争议需要行使救济权时，法律并没有规定前置条件。所以，税务机关此时告知当事人救济权时，就不能要求第三人也必须先依照税务机关的纳税决定缴纳或者解缴税款及滞纳金，或者提供相应的担保，然后才可以行使这一权利。因此，在上述范例中，我们仅仅这样表述“你单位如对本通知不服，可自收到本通知之日起六十日内依法向国家税务总局文理市税务局申请行政复议，或者自收到本通知之日起六个月内依法向文理市南山区人民法院起诉”。

第五，在上述背景下，注意该文书的使用范围。在上述背景下，税务机关责令纳税人、扣缴义务人之外的第三人承担缴纳税款的责任，一般不使用《税务处理决定书》。在税收执法实践中，《税务处理决定书》是针对纳税人、扣缴义务人使用的，而税务机关责令纳税人、扣缴义务人之外的第三人承担缴纳税款的责任时，在没有专有执法文书的情况下，都是使用《税务事项通知书》责令当事人承担税收责任。除了上述范例中提到的出租人和发包人这种连带责任人之外，还有在纳税人合并、分立时，也可能出现税收连带责任人的情形。另外，纳税人和纳税保证人对所担保的税款及滞纳金也可能承担连带责任。

对此，我们还可以再拟制一份背景材料，并制作一份《税务事项通知书》，强化对这一说理式税收执法文书的使用。

【案例9-2】

背景材料：

蓝海贸易有限责任公司设立于2019年8月，为增值税一般纳税人。国家税务总局文理市税务局稽查局从2021年6月10日至2021年7月23日对蓝海贸易有限责任公司2020年1月1日至2020年12月31日所涉税费情况进行了检查，并于2021年7月30日制作并送达了《税务处理决定书》（文税稽处〔2021〕136号），追缴该单位少缴的2020年度企业所得税税款230 000.00元，责令该单位自决定书送达之日起十五日内缴纳税款及相应滞纳金。但该单位因资金困难一直未缴纳，税务机关也多次催缴。

2021年9月15日，国家税务总局文理市税务局稽查局得知该单位法定代表人张力将于9月30日出国到英国洽谈项目，为了保障该单位欠缴的稽查查补税款尽快缴纳，国家税务总局文理市税务局稽查局于2021年9月16日再次书面通知蓝海贸易有限责任公司应在张力出境前（2021年9月30日前）向税务机关结清应纳税款、滞纳金或者提供担保。未结清税款、滞纳金，又不提供担保的，税务机关可以通知出境管理机关阻止其出境。因蓝海贸易有限责任公司暂时无法结清应纳税款、滞纳金，于是请蓝天机电设备经销有限责任公司为其提供纳税担保。2021年9月20日，蓝天机电设备经销有限责任公司填写纳税担保书，担保方式为纳税保证，担保蓝海贸易有限责任公司在2021年10月20日前缴纳欠缴的税款230 000.00元及滞纳金（自滞纳税款之日起到实际缴纳之日止，按日加收滞纳税款万分之五的滞纳金），逾期未缴纳，将由蓝天机电设备经销有限责任公司承担保证责任。

直到2021年10月20日，蓝海贸易有限责任公司也未在税务机关规定的期限内缴纳税款及滞纳金。2021年10月28日，稽查局送达《税务事项通知书》，通知蓝天机电设备经销有限责任公司承担保证责任，自收到通知书之日起十五日内缴纳所担保的税款、滞纳金。

根据上述背景材料，依据说理式税收执法文书的制作要求，该文书制作如下。

国家税务总局文理市税务局稽查局
税务事项通知书

文税稽通〔2021〕108号

蓝天机电设备经销有限责任公司：（纳税人识别号：982829703211357626）

事由：经查实，我局于2021年7月30日制作并向蓝海贸易有限责任公司送达了《税务处理决定书》（文税稽处〔2021〕136号），追缴该单位少缴的2020年度企业所得税税款230 000.00元，责令该单位自决定书送达之日起十五日内缴纳税款及相应滞纳金。但该单位因资金困难一直未缴纳，我局也多次催缴。鉴于其法定代表人张力需要在2021年9月30日出境，我局于2021年9月16日再次书面通知蓝海贸易有限责任公司应在张力出境前（2021年9月30日前）向税务机关结清应纳税款、滞纳金或者提供担保。

你单位于2021年9月20日填写了纳税担保书，为蓝海贸易有限责任公司提供纳税担保，担保方式为纳税保证。担保蓝海贸易有限责任公司在2021年10月20日前缴纳欠缴的2020年度企业所得税230 000.00元及滞纳金（自滞纳税款之日起到实际缴纳之日止，按日加收滞纳税款万分之五的滞纳金），逾期未缴纳，将由你单位承担保证责任。

直到2021年10月20日，蓝海贸易有限责任公司也未在税务机关规定的期限内缴纳税款及滞纳金。根据《纳税担保试行办法》（国家税务总局令第11号）第十二条第（一）款规定，保证期间为纳税人应缴纳税款期限届满之日起60日，即税务机关自纳税人应缴纳税款的期限届满之日起60日内有权要求纳税保证人承担保证责任，缴纳税款、滞纳金。该办法第十三条第（一）款规定，纳税人在规定的期限届满未缴清税款及滞纳金，税务机关在保证期限内书面通知纳税保证人的，纳税保证人应按照纳税担保书约定的范围，自收到纳税通知书之日起15日内缴纳税款及滞纳金，履行担保责任。由于蓝海贸易有限责任公司在规定期限届满时未缴清税款及滞纳金，你单位应按照纳税担保书约定的范围，自收到本通知书之日起15日内缴纳税款及滞纳金，履行担保责任。

依据：《纳税担保试行办法》（国家税务总局令第11号）第十二条第（一）款、第十三条第（一）款规定。

通知内容：限你单位自收到本通知书之日起15日内到国家税务总局文理市南山区税务局（扬子江路519号）将所担保的税款及依法加收的滞纳金缴纳入库。逾期未缴清的，我局将依照《中华人民共和国税收征收管理法》第四十条规定强制执行。

你单位若同我局在纳税上有争议，必须先依照本通知的期限缴纳税款及滞纳金或者提供相应的担保，然后可自上述款项缴清或者提供相应担保被税务机关确认之日起60日内依法向国家税务总局文理市税务局申请行政复议。

国家税务总局文理市税务局稽查局（印章）

2021年10月28日

本范例采取了税务机关要求纳税保证人在纳税担保书中注明纳税保证人承担欠缴的税款，以及自滞纳税款之日起至实际缴纳或者解缴税款之日应加收滞纳金的做法。当然，纳税人也可以和纳税保证人约定，在对纳税保证人课征欠缴税款对应滞纳金时，只计算到填写纳税担保书当天的计算方法，也就是以纳税担保书上注明的纳税人应缴纳的税款及滞纳金数额作为责令其承担连带责任的标准，至于纳税担保书之后欠缴税款的滞纳金应仍向纳税人追征。

第三节　税务事项通知书（重大税收违法失信主体告知适用）

重大税收违法失信主体简称“失信主体”。2022年2月1日，《重大税收违法失信主体信息公布管理办法》（国家税务总局令第54号）正式实施。税务机关依照该办法规定，对具有性质恶劣、情节严重、社会危害性较大的税收违法行为的被查对象，在符合一定条件的前提下，确定为重大税收违法失信主体，并向社会公布失信信息，且将信息通报相关部门实施监管和联合惩戒。

由此可见，一旦被税务机关确定为重大税收违法失信主体，就会对被查对象的权益产生重大影响。《税务事项通知书（重大税收违法失信主体告知适用）》主要是告知当事人存在哪些税务违法行为，且根据相关规定将被确认为重大税收违法失信主体，并告知当事人有进行陈述、申辩的权利。虽然该文书并不确定当事人实质性权利和义务，但之所以有必要依据说理式执法文书的制作要求制作，是因为如果税务机关不在该文书中说明确定当事人为重大税收违法失信主体的理由和依据，当事人就无法进行有针对性的陈述和申辩。一旦当事人的陈述、申辩权利无法得到保障，就有可能对其实质性权益产生不利影响。也就是说，该事项通知书有可能间接地对当事人的权益产生不利后果，因此有必要依据说理式执法文书的制作规范和要求制作该文书。

一、重大税收违法失信主体告知的情形

《重大税收违法失信主体信息公布管理办法》（国家税务总局令第54号）第六条规定，"'重大税收违法失信主体'是指有下列情形之一的纳税人、扣缴义务人或者其他涉税当事人：（一）伪造、变造、隐匿、擅自销毁账簿、记账凭证，或者在账簿上多列支出或者不列、少列收入，或者经税务机关通知申报而拒不申报或者进行虚假的纳税申报，不缴或者少缴应纳税款100万元以上，且任一年度不缴或者少缴应纳税款占当年各税种应纳税总额10%以上的，或者采取前述手段，不缴或者少缴已扣、已收税款，数额在100万元以上的；（二）欠缴应纳税款，采取转移或者隐匿财产的手段，妨碍税务机关追缴欠缴的税款，欠缴税款金额100万元以上的；（三）骗取国家出口退税款的；（四）以暴力、威胁方法拒不缴纳税款的；（五）虚开增值税专用发票或者虚开用于骗取出口退税、抵扣税款的其他发票的；（六）虚开增值税普通发票100份以上或者金额400万元以上的；（七）私自印制、伪造、变造发票，非法制造发票防伪专用品，伪造发票监制章的；（八）具有偷税、逃避追缴欠税、骗取出口退税、抗税、虚开发票等行为，在稽查案件执行完毕前，不履行税收义务并脱离税务机关监管，经税务机关检查确认走逃（失联）的；（九）为纳税人、扣缴义务人非法提供银行账户、发票、证明或者其他方便，导致未缴、少缴税款100万元以上或者骗取国家出口退税款的；（十）税务代理人违反税收法律、行政法规造成纳税人未缴或者少缴税款100万元以上的；（十一）其他性

质恶劣、情节严重、社会危害性较大的税收违法行为”。

针对失信主体的失信情形，重大税收违法失信主体告知类型有以下三种。

一是因偷税、欠税对外公布失信主体。这种情形下，《税务事项通知书》通知内容应表述为：“你（你单位）若符合《重大税收违法失信主体信息公布管理办法》（国家税务总局令第54号）第十四条相关规定，在失信信息公布前按照《税务处理决定书》（文书号）、《税务行政处罚决定书》（文书号）规定缴清税款、滞纳金、罚款，我局拟将你（你单位）确定为重大税收违法失信主体（不对外公布），税务机关适用D级纳税人管理措施（由税务机关纳税信用管理部门按纳税信用制度执行）。你（你单位）若未在失信信息公布前按照《税务处理决定书》（文书号）、《税务行政处罚决定书》（文书号）规定缴清税款、滞纳金、罚款，我局拟将你（你单位）确定为重大税收违法失信主体，向社会公布失信信息（详细内容见附件），拟将你（你单位）失信信息推送至参与联合惩戒部门和信用中国网站公示，在土地供应、检验检疫监督管理、政府采购、银行授信、政策性资金投放等方面被有关部门参考使用，税务机关适用D级纳税人管理措施（由税务机关纳税信用管理部门按纳税信用制度执行）。”

二是因其他情形对外公布失信主体。这种情形下，《税务事项通知书》通知内容应表述为：“我局拟将你（你单位）确定为重大税收违法失信主体，向社会公布失信信息（详细内容见附件），拟将你（你单位）失信信息推送至参与联合惩戒部门和信用中国网站公示，在土地供应、检验检疫监督管理、政府采购、银行授信、政策性资金投放等方面被有关部门参考使用，税务机关适用D级纳税人管理措施（由税务机关纳税信用管理部门按纳税信用制度执行）。”

三是因法定情形只确定为失信主体但不对外公布。这种情形下，《税务事项通知书》通知内容应表述为：“你（你单位）符合《重大税收违法失信主体信息公布管理办法》（国家税务总局令第54号）第十四条相关规定，已按照《税务处理决定书》（文书号）、《税务行政处罚决定书》（文书号）规定缴清税款、滞纳金、罚款，我局拟将你（你单位）确定为重大税收违法失信主体（不对外公布），税务机关适用D级纳税人管理措施（由税务机关纳税信用管理部门按纳税信用制度执行）。”

二、《税务事项通知书（重大税收违法失信主体告知适用）》的制作

【案例9-3】

背景材料：

文理市威远电器有限公司，注册地址为东方省文理市南山区金湖路18号；统一社会信用代码为93828297032136945C；公司法定代表人为陈苗，女，居民身份证号码为41035519720124346X。

国家税务总局文理市税务局稽查局于2021年8月13日对该单位2020年1月1日至2020年12月31日所涉税费情况进行检查，于2021年9月20日对该单位下达了《税务处理决定书》（文税稽处〔2021〕34号）和《税务行政处罚决定书》（文税稽罚〔2021〕25号）。该单位2020年度采取在账簿上少列收入的方式少缴增值税、城市维护建设税、企业所得税，根据《中华人民共和国税收征收管理法》第六十三条第（一）款规定，对上述少缴税款行为定性为偷税，偷税税额合计为3 000 000.00元，并处少缴税款1倍的罚款3 000 000.00元。该单位全年自行申报的各税种应纳税总额为9 000 000.00元，查补的偷税额占当年各税种应纳税总额的25%，该单位在法定期限内未申请行政复议，也未向人民法院起诉，国家税务总局文理市税务局稽查局拟将其确定为重大税收违法失信主体。

根据上述背景材料，国家税务总局文理市税务局稽查局需要制作《税务事项通知书（重大税收违法失信主体告知适用）》送达当事人。依据说理式税收执法文书的制作要求，该文书制作如下。

国家税务总局文理市税务局（稽查局）
税务事项通知书

（重大税收违法失信主体告知适用）

文税稽通〔2022〕3号

文理市威远电器有限公司：（纳税人识别号：93828297032136945C）

事由：我局于2021年8月13日对你单位2020年1月1日至2020年12月31日所涉税费情况进行检查，于2021年9月20日对你单位下达了《税务处理决定书》（文税稽处〔2021〕34号）和《税务行政处罚决定书》（文税稽罚〔2021〕25号）。你单位2020年度采取在账簿上少列收入的方式少缴增值税、城市维护建设税、企业所得税，根据《中华人民共和国税收征收管理法》第六十三条第（一）款规定，对你单位上述少缴税款行为定性为偷税，偷税税额合计为3 000 000.00元，并处少缴税款1倍的罚款3 000 000.00元。你单位全年自行申报的各税种应纳税总额为9 000 000.00元，查补的偷税额占当年各税种应纳税总额的25%［3 000 000.00÷（3 000 000.00+9 000 000.00）×100%］，符合《重大税收违法失信主体信息公布管理办法》（国家税务总局令第54号）第六条第（一）款规定的重大税收违法失信主体标准。

拟将你单位确定为重大税收违法失信主体。

依据：

《重大税收违法失信主体信息公布管理办法》（国家税务总局令第54号）

第六条　本办法所称“重大税收违法失信主体”是指有下列情形之一的纳税人、扣缴义务人或者其他涉税当事人：

（一）伪造、变造、隐匿、擅自销毁账簿、记账凭证，或者在账簿上多列支出或者不列、少列收入，或者经税务机关通知申报而拒不申报或者进行虚假的纳税申报，不缴或者少缴应纳税款100万元以上，且任一年度不缴或者少缴应纳税款占当年各税种应纳税总额10%以上的，或者采取前述手段，不缴或者少缴已扣、已收税款，数额在100万元以上的。

第七条第（一）款　税务机关对当事人依法作出《税务行政处罚决定书》，当事人在法定期限内未申请行政复议、未提起行政诉讼，或者申请行政复议，行政复议机关作出行政复议决定后，在法定期限内未提起行政诉讼，或者人民法院对税务行政处罚决定或行政复议决定作出生效判决、裁定后，有本办法第六条规定情形之一的，税务机关确定其为失信主体。

第八条　税务机关应当在作出确定失信主体决定前向当事人送达告知文书，告知其依法享有陈述、申辩的权利。告知文书应当包括以下内容：（一）当事人姓名或者名称、有效身份证件号码或者统一社会信用代码、地址。没有统一社会信用代码的，以税务机关赋予的纳税人识别号代替；（二）拟确定为失信主体的事由、依据；（三）拟向社会公布的失信信息；（四）拟通知相关部门采取失信惩戒措施提示；（五）当事人依法享有的相关权利；（六）其他相关事项。对纳入纳税信用评价范围的当事人，还应当告知其拟适用D级纳税人管理措施。

第十一条第（一）款　税务机关应当在失信主体确定文书送达后的次月15日内，向社会公布下列信息：（一）失信主体基本情况；（二）失信主体的主要税收违法事实；（三）税务处理、税务行政处罚决定及法律依据；（四）确定失信主体的税务机关；（五）法律、行政法规规定应当公布的其他信息。

第十四条　属于本办法第六条第一项、第二项规定情形的失信主体，在失信信息公布前按照《税务处理决定书》《税务行政处罚决定书》缴清税款、滞纳金、罚款的，经税务机关确认，不向社会公布其相关信息。

通知内容：你单位属于该办法第六条第（一）项规定情形的失信主体。

你单位若在失信信息公布前按照《税务处理决定书》（文税稽处〔2021〕34号）、《税务行政处罚决定书》（文税稽罚〔2021〕25号）规定缴清税款、滞纳金、罚款。我局拟将你单位确定为重大税收违法失信主体（不对外公布），税务机关适用D级纳税人管理措施（由税务机关纳税信用管理部门按纳税信用制度执行）。

你单位若未在失信信息公布前按照《税务处理决定书》（文税稽处〔2021〕34号）、《税务行政处罚决定书》（文税稽罚〔2021〕25号）规定缴清税款、滞纳金、罚款，我局拟将你单位确定为重大税收违法失信主体，并向社会公布失信信息（详细内容见附件），拟将你单位失信信息推送至参与联合惩戒部门和信用中国网站公示，在土地供应、检验检疫监督管理、政府采购、银行授信、政策性资金投放等方面被有关部门参考使用，税务机关适用D级纳税人管理措施（由税务机关纳税信用管理部门按纳税信用制度执行）。

你单位有陈述、申辩的权利，请自收到本通知书之日起五个工作日内，到我局进行陈述、申辩，并提供相关证据材料；逾期不进行陈述、申辩或提供相关证据的，我局将依法作出重大税收违法失信主体确定决定。

联系人员：赵四方、许强

联系电话：87806638

税务机关地址：扬子江北路515号

国家税务总局文理市税务局稽查局（印章）

2022年3月23日

附件：

拟公布的失信信息

一、基本情况

纳税人名称：文理市威远电器有限公司

统一社会信用代码：93828297032136945C

注册地址：东方省文理市南山区金湖路18号

法定代表人：陈苗，女，居民身份证号码410355××××××××346X

二、案件性质

逃避缴纳税款。

三、主要违法事实

经国家税务总局文理市税务局稽查局检查，发现其在2020年1月1日至2020年12月31日期间，主要存在以下问题：采取偷税手段，不缴或者少缴应纳税款3 000 000.00元。

四、相关法律依据及税务处理处罚情况

依照《中华人民共和国税收征收管理法》等相关法律法规的有关规定，对其处以追缴税款3 000 000.00元的行政处理、处以罚款3 000 000.00元的行政处罚。

注：目前各地税务机关在重大税收违法失信主体信息公示时，多数都用万元表述，规章中没有明确规定使用“元”或是“万元”，本书从“说理”准确的角度出发，以“元”表述。实务中各地按本省要求进行公布。

三、《税务事项通知书（重大税收违法失信主体告知适用）》范例注释

上述《税务事项通知书（重大税收违法失信主体告知适用）》范例是告知当事人税务机关拟将其确定为重大税收违法失信主体的事实依据、法律依据以及当事人申请陈述、申辩的权利。上述范例按照说理式税收执法文书的制作要求，其说理性主要体现在以下四个方面。

第一，清楚地告知了当事人存在的违法事实，并同时运用三段论逻辑推理，说明了税务机关拟确定其为重大税收违法失信主体的政策依据和事实依据。援引了相关条款的内容，并运用逻辑三段论推理，说理充分，使得当事人能够有针对性地进行陈述和申辩。

对于认定当事人属于重大税收违法失信主体的三段论推理，推理过程如下。

凡是“伪造、变造、隐匿、擅自销毁账簿、记账凭证，或者在账簿上多列支出或者不列、少列收入，或者经税务机关通知申报而拒不申报或者

进行虚假的纳税申报，不缴或者少缴应纳税款100万元以上，且任一年度不缴或者少缴应纳税款占当年各税种应纳税总额10%以上的"均属于重大税收违法失信主体。（大前提——规章规定）

文理市威远电器有限公司存在采取在账簿上少列收入的方式少缴税款3 000 000.00元的行为，少缴税款占当年各税种应纳税总额的25%。（小前提——当事人存在的违法行为）

所以，拟确定文理市威远电器有限公司为重大税收违法失信主体。（结论）

通过上述三段论逻辑推理的方式，充分、清楚地阐述了税务机关确定当事人为重大税收违法失信主体的理由。

第二，清楚地告知了当事人被确定为重大税收违法失信主体的后果，并告知了当事人可以采取一定的补救措施降低影响，减轻后果。

根据《重大税收违法失信主体信息公布管理办法》（国家税务总局令第54号）第十一条第（一）款规定，税务机关应当在失信主体确定文书送达后的次月15日内，向社会公布其相关信息。同时，该办法第十四条规定，在失信信息公布前，如果当事人按照《税务处理决定书》《税务行政处罚决定书》缴清税款、滞纳金、罚款的，经税务机关确认，将当事人确定为不对外公布的重大税收违法失信主体，产生的后果是对其适用D级纳税人管理措施；如果当事人不按照《税务处理决定书》《税务行政处罚决定书》缴清税款、滞纳金、罚款的，税务机关除对其适用D级纳税人管理措施之外，还会将当事人的失信信息推送至参与联合惩戒部门和信用中国网站公示，在土地供应、检验检疫监督管理、政府采购、银行授信、政策性资金投放等方面被有关部门参考使用。

对于当事人被确定为重大税收违法失信主体的后果，三段论推理过程如下。

凡是确定为重大税收违法失信主体的，向社会公布信息，实行联合惩

戒。对于特定的主体，按规定缴纳了税款、滞纳金和罚款，可以不向社会公布信息，避免联合惩戒。（大前提——规章规定）

文理市威远电器有限公司属于特定的主体，可以选择采取补救措施或不采取补救措施。（小前提——当事人属于有补救措施选择权的主体）

所以，文理市威远电器有限公司若采取补救措施，则将其确定为重大税收违法失信主体（不对外公布）；若不采取补救措施，则将其确定为重大税收违法失信主体，并对外公布信息。（结论）

通过上述三段论逻辑推理的方式，比较充分、清楚地阐述了当事人被确定为重大税收违法失信主体的后果和可以选择的措施。针对纳税人不同情形确定为重大税收违法失信主体的，其确定依据、理由、后果和补救措施各不相同。上述范例中，文理市威远电器有限公司属因偷税拟确定为重大税收违法失信主体，《税务事项通知书》具体如下。

文书在“事由”项中表述为“我局于2021年8月13日对你单位2020年1月1日至2020年12月31日所涉税费情况进行检查，于2021年9月20日对你单位下达了《税务处理决定书》（文税稽处〔2021〕34号）和《税务行政处罚决定书》（文税稽罚〔2021〕25号），你单位2020年度采取在账簿上少列收入的方式少缴增值税、城市维护建设税、企业所得税，根据《中华人民共和国税收征收管理法》第六十三条第（一）款规定，对你单位上述少缴税款行为定性为偷税，偷税税额合计为3 000 000.00元，并处少缴税款1倍的罚款3 000 000.00元。你单位全年自行申报的各税种应纳税总额为9 000 000.00元，查补的偷税额占当年各税种应纳税总额的25%［3 000 000.00÷（3 000 000.00＋9 000 000.00）×100%］，符合《重大税收违法失信主体信息公布管理办法》（国家税务总局令第54号）第六条第（一）款规定的重大税收违法失信主体标准。拟将你单位确定为重大税收违法失信主体”。

在“依据”项中，列举了《重大税收违法失信主体信息公布管理办法》（国家税务总局令第54号）第六条第（一）款、第七条第（一）款、

第八条、第十一条第（一）款、第十四条等条款规定。

在“通知内容”项中表述了“你单位属于该办法第六条第（一）款规定情形的失信主体”。同时指出“你单位若在失信信息公布前按照《税务处理决定书》（文税稽处〔2021〕34号）、《税务行政处罚决定书》（文税稽罚〔2021〕25号）规定缴清税款、滞纳金、罚款。我局拟将你单位确定为重大税收违法失信主体（不对外公布），税务机关适用D级纳税人管理措施（由税务机关纳税信用管理部门按纳税信用制度执行）。你单位若未在失信信息公布前按照《税务处理决定书》（文税稽处〔2021〕34号）、《税务行政处罚决定书》（文税稽罚〔2021〕25号）规定缴清税款、滞纳金、罚款，我局拟将你单位确定为重大税收违法失信主体，向社会公布失信信息（详细内容见附件），拟将你单位失信信息推送至参与联合惩戒部门和信用中国网站公示，在土地供应、检验检疫监督管理、政府采购、银行授信、政策性资金投放等方面被有关部门参考使用，税务机关适用D级纳税人管理措施（由税务机关纳税信用管理部门按纳税信用制度执行）”。

第三，清楚地告知了与当事人相关的内容。一是当事人具有的陈述权、申辩权；二是提出陈述、申辩的时限以及逾期的后果；三是告知税务机关的联系人、联系电话、地址。

第四，附件中列明了拟公布的失信信息。让当事人能了解到一旦自己被确定为重大税收违法失信主体后，就会有哪些信息向社会公布，拟公布的信息是国家税务总局统一的格式内容要求，各地不能随意增删。

因此，上述《税务事项通知书（重大税收违法失信主体告知）》范例比较符合说理式税收执法文书的制作要求和规范。

四、《税务事项通知书（重大税收违法失信主体告知）》使用说明

《税务事项通知书（重大税收违法失信主体告知）》是在确定当事人为重大税收违法行为失信主体过程中非常重要的文书，因为当事人一旦被确

定为重大税收违法失信主体，根据国家发展改革委、国家税务总局等34部委《关于印发〈关于对重大税收违法案件当事人实施联合惩戒措施的合作备忘录〉的通知》（发改财金〔2016〕2798号）文件精神，将在土地供应、检验检疫监督管理、政府采购、银行授信、政策性资金投放等诸多方面受到限制，就会对当事人产生非常不利的影响。确定重大税收违法失信主体虽然不是税务行政处罚，但带来的后果比税务行政处罚有过之而无不及，所以在确定之前要告知将当事人确定为重大税收违法失信主体的政策依据及当事人的违法事实，可以采取的补救措施，并告知当事人依法享有陈述申辩的权利。税务机关在确定重大税收违法行为失信主体过程中，应高度重视这一执法文书。在使用该文书时，我们应注意以下四个方面的问题。

第一，通知事由要简洁明了。尽量用高度概括的语言阐述《税务事项通知书（重大税收违法失信主体告知）》的中心意思，有助于当事人迅速了解税务机关下达该文书的目的。

第二，注意告知拟作出决定的关键违法事实。当事人存在税收违法事实的详细情况，在前期检查阶段和审理阶段均已告知，并在《税务处理决定书》和《税务行政处罚决定书》中作了具体阐述，在此文书的告知中，应着重指出其关键的涉税违法事实，而无须对所有的违法事实一一进行阐述。关键的涉税违法事实即《重大税收违法失信主体信息公布管理办法》（国家税务总局令第54号）第六条所列示的符合重大税收违法失信主体标准的11项违法行为，正因为当事人存在其中一项或几项违法行为，才会被确定为重大税收违法失信主体。此处告知关键违法事实，可以让当事人的陈述、申辩有的放矢。

第三，注意叙述的逻辑性。告知内容应按照三段论逻辑推理的方式，先告知作出决定依据的政策规定这个大前提，再告知企业存在的违法事实这个小前提，通过推理自然得出税务机关作出的决定，这种叙述方式层次分明，有理有据，具有较强的说服力。

第四，注意列明行使陈述权、申辩权的相关信息。其主要包括提出陈述申辩的期限，陈述申辩的地点、联系人及联系方式，确保当事人能方便行使陈述权、申辩权。此处没有采纳固定表述“逾期不进行陈述、申辩或提供相关证据的，视同放弃权利”，而是在范例中表述为“逾期不进行陈述、申辩或提供相关证据的，我局将依法作出重大税收违法失信主体确定决定”，这是因为法律并没有对当事人陈述权、申辩权的放弃作出过规定，即使在税务机关作出相关决定之后，当事人也有陈述权、申辩权，所以不能通过《税务事项告知书（重大税收违法失信主体告知)》作出限制性规定。文书中提出5个工作日的期限，是为了督促当事人尽快行使自己的权利，表明在此期间内提出陈述、申辩对最终的决定可能会产生直接影响。超过此期限后，即使税务机关作出行政决定，当事人也可以陈述、申辩，如果税务机关作出的行政决定有误也需要依法变更，或是当事人对行政机关作出的行政决定有异议，都可以通过申请行政复议或提起行政诉讼的方式去维护自身权益。

第四节　税务事项通知书（陈述申辩复核结果通知适用）

税务机关在对当事人下达《税务事项通知书（重大税收违法失信主体告知适用)》后，当事人如果在5个工作日内提出陈述、申辩意见并提供了相关证明材料，税务机关就要对这些陈述、申辩意见进行复核，并将复核结果通知当事人。在使用该文书的时候，如果做出肯定性的结论，则不需要长篇赘述；如果要做出否定性结论，则不应该简单地下结论，而应该将不采纳的原因和理由作详细的说明，才能让当事人对最终结论不产生过多的抵触情绪。因此，有必要依据说理式执法文书的制作规范和要求制作该执法文书。

一、陈述申辩复核结果的情形

《重大税收违法失信主体信息公布管理办法》（国家税务总局令第54号）第九条规定，当事人在税务机关告知后5日内，可以书面或者口头提出陈述、申辩意见。当事人口头提出陈述、申辩意见的，税务机关应当制作陈述、申辩笔录，并由当事人签章。税务机关应当充分听取当事人陈述、申辩意见，对当事人提出的事实、理由和证据进行复核。当事人提出的事实、理由或者证据成立的，应当采纳。

因此，当事人提出陈述、申辩的，税务机关核实后有两种结果。

一是确认当事人提出的事实、理由或者证据成立的，终止纳入失信主体程序。此时在《税务事项通知书》中表述为“经复核：你（单位）××××年××月××日书面/口头提出的陈述、申辩意见事实/理由/证据成立，根据《重大税收违法失信主体信息公布管理办法》（国家税务总局令第54号）第九条等规定，终止你（单位）纳入重大税收违法失信主体确定程序”。

二是确认当事人提出的事实、理由或者证据不成立，维持告知书意见，并进入失信主体确定程序。此时在《税务事项通知书》中表述为“经复核：你（单位）××××年××月××日书面/口头提出的陈述、申辩意见事实/理由/证据不成立，根据《重大税收违法失信主体信息公布管理办法》（国家税务总局令第54号）第九条等规定，维持告知书意见，你（单位）纳入重大税收违法失信主体进入确定程序”。

二、《税务事项通知书（陈述申辩复核结果通知适用）》制作

【案例9-4】

背景材料：

文理市威远电器有限公司，注册地址为东方省文理市南山区金湖路18号；统一社会信用代码为93828297032136945C；公司法定代表人为陈苗，女，居民身份证号码41035519720124346X。

国家税务总局文理市税务局稽查局于2021年8月13日对该单位2020年1月1日至2020年12月31日所涉税费情况进行检查，于2021年9月20日对该单位下达了《税务处理决定书》（文税稽处〔2021〕34号）和《税务行政处罚决定书》（文税稽罚〔2021〕25号），该单位

2020年度采取在账簿上少列收入的方式少缴增值税、城市维护建设税、企业所得税，根据《中华人民共和国税收征收管理法》第六十三条第（一）款规定，对上述少缴税款行为定性为偷税，偷税税额合计为3 000 000.00元，并处少缴税款1倍的罚款3 000 000.00元。该单位全年自行申报的各税种应纳税总额为9 000 000.00元，查补的偷税额占当年各税种应纳税总额的25%。该单位在法定期限内未申请行政复议，也未向人民法院提起行政诉讼。文理市税务局稽查局拟将其确定为重大税收违法失信主体。于2022年3月23日对其下达了《税务事项通知书（重大税收违法失信主体告知）》（文税稽通〔2022〕3号），该单位法定代表人陈苗于2022年3月25日提出了书面陈述申辩意见，陈述其2020年少计收入并非主观故意，而是因为期间更换了会计人员，新任会计人员张小毛对财务工作不熟悉，将本应计入“主营业务收入”科目的款项计入了“应付账款”科目。陈苗提供了公司与张小毛签订的劳动合同，劳动合同签订时间是2020年1月15日；另外，张小毛也出具了情况说明，称自己确实是不太懂财务工作，少计收入属于工作失误。

根据上述背景材料，国家税务总局文理市税务局稽查局需要制作《税务事项通知书（陈述申辩复核结果通知适用）》送达当事人。依据说理式税收执法文书的制作要求，该文书制作如下。

国家税务总局文理市税务局（稽查局）
税务事项通知书

（陈述申辩复核结果通知适用）

文税稽通〔2022〕4号

文理市威远电器有限公司：（纳税人识别号：93828297032136945C）

事由：现将陈述申辩复核结果通知于你单位。

我局于2022年3月23日对你单位下达了《税务事项通知书（重大税

收违法失信主体告知)》(文税稽通〔2022〕3 号),你单位于 2022 年 3 月 25 日提出了书面陈述、申辩意见。陈述、申辩意见称,你单位 2020 年少计收入并非主观故意,而是因为期间更换了会计人员,新任会计人员张小毛对财务工作不熟悉,将本应计入"主营业收入"科目的款项计入了"应付账款"科目。

你单位提供了如下证据材料:证据一,公司与张小毛签订的劳动合同,劳动合同签订时间是 2020 年 1 月 15 日;证据二,张小毛的情况说明,称自己确实是不太懂财务工作,少计收入属于工作失误。

对你单位上述陈述申辩意见,我局根据相关法律和已查实事实进行了复核。

《重大税收违法失信主体信息公布管理办法》(国家税务总局令第 54 号)第九条　当事人在税务机关告知后 5 日内,可以书面或者口头提出陈述、申辩意见。当事人口头提出陈述、申辩意见的,税务机关应当制作陈述、申辩笔录,并由当事人签章。税务机关应当充分听取当事人陈述、申辩意见,对当事人提出的事实、理由和证据进行复核。当事人提出的事实、理由或者证据成立的,应当采纳。

依据:《中华人民共和国会计法》

第四条　单位负责人对本单位的会计工作和会计资料的真实性、完整性负责。

第三十八条　会计人员应当具备从事会计工作所需要的专业能力。担任单位会计机构负责人(会计主管人员)的,应当具备会计师以上专业技术职务资格或者从事会计工作三年以上经历。

第四十二条　违反本法规定,有下列行为之一的,由县级以上人民政府财政部门责令限期改正,可以对单位并处三千元以上五万元以下的罚款;对其直接负责的主管人员和其他直接责任人员,可以处二千元以上二万元以下的罚款;属于国家工作人员的,还应当由其所在单位或者有关单位依法给予行政处分:(一)不依法设置会计账簿的;(二)私设会计账簿的;(三)未按照规定填制、取得原始凭证或者填制、取得的原始凭证不符合规定的；（四）以未经审核的会计凭证为依据登记会计账簿或者登记会计账簿不符合规定的；（五）随意变更会计处理方法的；（六）向不同的会计资料使用者提供的财务会计报告编制依据不一致的；（七）未按照规定使用会计记录文字或者记账本位币的；（八）未按照规定保管会计资料，致使会计资料毁损、灭失的；（九）未按照规定建立并实施单位内部会计监督制度或者拒绝依法实施的监督或者不如实提供有关会计资料及有关情况的；（十）任用会计人员不符合本法规定的。有前款所列行为之一，构成犯罪的，依法追究刑事责任。会计人员有第一款所列行为之一，情节严重的，五年内不得从事会计工作。有关法律对第一款所列行为的处罚另有规定的，依照有关法律的规定办理。

通知内容：由上述规定可知，单位负责人需要对财务资料的真实性负责，而担任会计的人员必须具备从事会计工作所需要的专业能力。如果任用了不符合法律规定的会计人员，单位需要承担相应的后果和法律责任。

从你单位的账簿资料证据可知，有部分相同类型的销售业务会计人员进行了正确的核算，即计入“主营业务收入”科目，正常交易业务下的“应付账款”科目均以应付单位作为二级明细科目进行了往来账明细核算，而少计收入的业务在列入“应付账款”科目进行核算时并没有设立明细科目进行核算，以上充分说明会计人员并不是不懂财务核算，而是有意隐匿收入。因此，你单位将少计收入的责任归咎于会计人员，而会计人员又以不懂专业知识为由来申辩不具有主观故意性，我局不予认可。

经复核：你单位2022年3月25日书面提出的陈述、申辩理由不成立，根据《重大税收违法失信主体信息公布管理办法》（国家税务总局令第54号）第九条规定，维持原告知书意见，你单位纳入重大税收违法失信主体进入确定程序。

国家税务总局文理市税务局稽查局（印章）

2022年3月28日

三、《税务事项通知书（陈述申辩复核结果通知）》范例注释

上述《税务事项通知书（陈述申辩复核结果通知）》范例是告知当事人税务机关对其陈述申辩进行复核后的结果通知。上述范例按照说理式税收执法文书的制作要求，其说理性主要体现在以下三个方面。

第一，简要概括当事人提出陈述、申辩的时间内容和证据。在文书的事由部分作这样的表述，是为了表明税务机关所了解的当事人的主张和证据，有助于纳税人再次确认其陈述、申辩意见是否被税务机关充分了解，确保征纳双方是基于相同前提下进行陈述、申辩和复核。

第二，提出复核的法律依据和事实证据。当事人对于“2020 年少计收入并非主观故意，而是因为期间更换了会计人员，新任会计人员张小毛对财务工作不熟悉”的主张，税务机关列举了《中华人民共和国会计法》（以下简称《会计法》）中相关条款规定，指出会计人员应当具备从事会计工作所需要的专业能力，如果不具备就需要承担相应的法律责任。另外，从事实证据方面来看，会计人员并非不懂财务核算，而是有意隐匿收入，从而认定当事人提出的陈述、申辩理由不成立。

第三，告知最终的复核结果。让当事人清楚陈述、申辩理由不成立之后，该事项将进入的下一个步骤和流程。针对纳税人陈述申辩复核结果的不同，文书中也应作不同的表述。例如，对于当事人提出的事实、理由或者证据不成立的维持告知书意见，并进入重大税收违法失信主体确定程序，上述范例表述为“经复核：你单位 2022 年 3 月 25 日书面提出的陈述、申辩理由不成立，根据《重大税收违法失信主体信息公布管理办法》（国家税务总局令第 54 号）第九条规定，维持原告知书意见，你单位纳入重大税收违法失信主体进入确定程序”。在范例中，我们删除了国家税务总局文本示范中“你单位如对本通知不服，可以自收到本通知起六十内依法向国家税务总局文理市税务局申请行政复议，或者自收到本通知书之日起六个月内依法向文理市南山区人民法院起诉”的固定表述。《税务事项通知书（陈述申辩复核结果通知）》只是通知当事人税务机关对其陈述申辩

进行复核后的结果，并没有影响当事人实质性权益，当事人对税务机关的陈述申辩复核结果不满意的，完全可以继续陈述、申辩；对税务机关接下来作出的确定重大税收违法失信主体决定不服的，需要通过申请行政复议或提起行政诉讼的途径解决。

四、《税务事项通知书（陈述申辩复核结果通知）》使用说明

《税务事项通知书（陈述申辩复核结果通知）》是保障当事人合法权益的重要文书，作出每一个对当事人不利的处理决定，都需要给当事人陈述、申辩的权利，尤其需要注意的是，当事人行使这项权利后，税务机关不能仅仅浮在“听”的表面，然后我行我素，置之不理，而是要对陈述权、申辩内容做认真的复核和回应，这样才能真正保障陈述权、申辩权落实到位。因此，税务机关应充分重视这一执法文书。在使用该文书时，我们应注意以下四个方面的问题。

第一，充分认识陈述权、申辩权是法律赋予当事人的权利。根据《税收征管法》第八条规定，纳税人、扣缴义务人对税务机关所作出的决定，享有陈述权、申辩权。《行政处罚法》第四十五条规定，当事人有权进行陈述和申辩。行政机关必须充分听取当事人的意见，对当事人提出的事实、理由和证据，应当进行复核；当事人提出的事实、理由或者证据成立的，行政机关应当采纳。行政机关不得因当事人陈述、申辩而给予更重的处罚。虽然对于重大税收违法失信主体的确定究竟是否属于行政处罚尚存争议，但我们惊喜地看到，从重大税收违法失信主体告知、陈述申辩复核结果通知到最终重大税收违法失信主体确定，国家税务总局已经参考了税务行政处罚的程序规定。因此，对当事人制作并下达与陈述申辩相关的《税务事项通知书》是保障当事人享受法定权利的重要措施之一。

第二，通知事由部分要高度概括且要点完备。鉴于当事人文化层次各不相同，可能有的人提出的陈述、申辩主张要点不明确，语焉不详，行文拖沓，偏离主题，所以税务机关有必要对该陈述、申辩事项的相关时间、主张、证据作一简要的概括归纳，既便于对方进一步确认自己的主张，也

便于双方聚焦关键事实进行沟通讨论。当事人行使陈述权、申辩权利时并没有形式上的强制规定，根据《税务稽查案件办理程序规定》第四十条第（一）款规定，被查对象或者其他涉税当事人可以书面或者口头提出陈述、申辩意见。对当事人口头提出陈述、申辩意见，应当制作陈述申辩笔录如实记录，由陈述人、申辩人签章。

第三，依据部分要列示法律依据和事实依据。当事人提出的申辩主张可能形形色色，不一定用税法上的法律依据就能完全应对，有可能需要用《会计法》《中华人民共和国民法典》《中华人民共和国公司法》等相关法律解释和说明。所以，在实际执法过程中，税务人员应对相关法律具备一定的基础知识，才能正确应对当事人的陈述和申辩理由。事实依据需要税务机关找出与当事人陈述、申辩相反的理由，或者与当事人提出证据相反的佐证资料，才能论证当事人的主张不成立。当然，如果从法律依据和事实依据两方面，税务机关均无法找出相反的依据，则说明当事人的主张是合理的，此时应该采纳当事人的陈述、申辩主张，并据此对拟定的决定作一些改变和修正。

第四，结论部分简洁明了。告知当事人最终的复核结果，即陈述申辩成立或不成立。即使不成立需进入下一个阶段，也须将下一个程序告知当事人。

第五节　税务事项通知书（重大税收违法失信主体确定适用）

《重大税收违法失信主体信息公布管理办法》第七条规定，税务机关对当事人依法作出《税务行政处罚决定书》，当事人在法定期限内未申请行政复议、未提起行政诉讼，或者申请行政复议，行政复议机关作出行政复议决定后，在法定期限内未提起行政诉讼，或者人民法院对税务行政处罚决定或行政复议决定作出生效判决、裁定后，有本办法第六条规定情形之一的，税务机关确定其为失信主体。对移送公安机关的当事人，税务机关在移送时已依法作出《税务处理决定书》，未作出《税务行政处罚决定书》的，当事人在法定期限内未申请行政复议、未提起行政诉讼，或者申请行政复议，行政复议机关作出行政复议决定后，在法定期限内未提起行政诉讼，或者人民法院对税务处理决定或行政复议决定作出生效判决、裁定后，有本办法第六条规定情形之一的，税务机关确定其为失信主体。该办法第十条第（一）款规定，经设区的市、自治州以上税务局局长或者其授权的税务局领导批准，税务机关在本办法第七条规定的申请行政复议或提起行政诉讼期限届满，或者行政复议决定、人民法院判决或裁定生效后，于30日内制作失信主体确定文书，并依法送达当事人。该文书是决定性文书，会给当事人带来送达后即时生效的不利影响，因此有必要依据说理式执法文书的规范和要求制作该执法文书。

一、失信主体确定的类型

对应重大税收违法失信主体告知的三种类型，重大税收违法失信主体确定也同样有三种类型，其《税务事项通知书》中通知内容的表述也各不相同。

一是因偷税、欠税确定对外公布失信主体。这种情形下，《税务事项通知书》通知内容应表述为：“你（你单位）符合《重大税收违法失信主体信息公布管理办法》（国家税务总局令第54号）第六条相关规定，我局将你（你单位）确定为重大税收违法失信主体。截至该通知书制作时未按照《税务处理决定书》（文书号）、《税务行政处罚决定书》（文书号）规定缴清税款、滞纳金、罚款，如若你（你单位）在本通知送达后次月15日前仍未缴清税款、滞纳金、罚款，我局将向社会公布失信信息（详细信息见附件），将你（你单位）失信信息推送至参与联合惩戒部门和信用中国网站公示，在土地供应、检验检疫监督管理、政府采购、银行授信、政策性资金投放等方面被有关部门参考使用，税务机关适用D级纳税人管理措施（由税务机关纳税信用管理部门按纳税信用制度执行）。”

二是因其他情形确定为对外公布失信主体。这种情形下，《税务事项通知书》通知内容应表述为：“你（你单位）符合《重大税收违法失信主体信息公布管理办法》（国家税务总局令第54号）第六条相关规定，我局将你（你单位）确定为重大税收违法失信主体，向社会公布失信信息（详细信息见附件），将你（你单位）失信信息推送至参与联合惩戒部门和信用中国网站公示，在土地供应、检验检疫监督管理、政府采购、银行授信、政策性资金投放等方面被有关部门参考使用，税务机关适用D级纳税人管理措施。”

三是因法定情形只确定为失信主体但不对外公布的。这种情形下，《税务事项通知书》通知内容应表述为：“你（你单位）符合《重大税收违法失信主体信息公布管理办法》（国家税务总局令第54号）第六条、第十四条相关规定，已按照《税务处理决定书》（文书号）、《税务行政处罚决定书》（文书号）规定缴清税款、滞纳金、罚款，我局将你（你单位）确定为重大税收违法失信主体（不对外公布），税务机关适用D级纳税人管理措施（由税务机关纳税信用管理部门按纳税信用制度执行）。”

二、《税务事项通知书（重大税收违法失信主体确定适用）》制作

【案例9-5】

背景材料：

文理市威远电器有限公司，注册地址为东方省文理市南山区金湖路18号；统一社会信用代码为93828297032136945C；公司法定代表人为陈苗，女，居民身份证号码41035519720124346X。

国家税务总局文理市税务局稽查局于2021年8月13日对该单位2020年1月1日至2020年12月31日所涉税费情况进行检查，于2021年9月20日对该单位下达了《税务处理决定书》（文税稽处〔2021〕34号）和《税务行政处罚决定书》（文税稽罚〔2021〕25号），该单位2020年度采取在账簿上少列收入的方式少缴增值税、城市维护建设税、企业所得税，根据《中华人民共和国税收征收管理法》第六十三条第

（一）款规定，对上述少缴税款行为定性为偷税，偷税税额合计为3 000 000.00元，并处少缴税款1倍的罚款3 000 000.00元，该单位全年自行申报的各税种应纳税总额为9 000 000.00元，查补的偷税额占当年各税种应纳税总额的25%。该单位在法定期限内未申请行政复议、未提起行政诉讼。国家税务总局文理市税务局稽查局于2022年3月23日对该单位下达了《税务事项通知书（重大税收违法失信主体告知）》（文税稽通〔2022〕3号），该单位法定代表人陈苗于2022年3月25日提出陈述申辩，国家税务总局文理市税务局稽查局于2022年3月28日对该单位下达了《税务事项通知书（陈述申辩复核结果通知）》，对其陈述申辩内容不予认可，维持原告之决定。

根据上述背景材料，国家税务总局文理市税务局稽查局需要制作《税务事项通知书（重大税收违法失信主体确定适用）》送达当事人。依据说理式税收执法文书的制作要求，该文书制作如下。

国家税务总局文理市税务局（稽查局）
税务事项通知书

（重大税收违法失信主体确定适用）

文税稽通〔2022〕3号

文理市威远电器有限公司：（纳税人识别号：93828297032136945C）

事由：我局于2021年8月13日对你单位2020年1月1日至2020年12月31日所涉税费情况进行检查，于2021年9月20日对你单位下达了《税务处理决定书》（文税稽处〔2021〕34号）和《税务行政处罚决定书》（文税稽罚〔2021〕25号），你单位2020年度采取在账簿上少列收入的方式少缴增值税、城市维护建设税、企业所得税，根据《中华人民共和国税收征收管理法》第六十三条第（一）款规定，对你单位上述少缴税款行为定性为偷税，偷税税额合计为3 000 000.00元，并处少缴税款1倍的罚款3 000 000.00元。

你单位全年自行申报的各税种应纳税总额为9 000 000.00元，查补的偷税额占当年各税种应纳税总额的25% [3 000 000.00 ÷ (3 000 000.00 + 9 000 000.00) ×100%]，符合《重大税收违法失信主体信息公布管理办法》(国家税务总局令第54号) 第六条第 (一) 款规定的重大税收违法失信主体标准。

我局已于2022年3月23日对你单位下达了拟确定为重大税收违法失信主体的《税务事项通知书 (重大税收违法失信主体告知)》(文税稽通〔2022〕3号)，你单位于2022年3月25日提出书面陈述申辩并提供了相关证据，我局于2022年3月28日对你单位下达了《税务事项通知书 (陈述申辩复核结果通知)》(文税稽通〔2022〕4号) 通知你单位陈述申辩复核结果，确认你单位的陈述申辩理由不成立。

我局将你单位确定为重大税收违法失信主体。

依据：

《重大税收违法失信主体信息公布管理办法》(国家税务总局令第54号)

第六条　本办法所称“重大税收违法失信主体”是指有下列情形之一的纳税人、扣缴义务人或者其他涉税当事人：

(一) 伪造、变造、隐匿、擅自销毁账簿、记账凭证，或者在账簿上多列支出或者不列、少列收入，或者经税务机关通知申报而拒不申报或者进行虚假的纳税申报，不缴或者少缴应纳税款100万元以上，且任一年度不缴或者少缴应纳税款占当年各税种应纳税总额10%以上的，或者采取前述手段，不缴或者少缴已扣、已收税款，数额在100万元以上的。

第十条　经济区的市、自治州以上税务局或者其授权的税务局领导批准，税务机关在本办法第七条规定的申请行政复议或提起行政诉讼期限届满，或者行政复议决定，人民法院判决或裁定生效后，于30日内制作失信主体确定文书，并依法送达当事人。失信主体确定文书应当包括以下内容。

(一) 当事人姓名或者名称，有效身份证件号码或者统一社会信用代码、地址。没有统一社会信用代码的，以税务机关领导的纳税人识别号代替；

(二) 确定为失信主体的事业、依据；

（三）自社会公布的失信信息提示；

（四）相关部门采取失信惩戒措施提示；

（五）当事人依法享有的相关权利；

（六）其他相关事项。

对纳入纳税信用评价范围的当事人，还应当包括适用D级纳税人管理措施提示。本条第一款规定的时限不包括因其他方式无法送达，公告送达告知文书和确定文书的时间。

第十四条　属于本办法第六条第一项、第二项规定情形的失信主体，在失信信息公布前按照《税务处理决定书》《税务行政处罚决定书》缴清税款、滞纳金、罚款的，经税务机关确认，不向社会公布其相关信息。

通知内容：你单位符合《重大税收违法失信主体信息公布管理办法》（国家税务总局令第54号）第六条第一项规定，我局将你单位确定为重大税收违法失信主体。截至该通知书制作时你单位未按照《税务处理决定书》（文税稽处〔2021〕34号）、《税务行政处罚决定书》（文税稽罚〔2021〕25号）规定缴清税款、滞纳金、罚款。若你单位在本通知书送达后次月十五日前仍未缴清税款、滞纳金、罚款，我局将向社会公布失信信息（详细内容见附件），将你单位失信信息推送至参与联合惩戒部门和信用中国网站公示，在土地供应、检验检疫监督管理、政府采购、银行授信、政策性资金投放等方面被有关部门参考使用，税务机关适用D级纳税人管理措施（由税务机关纳税信用管理部门按纳税信用制度执行）。

你单位如对本通知书不服，可以自收到本通知书之日起六十日内依法向国家税务总局文理市税务局申请行政复议，或者自收到本通知书之日起六个月内依法向文理市南山区人民法院起诉。

国家税务总局文理市税务局稽查局（印章）

2022年3月31日

附件：

公布的失信信息

一、基本情况

纳税人名称：文理市威远电器有限公司

统一社会信用代码：93828297032136945C

注册地址：东方省文理市南山区金湖路18号

法定代表人：陈苗，女，居民身份证号码410355××××××××346X

二、案件性质

逃避缴纳税款

三、主要违法事实

经国家税务总局文理市税务局稽查局检查，发现其在2020年1月1日至2020年12月31日期间，主要存在以下问题：采取偷税手段，不缴或者少缴应纳税款3 000 000.00元。

四、相关法律依据及税务处理处罚情况

依照《中华人民共和国税收征收管理法》等相关法律法规的有关规定，对其处以追缴税款3 000 000.00元的行政处理、处以罚款3 000 000.00元的行政处罚。

三、《税务事项通知书（重大税收违法失信主体确定适用）》范例注释

上述《税务事项通知书（重大税收违法失信主体确定适用）》范例是告知当事人税务机关已将其确定为重大税收违法失信主体的事实依据、法律依据以及当事人陈述申辩及复核情况。上述范例按照说理式税收执法文书的制作要求，其说理性主要体现在以下五个方面。

第一，清楚地告知了当事人存在的违法事实，并运用三段论逻辑推理，说明了税务机关确定其为重大税收违法失信主体的政策依据和事实依

据。援引了相关条款的内容，并运用逻辑三段论推理，说理充分。

对于认定当事人属于重大税收违法失信主体的三段论推理，推理过程如下。

凡是“伪造、变造、隐匿、擅自销毁账簿、记账凭证，或者在账簿上多列支出或者不列、少列收入，或者经税务机关通知申报而拒不申报或者进行虚假的纳税申报，不缴或者少缴应纳税款100万元以上，且任一年度不缴或者少缴应纳税款占当年各税种应纳税总额10%以上的”均属于重大税收违法失信主体。(大前提——规章规定)

文理市威远电器有限公司存在采取在账簿上少列收入的方式少缴税款3 000 000.00元的偷税行为，查补的偷税额占当年各税种应纳税总额的25%。(小前提——当事人存在的违法行为)

所以，确定文理市威远电器有限公司为重大税收违法失信主体。(结论)

通过上述三段论逻辑推理的方式，充分、清楚地阐述了税务机关确定当事人为重大税收违法失信主体的理由。

第二，告知了当事人向社会公布重大税收违法失信主体的时间。税务机关应当在重大税收违法失信主体确定文书送达后的次月15日内，向社会公布信息。

第三，告知了当事人被确定为重大税收违法失信主体的后果。当事人在失信信息公布前按照《税务处理决定书》《税务行政处罚决定书》缴清税款、滞纳金、罚款的，经税务机关确认，将当事人确定为不对外公布的重大税收违法失信主体，产生的后果是对其适用D级纳税人管理措施；当事人在失信信息公布前未按照《税务处理决定书》《税务行政处罚决定书》缴清税款、滞纳金、罚款的，税务机关除对其适用D级纳税人管理措施之外，还会将其失信信息推送至参与联合惩戒部门和信用中国网站公示，在土地供应、检验检疫监督管理、政府采购、银行授信、政策性资金投放等方面被有关部门参考使用。需要注意的是，针对纳税人不同情形确定为重大税收违法失信主体的，其确认依据、理由、后果和补救措施各不相同。

对于文理市威远电器有限公司确定为重大税收违法失信主体的后果，三段论推理过程如下。

凡是在失信信息公布前按照决定性文书缴清税款、滞纳金和罚款的，不向社会公布信息，适用D级纳税人管理措施（以下称“采取补救措施”）；凡是在失信信息公布前未按照决定性文书缴清税款、滞纳金和罚款的，适用D级纳税人管理措施，同时向社会公布信息，实施联合惩戒措施（以下称“不采取补救措施”）。（大前提——规章规定）

文理市威远电器有限公司可以选择采取补救措施或不采取补救措施。（小前提——当事人属于有补救措施选择权的主体）

所以，文理市威远电器有限公司若采取补救措施，则确定为重大税收违法失信主体（不对外公布）；若不采取补救措施，则确定为重大税收违法失信主体（对外公布信息）。（结论）

通过上述三段论逻辑推理的方式，比较充分、清楚地阐述了当事人在失信信息公布前是否按照决定性文书缴清税款、滞纳金和罚款对被确定为重大税收违法失信主体后果的影响。

第四，告知了当事人的救济权利和期限。当事人可以在接到通知书之日起六十日内申请行政复议，或六个月内向人民法院起诉。

第五，附件中列明了将公布的失信信息。让当事人能了解到被确定为重大税收违法失信主体后，哪些信息将会向社会公布。

因此，上述《税务事项通知书（重大税收违法失信主体确定适用）》范例是比较符合说理式税收执法文书的制作要求和规范的。

四、《税务事项通知书（重大税收违法失信主体确定适用）》使用说明

《税务事项通知书（重大税收违法失信主体确定适用）》是确定当事

人为重大税收违法失信主体过程中的最终决定性文书。该文书下达后，会对当事人的权益产生不利影响，也是可能引发行政复议和行政诉讼的文书，因此税务机关应高度重视这一执法文书的制作。在使用该文书时，应注意以下五个方面的问题。

第一，通知事由要简洁明了。用高度概括的语言阐述《税务事项通知书（重大税收违法失信主体确定）》的中心意思，有助于当事人迅速了解税务机关下达该文书的目的。

第二，告知将当事人确定为重大税收违法失信主体的关键违法事实。当事人存在税收违法事实的详细情况，在前期检查阶段和审理阶段均已告知，并在《税务处理决定书》和《税务行政处罚决定书》中作了具体阐述。在此确定文书中，应着重指出其关键的涉税违法事实，而无须对当事人涉及的所有的违法事实一一进行阐述，关键的涉税违法事实即《重大税收违法失信主体信息公布管理办法》（国家税务总局令第 54 号）第六条中列示的符合重大税收违法失信主体标准的 11 项违法行为，正因为当事人存在其中一项或几项违法行为，才会被确定为重大税收违法行为失信主体。

第三，告知陈述申辩及复核情况。将重大税收违法失信主体告知、陈述申辩提出、陈述申辩复核结果通知等事项表述出来，表明该决定的下达是完全依据规章规定的流程作出的。如果当事人未在规定的期限内陈述、申辩，也应当进行表述，说明作出该确定决定的程序是合法合规的。

第四，注意叙述的逻辑性。重大税收违法失信主体确定适用文书内容应按照三段论逻辑推理的方式，先告知作出决定所依据的政策规定这个大前提，再告知企业存在的违法事实这个小前提，通过推理自然可以得出税务机关所作出的决定，这种叙述方式层次分明，有理有据，具有较强的说服力。

第五，注意行政复议和行政诉讼权的告知。重大税收违法失信主体的确定，属于行政复议和行政诉讼的受案范围，需要告知当事人行使救济权利的部门和时限，确保当事人充分知悉自己的权利。

附　录

为了做好与新修订的税收法律规定相衔接，国家税务总局发布了《国家税务总局关于修订部分税务执法文书的公告》（国家税务总局公告2021年第23号），修订了33种税务执法文书式样，其中部分文书的式样不能适应执法“说理”的要求，如《税务行政处罚事项告知书》关于陈述、申辩权的告知。同时，在2005年设定以来仍然在用而未修订的文书，更是在要素、式样上需要调整修改，如《拍卖/变卖抵税财物决定书》中关于提起行政诉讼期限仍表述为三个月。为了便于读者更好地理解税收执法的“说理”核心，制作高质量的说理式税收执法文书，本书基于各种文书的使用范围和法律作用，对税收执法实务中需要的常用文书进行梳理，融入“说理”的元素对文书进行微调，同时根据现行法律、行政法规的规定，更正了部分文书中的错误。现将以下内容分为两部分，第一部分列示本书上的31种文书，按改动与未改动进行分类；第二部分对未包含在本书里但仍然在用而未修订的文书进行列示。另外，按照“说理”式文书的要求，文书依据的文件均应表述出文件原文具体内容，对此本书暂未作识别。

第一部分：本书中已有的31种文书

序号	文书名称	类别
1	责令限期改正通知书	未修订
2	核定定额通知书	已修订
3	不予税务行政许可决定书	已修订
4	收缴、停止发售发票决定书	已修订
5	阻止出境决定书	已修订
6	税务行政处罚决定书（简易）	已修订

续表

序号	文书名称		类别
7	社会保险费行政处罚决定书		已修订
8	社会保险费行政处罚决定书（简易）		已修订
9	社会保险费征收决定书（通用）		已修订
10	社会保险费限期缴纳通知书		已修订
11	税务检查通知书		未修订
12	税务协助检查通知书		未修订
13	调取账簿资料通知书		已修订
14	检查存款账户许可证明		已修订
15	询问通知书		已修订
16	税收保全措施决定书（冻结存款适用）		未修订
17	税收保全措施决定书（扣押/查封适用）		未修订
18	解除税收保全措施决定书（冻结存款适用）		未修订
19	解除税收保全措施决定书（扣押/查封适用）		已修订
20	税务处理决定书		已修订
21	税务行政处罚事项告知书		已修订
22	税务行政处罚决定书		已修订
23	不予税务行政处罚决定书		已修订
24	催告书（行政强制执行适用）		已修订
25	催告书（申请人民法院强制执行适用）		已修订
26	税收强制执行决定书（扣缴税收款项适用）		已修订
27	税收强制执行决定书（拍卖/变卖适用）		已修订
28	拍卖/变卖抵税财物决定书		已修订
29	拍卖/变卖结果通知书		已修订
30	返还商品、货物或者其他财产通知书		已修订
31	（1）	税务事项通知书	未修订
	（2）	税务事项通知书（重大税收违法失信主体告知适用）	已修订
	（3）	税务事项通知书（陈述申辩复核结果通知）	已修订
	（4）	税务事项通知书（重大税收违法失信主体确定适用）	已修订

一、《责令限期改正通知书》式样

国家税务总局________税务局（稽查局）

责令限期改正通知书

________税限改〔　〕______号

__________：（纳税人识别号：____________________）

你（单位）____

____。

根据____

____

____，限你（单位）于____年__月__日前______________________________

____

____。

税务机关（印章）

年　月　日

二、《核定定额通知书》式样

国家税务总局________税务局（分局）

核定定额通知书

________税核〔　　〕______号

__________（纳税人）:（纳税人识别号：____________________）

根据《中华人民共和国税收征收管理法》《中华人民共和国税收征收管理法实施细则》以及相关规定，经审核你户月应纳税额为__元（分税种税额见下表）。请按规定的期限申报缴纳应纳税款。本通知自______年____月____日起至______年__月__日止执行。

应纳税额明细表

税种	应纳税经营额	税率（征收率）	税 额（元）
税额合计（大写）:			

税务机关（印章）

年　月　日

告知事项：

1. 定额执行期间内，如你户月应纳税经营额超过税务机关的核定定额百分之____的，应当在法律、行政法规规定的申报期限内，向主管税务机关进行申报并缴纳税款。

2. 定期定额户应当在定额执行期满后____日内，以该期每月实际发生的经营额、所得额向主管税务机关进行汇总申报。

3. 不按规定的期限进行申报或缴纳应纳税款的，税务机关将依法予以处罚。

若你（单位）对税务机关核定的定额有争议的，可以在接到《核定定额通知书》之日起三十日内向主管税务机关提出重新核定定额申请，并提供足以说明其生产、经营真实情况的证据，主管税务机关将自接到申请之日起三十日内书面答复。

三、《不予税务行政许可决定书》式样

国家税务总局______税务局（分局）

不予税务行政许可决定书

______税许不准字 第______号

______（申请人）：（纳税人识别号：______________）

你单位于____年__月__日提出的（项目名称）税务行政许可申请，本机关于____年__月__日受理。

经审查，你单位提出的税务行政许可申请（不予许可的依据和理由），决定不予该项税务行政许可。

如你单位不服，请于收到本决定之日起六十日内向（行政复议机关名称）申请行政复议，或者在六个月内向__________人民法院提起诉讼。

（　　）税务局

（加盖税务机关印章或许可专用章）

年　月　日

签收栏
受送达人： 年　月　日

四、《收缴、停止发售发票决定书》式样

国家税务总局________税务局（分局）

收缴、停止发售发票决定书

____税停票〔 〕______号

___________：（纳税人识别号：______________________）

根据《中华人民共和国税收征收管理法》第七十二条的规定，由于你单位存在__________________________________的税收违法行为，且拒不接受税务机关处理，决定自____年__月__日起停止向你单位出售发票并收缴你单位的空白发票。

如对本决定不服，可自收到本决定之日起，六十日内依法向______申请行政复议；或者自收到本决定之日起六个月内依法向______人民法院起诉。

税务机关（印章）

年 月 日

五、《阻止出境决定书》式样

国家税务总局________税务局（分局）

阻止出境决定书

__________ 税阻〔 〕______号

__________：（纳税人识别号：____________________）

鉴于你（单位）未按规定结清应纳税款、滞纳金，又不提供纳税担保，根据《中华人民共和国税收征收管理法》第四十四条规定，决定并通知出入境管理机关于____年__月__日起阻止你（单位）__________出境。

如对本决定不服，可自收到本决定之日起，六十日内依法向______________________________申请行政复议，或者自收到本决定之日起六个月内依法向______人民法院起诉。

税务机关（印章）

年　月　日

六、《税务行政处罚决定书（简易）》式样

国家税务总局________税务局（分局、稽查局）

税务行政处罚决定书（简易）

____税简罚〔 〕______号

<table>
<tr><td colspan="2">被处罚人名称</td><td colspan="3"></td></tr>
<tr><td colspan="2">被处罚人证件名称</td><td></td><td>证件号码</td><td></td></tr>
<tr><td colspan="2">处罚地点</td><td></td><td>处罚时间</td><td></td></tr>
<tr><td colspan="2">违法事实及
处罚依据</td><td colspan="3">一、违法事实及处罚决定
____
二、处罚依据
________________________________</td></tr>
<tr><td colspan="2">缴纳方式</td><td colspan="3">□1. 当场缴纳；
□2. 限十五日内到____________缴纳。</td></tr>
<tr><td colspan="2">罚款金额</td><td colspan="3">（大写）________ ¥________元</td></tr>
<tr><td>告知
事项</td><td colspan="4">1. 当事人应终止违法行为并予以纠正；
2. 如对本决定不服，可以自收到本决定书之日起六十日内依法向____________________申请行政复议，或者自收到本决定书之日起六个月内依法向________人民法院起诉；
3. 到期不缴纳罚款的，税务机关可自缴款期限届满次日起每日按罚款数额的百分之三加处罚款，加处罚款的数额不超过罚款本数；
4. 对处罚决定逾期不申请行政复议也不向人民法院起诉，又不履行的，税务机关有权依法采取强制执行措施或者申请人民法院强制执行。</td></tr>
<tr><td colspan="5">执法人员已告知我享有陈述、申辩权利，我陈述、申辩如下：

经办人：
年 月 日</td></tr>
<tr><td colspan="3">执法人员：
税务机关（印章）：
年 月 日</td><td colspan="2">签收情况：
经办人：
年 月 日</td></tr>
</table>

七、《社会保险费行政处罚决定书》式样

国家税务总局________税务局（稽查局）

社会保险费行政处罚决定书

____税社罚决〔　〕______号

______________：（纳税人识别号：____________________）

经我局（所）______________________，你（单位）存在违法事实及处罚决定如下：

一、违法事实及证据

（一）

1.

2.

上述违法事实，主要有以下证据证明：

1.

2.

3.

……

（二）

……

上述违法事实，主要有以下证据证明：

1.

2.

3.

……

二、处罚决定

（一）

1.

2.

（二）

……

以上应缴款项共计______元。限你（单位）自本决定书送达之日起________日内到____________缴纳入库。到期不缴纳罚款，我局（所）可依照《中华人民共和国行政处罚法》第七十二条第一款第（一）项规定，每日按罚款数额的百分之三加处罚款。

如对本决定不服，可以自收到本决定书之日起六十日内依法向__________申请行政复议，或自收到本决定书之日起六个月内依法向____________人民法院起诉。如对处罚决定逾期不申请复议也不向人民法院起诉，又不履行的，我局（所）将依据《中华人民共和国行政处罚法》的规定申请人民法院强制执行。

税务机关（印章）

年　月　日

八、《社会保险费行政处罚决定书（简易）》式样

国家税务总局________税务局（分局）

社会保险费行政处罚决定书（简易）

______税社简罚〔 〕______号

<table>
<tr><td colspan="2">被处罚单位名称</td><td colspan="3"></td></tr>
<tr><td colspan="2">被处罚单位
证件名称</td><td></td><td>证件号码</td><td></td></tr>
<tr><td colspan="2">处罚地点</td><td></td><td>处罚时间</td><td></td></tr>
<tr><td colspan="2">违法事实及
处罚依据</td><td colspan="3">一、违法事实及处罚决定

二、处罚依据</td></tr>
<tr><td colspan="2">缴纳方式</td><td colspan="3">□1. 限十五日内到______缴纳；
□2. 当场缴纳。</td></tr>
<tr><td colspan="2">罚款金额</td><td colspan="3">人民币（大写）______ ¥______元。</td></tr>
<tr><td>告知
事项</td><td colspan="4">当事人应终止违法行为并予以纠正；
如对本决定不服，可以自收到本决定书之日起六十日内依法向________申请行政复议，或自收到本决定书之日起六个月内依法向________人民法院起诉；
到期不缴纳罚款的，税务机关可自缴款期限届满次日起每日按罚款数额的百分之三加处罚款，加处罚款的数额不超过罚款本数；
对处罚决定逾期不申请行政复议也不向人民法院起诉，又不履行的，税务机关将依法申请人民法院强制执行。</td></tr>
<tr><td colspan="5">执法人员已告知我享有陈述、申辩权利，我陈述、申辩如下：
经办人：
年　月　日</td></tr>
<tr><td colspan="3">执法人员：
税务机关（印章）：
年　月　日</td><td colspan="2">签收情况：
经办人：
年　月　日</td></tr>
</table>

九、《社会保险费征收决定书》式样

国家税务总局________税务局（分局）

社会保险费征收决定书

______税社__字〔 〕__号

用人单位全称：______________ 社会保险费管理码：____________

法定代表人（负责人）：________身份证件类型及号码：__________

单位地址：______________________________________

×××：（纳税人识别号：__________________）

你单位应缴未缴____年__月至__年__月的基本养老保险费¥________元，基本医疗保险费¥__________元，工伤保险费¥__________元，失业保险费¥__________元，生育保险费¥______元，以上累计欠缴社会保险费¥__________元。

____年__月__日，我（分）局依法作出《社会保险费限期缴纳通知书》（________税社______字〔 〕______号），并依法送达，你单位逾期仍未缴纳。根据《中华人民共和国社会保险法》第八十六条，现作出如下征收决定：

请你单位收到本决定后十五日内到______税务局______分局缴纳欠缴的社会保险费人民币（大写）__________________ ¥____________元和自欠缴之日起至缴纳之日止按日加收的滞纳金（2011 年 7 月 1 日前欠缴社会保险费按日加收千分之二滞纳金，2011 年 7 月 1 日后欠缴社会保险费按日加收万分之五滞纳金）。

如对本决定不服，可以自收到本决定之日起六十日内依法向____________________________________申请行政复议，或自收到本决定之日起六个月内依法向____________人民法院起诉。如对本决定逾期既不申请复议也不向法院起诉，我局将依照《中华人民共和国社会保险法》相关规定申请人民法院依法强制执行。

税务机关（印章）

年 月 日

十、《社会保险费限期缴纳通知书》式样

国家税务总局________税务局（分局）

社会保险费限期缴纳通知书

____税社__字〔 〕__号

×××：（纳税人识别号：________________社会保险费管理码：________________）

事由：责令限期缴纳社会保险费。

依据：《中华人民共和国社会保险法》第六十三条、第八十六条。

内容：____

____

____

____

____

逾期仍未缴纳，我局将依据《中华人民共和国社会保险法》相关规定依法强制执行。

告知事项：如对本通知有异议，可以自收到本通知之日起六十日内依法向____________申请行政复议，或自收到本通知之日起六个月内依法向____________人民法院起诉。

税务机关（印章）

年 月 日

十一、《税务检查通知书》的式样

国家税务总局________税务局（稽查局）

税务检查通知书

____税检通〔 〕______号

________________：（纳税人识别号：____________________）

根据《中华人民共和国税收征收管理法》第五十四条规定，决定派____等______人，自____年__月__日起对你（单位）____年__月__日至____年__月__日期间（如检查发现此期间以外明显的税收违法嫌疑或线索不受此限）涉税情况进行检查。届时请依法接受检查，如实反映情况，提供有关资料。

税务机关（印章）

年 月 日

告知：税务机关派出的人员进行税务检查时，应当出示税务检查证和税务检查通知书，并有责任为被检查人保守秘密；未出示税务检查证和税务检查通知书的，被检查人有权拒绝检查。

十二、《税务协助检查通知书》式样

国家税务总局________税务局（稽查局）

税务协助检查通知书

____税协通〔　〕______号

__________：（纳税人识别号：________________）

根据《中华人民共和国税收征收管理法》第五十七条规定，现派________等________人，前往你处对________进行调查取证，请予支持，并依法如实提供有关资料及证明材料。

税务机关（印章）

年　月　日

告知：税务机关派出的人员进行税务调查时，应当出示税务检查证和税务协助检查通知书。未出示税务检查证和税务协助检查通知书的，被调查人有权拒绝为税务机关提供有关资料及证明材料；有权拒绝协助税务机关调查取证。

十三、《调取账簿资料通知书》式样

国家税务总局________税务局（稽查局）

调取账簿资料通知书

________税调〔　　〕______号

________________：（纳税人识别号：____________________）

根据《中华人民共和国税收征收管理法实施细则》第八十六条规定，经__________税务局（分局）局长批准，决定调取你（单位）____年__月__日至____年__月____日的账簿、记账凭证、报表和其他有关资料到税务机关进行检查，请于____年____月__日前送到________________税务局（稽查局）。

联系人员：

联系电话：

税务机关地址：

税务机关（印章）

年　月　日

十四、《检查存款账户许可证明》式样

国家税务总局________税务局（稽查局）

检查存款账户许可证明

____税许〔　　〕______号

____________：（纳税人识别号：______________________）

根据《中华人民共和国税收征收管理法》第五十四条第（六）项规定，经______________税务局（分局）局长批准，我局税务人员__________等____人（税务检查证号码分别为：______________ ____）前去你处查询__________________的__________________情况，请予支持协助。

税务机关（印章）

年　月　日

十五、《询问通知书》式样

国家税务总局________税务局（稽查局）

询问通知书

____税询〔　　〕_____号

__________：（身份证号码：____________________）

根据《中华人民共和国税收征收管理法》第五十四条第（四）项规定，请__________________于_____年__月__日__时到______________________就涉税事宜接受询问。

联系人员：

联系电话：

税务机关地址：

税务机关（印章）

年　月　日

十六、《税收保全措施决定书（冻结存款适用）》式样

国家税务总局________税务局（稽查局）

税收保全措施决定书

（冻结存款适用）

______税保冻〔　〕______号

__________：（纳税人识别号：______________________）

鉴于你（单位）（地址：__________________），根据《中华人民共和国税收征收管理法》__________________规定，经________税务局（分局）局长批准，决定从______年____月____日至____年____月____日冻结你（单位）在________的存款（大写）__（¥____）元。请于____年____月____日前缴纳应纳税款；逾期未缴的，将依照《中华人民共和国税收征收管理法》____________规定采取强制执行措施。

如对本决定不服，可自收到本决定之日起六十日内依法向__________申请行政复议，或者自收到本决定之日起六个月内依法向____________人民法院起诉。

冻结账户的账号：

税务机关（印章）

年　月　日

十七、《税收保全措施决定书（扣押/查封适用）》式样

国家税务总局________税务局（稽查局）

税收保全措施决定书

（扣押/查封适用）

____税保封〔　〕______号

________：（纳税人识别号：____________________）

鉴于你（单位）（地址：__________________），根据《中华人民共和国税收征收管理法》______________规定，经_________税务局（分局）局长批准，决定从____年____月____日至____年____月____日对你（单位）的______（商品、货物或者其他财产）予以______。如纳税限期期满仍未缴纳税款，将依法拍卖或者变卖所扣押、查封的商品、货物或者其他财产抵缴税款。

如对本决定不服，可自收到本决定之日起六十日内依法向________申请行政复议，或者自收到本决定之日起六个月内依法向_____________人民法院起诉。

税务机关（印章）

年　月　日

十八、《解除税收保全措施决定书（冻结存款适用）》式样

国家税务总局________税务局（稽查局）

解除税收保全措施决定书

（冻结存款适用）

______税解保冻〔 〕______号

__________：（纳税人识别号：____________________）

鉴于你（单位），根据________________________________规定，我局决定解除____年____月____日《税收保全措施决定书（冻结存款适用）》（____税稽保冻〔 〕______号）对你（单位）存款账户____号存款的冻结。

税务机关（印章）

年 月 日

十九、《解除税收保全措施决定书（扣押/查封适用)》式样

国家税务总局________税务局（稽查局）

解除税收保全措施决定书

（扣押/查封适用）

______税解保封〔　　〕______号

__________：（纳税人识别号：__________________）

鉴于你（单位），根据____________________________________规定，我局决定解除____年__月__日《税收保全措施决定书（查封/扣押适用)》（______税稽保封〔　　〕______号）查封（扣押）你（单位）的商品、货物或者其他财产。请于____年__月__日缴纳税款之日起，持《查封商品、货物或者其他财产清单》（或《扣押商品、货物或者其他财产专用收据》），前来办理解除查封（扣押）手续。

税务机关（印章）

年　月　日

二十、《税务处理决定书》式样

国家税务总局________税务局（稽查局）

税务处理决定书

____税处〔　　〕______号

________________：(纳税人识别号：____________________)

我局（所）于____年__月__日至____年__月__日对你（单位）(地址：________________）____年__月__日至____年__月__日____________________情况进行了检查，违法事实及处理决定如下：

一、违法事实及证据

(一)

1.

2.

上述违法事实，主要有以下证据证明：

1.

2.

3.

……

(二)

……

上述违法事实，主要有以下证据证明：

1.

2.

3.

……

二、处理决定及依据

(一)

1.

2.

(二)

……

限你（单位）自收到本决定书之日起__日内到________将上述税款及滞纳金缴纳入库，并按照规定进行相关账务调整。逾期未缴清的，将依照《中华人民共和国税收征收管理法》第四十条规定强制执行注1。

你（单位）若同我局（所）在纳税上有争议，必须先依照本决定的期限缴纳税款及滞纳金或者提供相应的担保，然后可自上述款项缴清或者提供相应担保被税务机关确认之日起六十日内依法向________申请行政复议注2。

税务机关（印章）

年 月 日

注1：如果《税务处理决定书》中只包括税务机关可以自行采取强制执行措施的内容，采用文书式样中的表述，即“将依照《中华人民共和国税收征收管理法》第四十条规定强制执行”；

如果《税务处理决定书》中既包括税务机关可以自行采取强制执行措施的内容，也包括税务机关不可以自行采取强制执行措施的内容，比如决定书中既包括查补税款内容，也包括查补教育费附加和地方教育附加内容，则需要在“将依照《中华人民共和国税收征收管理法》第四十条规定强制执行”后面加上“或者申请人民法院强制执行”；

如果《税务处理决定书》中只包括税务机关不可以自行采取强制执行措施内容，需要将文书样式的表述“将依照《中华人民共和国税收征收管理法》第四十条规定强制执行”变更为“将申请人民法院强制执行”。

注2：如果《税务处理决定书》没有征税内容，只有确认虚开发票内容或者只有查补教育费附加和地方教育附加等非税征收内容，则将文书式样中固定表述“你（单位）若同我局（所）在纳税上有争议，必须先依照本决定的期限缴纳税款及滞纳金或者提供相应的担保，然后可自上述款项缴清或者提供相应担保被税务机关确认之日起六十日内依法向________申请行政复议”，变更为“你（单位）若同我局（所）在处理决定上有争议，可自收到本决定书之日起六十日内依法向________申请行政复议，或者自收到本决定书之日起六个月内依法向________人民法院起诉”。

二十一、《税务行政处罚事项告知书》式样

国家税务总局________税务局（稽查局）

税务行政处罚事项告知书

____税罚告〔　　〕______号

____________：（纳税人识别号：____________________）

对你（单位）（地址：_________）的税收违法行为拟于______年____月____日之前作出行政处罚决定，根据《中华人民共和国税收征收管理法》第八条、《中华人民共和国行政处罚法》第四十四条、第六十三条、第六十四条规定，现将有关事项告知如下：

一、税务行政处罚的事实、理由、依据及拟作出的处罚决定：__

____

二、你（单位）有陈述和申辩的权利。请在我局（所）作出税务行政处罚决定之前，到我局（所）进行陈述、申辩或自行提供陈述、申辩材料；逾期不陈述、申辩的，视同放弃权利。

三、若拟对你罚款2 000元（含2 000元）以上，拟对你单位罚款10 000元（含10 000元）以上，或符合《中华人民共和国行政处罚法》第六十三条规定的其他情形的，你（单位）有要求听证的权利。可自收到本告知书之日起五个工作日内向我局提出听证申请；逾期视为放弃听证权利。

税务机关（印章）

年　月　日

备注：

1. 本文书第二部分：文书送达后应充分保障当事人行使陈述权、申辩权，根据案件的复杂程度预留足够的陈述、申辩时间。如果当事人享有要求听证的权利，则一般要求当事人自收到本告知书之日起五个工作日内提

出陈述和申辩，以保障当事人听证的权利。如果当事人不享有要求听证的权利，则一般要求当事人自收到本告知书之日起三日内提出陈述和申辩（同催告书中提出陈述申辩的期限）。

2. 文书第三部分：实际工作中应根据拟处罚对象进行准确表述，不宜使用虚拟语气让当事人自己去判断。

二十二、《税务行政处罚决定书》式样

国家税务总局________税务局（稽查局）

税务行政处罚决定书

____税罚〔　〕______号

______________：（纳税人识别号：____________________）

经我局（所）____

________，你（单位）存在违法事实及处罚决定如下：

一、违法事实及证据

（一）

1.

2.

上述违法事实，主要有以下证据证明：

1.

2.

3.

……

（二）

……

上述违法事实，主要有以下证据证明：

1.

2.

3.

……

二、处罚决定

（一）

1.

2.

（二）

……

以上应缴款项共计________元。限你（单位）自本决定书送达之日起____日内到________________缴纳入库（账号：________________）。到期不缴纳罚款，我局（所）可依照《中华人民共和国行政处罚法》第七十二条第一款第（一）项规定，每日按罚款数额的百分之三加处罚款。

如对本决定不服，可以自收到本决定书之日起六十日内依法向________申请行政复议，或者自收到本决定书之日起六个月内依法向________人民法院起诉。如对处罚决定逾期不申请复议也不向人民法院起诉，又不履行的，我局（所）有权采取《中华人民共和国税收征收管理法》第四十条规定的强制执行措施，或者申请人民法院强制执行。

税务机关（印章）

年　月　日

二十三、《不予税务行政处罚决定书》式样

国家税务总局________税务局（稽查局）

不予税务行政处罚决定书

____税不罚〔 〕________号

____________：（纳税人识别号：____________________）

经我局（所）____，你（单位）存在以下违法事实：________。

上述违法事实，主要有以下证据证明：______________________。上述行为违反________________规定，鉴于上述税收违法行为______________________________，依照__________规定，现决定不予行政处罚。

如对本决定不服，可以自收到本决定书之日起六十内依法向________申请行政复议，或者自收到本决定书之日起六个月内依法直接向________人民法院起诉。

税务机关（印章）

年 月 日

二十四、《催告书（行政强制执行适用）》式样

国家税务总局________税务局（稽查局）

催 告 书

（行政强制执行适用）

______税强催〔　　〕______号

__________：（纳税人识别号：____________________）

本机关于____年__月__日向你（单位）送达______，你（单位）在法定期限内不履行本机关作出的行政决定。根据《中华人民共和国行政强制法》第三十四条、第三十五条（第四十五条、第四十六条）规定，现依法向你（单位）催告，请你（单位）自收到本催告书之日起______日内履行下列义务：

1. ____

2. ____

逾期仍未履行义务的，本机关将依法强制执行。

你（单位）在收到催告书后有权进行陈述和申辩。请你（单位）在收到本催告书之日起三日内提出陈述和申辩，逾期不陈述、申辩的我局（所）将依法作出强制执行决定。

联系人：

联系电话：

地址：

执法人员（检查证号）：

税务机关（印章）

年　月　日

二十五、《催告书（申请人民法院强制执行适用）》式样

国家税务总局________税务局（稽查局）

催 告 书

（申请人民法院强制执行适用）

______税强催〔　　〕______号

________：（纳税人识别号：____________________________）

本机关于____年__月__日向你（单位）送达________，你（单位）____________。根据《中华人民共和国行政强制法》第五十四条规定，现依法向你（单位）催告，请你（单位）自收到本催告书之日起十个工作日内履行下列义务：

1. ____

2. ____

逾期仍未履行义务的，本机关将依法申请人民法院强制执行。

你（单位）在收到催告书后有权进行陈述和申辩。请你（单位）在收到本催告书之日起三日内提出陈述和申辩，逾期不陈述、申辩的我局（所）将依法申请人民法院强制执行。

联系人：

联系电话：

地址：

执法人员（检查证号）：

税务机关（印章）

年　月　日

二十六、《税收强制执行决定书（扣缴税收款项适用）》式样

国家税务总局________税务局（稽查局）

税收强制执行决定书

（扣缴税收款项适用）

____税强扣〔　　〕______号

____________：（纳税人识别号：____________________）

鉴于你（单位）（地址：____________）____________，根据《中华人民共和国税收征收管理法》________规定，经________税务局（分局）局长批准，决定自____年__月__日起从你（单位）在____________的存款账户（账号：________）中扣缴以下款项，缴入国库：

税　　　款（大写）：____________（¥____________）

滞　纳　金（大写）：____________（¥____________）

罚　　　款（大写）：____________（¥____________）

没收违法所得（大写）：____________（¥____________）

合　　　计（大写）：____________（¥____________）

如对本决定不服，可自收到本决定之日起六十日内依法向______________申请行政复议，或者自收到本决定书之日起六个月内依法向________人民法院起诉。

税务机关（印章）

年　月　日

二十七、《税收强制执行决定书（拍卖/变卖适用）》式样

国家税务总局________税务局（稽查局）

税收强制执行决定书

（拍卖/变卖适用）

________税强扣〔　　〕______号

________：（纳税人识别号：__________________）

鉴于你（单位）（地址：________________________），根据《中华人民共和国税收征收管理法》____________规定，经______税务局（分局）局长批准，决定：__________________________

____

依法予以拍卖或者变卖，以拍卖或者变卖所得抵缴________。

如对本决定不服，可自收到本决定之日起六十日内依法向________申请行政复议，或者自收到本决定书之日起六个月内依法向________人民法院起诉。

税务机关（印章）

年　月　日

二十八、《拍卖/变卖抵税财物决定书》式样

国家税务总局________税务局（稽查局）

拍卖/变卖抵税财物决定书

______税拍（变）〔　　〕______号

__________：（纳税人识别号：____________________）

根据《中华人民共和国税收征收管理法》__________规定，经__________税务局（分局）局长批准，决定将《税收强制执行决定书》（______税强〔　　〕______号）所采取税收强制执行的财产依法予以拍卖（变卖），以拍卖（变卖）所得抵缴__________。

如对本决定不服，可自本决定送达之日起六十日内依法向__________申请行政复议或者自本决定送达之日起六个月内依法向________人民法院起诉。

税务机关（印章）

年　月　日

二十九、《拍卖/变卖结果通知书》式样

国家税务总局________税务局（稽查局）

拍卖/变卖结果通知书

______税拍通〔　　〕______号

__________：（纳税人识别号：__________________）

根据《中华人民共和国税收征收管理法》__________规定，我局按《税收强制执行决定书（拍卖/变卖适用）》（__________税强拍〔　　〕______号）已将《查封/扣押商品、货物或者其他财产清单/专用收据》所列的查封（扣押）商品、货物或者其他财产予以拍卖（变卖），拍卖（变卖）款项处理情况如下：

相关费用：______________________________元

抵缴税款：______________________________元

抵缴滞纳金：______________________________元

抵缴罚款：______________________________元

抵缴没收违法所得：______________________________元

以上合计：______________________________元

经上述处理，你（单位）仍欠税款、滞纳金、罚款、没收违法所得（应退拍卖款）共计__________元。请你（单位）携带本通知书前来我局领取已完税凭证。

限你（单位）于____年__月__日前补缴欠缴的税款、滞纳金、罚款；逾期不缴，将依照《中华人民共和国税收征收管理法》第四十条规定强制执行。

[请你（单位）于____年__月__日缴纳税款之日起，前来办理应退拍卖款事宜。]

附件：1. 拍卖（变卖）、收购合同

2. 拍卖（变卖）商品、货物或者其他财产清单

3. 相关费用凭证复印件

税务机关（印章）

年　月　日

三十、《返还商品、货物或者其他财产通知书》式样

国家税务总局________税务局（稽查局）

返还商品、货物或者其他财产通知书

______税返字〔 〕______号

__________：（纳税人识别号：____________________）

鉴于____________________现决定返还你单位被扣押、查封的商品、货物、其他财产，请于____年__月__日缴纳税款之日起，携下列有关材料，到________税务局（稽查局）办理返还手续。

附应携带的材料：

税务机关（印章）

年 月 日

三十一、《税务事项通知书》

（一）通用《税务事项通知书》式样

国家税务总局__________税务局（稽查局）

税务事项通知书

______ 税通〔 〕______号

____________：（纳税人识别号：____________________）

事由：

依据：

通知内容：

税务机关（印章）

年 月 日

（二）《税务事项通知书（重大税收违法失信主体告知适用）》式样

国家税务总局________税务局（稽查局）

税务事项通知书

（重大税收违法失信主体告知适用）

______税______稽通〔 〕______号

纳税人名称/姓名：（纳税人识别号/身份证件号码：____________）

事由：拟将你（你单位）确定为重大税收违法失信主体。

依据：根据《重大税收违法失信主体信息公布管理办法》（国家税务总局令第54号）第八条等规定。

情况一，对外公布（偷欠税除外），使用以下内容：

我局拟将你（你单位）确定为重大税收违法失信主体，向社会公布失信信息（详细内容见附件），拟将你（你单位）失信信息推送至参与联合惩戒部门和信用中国网站公示，在土地供应、检验检疫监督管理、政府采购、银行授信、政策性资金投放等方面被有关部门参考使用，税务机关适用D级纳税人管理措施（由税务机关纳税信用管理部门按纳税信用制度执行）。

情况二，对外公布（偷欠税），使用以下内容：

你（你单位）若符合《重大税收违法失信主体信息公布管理办法》（国家税务总局令第54号）第十四条相关规定，在失信信息公布前按照《税务处理决定书》（文书号）、《税务行政处罚决定书》（文书号）规定缴清税款、滞纳金、罚款，我局拟将你（你单位）确定为重大税收违法失信主体（不对外公布），税务机关适用D级纳税人管理措施（由税务机关纳税信用管理部门按纳税信用制度执行）。

你（你单位）若未在失信信息公布前按照《税务处理决定书》（文书号）、《税务行政处罚决定书》（文书号）规定缴清税款、滞纳金、罚款，我局拟将你（你单位）确定为重大税收违法失信主体，向社会公布失信信息（详细内容见附件），拟将你（你单位）失信信息推送至参与联合惩戒部门和信用中国网站公示，在土地供应、检验检疫监督管理、政府采购、银行授信、政策性资金投放等方面被有关部门参考使用，税务机关适用D级纳税人管理措施（由税务机关纳税信用管理部门按纳税信用制度执行）。

情况三，只录入不公布，使用以下内容：

你（你单位）符合《重大税收违法失信主体信息公布管理办法》（国家税务总局令第54号）第十四条相关规定，已按照《税务处理决定书》（文书号）、《税务行政处罚决定书》（文书号）规定缴清税款、滞纳金、罚款，我局拟将你（你单位）确定为重大税收违法失信主体（不对外公布），税务机关适用D级纳税人管理措施（由税务机关纳税信用管理部门按纳税信用制度执行）。

你（你单位）有陈述、申辩权利，请自收到本通知书之日起五个工作日内，到我局进行陈述、申辩，并提供相关证据材料；逾期不进行陈述、申辩或提供相关证据材料的我局依法将你（你单位）确定为重大税收违法失信主体。

附件：拟公布的失信信息

国家税务总局______税务局（稽查局）（印章）

______年____月____日

（三）《税务事项通知书（陈述申辩复核结果通知适用）》式样

国家税务总局______税务局（稽查局）

税务事项通知书

（陈述申辩复核结果通知适用）

______税______稽通〔 〕______号

纳税人名称/姓名：（纳税人识别号/身份证件号码：____________）

事由：将陈述申辩复核结果通知于你（你单位）。

依据：根据《重大税收违法失信主体信息公布管理办法》（国家税务总局令第54号）第九条等规定。

情况一，对于当事人提出的事实、理由或者证据成立的，终止纳入失信主体程序。使用以下内容：

经复核：你（你单位）××××年××月××日书面/口头提出的陈述申辩意见事实/理由/证据成立，根据《重大税收违法失信主体信息公布管理办法》（国家税务总局令第54号）第九条等规定，终止你（你单位）纳入重大税收违法失信主体确定程序。

情况二，对于当事人提出的事实、理由或者证据不成立的维持告知书意见，并进入失信主体确定程序。使用以下内容：

经复核：你（你单位）××××年××月××日书面/口头提出的陈述申辩意见事实/理由/证据不成立，根据《重大税收违法失信主体信息公布管理办法》（国家税务总局令第54号）第九条等规定，维持告知书意见，你（你单位）纳入重大税收违法失信主体进入确定程序。

国家税务总局______税务局（稽查局）（印章）

______年____月____日

（四）《税务事项通知书（重大税收违法失信主体确定适用）》式样

国家税务总局______税务局（稽查局）

税务事项通知书

（重大税收违法失信主体确定适用）

______税______稽通〔 〕______号

纳税人名称/姓名：（纳税人识别号/身份证件号码：____________________）

事由：将你（你单位）确定为重大税收违法失信主体。

依据：根据《重大税收违法失信主体信息公布管理办法》（国家税务总局令第54号）第十条等规定。

情况一，对外公布（偷欠税除外），使用以下内容：

你（你单位）符合《重大税收违法失信主体信息公布管理办法》（国家税务总局令第54号）第六条相关规定，我局将你（你单位）确定为重大税收违法失信主体，向社会公布失信信息（详细信息见附件），将你（你单位）失信信息推送至参与联合惩戒部门和信用中国网站公示，在土地供应、检验检疫监督管理、政府采购、银行授信、政策性资金投放等方面被有关部门参考使用，税务机关适用D级纳税人管理措施。

情况二，对外公布（偷欠税），使用以下内容：

你（你单位）符合《重大税收违法失信主体信息公布管理办法》（国家税务总局令第54号）第六条相关规定，我局将你（你单位）确定为重大税收违法失信主体。截至该通知书制作时未按照《税务处理决定书》（文书号）、《税务行政处罚决定书》（文书号）规定缴清税款、滞纳金、罚款，如若你（你单位）在本通知送达后次月十五日前仍未缴清税款、滞纳金、罚款，我局将向社会公布失信信息（详细信息见附件），将你（你单位）失信信息推送至参与联合惩戒部门和信用中国网站公示，在土地供应、检验检疫监督管理、政府采购、银行授信、政策性资金投放等方面被有关部门参考使用，税务机关适用 D 级纳税人管理措施（由税务机关纳税信用管理部门按纳税信用制度执行）。

情况三，只录入不公布，使用以下内容：

你（你单位）符合《重大税收违法失信主体信息公布管理办法》（国家税务总局令第 54 号）第六条、第十四条相关规定，已按照《税务处理决定书》（文书号）、《税务行政处罚决定书》（文书号）规定缴清税款、滞纳金、罚款，我局将你（你单位）确定为重大税收违法失信主体（不对外公布），税务机关适用 D 级纳税人管理措施（由税务机关纳税信用管理部门按纳税信用制度执行）。

你（你单位）如对本通知书不服，可以自收到本通知书之日起六十日内依法向××税务局申请行政复议，或者自收到本通知书之日起六个月内依法向______人民法院起诉。

附件：公布的失信信息

国家税务总局______税务局（稽查局）（印章）

______年____月____日

第二部分：本书中没有的 3 种文书

序号	文书名称	类别
1	责成提供纳税担保通知书	已修订
2	解除纳税担保通知书	已修订
3	社会保险费行政处罚事项告知书	已修订

一、《责成提供纳税担保通知书》式样

国家税务总局________税务局（稽查局）

责成提供纳税担保通知书

______税担〔 〕______号

____________：（纳税人识别号：____________________）

根据《中华人民共和国税收征收管理法》第三十八条第一款规定，限你（单位）于______年____月____日前向我局提供金额为（大写）______（¥：______）的纳税担保，逾期不能提供纳税担保，将依法采取税收保全措施。

如对上述具体行政行为不服，可自本通知书送达之日起六十日内依法向________________________申请行政复议或者自收到本决定之日起六个月内依法向______人民法院起诉。

税务机关（印章）

______年____月____日

二、《解除纳税担保通知书》式样

国家税务总局________税务局（稽查局）

解除纳税担保通知书

______税解担〔 〕______号

__________：（纳税人识别号：____________________）

鉴于____________________在限期内缴纳了应纳税款，根据《中华人民共和国税收征收管理法》第三十八条第二款及《中华人民共和国税收征收管理法实施细则》第六十八条规定，决定解除你（单位）提供的纳税担保。

请于______年____月____日缴纳税款之日起________________，前来办理解除纳税担保手续。

（由纳税担保人提供纳税担保的，应当同时由纳税人抄送纳税担保人）

税务机关（印章）

______年____月____日

三、《社会保险费行政处罚事项告知书》

国家税务总局________税务局（稽查局）

社会保险费行政处罚事项告知书

________税社罚告〔　　〕______号

__________：（纳税人识别号：____________________）

对你（单位）（地址：________）的社会保险费违法行为拟作出行政处罚决定，根据《中华人民共和国行政处罚法》第四十四条、第六十三条、第六十四条规定，现将有关事项告知如下：

一、社会保险费行政处罚的事实、理由、依据及拟作出的处罚决定：__________。

二、你（单位）有陈述、申辩的权利。请在收到本告知书之日起______内，到我局（所）进行陈述、申辩或自行提供陈述、申辩材料；逾期不进行陈述、申辩的，我局（所）将依法作出行政处罚决定。

三、若有符合《中华人民共和国行政处罚法》第六十三条规定情形的，你（单位）有要求听证的权利。可自收到本告知书之日起五个工作日内向我局提出听证申请；逾期视为放弃听证权利。

税务机关（印章）

年　月　日

备注：

1. 本文书第二部分：文书送达后应充分保障当事人行使陈述权、申辩权，根据案件的复杂程度预留足够的陈述、申辩时间。如果当事人享有要求听证的权利，则一般要求当事人自收到本告知书之日起五个工作日内提出陈述和申辩，以保障当事人听证的权利。如果当事人不享有要求听证的权利，则一般要求当事人自收到本告知书之日起三日内提出陈述和申辩（同催告书中提出陈述申辩的期限）。

2. 文书第三部分：文书第三部分实际工作中应根据拟处罚对象进行表述，不宜使用虚拟语气让当事人自己去判断。

后 记

关于说理式税收执法文书，国家税务总局在10年前就有提倡。2021年3月，中共中央办公厅、国务院办公厅印发的《关于进一步深化税收征管改革的意见》提出有效运用说服教育、约谈警示等非强制性执法方式之后，国家税务总局在贯彻落实该意见时，再次明确要求开展税务稽查说理式执法。近日，许多税务机关再次推行说理式税收执法文书。正是在这一环境背景下，才有了本书的修订再版。因此，从作者的角度来看，本书能够得以再版，首先应当感恩时代！

本书再版依托于10年前我所出版的《说理式税收执法文书分析与案例》一书，其间众多好友多次建议我进行修订再版，有过多次犹豫，恰借此时机得以出版，修成正果，心中亦是感慨万分。在此要特别鸣谢众多好友，本书修订版得以与读者见面，他们功不可没！

我们所处的时代，每年都在飞速地发展变化，税务机关的执法要求和执法水平也在迅速提升，现在的我相比10年前写本书时也变化了许多，环境和心境等都有许多不同，不仅增添了许多白发，苍老了不少，工作地点从扬州转到了广州，写作环境也从安静的学院转到了热闹的写字楼，从瘦西湖旁移到了珠江边，所以对本书的修订自感力不从心。幸运的是，我找了四位志同道合的朋友，他们不仅专业水准高，是行界的大咖，而且能够不畏艰辛，主动担当，任劳任怨，配合默契，尤其是税务总局安庆市国家税务局的李欣，不仅承担了重要的写作任务，还担负了本书的统稿校对工作，正是他们的努力使得本书稿能够在较短的时间内交稿。为此，就我个人而言，本书修订版能够快速面世，要对另外四位作者的艰辛付出深表谢意！

书稿交给了出版社，对作者而言是一种精神解脱，但对出版社的编辑而言是痛苦的开始。他们在电脑旁读着每一个枯燥无趣的文字，斟酌每一句需要修改的词句，对本书的出版默默地付出了自己的心血，让我深表敬意与谢意！

在此，我还是想基本保留原书后记的这一段话：当书稿交给出版社时，除愉悦与轻松之外，同时也有一种忐忑不安之感。不论是对说理式税收执法文书的理论论述，还是对文书范例的写作，修订稿都是一次新的探索，到底正确与否、科学与否、合理与否，税务机关及其执法人员是否接受与认可，我们的心里都不是很踏实。存在不足与缺陷是必然的，而且变成铅字之后就无法抹去，永留痕迹！但能够安慰我们的是，正如作家冯骥才所说的，达到的都不完美，达不到的才是完美的。我想，这也许就是所有作者敢于把自己的作品公开发表的原因。

我们还感谢本书的每一位读者，因为你们的选择才是本书再版的理由！

袁森庚

2022 年 6 月 11 日于猎德村